Regina Araujo
Doutora pela Faculdade de Filosofia, Letras e Ciências Humanas da USP, na área de Geografia Humana. Professora de Geografia do Ensino Médio e Superior.

Angela Corrêa da Silva
Mestre em Educação pela Pontifícia Universidade Católica – Campinas. Professora de Geografia e Geopolítica do Ensino Médio e em cursos pré-vestibulares.

Raul Borges Guimarães
Doutor pela Faculdade de Filosofia, Letras e Ciências Humanas da USP, na área de Geografia Humana. Professor do Departamento de Geografia da Unesp.

OBSERVATÓRIO de GEOGRAFIA

8º ano

Fronteiras e nações

Ensino Fundamental de nove anos

1ª edição

Moderna

Moderna

Coordenação editorial: Sônia Cunha de S. Danelli
Edição de texto: Morissawa Edição, Ana Paula Ribeiro, Gustavo Nagib
Preparação de texto: Morissawa Edição
Coordenação de *design* e projetos visuais: Sandra Botelho de Carvalho Homma
Projeto gráfico: Chico Max e equipe de *Design* da Editora Moderna
Capa: Alexandre Gusmão
Foto: Destroços de conflito na região de Gaza (2008)
© Mohammed Saber/Corbis-Latinstock
Coordenação de produção gráfica: André Monteiro, Maria de Lourdes Rodrigues
Coordenação de arte: Maria Lucia F. Couto
Edição de arte: Alexandre Lugó Ayres Neto
Editoração eletrônica: APIS design integrado
Ilustrações: Cecília Iwashita, Rodval Matias
Cartografia: Alessandro Passos da Costa, Anderson de Andrade Pimentel, Fernando José Ferreira
Coordenação de revisão: Elaine Cristina del Nero
Revisão: Equipe Moderna
Coordenação de pesquisa iconográfica: Ana Lucia Soares
Pesquisa iconográfica: Angélica Nakamura, Evelyn Torrecilla, Luciano Baneza Gabarron
As imagens identificadas com a sigla CID foram fornecidas pelo Centro de Informação e Documentação da Editora Moderna.
Coordenação de *bureau*: Américo Jesus
Tratamento de imagens: Alexandre Petreca, Arleth Rodrigues, Rubens M. Rodrigues
Pré-impressão: Everton L. de Oliveira, Helio P. de Souza Filho, Marcio Hideyuki Kamoto
Coordenação de produção industrial: Wilson Aparecido Troque

Dados Internacionais de Catalogação na Publicação (CIP)
(Câmara Brasileira do Livro, SP, Brasil)

Araujo, Regina
Observatório de geografia : 8º ano : fronteiras e nações / Regina Araujo, Angela Corrêa da Silva, Raul Borges Guimarães. — São Paulo : Moderna, 2009.

Bibliografia.

1. Geografia — Estudo e ensino 2. Prática de ensino 3. Professores — Formação profissional I. Silva, Angela Corrêa da. II. Guimarães, Raul Borges. III. Título.

09-10363 CDD-910.7

Índices para catálogo sistemático:
1. Geografia : Estudo e ensino : Prática de ensino 910.7

ISBN 978-85-16-06388-7 (LA)
ISBN 978-85-16-06389-4 (LP)

EDITORA MODERNA LTDA.
Rua Padre Adelino, 758 - Belenzinho
São Paulo - SP - Brasil - CEP 03303-904
Vendas e Atendimento: Tel. (0_ _11) 2602-5510
Fax (0_ _11) 2790-1501
www.moderna.com.br
2012
Impresso na China

1 3 5 7 9 10 8 6 4 2

APRESENTAÇÃO

Caro observador

Parte de nossa vida é dominada pelas relações de afeto e de proximidade que mantemos com os lugares onde nós, nossa família e nossos amigos vivemos.

A Geografia estuda a sociedade com base não só nesses lugares, ou seja, nos espaços familiares do cotidiano, mas também no mundo, isto é, nos mecanismos globais. Os lugares estão sempre relacionados ao mundo, assim como o mundo não existe sem os lugares.

O mundo está presente nos lugares das mais diferentes maneiras. Quando tomamos conhecimento, por exemplo, de um terremoto devastador ou de uma guerra em uma cidade ou país distantes, esses eventos acabam fazendo parte de nossa vida e influenciando a maneira como agimos e nos relacionamos com as pessoas.

As mercadorias circulam cada vez mais facilmente pelo planeta, enquanto as redes de informação conectam os diversos lugares e criam circuitos internacionais de produção e consumo, até mesmo de bens culturais.

Em nossa viagem pela Geografia, temos a missão de reconhecer as características da sociedade a partir do espaço geográfico que ela produz. Vamos observar esse espaço, buscando explicações e procurando soluções para os problemas que encontramos, sempre tendo por base o respeito à diversidade dos povos e a preocupação pela conservação do meio ambiente.

Para isso, será preciso elaborar hipóteses, selecionar argumentos, defender pontos de vista e respeitar opiniões e ideias dos outros.

Este livro é, portanto, um convite para que você mantenha os olhos abertos e a mente atenta para o estudo da Geografia, tanto na escala do lugar quanto na escala do mundo. Bem-vindo ao Observatório!

Os autores

CONHEÇA SEU LIVRO

O seu livro tem 15 capítulos, organizados em cinco unidades temáticas.

Abertura da unidade

Nesta seção, algumas atividades fornecem pistas sobre os temas que você estudará nos capítulos da unidade. Observe atentamente as imagens, pense no que já conhece do assunto e procure responder às questões propostas.

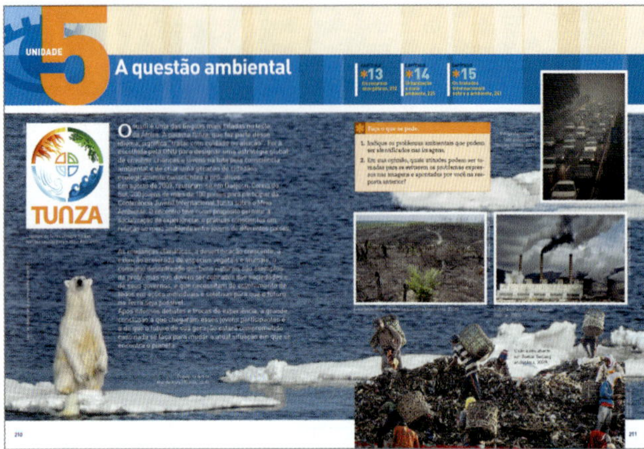

Abertura do capítulo

Trata-se de uma seção de aquecimento, na qual você terá a oportunidade de ler e interpretar informações em diferentes linguagens, preparando-se para o estudo do capítulo.

Texto e contexto

Para aprofundar seus conhecimentos por meio de textos complementares diretamente relacionados ao tema em discussão. A seção pode trazer questões que o convidam a fazer uma reflexão crítica sobre o que foi estudado.

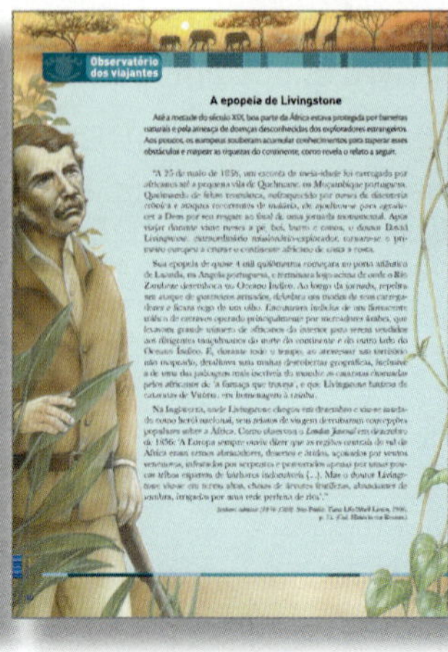

Observatório dos viajantes

Por meio de relatos de viajantes que registraram suas impressões, você tomará contato com uma grande diversidade de paisagens, povos e culturas.

Atividade extra

Observatório em dois tempos

Destaque as pranchas.

Observatório em dois tempos

Ao final do volume você encontra duplas de páginas destacáveis com imagens que representam o mesmo local em diferentes tempos. As pranchas ainda trazem textos informativos e atividades que complementam alguns temas estudados no livro.

Observatório de imagens

Elementos visuais como fotografias e ilustrações aprofundam conceitos e exemplificam situações abordadas no desenvolvimento dos temas.

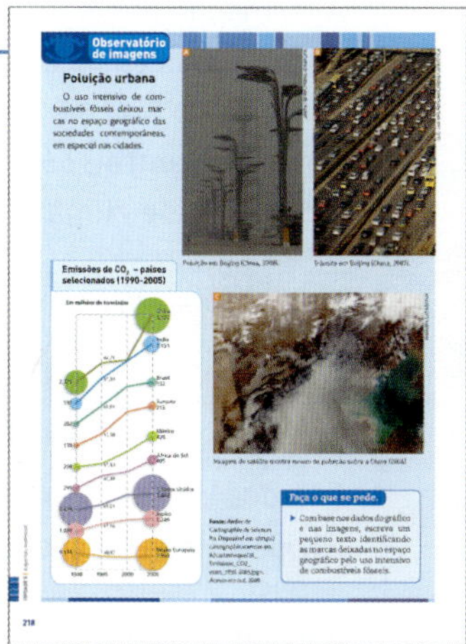

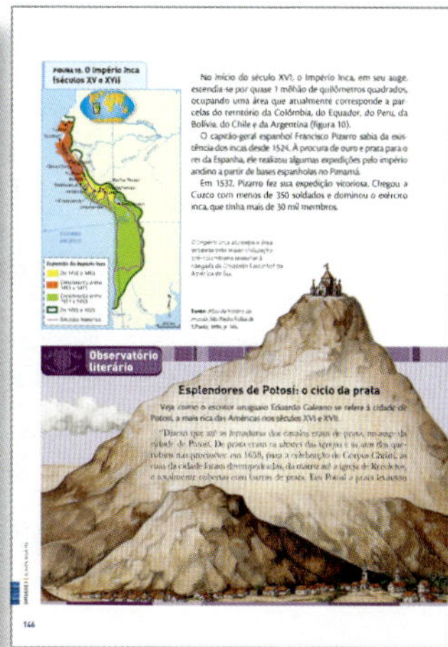

Observatório literário

Nesta seção você vai conhecer a Geografia presente em textos literários, que podem tornar seu estudo mais prazeroso. Esperamos que você consiga estabelecer conexões entre os seus conhecimentos geográficos e os textos selecionados.

Observadores em ação

Para rever o capítulo

Atividades de síntese, compreensão e sistematização dos conteúdos estudados.

De um jeito ou de outro

Atividades que implicam a transposição de linguagens. Você irá manipular fontes de informação variadas, analisar dados, desenhar, elaborar textos e interpretar mapas.

Tabuleiro da Geografia

Jogos e brincadeiras para testar seus conhecimentos sobre os assuntos estudados no capítulo.

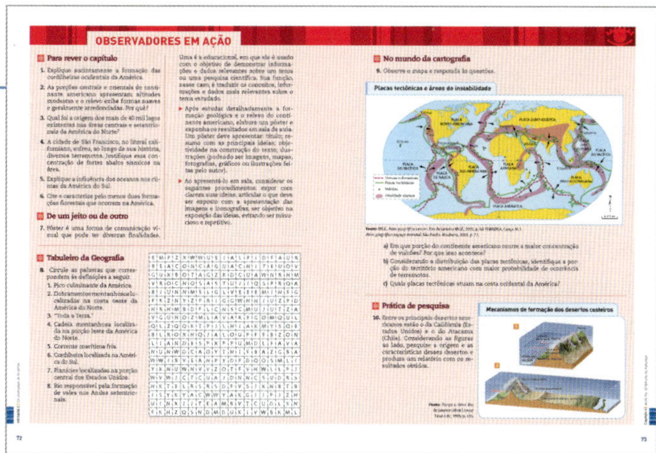

No mundo da cartografia

Você aprenderá a construir, analisar e interpretar mapas, croquis, gráficos e tabelas.

Prática de pesquisa

Para você aprender a selecionar informações, elaborar relatórios, organizar a apresentação de pesquisas.

Jovem cientista

Fazendo uso dos conhecimentos adquiridos, você refletirá sobre uma situação-problema que afeta toda a sociedade, buscando soluções e um melhor entendimento das questões envolvidas na discussão.

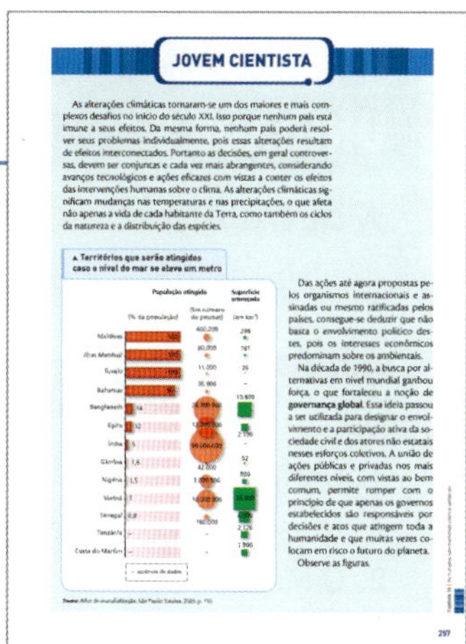

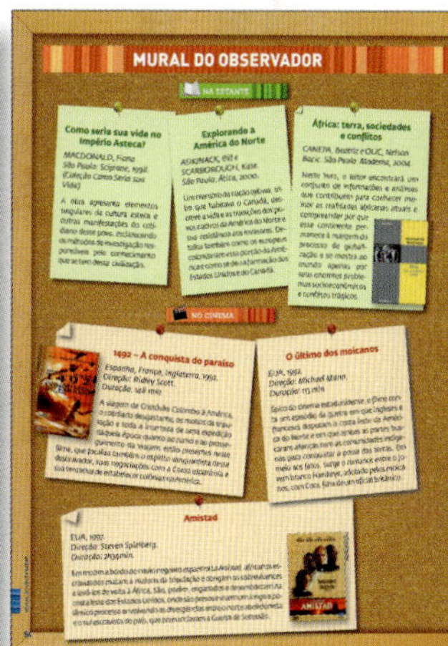

Mural do observador

Aqui você encontra sugestões de leituras, *sites* e vídeos para pesquisa, entretenimento e aprofundamento dos temas estudados.

SUMÁRIO

UNIDADE 1

Fronteiras em movimento

Desde janeiro de 2009, está em vigor o acordo ortográfico estabelecido para uniformizar o uso da língua portuguesa e facilitar o intercâmbio cultural entre os mais de 240 milhões de falantes dessa língua no mundo. Todos os países nos quais a língua oficial é o português integram a CPLP (Comunidade dos Países de Língua Portuguesa), fundada em 1996 para consolidar os laços históricos e culturais que os unem.

No Brasil as modificações afetam 0,5% das palavras, mas em Portugal e nos outros países lusófonos foram alteradas em média cerca de 2.600 palavras, ou seja, 1,6% do vocabulário total.

REPRODUÇÃO

REPRODUÇÃO

Ao longo do século XX, a grafia da língua portuguesa foi modificada diversas vezes. Até 1911 ainda existiam fonemas com "ph", além de consoantes duplas e mudas.

Comunidade dos Países de Língua Portuguesa (2009)

País	Área (km²)	População
Angola	1.246.700	18.496.632
Brasil	8.514.876	193.733.795
Cabo Verde	4.033	505.606
Guiné-Bissau	36.125	1.610.746
Moçambique	801.590	22.894.294
Portugal	92.389	10.707.130
São Tomé e Príncipe	964	162.755
Timor Leste	14.874	1.133.594
TOTAL	10.711.551	249.244.552

Fontes: *Almanaque Abril 2008*. São Paulo: Abril, 2008; IBGE. Disponível em <www.ibge.gov.br/paisesat/main.php>; CPLP. Disponível em <www.cplp.org/Estados-membros.aspx?ID=22>. Acessos em ago. 2009.

* Responda.

1. Quais países do mundo têm o português como língua oficial?
2. Por que motivo esses países têm a mesma língua?
3. Em sua opinião, quais motivos justificam a assinatura de um acordo ortográfico entre esses países?
4. Por que as alterações resultantes do acordo ortográfico afetam menos o Brasil do que os outros países de língua portuguesa?

CAPÍTULO

1 A cartografia e a descoberta do mundo

Observatório de informações

Entre as linguagens utilizadas pela Geografia, a cartografia sempre ocupou um lugar central. Analisando mapas produzidos em diferentes contextos, podemos compreender a visão de mundo dos cartógrafos em cada época histórica. Por exemplo, na Europa da Idade Média, dominada pela fé cristã, os mapas perderam a exatidão das medições realizadas pelos matemáticos da Grécia Antiga e passaram a valorizar formas esquemáticas conhecidas como *Orbis Terrarum* (figuras 1 e 2). Os mapas produzidos pelos árabes na mesma época não desprezavam o conhecimento dos antigos (figura 3).

AKG-IMAGES/LATINSTOCK – BIBLIOTECA NACIONAL, PARIS, FRANÇA

FIGURA 1. Exemplo de *Orbis Terrarum* em iluminura francesa do século XV.

AKG-IMAGES/LATINSTOCK

FIGURA 2. Carta de Ebstorf, 1284.

GRANGER COLLECTION/OTHER IMAGES

FIGURA 3. Mapa-múndi de Al-Idrisi, século XII.

Observe os mapas e responda.

1. Quais continentes eram reconhecidos e representados tanto nos mapas *Orbis Terrarum* dos cristãos europeus como nos mapas árabes da Idade Média?
2. Quais continentes e regiões não eram representados nesses mapas?
3. O que era representado na parte superior dos mapas *Orbis Terrarum*? Por que a Carta de Ebstorf (figura 2) é um mapa típico daquela época?
4. De acordo com o mapa de Al-Idrisi, qual era a região do continente africano mais conhecida pelos árabes do século XII?

1 A herança da Grécia Antiga

Os conhecimentos cartográficos dos gregos antigos foram a base do desenvolvimento da moderna cartografia. Esse legado chegou a nossos dias através da obra de Cláudio Ptolomeu (90-168 d.C.), egípcio de origem grega. Reunida em oito volumes, a *Geografia* de Ptolomeu foi traduzida para o latim e depois impressa em 1475, impulsionando a cartografia na Europa. Nessa obra, além dos procedimentos técnicos desenvolvidos pelos gregos para construção e projeção de mapas, encontramos também um mapa-múndi (figura 4) e vários outros mapas detalhados, com a identificação de mais de oito mil lugares, com as respectivas distâncias medidas em graus.

Como os gregos antigos conseguiam traçar mapas tão detalhados, se as condições das viagens e os instrumentos de navegação náutica eram muito limitados em sua época?

BETTMANN/CORBIS/LATINSTOCK

FIGURA 4. Recriação feita no século XV do mapa-múndi de Ptolomeu, cujo original data, aproximadamente, do ano 150.

Rotação e latitude

Devido à **rotação** da Terra, o Sol e as estrelas surgem no firmamento, dando a impressão de realizar um deslocamento de leste para oeste (figura 5). Os povos antigos traçavam os arcos resultantes do movimento aparente dos corpos celestes no céu. Quando uma determinada estrela estava no ponto máximo de sua trajetória, eles utilizavam seus conhecimentos de geometria e mediam a distância, em graus, entre esse corpo celeste e a linha do horizonte. Essa medida (em graus) da amplitude do arco formado pelo movimento aparente dos corpos celestes deu origem ao termo **latitude**.

Rotação
Movimento do planeta Terra em torno de si mesmo, com duração aproximada de 24 horas.

Usando a **Estrela Polar** como referência, por ser ela bem visível no céu, Eratóstenes (276-194 a.C.) já havia criado um sistema de linhas de latitude, sobre o qual ele estabeleceu a localização de centenas de lugares.

Ptolomeu aproveitou esses conhecimentos. Em seu mapa-múndi, já estavam traçados alguns paralelos. O mapa estava orientado para o norte e indicava zero grau de latitude para a linha do Equador e 23 graus e 30 minutos para o Trópico de Câncer. Isso sinalizava para o leitor do mapa que, no caso da linha do Equador, em qualquer localidade cortada por essa linha, a Estrela Polar poderia ser observada na altura do horizonte.

FIGURA 5. Amplitude de uma estrela

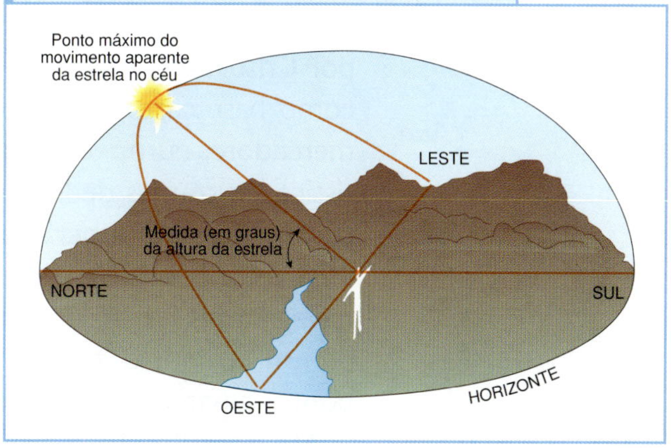

Fonte: BROWN, Lloyd. *The story of maps*. Nova York: Bonanza, 1949. p. 37.

Apesar da enorme contribuição da obra de Ptolomeu, é evidente que, para responder às exigências da época, os cartógrafos do século XVI tiveram de ir além dos antigos procedimentos adotados por ele. Afinal, quanto mais nos distanciamos da Europa mediterrânea e do Norte da África, maiores são as distorções do mapa de Ptolomeu.

2 Os mapas das Grandes Navegações

Até o começo do século XV, os navegadores europeus não se aventuraram muito além do Mar Mediterrâneo e das regiões costeiras entre as Ilhas Britânicas e a Escandinávia. As embarcações que se haviam lançado pelo Oceano Atlântico nunca retornavam, reforçando as lendas acerca das águas desconhecidas. Monstros marinhos, águas ferventes nas proximidades da linha do Equador e pedras-ímãs, que atraíam as embarcações para o fundo do mar, eram algumas das fantasias criadas a respeito do chamado "Mar Tenebroso". Veja a figura 6.

FIGURA 6. *Tempestade no mar* (1574), de Jerônimo Corte Real. Os perigos da navegação inspiravam muitos artistas do século XVI.

Os investimentos do infante dom Henrique, filho de dom João I, rei de Portugal, no desenvolvimento dos conhecimentos náuticos e das embarcações, incluíram a colaboração dos mais experientes cartógrafos, navegadores e construtores navais da Europa da época, que produziram uma verdadeira revolução na tecnologia naval. O retorno desses investimentos para os cofres da Coroa portuguesa não demorou. Portugal saiu na frente para a conquista de novas terras e construiu entrepostos comerciais fortificados ao longo da costa africana. Dessa forma, garantiu a exclusividade no lucrativo tráfico de escravos negros, ouro em pó e marfim para a Europa.

As cartas portulanas

As primeiras viagens do período das Grandes Navegações – realizadas por Cristóvão Colombo, Américo Vespúcio e Vasco da Gama – tiveram como base cartográfica as chamadas **cartas portulanas**. Utilizadas pelos mercadores europeus desde o século XIII, esses mapas tinham por características as tramas de linhas retas (ou linhas de rumo), recortando geometricamente uma superfície em triângulos e quadriláteros, e uma detalhada indicação de pontos de referência na costa dos continentes (figura 7). Os navegadores faziam uso dos pontos de referência indicados nos mapas (foz de um rio, porto, pontas e enseadas, entre outros) para localizar outros pontos a partir das linhas de rumo.

Até o século XVI, era esse o tipo de mapa que os mercadores utilizavam para se deslocar, principalmente pelo Mar Mediterrâneo e por parte do Oceano Atlântico, da costa da Península Ibérica até a Inglaterra. Os primeiros mapas-múndi elaborados com as terras descobertas da América foram produzidos sobre a base das cartas portulanas. Por isso, ainda se observavam neles as linhas de rumo.

À medida que os europeus ampliavam seus horizontes, conhecendo e mapeando a superfície terrestre, as cartas portulanas foram se tornando insuficientes. Elas exigiam a presença do leitor exatamente no ponto de referência indicado, para poder observar o rumo a seguir. Contudo, para o planejamento do percurso em espaços mais amplos e para a análise do planeta como um todo, era necessária outra sistemática. O mapa de Ptolomeu foi um ponto de partida para enfrentar esse desafio. Leia sobre um exemplo no "Observatório dos viajantes".

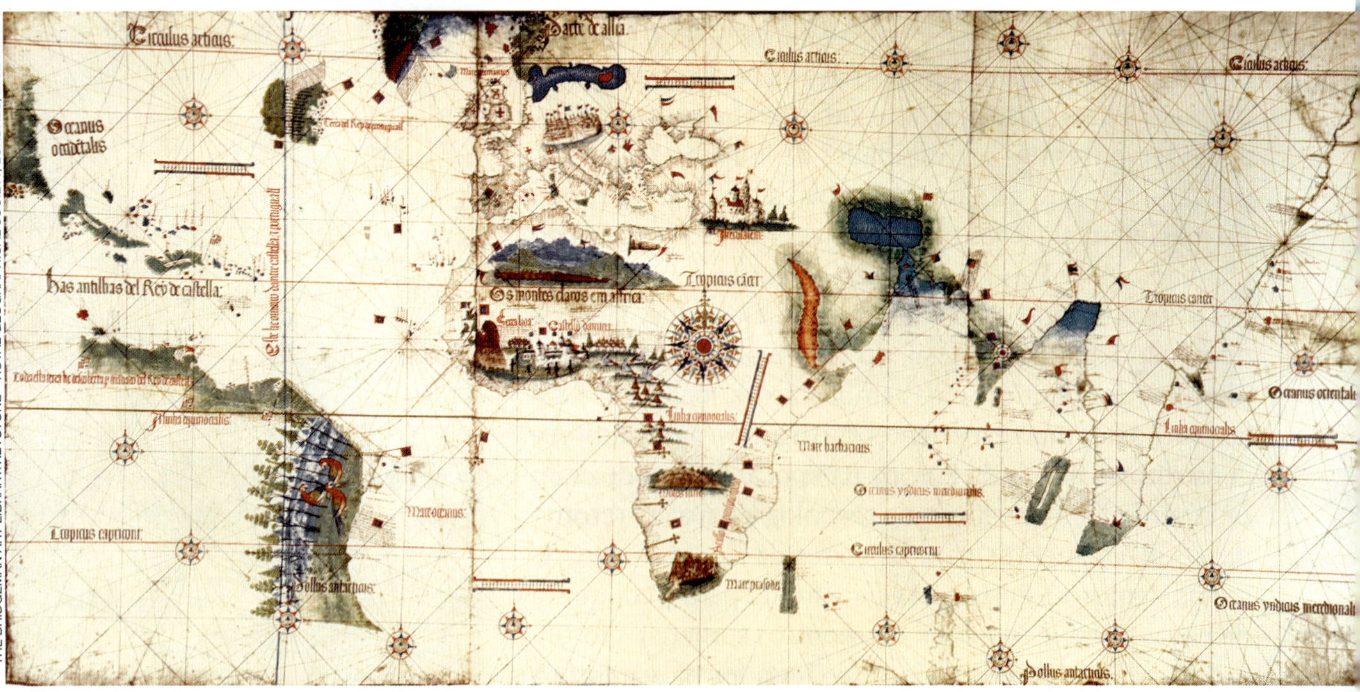

THE BRIDGEMAN ART LIBRARY/KEYSTONE – ROYAL GEOGRAPHICAL SOCIETY, LONDRES, INGLATERRA

FIGURA 7. Reprodução do mapa de Cantino, 1502, cujo original se encontra na Biblioteca Estense (Módena, Itália). Este mapa foi o primeiro a registrar o Brasil e a linha do Tratado de Tordesilhas. Observe que ele apresenta uma trama de linhas retas: as linhas de rumo.

Observatório dos viajantes

Navegando pela tórrida Zona

Américo Vespúcio foi um navegador e geógrafo que explorou águas oceânicas e mapeou as costas do chamado "Novo Mundo" como representante de armadores florentinos. No trecho da carta reproduzido a seguir, escrita para o mercador que financiava sua viagem, ele oferece informações preciosas das terras descobertas.

"Magnífico Patrão meu, Lorenzo, após as devidas recomendações. A última escrita a Vossa Magnificência foi da Costa da Guiné, de um lugar que se diz o Cabo Verde, pela qual terá sabido do início da minha viagem, e pela presente lhe será dito brevemente a metade, e o fim dela, que é o quanto segue. Partimos do dito Cabo Verde de início com facilidade, providos de cada coisa necessária, como são água e lenha, e outros instrumentos necessários para meter-se no golfo do mar Oceano para procurar novas terras, e tanto navegamos com o vento entre sudoeste e meio-dia, que em 64 dias chegamos a uma terra nova, a qual achamos ser firme por muitas razões que no proceder se dirão; por qual terra corremos dela cerca de 800 léguas sempre na direção de ¼ de sudoeste para poente, e aquela achamos cheia de habitantes, onde notei maravilhosas coisas de Deus e da natureza, de onde resolvi dar notícias dela a Vossa Magnificência como sempre fiz das outras minhas viagens.

Corremos tanto por estes mares que entramos na tórrida Zona, e passamos a linha equinocial para o lado do Austro, e do Trópico de Capricórnio; tanto que o polo do meio-dia estava acima do meu horizonte 50 graus, e outro tanto com a minha latitude da linha equinocial, e navegamos quatro meses e 27 dias, que nunca vimos o Polo Ártico nem a Ursa Maior, ou Menor; ao contrário se descobriram a mim na região meridional muitos corpos de estrelas muito claras, as quais estão sempre escondidas para os do Setentrião [...]."

VESPÚCIO, Américo. *Novo Mundo*: cartas de viagens e descobertas. Porto Alegre: L&PM, 1984. p. 67-69.

Responda.

▶ Quais referências Américo Vespúcio utiliza para navegar por águas desconhecidas?

As projeções cartográficas

Quanto mais ampla a superfície mapeada, maiores as distorções da curvatura da Terra. Imagine, então, a dificuldade para desenhar todo o planeta em uma superfície plana. Ptolomeu havia utilizado os conhecimentos de geometria dos gregos para aplicar a técnica da **projeção cônica** (figura 8).

A **projeção cartográfica** é um determinado tipo de traçado de linhas numa superfície plana, que irá representar os paralelos e os meridianos da Terra. No caso da projeção cônica adotada por Ptolomeu, o paralelo utilizado como base dos cálculos e os meridianos não sofrem deformação. Na realidade, contudo, quanto mais distante ao norte ou ao sul do paralelo base, há aumento progressivo das deformações. É por isso que esse tipo de projeção cartográfica é o mais adequado para representar pequenas regiões, como a extensão da superfície terrestre conhecida pelos gregos antigos.

Por terem de cobrir áreas cada vez mais extensas, os mapas passaram a exigir outra solução. Foi o matemático e cartógrafo holandês Gerhard Kramer, conhecido como Mercator (1512-1594), que desenvolveu um tipo de projeção mais adequada às novas necessidades. Ele representou os meridianos geográficos como retas paralelas entre si e perpendiculares à linha do Equador. É como se o globo terrestre fosse projetado em um cilindro (figura 9), razão pela qual essa técnica passou a ser conhecida como **projeção cilíndrica conforme** (pois não deforma os ângulos) **de Mercator**.

A principal vantagem da projeção de Mercator, apesar de ela distorcer a forma dos continentes quanto maior a distância em relação à linha do Equador, é que as linhas de rumo podem ser traçadas retas, o que facilita a navegação.

Vejamos por quê. Numa superfície plana, a menor distância entre dois pontos é uma reta; numa superfície esférica, é uma curva. Um mapa usando a projeção cilíndrica conforme de Mercator – isto é, com os paralelos e os meridianos projetados sobre um cilindro (posteriormente planificado), formando assim ângulos retos e permitindo traçar rotas em linha reta – permite ao navegante traçar uma linha reta entre o local em que ele se encontra e aquele ao qual pretende chegar. Com o auxílio de uma bússola, ele identifica o rumo a ser seguido. Durante a viagem, pode manter sempre o rumo traçado, corrigindo possíveis desvios provocados pelas correntes marítimas ou pelos ventos.

FIGURA 8. Projeção cônica

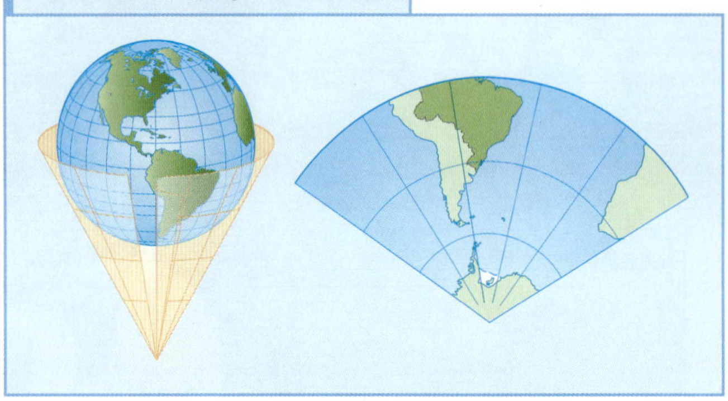

Fonte: *Atlante geografico moderno*. Novara: Istituto Geografico De Agostini, 1998. p. 226.

FIGURA 9. Projeção cilíndrica conforme de Mercator

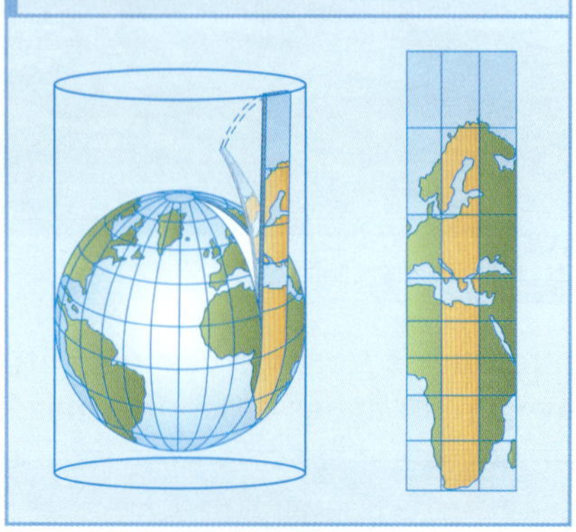

Fonte: *Atlante geografico moderno*. Novara: Istituto Geografico De Agostini, 1998. p. 226.

Por essa facilidade, mapas com a projeção cilíndrica conforme de Mercator tornaram-se bastante populares (figura 10). Até hoje, muitas pessoas pensam que essa é a forma correta de representar a Terra. Contudo, nenhum tipo de projeção cartográfica é perfeito, porque, geometricamente, é impossível projetar, sem imprecisões, uma esfera em um plano.

FIGURA 10. Planisfério de Mercator

Fonte: IBGE. *Atlas geográfico escolar*. 3. ed. Rio de Janeiro: IBGE, 2006. p. 23.

Os mapas refletem os interesses e o pensamento do tempo em que foram elaborados. A projeção de Mercator, por exemplo, é considerada **eurocêntrica**, por colocar a Europa no centro do mundo e atender aos interesses predominantes no período das Grandes Navegações, quando os países europeus passaram a incorporar novas terras.

Muitas outras alternativas foram elaboradas, cada uma privilegiando algum aspecto em prejuízo de outros. Uma das projeções mais importantes, divulgada nos anos 1970, foi a do alemão Arno Peters. Esse cartógrafo se baseou na projeção de James Gall, realizada no século XIX, para estabelecer um novo modo de ver o mundo com a **projeção cilíndrica equivalente**.

O planisfério de Peters (figura 11) difere do de Mercator por privilegiar a área em detrimento da forma. Nele, as terras localizadas no Hemisfério Sul são projetadas no plano com sua área real. Desse modo, os países pobres da África e da América do Sul ganharam maior representatividade em comparação, por exemplo, com as terras do Canadá, dos Estados Unidos e de países europeus.

FIGURA 11. Planisfério de Peters

Fonte: IBGE. *Atlas geográfico escolar*. 3. ed. Rio de Janeiro: IBGE, 2006. p. 21.

3 A cartografia dos impérios coloniais

Apesar do avanço da cartografia no período das Grandes Navegações, o mapa de Ptolomeu permanecia, ainda no século XVIII, sendo uma referência para os viajantes. Baseando-se na ideia de equilíbrio entre as extensões dos continentes e dos mares, imaginava-se que, no sul do globo, deveria haver proporções de terra semelhantes às do norte, circundando o planeta. Somente com as viagens do capitão inglês James Cook, entre 1768 e 1779, comprovou-se definitivamente o equívoco dessa ideia.

Observatório de imagens

As viagens de James Cook

Depois das grandes conquistas dos navegadores do século XVI, as descobertas de James Cook podem ser consideradas as mais importantes para a mudança da visão que se tinha do planeta. Veja algumas informações dessas viagens.

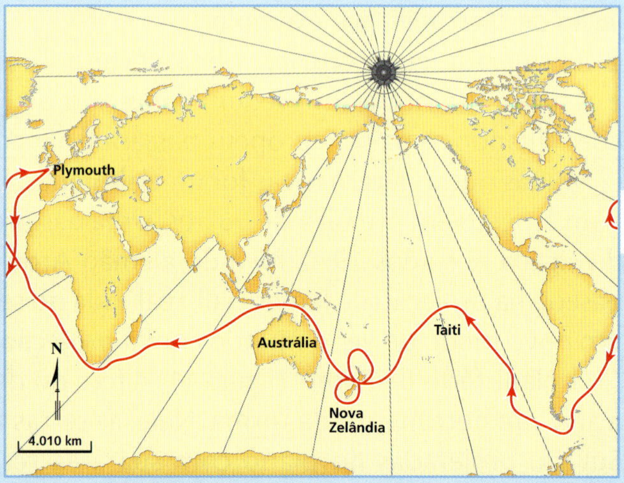

Primeira viagem (1768-1771).

Fonte: CLARK, William. *Explorers of the world*. Londres: Aldus Book, 1964. p. 73.

BETTMANN/CORBIS/LATINSTOCK

James Cook (1728-1779).

THE BRIDGEMAN ART LIBRARY/KEYSTONE – NATURAL HISTORY MUSEUM, LONDRES, INGLATERRA

Desenho da ave *Vestiaria coccinea*, registrado por William Ellis, integrante da terceira viagem de James Cook.

Cook mapeou detalhadamente a Oceania e representou no mapa o que seria o verdadeiro continente austral: a Austrália. Veja, no "Observatório de imagens", mais informações das viagens realizadas por James Cook.

Expedições dessa natureza eram financiadas pelos monarcas europeus interessados em reunir informações a respeito das riquezas de todas as partes do mundo. No caso de James Cook, o investimento foi da Coroa britânica, uma das maiores patrocinadoras dos estudos geográficos. Não era para menos. Registrar nos mapas as terras desconhecidas era um passo decisivo no reconhecimento, pelas outras nações europeias, do domínio que se tinha sobre elas.

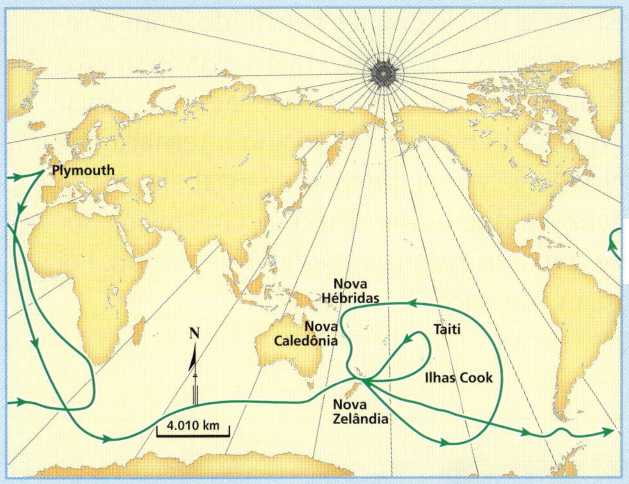

Segunda viagem (1772-1775).

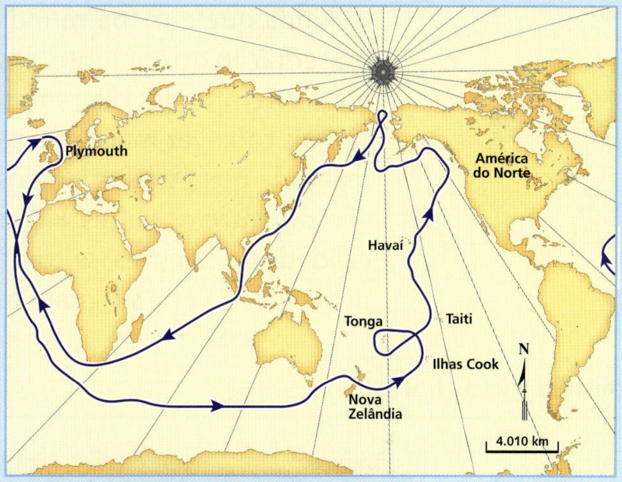

Terceira viagem (1776-1779).

GRANGER COLLECTION/OTHER IMAGES

Tenda de observações astronômicas utilizada por James Cook.

Responda.

1. Qual foi o porto inglês de onde partiram as três expedições comandadas por James Cook?
2. Qual a principal diferença de percurso da primeira viagem de James Cook em relação às outras duas? O que justificaria essa diferença?
3. Observando o percurso da segunda viagem, o que se pode concluir dos objetivos da expedição? E da terceira viagem?

As viagens de Cook foram importantes também por outros motivos. Por exemplo, no navio de sua segunda expedição para o Pacífico, Cook testou um cronômetro projetado pelo relojoeiro John Harrison, que permitia o controle exato da hora no local onde o navio estava e da hora em Greenwich, na Inglaterra.

Como a Terra gira em torno de si mesma (movimento de rotação) em aproximadamente 24 horas, cada hora representa 15 graus.

$$\frac{360 \text{ graus}}{24 \text{ horas}} = 15 \text{ graus por hora}$$

Ou seja, calculando a diferença horária entre esses dois pontos, Cook conseguia definir a distância em graus em relação a Greenwich. Essa distância em graus, denominada **longitude**, garantia o posicionamento exato dos locais visitados, tornando os mapas muito mais precisos.

Ainda que o mapa-múndi estivesse praticamente concluído, com a representação do conjunto dos continentes e oceanos, era necessário sincronizar o tempo das diferentes localidades para atender às relações internacionais cada vez mais intensas. A Conferência do Meridiano Internacional, realizada nos Estados Unidos em 1884, teve o objetivo de estabelecer um acordo entre os países. Ficou definido que o Meridiano de Greenwich, localidade de Londres, se tornasse o marco zero das medidas de tempo. Foi desse acordo que surgiram os **fusos horários** (figura 12).

FIGURA 12. Fusos horários

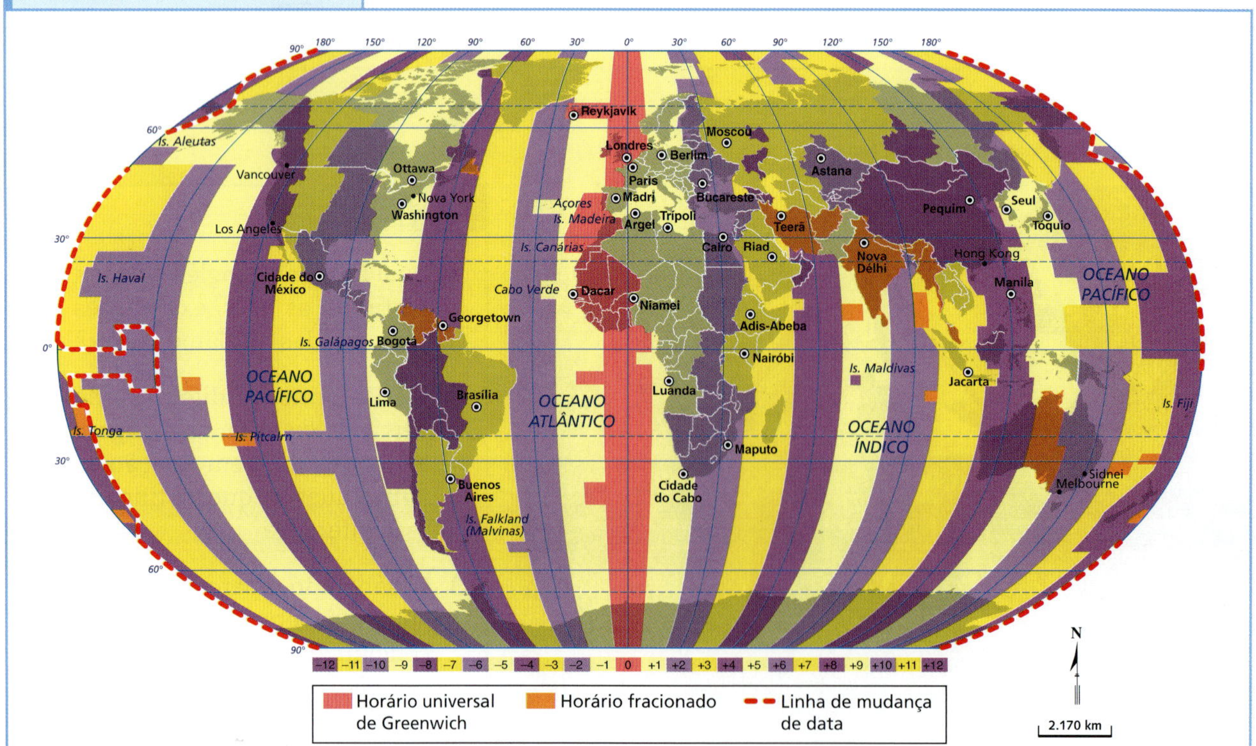

Fonte: IBGE. *Atlas geográfico escolar*. 3. ed. Rio de Janeiro: IBGE, 2006. p. 35 (com atualizações).

4 O mapa na era da informação

Até o fim da Primeira Guerra Mundial, a produção de um mapa não variava muito em relação aos procedimentos adotados no século XVIII. Mas os instrumentos de medição das distâncias, dos ângulos e das direções se aperfeiçoaram, gerando mapas cada vez mais exatos e detalhados quanto à posição, à forma e à dimensão dos objetos geográficos. A linguagem cartográfica também se diversificou, considerando a melhor forma de comunicar as informações a serem representadas.

A representação do fenômeno a ser cartografado pode ser **pontual** (estabelecimentos industriais, aeroportos, escolas etc.), **linear** (vias de comunicação ou fluxos de informação, de mercadorias e de pessoas) ou **zonal** (áreas agrícolas, florestas e pastagens).

A representação também pode ser **quantitativa**, ao expressar a dimensão dos fenômenos (o tamanho das cidades de acordo com o número de habitantes, por exemplo) ou **qualitativa**, ao indicar diferentes objetos e fenômenos, como linhas férreas, rios e rodovias.

Dependendo das características das informações, um complexo sistema de cores e símbolos foi sendo estabelecido pelos cartógrafos, formando as chamadas **convenções cartográficas** (figura 13), reconhecidas e aceitas em todo o mundo. A partir do século XX, a cartografia tornou-se cada vez mais popular, sendo utilizada em planejamento urbano, ensino, jornalismo e em determinadas atividades turísticas.

FIGURA 13. Principais símbolos cartográficos

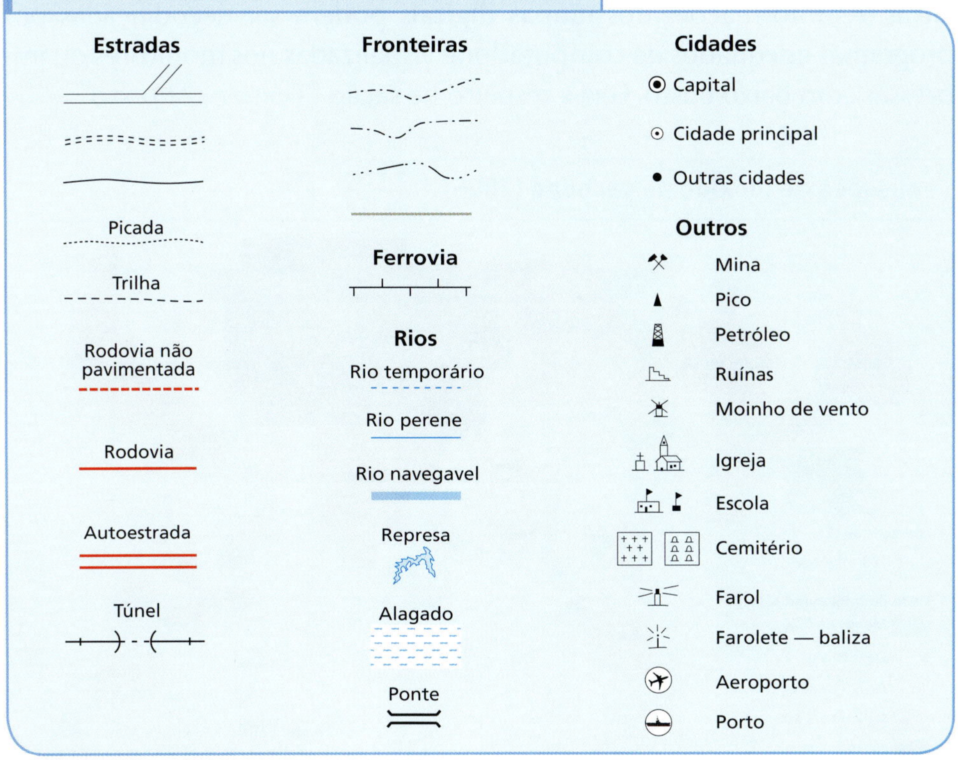

Fonte: Elaborado com base em LÉZY, Emmanuel e NONJON, Alain. *Cartes en main*: la cartographie aux concours. Paris: Ellipsias, 1999. p. 16.

Tipos de mapas

Em função do uso e da finalidade, vários são os tipos de figuras cartográficas que foram surgindo.

Um **mapa topográfico** apresenta o conjunto das construções humanas, a cobertura vegetal e a hidrografia existentes numa dada superfície (**planimetria**), bem como a determinação das cotas de altitude (**altimetria**). Utilizando um mapa topográfico como base, podemos elaborar **mapas temáticos**, para representar os fenômenos (clima, vegetação, relevo, uso da terra, divisão política) com o auxílio de símbolos qualitativos e quantitativos.

Há ainda os **mapas preliminares** e os **mapas esquemáticos**. Os mapas preliminares são documentos sem nenhuma precisão geométrica (croquis, por exemplo), utilizados para orientação. Os mapas esquemáticos apresentam os fenômenos de maneira muito simplificada, como uma espécie de resumo das principais relações e detalhes geográficos, sem muita preocupação com a exatidão e a precisão.

Nas **anamorfoses** (figura 14), a representação é mais gráfica que cartográfica. Nesse tipo de figura, deformam-se as superfícies reais para tornar suas áreas proporcionais à variável considerada.

Com a introdução da fotografia aérea no levantamento de dados a respeito da superfície terrestre, a atualização dos mapas tornou-se mais rápida. Essa tendência se manteve com o uso gradativamente maior dos computadores e da observação por satélites nos últimos quarenta anos, o que facilitou a produção cartográfica.

As fotografias enviadas pelos satélites são armazenadas nos computadores em linguagem digital, formada por um conjunto de algarismos ou letras. As informações dos **mapas digitais** podem ser decodificadas por programas adequados de computador e visualizadas nos monitores ou impressas com baixo custo. Leia a respeito na seção "Texto e contexto".

FIGURA 14. Anamorfose: emissões de dióxido de carbono (2005)

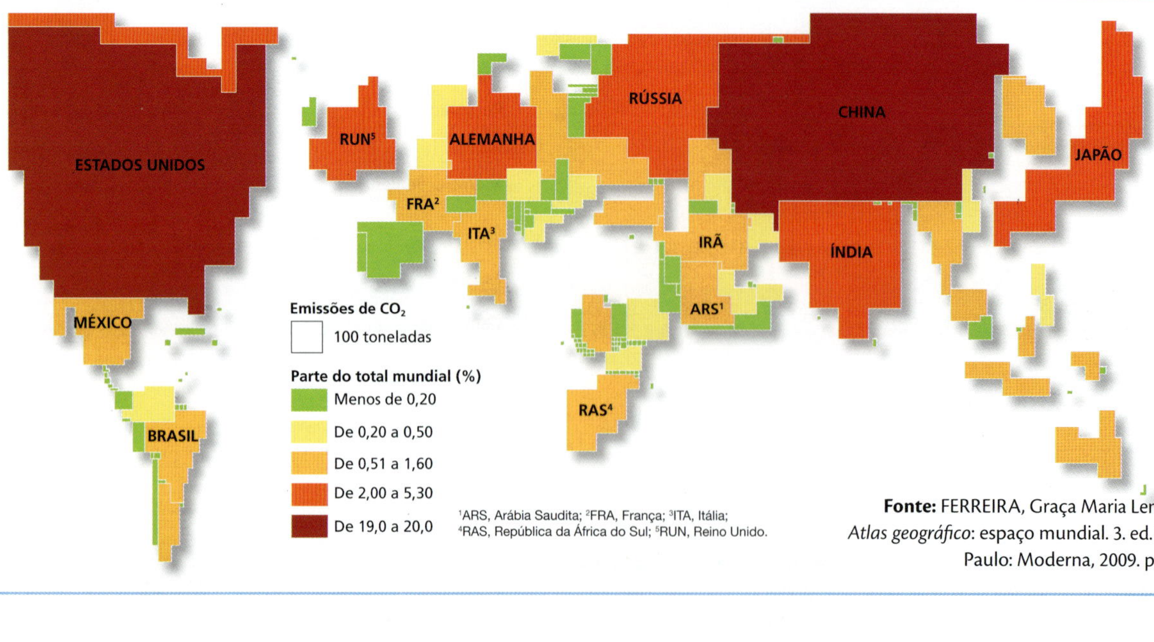

Fonte: FERREIRA, Graça Maria Lemos. *Atlas geográfico*: espaço mundial. 3. ed. São Paulo: Moderna, 2009. p. 14.

A expansão da rede mundial de computadores facilitou o uso dos mapas digitais. Atualmente, é possível buscar na internet algum endereço eletrônico que disponibilize, em tempo real, a imagem da Terra vista do espaço (figura 15), assim como inúmeros mapas temáticos a respeito de diversos assuntos.

LABORATORY FOR ATMOSPHERES/GODDARD SPACE FLIGHT CENTER/NASA

FIGURA 15. Imagem de satélite da Terra. Desde 1961, quando o astronauta soviético Iuri Gagárin tripulou uma nave e avistou a superfície terrestre do espaço, as imagens do planeta tornaram-se cada vez mais nítidas e difundidas pelos veículos de comunicação.

Texto e contexto

Os territórios digitais

"Chamamos de **territórios digitais** as representações computacionais do espaço, obtidas por meio de sistemas de informação geográfica. A noção de 'territórios digitais' pretende ser mais abrangente que o simples conceito de criação de mapas por meio de sistemas de informação. A ideia-chave é o conceito de representação computacional, que implica o uso de modelos [...] para buscar capturar as diferentes dimensões do espaço geográfico. Os territórios digitais podem mostrar mais que endereços e quadras. Eles podem revelar as diferentes expressões de fenômenos como exclusão social, criminalidade, risco ambiental e exposição a doenças contagiosas. Eles também precisam capturar a noção de que o espaço geográfico está em permanente mudança [...]. Como estão evoluindo os indicadores sociais em nossas cidades? Quais as novas articulações de poder que condicionam os diferenciais intraurbanos? O que acontecerá na Amazônia em 2020?"

CÂMARA, Gilberto et al. *Territórios digitais*: as novas fronteiras do Brasil. Disponível em <www.cgee.org.br/atividades/redirect.php?idProduto=2030>. Acesso em set. 2009.

Responda.

1. O que são territórios digitais?
2. De que forma sua criação pode auxiliar na melhoria da qualidade de vida da população?

OBSERVADORES EM AÇÃO

Para rever o capítulo

1. O que os mapas do tipo *Orbis Terrarum* revelam de sua época?

2. Qual foi a importância da cartografia dos gregos antigos para o mundo moderno?

3. Defina *latitude* e explique como ela é traçada nos mapas.

4. O que são as *cartas portulanas* e como elas eram utilizadas para a navegação oceânica?

5. Por que os mapas traçados com a projeção de Mercator eram mais adequados para viagens a longas distâncias?

6. Qual a diferença entre a projeção de Peters e a de Mercator?

7. Por que o uso do cronômetro de John Harrison tornou os mapas muito mais precisos?

8. Por que o uso de fotografias aéreas e imagens de satélite revolucionou a produção cartográfica?

No mundo da cartografia

9. Observe a figura cartográfica e faça o que é pedido.

O território japonês

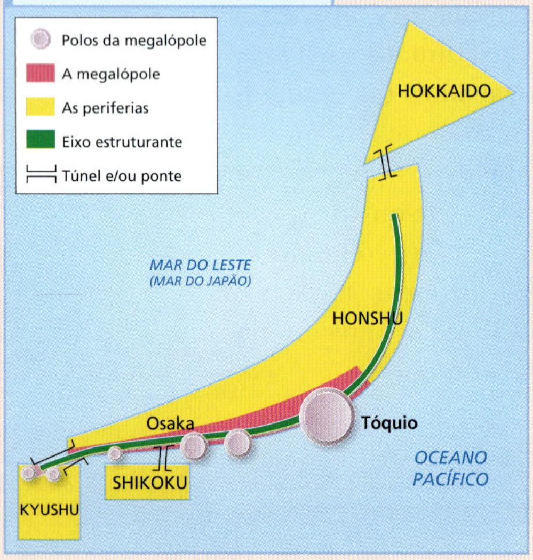

Fonte: Elaborado com base em FERREIRA, Graça M. L. *Atlas geográfico*: espaço mundial. São Paulo: Moderna, 2003. p. 73.

a) Classifique-a quanto ao tipo. Trata-se de um mapa topográfico, um mapa temático ou um mapa esquemático? Justifique sua resposta.

b) Enumere as formas de representação de acordo com as características das informações. Os fenômenos representados são quantitativos ou qualitativos? Dê exemplos de informações pontuais, lineares e zonais.

De um jeito ou de outro

10. O capitão inglês James Cook foi morto no Havaí em 1779. Esse episódio foi representado em diversas gravuras, como na mostrada a seguir.

THE BRIDGEMAN ART LIBRARY/KEYSTONE – NATIONAL MARITIME MUSEUM, LONDRES, INGLATERRA

A morte do capitão James Cook, 14 de fevereiro de 1779, óleo sobre tela de Johann Zoffany.

▶ Procure imaginar-se como membro da expedição de James Cook pelo Oceano Pacífico. Observe a gravura e utilize o que aprendeu no capítulo para descrever o episódio.

Prática de pesquisa

11. Acompanhe durante uma semana os noticiários da TV e registre quantas vezes e em quais situações são utilizadas imagens de satélite. Faça um relatório de seu levantamento e discuta com seus colegas o resultado de sua pesquisa.

Tabuleiro da Geografia

12. Muitos jogos usam mapas como tabuleiros. Reúna-se com seu grupo e façam uma pesquisa para encontrar um deles. Procurem estabelecer relações entre os temas de estudo de Geografia e as regras do jogo selecionado.

CAPÍTULO 2

América: a formação dos Estados

Observatório de informações

O Tratado do Rio de Janeiro, último acordo importante sobre os limites territoriais brasileiros, foi assinado entre o Brasil e o Peru em 1909, resolvendo a disputa pela posse do vale do Rio Juruá, no estado do Acre. Na América do Sul, entretanto, diversos países mantêm litígios fronteiriços até hoje. Observe o mapa da figura 1.

FIGURA 1. América do Sul: zonas de tensão

Fonte: Elaborado com base em *El Atlas de Le Monde Diplomatique II*. Buenos Aires: Capital Intelectual, 2006. p. 40.

FIGURA 2. Mulheres do altiplano boliviano protestam em La Paz contra o fortalecimento das relações comerciais com o Chile e o Peru, devido a disputas fronteiriças (Bolívia, 2003).

MARTIN ALIPAZ/EPA/CORBIS/LATINSTOCK

Observe o mapa e responda.

1. Quais países sul-americanos apresentam disputas fronteiriças?
2. Apresente uma razão histórica para o contraste entre o Brasil e a maior parte dos países hispano-americanos, no que diz respeito à fixação e consolidação de seus limites coloniais.

1 O território e a fronteira

O **território** é o espaço submetido a um poder político. No mundo contemporâneo, o poder político é exercido pelos Estados nacionais. A soberania do Estado está limitada geograficamente pelas fronteiras políticas que circunscrevem o território nacional.

Na maior parte dos Estados modernos, existe uma separação entre a esfera pública e a esfera privada. No passado histórico, não existia essa separação. Na Idade Média europeia, por exemplo, o monarca era detentor do poder político no interior de seu reino, mas seus limites eram indeterminados e instáveis. Os nobres extraíam rendas daquilo que era produzido em seus domínios, mas não eram proprietários, pois não existia um mercado de terras.

Em sua forma contemporânea, o Estado exerce soberania sobre o conjunto do território (esfera pública), mas a propriedade de suas terras está distribuída entre particulares (esfera privada). No passado histórico, essa distinção não existia.

Leia, na seção "Texto e contexto", um comentário sobre o público e o privado na história do Brasil.

Texto e contexto 1

Regime sesmarial
Regime estabelecido pela Coroa portuguesa em terras que lhe pertenciam, baseado na concessão de grandes lotes de terras a pessoas (sesmeiros) que os deveriam tornar produtivos em alguns anos, sob pena de terem de devolvê-los.

Lei de Terras
Por essa lei, o acesso à propriedade de terras passou a ser condicionado à compra.

Terra privada, território público

O sociólogo José de Souza Martins, comentando o processo de demarcação da terra indígena Raposa/Serra do Sol, em Roraima, resgata a história da formação do Estado brasileiro e da separação entre o público e o privado.

"Está em jogo uma tendência da história brasileira relativa à diferença entre a terra como propriedade fundiária e o território como patrimônio da nação. No antigo **regime sesmarial**, antecessor do atual regime fundiário, o Estado era titular do domínio da terra e os sesmeiros tinham dela a posse útil. A **Lei de Terras**, de 1850, alterou esse direito, de modo que os fazendeiros se tornaram titulares de domínio e posse, um direito pleno. Com a Revolução de 1930, o Estado brasileiro tratou de recuperar em parte o domínio da terra para sobre ela exercer sua soberania no que sobrepusesse os interesses nacionais aos interesses privados. Nessa tendência houve a separação legal de solo e subsolo, retornando o subsolo e tudo que contém ao domínio do Estado. O mesmo acabou acontecendo com as terras do Distrito Federal, as marinhas e as terras indígenas."

MARTINS, José de Souza. "Em pauta, o direito de ser diferente". *O Estado de S. Paulo*, 1º set. 2008.

Responda.

- O texto estabelece uma diferença essencial entre interesse nacional e interesse privado. Qual é essa diferença?

O público e o privado hoje

Dentro dos limites impostos pela lei, os particulares podem explorar o direito de propriedade, utilizando suas terras para produzir ou para gerar rendas. Contudo os proprietários privados não exercem poder político em suas terras, pois esse é um monopólio do Estado e se expressa em leis de validade geral, aplicadas sobre todo o território.

No caso brasileiro, a legislação estabelece que os proprietários de terras destinadas à agropecuária ou à produção madeireira devem reservar uma porcentagem de seus estabelecimentos para proteção ambiental, garantindo a manutenção dos ecossistemas nos quais eles se localizam. Isso significa que, mesmo que a terra tenha dono, o Estado tem o poder de regular a forma como ela vai ser utilizada, considerando o interesse público.

O poder do Estado é exercido por meio das leis e dos aparelhos judiciais e policiais destinados a controlar sua aplicação e reprimir as transgressões. O território é, portanto, um espaço de normas: nele, o Estado é soberano para legislar sobre o uso do patrimônio ambiental, o funcionamento do mercado de trabalho e a vida em sociedade.

A **fronteira** é a superfície de separação entre os territórios, ou seja, entre diferentes espaços de normas. Para atravessá-la as pessoas devem ser autorizadas duas vezes: pelo Estado onde são cidadãos e pelo Estado onde são estrangeiros.

2 Os Estados na América

As guerras entre monarquias europeias atuaram como fator decisivo para as independências na América. A **Guerra dos Sete Anos** (1756-1763) envolveu a França e a Grã-Bretanha na disputa entre colonos franceses e ingleses da América do Norte pelo domínio sobre as terras situadas entre os Montes Apalaches e o Rio Mississípi. A vitória dos colonos ingleses foi o estopim da independência dos Estados Unidos. A insurreição teve início como reação ao aumento de impostos cobrados pela Metrópole. Os colonos argumentavam que deviam ser compensados pela ajuda que haviam prestado à Coroa britânica na luta contra os franceses.

As elites comerciais e os proprietários de terra das Treze Colônias fundadas pelos ingleses na América do Norte, unidos na rejeição aos impostos e às taxas metropolitanas que sugavam a riqueza colonial, declararam a independência dos Estados Unidos em 1776.

A invasão da Espanha pelas tropas francesas de Napoleão, em 1810, deflagrou o processo das independências na América Espanhola. As elites das colônias hispânicas, estimuladas pelas ideias vindas da república independente dos Estados Unidos, e aproveitando-se da situação da Metrópole, aderiram ao movimento de libertadores, como Simón Bolívar (figura 3), e apoiaram os movimentos de independência.

ARCHIVES CHARMET/THE BRIDGEMAN ART LIBRARY/KEYSTONE – COLEÇÃO PARTICULAR

FIGURA 3. Simón Bolívar (1783-1830), herói da luta pela independência na América Espanhola.

Aglutinação e fragmentação

Após as independências, o processo de formação dos Estados nacionais da América seguiu um caminho divergente: de um lado, aglutinação (figura 4); de outro, fragmentação.

A América Anglo-Saxônica, colonizada pelo Reino Unido e pela França, exibe apenas dois Estados nacionais, cujas áreas ocupam a segunda e a quarta posições no mundo: Canadá e Estados Unidos. Essa dinâmica revela-se também na América Portuguesa, que se manteve unida sob a forma do Brasil independente, o quinto país do mundo em área territorial.

A América Espanhola se subdividiu em dezoito Estados independentes, alguns bastante extensos, como Argentina e México, outros muito pequenos, como El Salvador.

Na América Anglo-Saxônica, o traçado das fronteiras completou-se durante o século XIX.

Na América Latina, o século XIX e o período que vai de 1900 a 1945 representaram as duas grandes fases de definição dos traçados. As fronteiras brasileiras, que delimitam a América Portuguesa, já estavam praticamente definidas em 1900. Na América Espanhola, onde a definição dos limites fronteiriços se prolongou pela primeira metade do século XX, permanecem diversos focos de conflito, como vimos na abertura deste capítulo.

FIGURA 4. **América pós-independências**

Fonte: MARTINELLI, Marcello. *Atlas geográfico*: natureza e espaço da sociedade. São Paulo: Editora do Brasil, 2003. p. 39.

❸ A expansão territorial dos Estados Unidos

No final da guerra de independência, o território dos Estados Unidos abrangia as áreas originais das **Treze Colônias**, entre os Montes Apalaches e o Atlântico. As terras conquistadas pelos colonos ingleses no conflito com os franceses eram as situadas entre os Apalaches e a margem esquerda do Mississípi.

As sete décadas seguintes à independência registrariam um poderoso movimento de incorporação pelos Estados Unidos de territórios britânicos, franceses, espanhóis e mexicanos, estendendo a jovem república ao Golfo do México, ao sul, e ao Pacífico, a oeste (figura 5).

A Louisiana, antiga possessão espanhola anexada pela França em 1800, foi comprada pelos Estados Unidos em 1803. A França napoleônica, que já estava em guerra com o Reino Unido e enfrentava a revolta dos escravos do Haiti, preferiu abrir mão da Louisiana por uma quantia irrisória.

Em 1819, a Espanha abriria mão da Flórida, também vendida para os Estados Unidos por um preço simbólico.

Essa atividade expansionista em áreas de influência francesa e espanhola originou diretamente a **Doutrina Monroe**, que ganhou esse nome por ter sido pronunciada pela primeira vez em uma mensagem do presidente James Monroe ao Congresso dos Estados Unidos, em 1823. Nela, o presidente alertava as potências europeias de que qualquer tentativa de recolonização ou de ingerência delas nos assuntos do continente americano seria considerada uma ameaça à segurança dos Estados Unidos. A frase "A América para os americanos" sintetizava o significado dessa doutrina.

O traçado noroeste da fronteira foi completado entre 1846, quando o Reino Unido cedeu parte do atual estado do Oregon, e 1867, quando o Alasca foi comprado da Rússia. A expansão prosseguiu rumo ao sudoeste, sobre terras mexicanas. Entretanto foi preciso vencer a resistência mexicana pela força das armas. Derrotado, o México perdeu o Texas, o Arizona, o Novo México e a Califórnia.

FIGURA 5. Estados Unidos: expansão territorial (1783-1848)

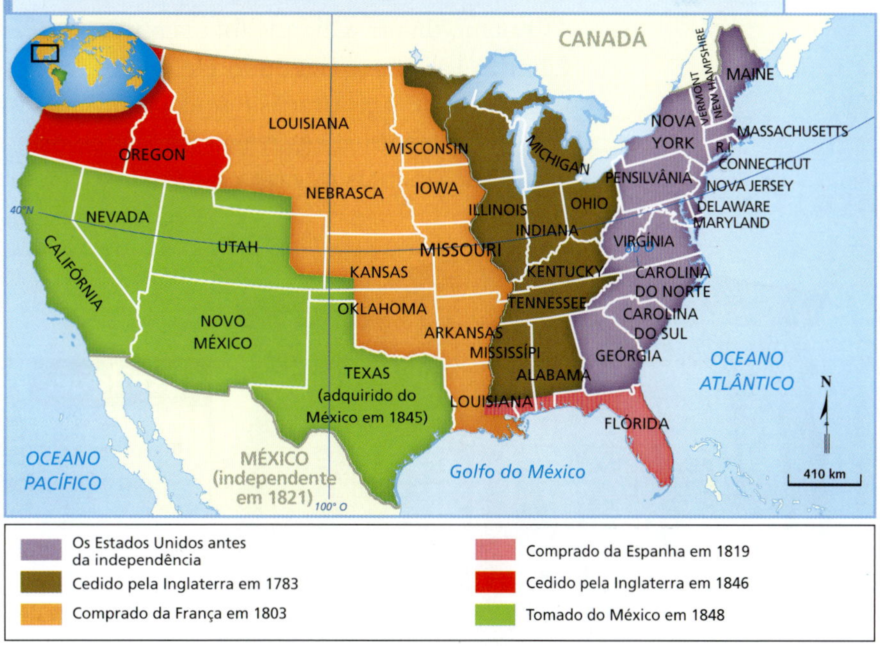

Fonte: BERTIN, Jacques; VIDAL-NAQUET, Pierre. *Atlas histórico.* Lisboa: Círculo de Leitores, 1990. p. 233.

H. ARMSTRONG ROBERTS/RETROFILE/GETTY IMAGES

FIGURA 6. Colheita de algodão no estado sulista da Louisiana (c. 1940).

A república estadunidense se expandiu sob uma base econômica desigual. Os estados do **Norte** baseavam sua economia no trabalho livre e na propriedade familiar. Esse padrão expandia-se para as Planícies Centrais, povoadas por colonos europeus.

Os estados do **Sul** baseavam sua economia no trabalho escravo e na grande propriedade senhorial. Esse padrão expandia-se na direção do Texas. Observe a figura 6.

Esses dois modelos de sociedade se enfrentaram na Guerra de Secessão (1861-1865). A derrota do Sul solidificou a unidade territorial dos Estados Unidos em torno do ideário das colônias do Norte. Começava a história de uma grande potência. Conheça um pouco da história de sua capital no "Observatório literário".

Observatório literário

No meio do caminho, havia uma pátria

"Washington nasceu do mesmo espírito de conciliação e equilíbrio que orientou a Declaração de Independência e a Constituição dos Estados Unidos. Logo depois da Guerra de Independência (1776-1783), os representantes dos estados concordaram em escolher um local 'neutro', intermediário entre o Norte e o Sul, capaz de acolher a capital nacional. [...]

O plano da nova cidade foi encomendado ao engenheiro francês Pierre-Charles L'Enfant. Segundo ele, a capital deveria espelhar e promover o patriotismo, e suas praças e seus jardins serviriam 'para convidar a juventude de gerações sucessivas a passar pelos caminhos daqueles sábios ou heróis que seu país julgava conveniente celebrar'."

Baseado em MAGNOLI, Demétrio e BARBOSA, Elaine S. *Formação do Estado nacional*: as capitais e os símbolos do poder político. São Paulo: Scipione, 1996. p. 60.

RICHARD T. NOWITZ/CORBIS/LATINSTOCK

Explique.

- A ideia de que Washington foi planejada para promover o patriotismo.

Monumento a Thomas Jefferson, redator da Declaração da Independência dos Estados Unidos, de 1776, em Washington (EUA, 2006).

4 A América Espanhola e sua fragmentação

Simón Bolívar, principal herói da luta contra o domínio espanhol, pretendia organizar uma imensa confederação por meio da união de toda a América Espanhola independente, do México até a Argentina.

Entretanto, a disputa pelo poder travada pelas oligarquias regionais resultou em um processo de desagregação territorial, marcado por guerras civis, conflitos e guerras de fronteira, hostilidade e desconfiança.

Os novos Estados emergiram como reflexo dos interesses das elites econômicas e dos líderes políticos que haviam herdado as estruturas administrativas coloniais (figura 7). O traçado das fronteiras desses novos Estados consumiu cerca de cinquenta anos, e ainda hoje persistem diversos focos de litígio.

A explosão da Nova Espanha

O Vice-Reinado da Nova Espanha, com sede no México, detinha a autoridade sobre as capitanias gerais da Guatemala e de Cuba. O processo da independência resultou na desagregação política de toda a região e na formação de inúmeros pequenos estados independentes.

A guerra de independência do México desenrolou-se entre 1810 e 1821. Quando a libertação foi concluída, a Guatemala proclamou também sua independência. No ano seguinte, o coronel mexicano Agustín Iturbide declarou-se imperador (Agustín I). No ano seguinte, em meio a desordens e revoltas, foi instituída a república. A Guatemala separou-se e formou a Confederação Centro-Americana, que se rompeu em 1838 com as proclamações de independência de Honduras, Nicarágua, El Salvador e Costa Rica.

Ao longo do século XIX, o México viveu um clima de grande instabilidade política, protagonizada por lideranças locais e bandos armados. Na guerra contra os Estados Unidos, o país perdeu cerca de metade de seu território original.

Depois do rompimento da Confederação, o istmo centro-americano conheceu guerras sucessivas, envolvendo Guatemala, Honduras, El Salvador e Nicarágua. As tentativas intermitentes de formação de uma confederação entre Honduras, El Salvador e Nicarágua fracassaram.

FIGURA 7. América Espanhola: organização administrativa

Fonte: DUBY, Georges. *Atlas historique*. Paris: Larousse, 1987. p. 282.

O fracasso de Bolívar na Nova Granada

O Vice-Reinado de Nova Granada, com sede em Bogotá, na Colômbia, abrangia, além desta, os atuais Panamá, Venezuela e Equador. Nele, a guerra de independência eclodiu em 1810, em Caracas (atual capital da Venezuela), sob o comando de Simón Bolívar, que obteve a vitória em 1817. Dois anos depois, suas tropas assumiam o controle da Colômbia. Feito presidente, Bolívar foi lutar no Equador, onde derrotou os espanhóis em 1822.

Na tentativa de conservar unidos os territórios independentes de Nova Granada, foi criada a Grã-Colômbia. Contudo, em 1830, Venezuela e Equador a abandonaram. Nesse mesmo ano, Bolívar foi deposto e faleceu no exílio.

Disputas territoriais no Peru

O Vice-Reinado do Peru, que abrangia também a Bolívia e a capitania geral do Chile, disputou com o México, durante a época colonial, a posição de centro principal da América Espanhola.

Após participar do movimento de libertação de seu país, que se oficializou em 1816, o general argentino San Martín prosseguiu com sua campanha libertadora a partir do Chile, cuja independência se deu em 1818. Dois anos depois, suas tropas tomaram Lima, a capital do Peru, mas as forças espanholas permaneceram atuantes no interior. Em 1824, após a libertação do território da Bolívia por Antônio José de Sucre e Simón Bolívar, pediu ajuda a este último para finalmente conseguirem a capitulação espanhola e a libertação total do Vice-Reinado do Peru.

Bolívia e Peru, que formavam um país único, separaram-se em 1825. Posteriormente os dois países formaram uma confederação (1836-1839), mas ela foi desfeita após a derrota na guerra que moveu contra o Chile e a Argentina. Em 1879-1883, uniram-se contra o Chile, mas foram derrotados na chamada Guerra do Pacífico. Em consequência, o Peru perdeu a região de Arica e a Bolívia, a de Antofagasta, sua única saída para o mar. Leia mais sobre esse assunto na seção "Texto e contexto", na página 34.

As perdas de territórios pela Bolívia tiveram sua conclusão na Guerra do Chaco (1932-1935), contra o Paraguai, precipitada pela descoberta de pequenas jazidas petrolíferas na raiz da cordilheira andina. Como resultado do conflito, o país perdeu a maior parte do território que possuía na região do Chaco (figura 8).

FIGURA 8. Bolívia: perdas territoriais

Fonte: Elaborado com base em SCALZARETTO, Reinaldo e MAGNOLI, Demétrio. *Atlas – geopolítica*. São Paulo: Scipione, 1996. p. 36.

O jogo das potências no Rio da Prata

O Vice-Reinado do Rio da Prata, com sede na Argentina, abrangia também o Uruguai e o Paraguai. Na Argentina, um governo autônomo foi instalado em 1810, mas a proclamação oficial da independência se deu em 1816. O Uruguai tornou-se independente da Espanha em 1816, mas, em seguida, foi ocupado por tropas luso-brasileiras e depois anexado ao Brasil com o nome de Província Cisplatina. Em 1827, forças uruguaias com apoio argentino derrotaram os ocupantes.

Por longo tempo ainda o Reino Unido continuou pressionando o Brasil e a Argentina para assegurar a soberania uruguaia. O Uruguai havia se tornado um Estado-tampão entre essas duas potências regionais, ou seja, servia para prevenir conflitos entre elas. Em 1832, o governo britânico anexou as Ilhas Malvinas, arquipélago argentino situado ao largo da Patagônia (figura 9).

O Paraguai proclamou a independência em 1811, resistindo às tentativas da Argentina para anexá-lo. Desenvolvendo a indústria e o poderio militar, o Paraguai passou a ser uma ameaça para o Brasil, a Argentina e o Reino Unido. Entre 1864 e 1870, a guerra de extermínio movida por uma aliança entre esses três países devastou a economia paraguaia e impôs grandes perdas territoriais ao país. Veja a figura 10.

JOHN DOWNING/GETTY IMAGES

FIGURA 9. Na Guerra das Malvinas (abril-junho de 1982), a Argentina e o Reino Unido lutaram pela soberania no Arquipélago das Malvinas (Falklands para os britânicos). Na foto, embarcações da Marinha Real Britânica retornam para a Inglaterra após o desfecho do conflito (julho de 1982).

FIGURA 10. A Guerra do Paraguai na visão do artista argentino Cándido López (1840-1902): *Cruzando o Rio São Joaquim* (óleo sobre tela de 1865).

INDEX/THE BRIDGEMAN ART LIBRARY/ KEYSTONE - MUSEO HISTORICO NACIONAL, BUENOS AIRES, ARGENTINA

Texto e contexto 2

Antofagasta ou Atacama?

"A Guerra do Pacífico (1879-1883), junto com a Guerra do Paraguai [1864-1870], foi o mais grave conflito internacional latino-americano do século XIX. As 800 milhas de costa boliviana, no litoral do Pacífico, estavam constituídas majoritariamente pelo deserto de Atacama; muito poucos bolivianos o povoavam. Em 1866, os chilenos descobriram extensas jazidas de nitrato perto do local onde havia sido construída a antiga cidade de Antofagasta e, em 1874, a Bolívia cedeu ao Chile uma parte de seu território de Atacama. Os chilenos extraíram e exportaram nitratos segundo um acordo com a Bolívia até 1868, ano em que uma disputa degenerou em enfrentamento militar. O Chile atacou as zonas desérticas bolivianas, em 1879, e o Peru entrou na guerra como aliado da Bolívia [...]. A 4 de abril de 1884, Chile e Bolívia firmaram uma trégua que assegurava um armistício indefinido e a ocupação de Atacama pelo Chile. Em 1888, o Chile renomeou unilateralmente o território de Atacama, que passou a ser a província de Antofagasta."

ATKINS, G. Pope. *América Latina en el sistema político internacional* (tradução dos autores). Buenos Aires: Grupo Editor Latinoamericano, 1994. p. 397-398.

AIZAR RALDER/AFP/GETTY IMAGES

Manifestação popular na Bolívia contra a exportação de gás natural via Chile, em 2003. Essa foi uma demonstração de que os bolivianos não se esqueceram da perda que tiveram com a Guerra do Pacífico.

Responda.

▶ Por que a Guerra do Pacífico continua a ser um entrave às relações entre a Bolívia e o Chile?

OBSERVADORES EM AÇÃO

Para rever o capítulo

1. Nos Estados modernos, propriedade e soberania significam coisas diferentes. Explique por quê.
2. Por que a frase "A América para os americanos" é associada à Doutrina Monroe?
3. Explique o significado da Guerra de Secessão (1861-1865) na história dos Estados Unidos.
4. Qual é a origem dos litígios territoriais entre o Chile e a Bolívia?
5. Leia o texto e responda.

"Após 1865, as forças militares puderam consagrar-se inteiramente àquilo que pudicamente se chamou a 'pacificação do oeste', na verdade o extermínio dos índios [...]. O exército dá apoio à penetração dos pioneiros na construção das estradas de ferro, vigia as estradas ao longo das quais são estabelecidos fortes, muitos deles na origem das cidades atuais: Forte Brigder, Forte Hall, Forte Boise, Forte Laramie, Forte Kearny. De todos eles, apenas Forte Worth (Texas) conservou suas funções militares. O exército serviu de anteparo entre os índios e os pioneiros, na tentativa de impedir atritos, e por isso mesmo conduziu a política de acantonamento [distribuição em acampamentos] que mais tarde resultou nas reservas indígenas."

FOHLEN, Claude. *O faroeste*. São Paulo: Companhia das Letras, 1989. p. 139.

a) Que tipo de apoio o exército estadunidense forneceu para os pioneiros na marcha para o Oeste?

b) Qual foi a origem das atuais reservas indígenas dos Estados Unidos?

No mundo da cartografia

6. No processo de formação de seu território, os Estados Unidos incorporaram vastas porções de terras. Indique a forma pela qual cada área enumerada no mapa foi incorporada a seu território.

Estados Unidos: incorporação de territórios

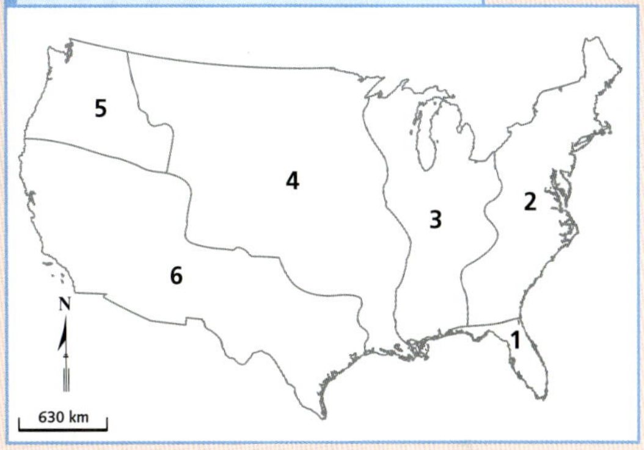

Fonte: Elaborado com base em BERTIN, Jacques e VIDAL-NAQUET, Pierre. *Atlas histórico*. Lisboa: Círculo de Leitores, 1990. p. 233.

Prática de pesquisa

7. Leia o texto e faça o que é pedido em seguida.

"[...] A expansão territorial foi acompanhada e viabilizada por duas imensas ondas de imigração europeia, a 1ª entre 1840 e 1860, e a 2ª entre 1880 e 1900. Elas trouxeram quase 30 milhões de colonos para as terras americanas, possibilitando um salto populacional impressionante num país que entrara no século XIX com cerca de apenas 7 milhões de habitantes.

Esse movimento migratório foi, desde o início, estimulado pelo governo americano, que organizou uma vasta distribuição de terras no oeste. Basta dizer que, em 1862, uma lei conhecida como Homestead Act (Ato de Propriedade Rural) doava 160 acres de terra a oeste do meridiano de 100 graus a quem os cultivasse por um mínimo de cinco anos."

MAGNOLI, Demétrio. *O mundo contemporâneo*. 3. ed. São Paulo: Moderna, 1992. p. 38.

▶ Elabore uma pesquisa a respeito da Lei de Terras instituída em 1850 pelo governo brasileiro e compare seus pressupostos com aqueles do Homestead Act, descritos acima.

CAPÍTULO 3

O mapa político mundial

Observatório de informações

Em 1945, quando a ONU (Organização das Nações Unidas) foi criada, cerca de 750 milhões de habitantes viviam em quase 100 **territórios não autônomos**. Até o começo da década de 1960, mais de 70 antigas colônias haviam conquistado a independência. Desde então, a ONU constituiu uma comissão para acompanhar a situação política nas colônias restantes, que ficou conhecida por Comitê Especial dos 24. Esse Comitê coordenou as atividades dos dois Decênios Internacionais para a Eliminação do Colonialismo (1990-1999, 2001-2010).

Atualmente os territórios não autônomos não passam de 16, onde vivem menos de 2 milhões de habitantes. Entre estes, a maioria depende do Reino Unido e dos Estados Unidos. Veja, no mapa da figura 1 e nos quadros a seguir, a situação dos territórios não autônomos e daqueles que conquistaram a independência recentemente na África e na Ásia.

FIGURA 1. Novos países e últimas colônias

1 Diego Garcia: base militar alugada pelos Estados Unidos.

2 Somalilândia: território que funciona, de fato, de maneira independente, mas não reconhecido pela comunidade internacional.

Fonte: *El Atlas de Le Monde Diplomatique II*. Buenos Aires: Capital Intelectual, 2006. p. 154.

Quadro 1. África e Ásia: países independentes desde 1974		
País		**Situação política**
① Angola		Ex-colônia de Portugal, obteve independência em 1976.
② Bangladesh		Parte da ex-colônia britânica das Índias, que se tornou independente do Paquistão em 1971.
③ Cabo Verde		Ex-colônia de Portugal, obteve independência em 1975.
④ Comores		Ex-colônia da França, obteve independência em 1975.
⑤ Djibuti		Ex-colônia da França, obteve independência em 1977.
⑥ Eritreia		Ex-colônia da Itália, obteve independência em 1993.
⑦ Guiné-Bissau		Ex-colônia de Portugal, obteve independência em 1974.
⑧ Moçambique		Ex-colônia de Portugal, obteve independência em 1975.
⑨ Namíbia		Considerada uma província pela República da África do Sul, tornou-se independente em 1990.
⑩ São Tomé e Príncipe		Ex-colônia de Portugal, obteve independência em 1975.
⑪ Seychelles		Ex-colônia britânica, obteve independência em 1976.
⑫ Zimbábue		Ex-colônia britânica, obteve independência em 1980.

Quadro 2. África e Ásia: ex-colônias com *status* de regiões autônomas	
Territórios	**Situação política**
❶ Ilha da Madeira	Território dependente de Portugal, considerado pelo Estado português região autônoma e pela União Europeia região ultraperiférica.
❷ Ilhas Canárias	Território dependente da Espanha, considerado pelo Estado espanhol região autônoma e pela União Europeia região ultraperiférica.
❸ Reunião	Considerado pela França um departamento de ultramar.
❹ Saara Ocidental	Ex-colônia da Espanha, o mais extenso território não autônomo africano é reivindicado pelo Marrocos e pelo movimento de independência Frente Polisário.
❺ Santa Helena	Considerado pelo Reino Unido um departamento de ultramar.

Faça o que se pede.

1. Compare a divisão política da África e da Ásia, considerando a localização dos últimos territórios não autônomos e dos Estados recém-independentes.
2. Qual a situação política das últimas colônias dos países europeus?

1 As marcas da colonização: o exemplo da África

O Estado contemporâneo foi uma criação da civilização europeia. As fronteiras políticas que definem o território dos Estados foram exportadas pelos europeus para o mundo todo por intermédio da colonização.

Nos séculos XVI e XVII, a colonização do Novo Mundo pelas potências mercantis europeias criou os fundamentos para a posterior definição das fronteiras nacionais na América. Nos séculos XIX e XX, o neocolonialismo europeu – deflagrado pela Revolução Industrial – traçou fronteiras políticas na Ásia e na África. As potências industriais funcionaram como cartógrafos do mundo contemporâneo, criando fronteiras políticas onde existiam apenas espaços culturais, étnicos ou civilizatórios.

De 1876 a 1915, aproximadamente um quarto da superfície do planeta foi distribuído entre um pequeno grupo de potências industriais. A parte de cada uma delas na dominação dos territórios e mercados do mundo foi determinada de acordo com suas forças naval, militar e econômica. Assim, o Reino Unido ficou com o melhor quinhão, seguido por França, Estados Unidos, Bélgica e Holanda. A Itália e a Alemanha, recém-unificadas, ganharam apenas algumas migalhas. Portugal e Espanha, os maiores impérios coloniais pré-industriais, mantiveram algumas de suas antigas possessões, pois as novas potências não conseguiram chegar a um acordo sobre a melhor forma de dividi-las entre si. Leia mais sobre o significado dessa partilha na seção "Texto e contexto".

Texto e contexto 1

O mundo dividido

De acordo com o historiador Eric Hobsbawm, a possessão de territórios coloniais, mesmo daqueles que jamais foram fonte de riqueza, teve um grande significado para as potências.

"Uma vez que o *status* de grande potência se associou à sua bandeira tremulando em alguma praia bordada de palmeiras (ou, mais provavelmente, em áreas cobertas de arbustos secos), a aquisição de colônias se tornou um símbolo em si, independente de seu valor. Por volta de 1900, até os Estados Unidos, cujo tipo de imperialismo nunca antes nem depois fora associado à posse de colônias formais, sentiram-se obrigados a adotar o modelo. A Alemanha ficou profundamente ofendida por uma nação tão poderosa e dinâmica como ela possuir uma parte tão menor de territórios coloniais que ingleses e franceses, embora também a importância econômica de suas colônias fosse pouca, e a estratégica ainda menor. A Itália insistiu em tomar extensões decididamente desinteressantes de desertos e montanhas africanas, no intuito de dar respaldo à sua posição de grande potência; e, sem dúvida, seu fracasso na conquista da Etiópia prejudicou essa posição."

HOBSBAWM, Eric. *A Era dos Impérios (1875-1914)*. Rio de Janeiro: Paz e Terra, 1988. p. 103.

Responda.

- De acordo com o autor do texto, qual era o significado da posse de territórios coloniais para as potências mundiais no final do século XIX?

África: as fronteiras do colonizador

Por muitos séculos os mercadores árabes de escravos, marfim e outras riquezas percorreram o continente africano negociando com algumas tribos. Suas rotas atravessavam o Saara até os portos do Mediterrâneo ou os do litoral voltado para o Oceano Índico.

A partir do século XV, navios negreiros provenientes da Europa passaram a competir com os comerciantes árabes, e os europeus estabeleceram feitorias por toda a extensão do litoral africano.

O continente africano tinha importância para os europeus não só como área de apoio nas viagens às longínquas terras da Ásia como também e mais precisamente como fornecedor de mão de obra escrava que sustentava a expansão colonial na América. As colônias americanas e os entrepostos comerciais na África apontavam para um processo de dominação que permitiria o domínio europeu em várias partes do mundo durante os dois séculos seguintes.

Contudo o vasto interior africano continuava entregue às soberanias étnicas e tribais nativas, que, em alguns casos, chegaram a constituir vastos impérios de limites imprecisos. Dois deles se destacaram entre os séculos VIII e XI: Gana e Mali, que se desenvolveram em um cinturão de intensa circulação e intercâmbio comercial ao sul do Deserto do Saara, entre os rios Senegal e Níger (figura 2).

Quando os colonizadores europeus se voltaram para o interior do continente, vários Estados africanos haviam se formado a partir desses dois grandes impérios. Foram os casos de Songai, Mossi e Borno.

Leia mais sobre o contato entre os exploradores europeus e os povos africanos no "Observatório dos viajantes", nas páginas seguintes.

FIGURA 2. Os impérios ou reinos africanos (séculos X a XIV)

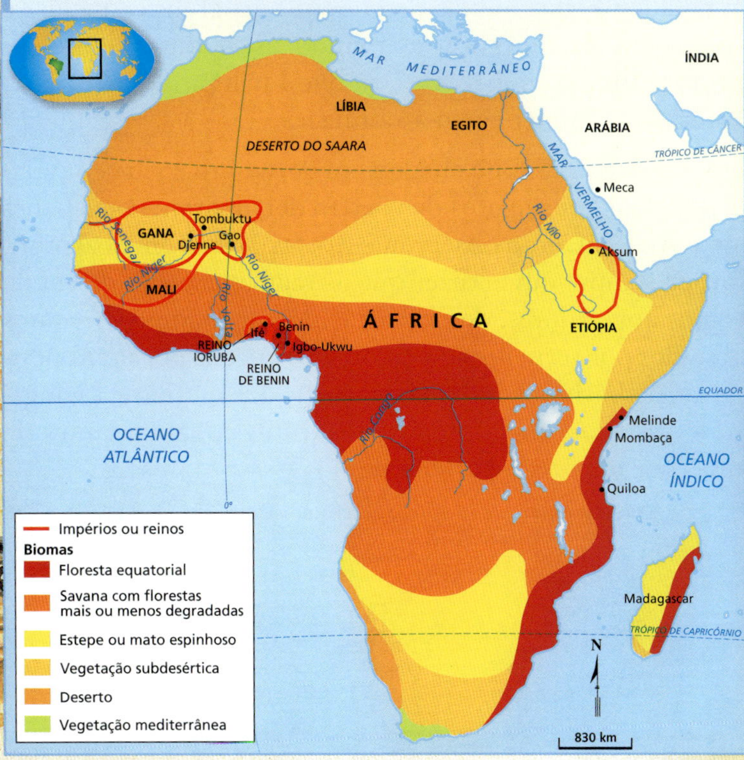

Fonte: Elaborado com base em *Atlas da História do Mundo*. São Paulo: Folha de S.Paulo, 1995. p. 134.

Observatório dos viajantes

A epopeia de Livingstone

Até a metade do século XIX, boa parte da África estava protegida por barreiras naturais e pela ameaça de doenças desconhecidas dos exploradores estrangeiros. Aos poucos, os europeus souberam acumular conhecimentos para superar esses obstáculos e mapear as riquezas do continente, como revela o relato a seguir.

"A 25 de maio de 1856, um escocês de meia-idade foi carregado por africanos até a pequena vila de Quelimane, na Moçambique portuguesa. Queimando de febre reumática, enfraquecido por meses de disenteria crônica e ataques recorrentes de malária, ele ajoelhou-se para agradecer a Deus por seu resgate ao final de uma jornada monumental. Após viajar durante vinte meses a pé, boi, burro e canoa, o doutor David Livingstone, extraordinário missionário-explorador, tornara-se o primeiro europeu a cruzar o continente africano de costa a costa.

Sua epopeia de quase 4 mil quilômetros começara no porto atlântico de Luanda, na Angola portuguesa, e terminara logo acima de onde o Rio Zambeze desemboca no Oceano Índico. Ao longo da jornada, repelira um ataque de guerreiros armados, debelara um motim de seus carregadores e ficara cego de um olho. Encontrara indícios de um florescente tráfico de escravos operado principalmente por mercadores árabes, que levavam grande número de africanos do interior para serem vendidos aos dirigentes muçulmanos do norte do continente e do outro lado do Oceano Índico. E, durante todo o tempo, ao atravessar um território não mapeado, detalhava suas muitas descobertas geográficas, inclusive a de uma das paisagens mais incríveis do mundo: as cataratas chamadas pelos africanos de 'a fumaça que troveja', e que Livingstone batizou de cataratas de Vitória, em homenagem à rainha.

Na Inglaterra, onde Livingstone chegou em dezembro e viu-se saudado como herói nacional, seus relatos de viagem derrubaram concepções populares sobre a África. Como observou o *London Journal* em dezembro de 1856: 'A Europa sempre ouviu dizer que as regiões centrais do sul da África eram ermos abrasadores, desertos e áridos, açoitados por ventos venenosos, infestados por serpentes e percorridos apenas por umas poucas tribos esparsas de bárbaros indomáveis [...]. Mas o doutor Livingstone viu-se em terras altas, cheias de árvores frutíferas, abundantes de sombra, irrigadas por uma rede perfeita de rios'."

Senhores coloniais (1850-1900). São Paulo: Time Life/Abril Livros, 1990. p. 75. (Col. História em Revista.)

O doutor David Livingstone em excursão pela África, litografia de Archibald Bertram Webb (1887-1944).

Responda.

1. Qual foi o grande feito do escocês David Livingstone?
2. Qual era a imagem equivocada que se tinha da África na época de David Livingstone?

Divisão autoritária

O continente africano foi retalhado em territórios coloniais a partir do Congresso de Berlim, de 1884-1885. Essa reunião, envolvendo quinze nações europeias, organizou a partilha da África. Suas decisões levaram em conta a necessidade da ocupação efetiva dos territórios partilhados, sob pena da perda deles. Em menos de duas décadas, o vasto interior africano foi colocado sob a dominação política das potências industriais (figura 3).

As fronteiras atuais dos Estados africanos foram engendradas por esse processo colonial. As metrópoles europeias definiram limites administrativos no interior dos territórios colocados sob sua soberania, dos quais detinham escasso conhecimento.

As independências dos atuais países africanos, ocorridas principalmente durante a década de 1960, transformaram essas colônias em Estados soberanos, delimitados pelas linhas divisórias estabelecidas pelos colonizadores. Essas linhas aglutinam em seus interiores etnias e tribos rivais, muitas delas nômades. Essas características e as rivalidades étnicas agudizam conflitos existentes há séculos e estimulam hoje disputas intermináveis entre elites tribais pelo controle dos aparelhos de Estado.

FIGURA 3. A partilha da África (1880-1913)

Fonte: PARKER, Geoffrey. *Atlas Verbo de história universal.* Lisboa: Verbo, 1997. p. 104.

As fronteiras da África não são africanas. São uma imposição europeia e uma herança da época colonial. Mas elas foram assumidas pelos Estados africanos independentes, pois também eles são uma forma de organização territorial importada: calcula-se que existiam cerca de 10 mil entidades políticas na África colonial, todas elas muito distantes dos formatos jurídico e territorial dos modernos Estados nacionais. A estabilidade política futura do continente africano depende da transformação dos Estados nascidos na colonização em Estados nacionais, fundados na democracia e no respeito às diferenças.

② A descolonização da Ásia e da África

Quando a Segunda Guerra Mundial acabou, em 1945, ficou evidente para o mundo que estava nascendo um novo mapa político mundial. As velhas potências coloniais europeias haviam perdido muito de seu prestígio e poderio para as duas superpotências que emergiram: Estados Unidos e União Soviética. Nas décadas seguintes, com a descolonização, dezenas de países independentes surgiram na Ásia e na África.

Os países que mantinham grandes territórios coloniais, como Portugal, Bélgica, Reino Unido e França, acabaram se curvando às novas circunstâncias, ainda que isso lhes tenha custado muitas guerras.

Nas décadas de 1940 e 1950, os territórios coloniais praticamente desapareceram na Ásia. Em seu lugar, surgiram países independentes: a Índia, o Paquistão, a Birmânia (atual Mianmar), o Ceilão (atual Sri Lanka), que pertenceram ao Reino Unido, e a Indonésia, que pertenceu à Holanda. Entre 1953 e 1954, três países da Indochina francesa – Vietnã, Laos e Camboja – conquistaram sua independência, após violentos conflitos com os colonizadores. Veja o mapa da figura 4.

Atividade extra

Observatório em dois tempos

Destaque as pranchas 1 e 2.

FIGURA 4. Ásia: cronologia da descolonização

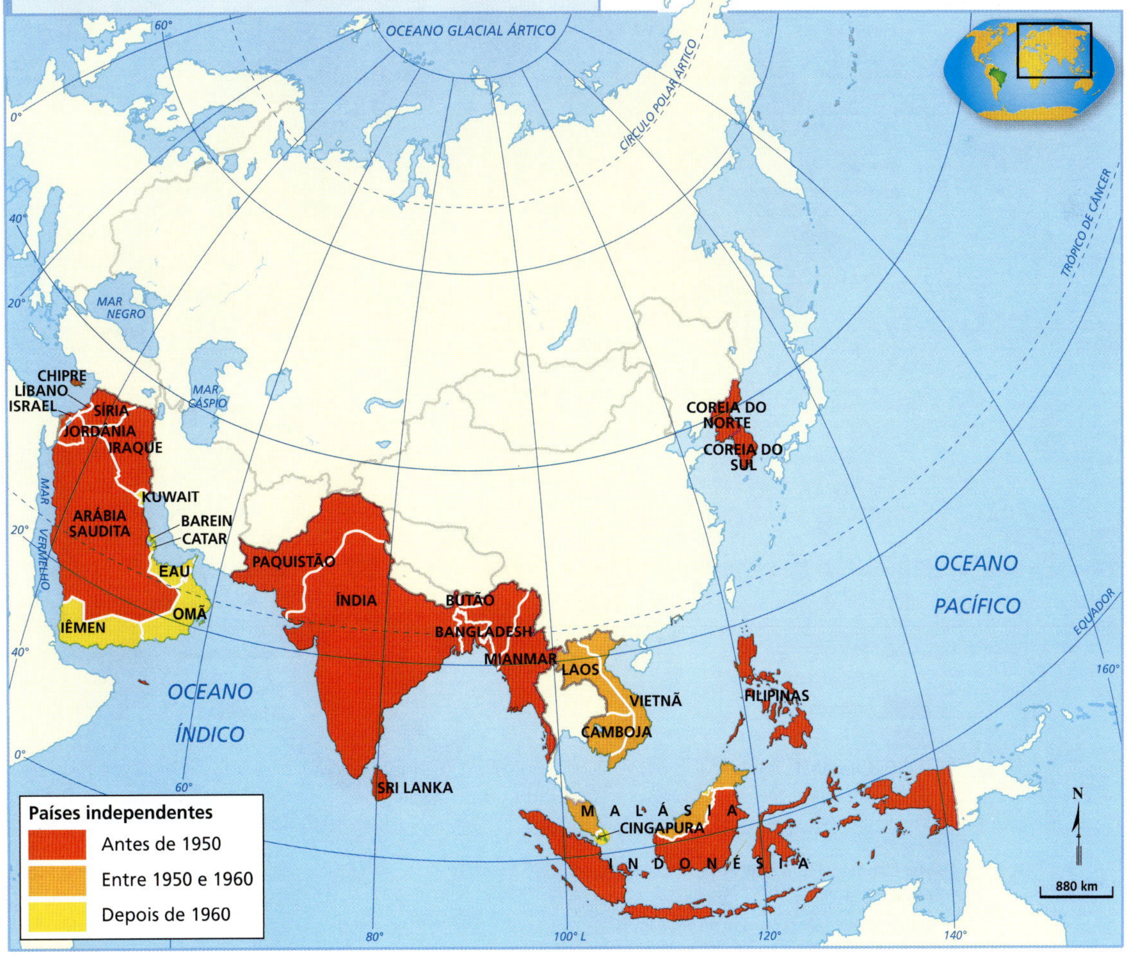

Fonte: Elaborado com base em CHALIAND, Gerard e RAGEAU, Jean-Pierre. *Atlas stratégique*: géopolitique des rapports de forces dans le monde. Paris: Complexe, 1988. p. 46.

A marcha da descolonização redesenhou o mapa político da Ásia.

Embora alguns países africanos, como Marrocos, Tunísia e Gana, tenham conquistado a independência nos anos 1950, foi nas décadas seguintes que a marcha da descolonização se acelerou na África: entre 1960 e 1970, trinta países independentes surgiram no continente (figura 5).

Esse processo foi desencadeado a partir da antiga colônia britânica da Costa do Ouro, atual Gana. Kwame N'Krumah, líder do partido da Convenção Popular, iniciou a luta pela libertação continental. N'Krumah, socialista convicto, pregava o ideal do **pan-africanismo**. Para ele "era melhor ser livre para governar bem ou mal a si próprio, do que ser governado por outros".

Somente em 1961, não por acaso conhecido como o **Ano da África**, dezessete países obtiveram sua independência. A França travou longas batalhas para manter regiões de seu império colonial na África, consideradas estratégicas, mas acabou derrotada. Leia mais sobre isso na seção "Texto e contexto".

FIGURA 5. África: cronologia da descolonização

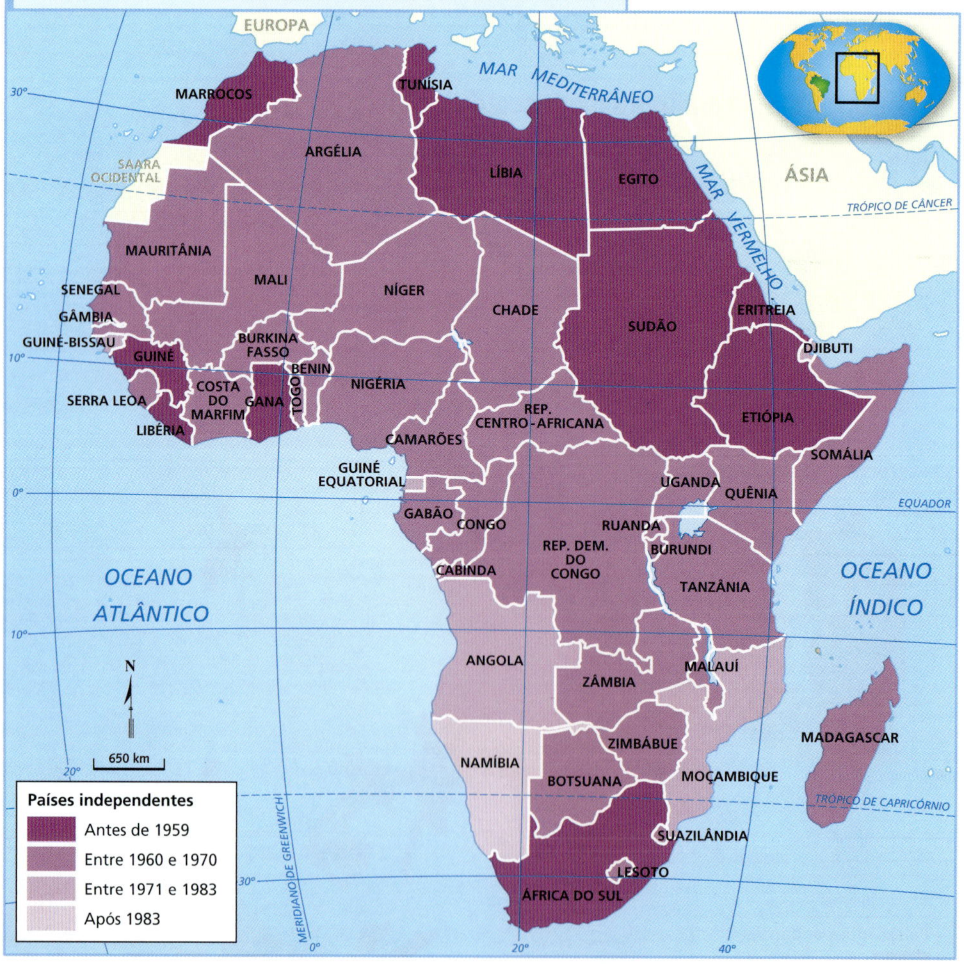

Fonte: Elaborado com base em CHALIAND, Gerard e RAGEAU, Jean-Pierre. *Atlas stratégique*: géopolitique des rapports de forces dans le monde. Paris: Complexe, 1988. p. 46.

Grande parte das fronteiras políticas internacionais do continente africano foram traçadas depois de 1960.

Texto e contexto 2

A Guerra da Argélia

A independência da Argélia foi um dos episódios mais violentos da desmontagem dos impérios coloniais. Centenas de milhares de colonos franceses que viviam na região estavam dispostos a lutar até a morte contra o movimento de independência nacional, e a França, no princípio, não pretendia abrir mão dessa colônia. Em 12 de junho de 1945, o presidente do governo provisório da França, general Charles de Gaulle, enviou o seguinte telegrama ao governador francês da Argélia:

"É preciso afirmar publicamente a vontade da França de não deixar tocar a soberania francesa na Argélia. É preciso tomar as medidas necessárias para reprimir todos os comportamentos antifranceses por parte de uma minoria de agitadores. É preciso afirmar que a França confia nas massas francesas muçulmanas na Argélia."

SERRANO, C. e MUNANGA, K. *A revolta dos colonizados*. São Paulo: Atual, 1995. p. 23.

Nove anos depois, em 1954, teve início a Guerra da Argélia, opondo os colonos franceses, conhecidos como *pieds noirs*, por combaterem usando botas pretas, e a Frente de Libertação Nacional, formada pelos nacionalistas argelinos, que, em geral, lutavam descalços. A guerra continuou mesmo após um **plebiscito** realizado na França, em janeiro de 1961, no qual a maioria da população do país se posicionou favorável à independência da Argélia. O conflito só terminou em julho de 1962 e, curiosamente, foi Charles de Gaulle, que havia se tornado presidente da França, quem conseguiu impor aos colonos franceses o reconhecimento de sua derrota.

Plebiscito
Consulta popular na qual os cidadãos decidem acerca de um assunto de interesse nacional votando apenas "sim" ou "não".

Explique.

- A posição de Charles de Gaulle em 1945 e em 1962.

KEYSTONE-FRANCE/OTHER IMAGES

Manifestação de muçulmanos pela independência da Argélia, no bairro operário de Belcourt, em Argel, durante visita de Charles de Gaulle ao país (dez. 1960).

3 A Conferência de Bandung

O movimento de descolonização fez surgir dezenas de novos Estados independentes na África e na Ásia. Ainda que apresentem uma enorme diversidade étnica, cultural e política, a maior parte deles herdou da época colonial problemas econômicos semelhantes.

Em muitos desses Estados, as melhores terras agrícolas estavam ocupadas pelas culturas de exportação introduzidas pelos colonizadores e a produção de alimentos era insuficiente para abastecer a população local. A indústria praticamente inexistia. A maioria da população era analfabeta, pois os colonizadores haviam investido pouco na educação. Após sua vitória na luta pela independência, os jovens Estados enfrentaram uma batalha ainda mais dramática: a luta contra a miséria de suas populações.

A Conferência Afro-Asiática de Bandung, realizada em 1955 na Indonésia, foi a primeira tentativa de estabelecer laços de solidariedade e ajuda mútua entre povos tão diferentes, mas com problemas tão parecidos. Nela, representantes de 29 países (figura 6) se reuniram para criar um plano de ação comum.

No plano econômico, a Conferência de Bandung proclamou a necessidade de uma política conjunta de valorização dos recursos naturais dos participantes no mercado mundial, além da promoção de acordos regionais de cooperação econômica.

FIGURA 6. Países participantes da Conferência de Bandung

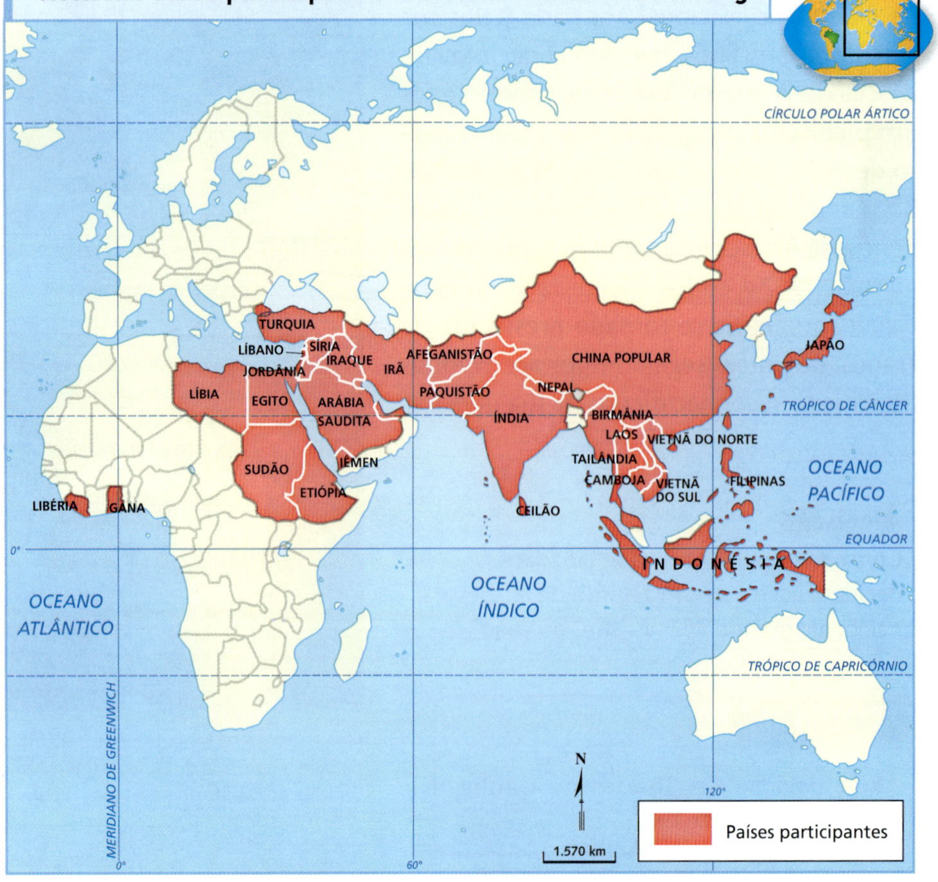

Fonte: Elaborado pelos autores.

Na Conferência Afro-Asiática de Bandung, países pobres e recém-libertos buscaram ampliar sua participação na geografia mundial do poder e da riqueza.

FIGURA 7. Primeiro Mundo, Segundo Mundo e Terceiro Mundo

Fonte: PARKER, Geoffrey. *Atlas Verbo de história universal*. Lisboa: Verbo, 1996. p. 44 e 104.

No plano político, definiu uma plataforma para a atuação desses países na comunidade internacional: eles iriam lutar de todas as maneiras possíveis pela emancipação dos povos ainda colonizados, pelo respeito à soberania e à integridade territorial das nações recém-libertas e pelo reconhecimento da igualdade entre os países do mundo, independentemente de seu tamanho ou poderio militar.

A Conferência de Bandung revelou uma divisão do mundo entre o Norte (rico e industrializado) e o Sul (pobre e agrário). A partir dela, difundiu-se uma maneira de dividir o mundo em três blocos: o Primeiro Mundo, dos países capitalistas desenvolvidos; o Segundo Mundo, dos países socialistas desenvolvidos; e o Terceiro Mundo, dos países pobres e agrários da África, Ásia, América Central e América do Sul. Veja o mapa da figura 7.

Os participantes da Conferência de Bandung pretendiam criar um fórum permanente de representantes do Terceiro Mundo no cenário mundial, não alinhados com nenhuma das superpotências e interessados na elaboração de políticas de desenvolvimento que pudessem melhorar a vida de suas populações.

A divisão do mundo em três blocos, porém, deixou de fazer sentido. O Segundo Mundo se esfacelou com o fim da União Soviética e o chamado Terceiro Mundo abriga hoje países cujas economias estão baseadas na indústria, como o Brasil, o México e a Coreia do Sul. Mesmo assim ainda existe a distinção entre países pobres e países ricos, e a distância econômica e tecnológica que os separa continua aumentando.

OBSERVADORES EM AÇÃO

Para rever o capítulo

1. Escrito por Castro Alves, o poema "Vozes d'África" é uma alegoria na qual o próprio continente africano, de forma pungente, queixa-se a Deus por ter suas desventuras. Leia os trechos a seguir e responda às questões.

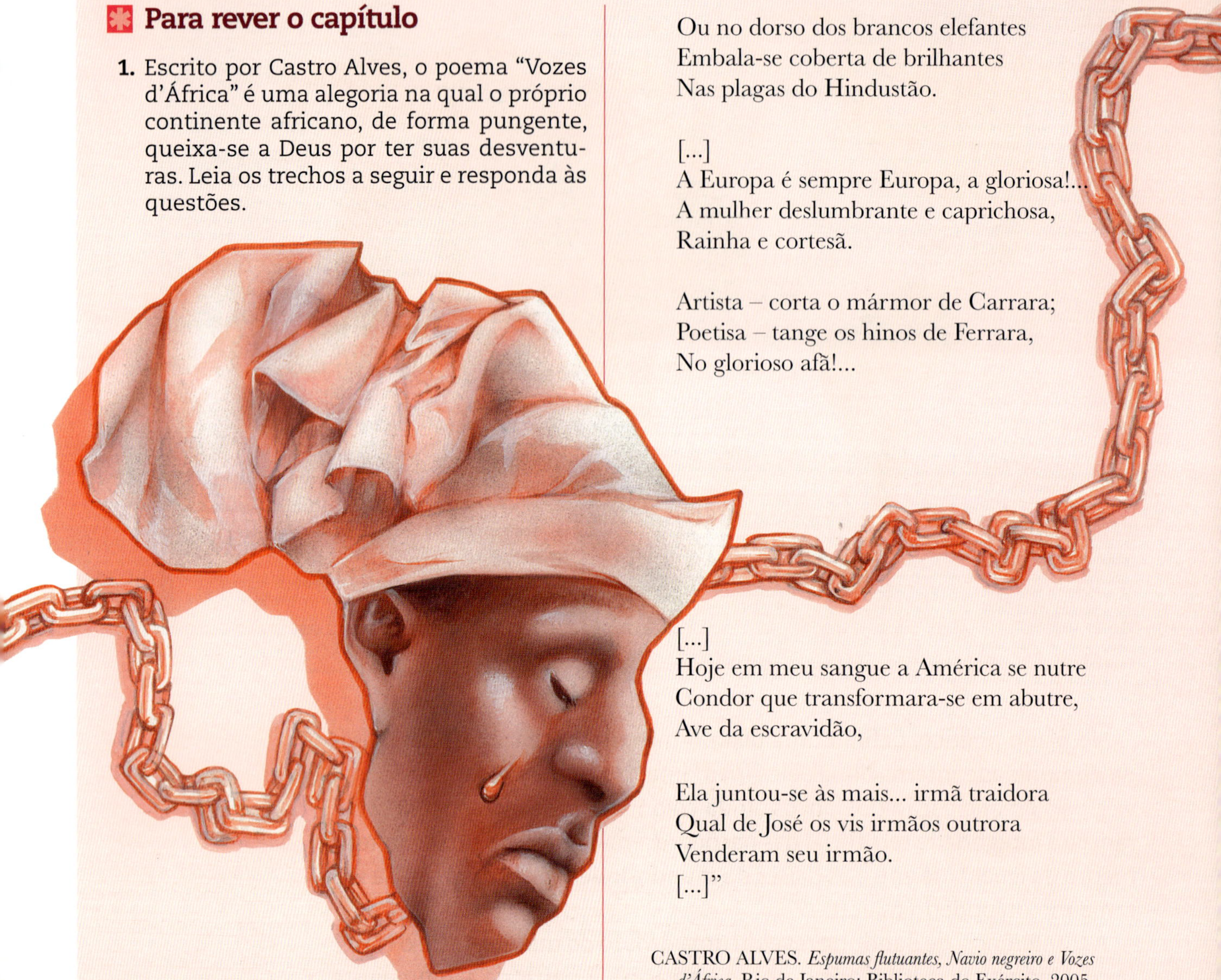

"Deus! ó Deus! onde estás que não res-
[pondes?]
Em que mundo, em qu´estrela tu t´escondes
Embuçado nos céus?

Há dois mil anos te mandei meu grito,
Que embalde desde então corre o infinito...
Onde estás, Senhor Deus?...

[...]
Minhas irmãs são belas, são ditosas...
Dorme a Ásia nas sombras voluptuosas
Dos haréns do Sultão.

Ou no dorso dos brancos elefantes
Embala-se coberta de brilhantes
Nas plagas do Hindustão.

[...]
A Europa é sempre Europa, a gloriosa!...
A mulher deslumbrante e caprichosa,
Rainha e cortesã.

Artista – corta o mármor de Carrara;
Poetisa – tange os hinos de Ferrara,
No glorioso afã!...

[...]
Hoje em meu sangue a América se nutre
Condor que transformara-se em abutre,
Ave da escravidão,

Ela juntou-se às mais... irmã traidora
Qual de José os vis irmãos outrora
Venderam seu irmão.
[...]"

CASTRO ALVES. *Espumas flutuantes, Navio negreiro e Vozes d'África.* Rio de Janeiro: Biblioteca do Exército, 2005.

a) Com o auxílio do professor, procure no dicionário as palavras que você desconhece.

b) Busque no texto elementos que retratem a forma como o poeta descreve os continentes asiático e europeu, e interprete seu significado.

c) Dê sua opinião sobre o significado dos versos:

"Hoje em meu sangue a América se nutre"
"Condor que transformara-se em abutre"
"Ave da escravidão"

2. Leia o texto e depois faça o que é pedido.

"Aconteceu num debate, num país europeu. Da assistência, alguém lançou a seguinte pergunta:

– Para si o que é ser africano?

Falava-se, inevitavelmente, de identidade *versus* globalização. Respondi com uma pergunta:

– E para si, o que é ser europeu?

O homem gaguejou. Ele não sabia responder. Mas o interessante é que, para ele, a questão da definição de uma identidade se colocava naturalmente para os africanos. Nunca para os europeus. Ele nunca tinha colocado a questão no espelho.

Recordo o episódio porque me parece que ele toca uma questão central: quando se fala em África, de que África estamos falando? Terá o continente africano uma essência facilmente capturável? Haverá uma substância exótica que os caçadores de identidades possam recolher como sendo a alma africana?"

COUTO, Mia. Prefácio. In: HERNANDEZ, L. L. *África em sala de aula*. São Paulo: Selo Negro, 2005.

a) Em sua opinião quais seriam as causas para que a definição de uma identidade seja colocada naturalmente para os africanos e não para os europeus?

b) Dê exemplos de algumas heranças coloniais que colocaram em risco a identidade africana.

3. Para o historiador Joseph Ki-Zerbo, a Segunda Guerra Mundial:

"[...] acabava pela revelação apocalíptica da energia nuclear sobre Hiroxima e Nagasáqui, representava uma viragem decisiva na história universal e em particular na história da África."

KI-ZERBO, J. *História da África Negra*. Lisboa: África-Europa, 1982. p. 158.

▶ Qual a intenção do autor ao afirmar que a Segunda Guerra Mundial representava uma virada decisiva para a história da África? E por que, nesse período, um novo mapa-múndi estava prestes a surgir?

4. A Conferência de Bandung revelou uma divisão do mundo entre o Norte, rico e industrializado, e o Sul, pobre e agrário. Apresente e analise a forma de regionalização do mundo que derivou dessa partição.

De um jeito ou de outro

5. O texto a seguir foi escrito por Mia Couto, reconhecidamente um dos maiores escritores africanos da atualidade. Nascido em Moçambique, fez parte da Frelimo (Frente de Libertação de Moçambique), movimento contra o domínio colonial português no país.

"O colonialismo não morreu com as nossas independências. Mudou de turno e de executores. O atual colonialismo dispensa colonos e tornou-se indígena nos nossos territórios. Não só se naturalizou como passou a ser cogerido numa parceria entre ex-colonizadores e ex-colonizados.

Uma grande parte da visão que temos do passado do nosso país e do nosso continente é ditada pelos mesmos pressupostos que ergueram a história colonial. Ou melhor, a história colonizada. O que se fez foi colocar um sinal positivo onde o sinal era negativo. Persiste a ideia de que a África pré-colonial era um universo intemporal, sem conflitos nem disputas, um paraíso feito só de harmonias.

Essa imagem romântica do passado alimenta a ideia redutora e simplista de uma condição presente em que tudo seria bom e decorreria às mil maravilhas se não fosse a interferência exterior. Os únicos culpados dos nossos problemas devem ser procurados fora. E nunca dentro. Os poucos de dentro são maus porque são agentes dos de fora.

Esta visão já estava presente no discurso da luta armada quando se retratava os inimigos como infiltrados. Isto acontecia, apesar do aviso do poeta que dizia que 'não basta que seja pura e justa a nossa causa, é preciso que a justiça e a pureza existam entre nós'. As nossas fileiras, nesse tempo, eram vistas como sendo compostas apenas por gente pura. Se havia mancha, ela vinha de fora, que era o lugar onde morava o inimigo.

O modo maniqueísta e simplificador com que se redigiu o chamado 'tempo que passou' teve, porém, outra consequência: fez persistir a ideia de que a responsabilidade única e exclusiva da criação da escravatura e do colonialismo cabe aos europeus.

Quando os navegadores europeus começaram a encher de escravos os seus navios, eles não estavam estreando o comércio de criaturas humanas. A escravatura já tinha sido inventada em todos os continentes. Praticavam-na os americanos, os europeus, os asiáticos, e os próprios africanos. A escravatura foi uma invenção da espécie humana. O que sucedeu foi que o tráfico de escravos se converteu num sistema global e esse sistema passou a ser desenvolvido de forma a enriquecer o seu centro: a Europa e, depois, a América do Norte. [...]"

COUTO, Mia. *Pensatempos*: textos de opinião. Lisboa: Caminho, 2005. p. 11-12.

▶ Após leitura atenta do texto, elabore um resumo. Considere as seguintes etapas:

- Sublinhe as palavras desconhecidas.
- Procure no dicionário o significado dessas palavras.
- Retome o texto e sublinhe os argumentos apresentados pelo autor.
- Elabore seu resumo.

No mundo da cartografia

6. Observe o mapa e responda.
   a) Quais problemas podem ser diagnosticados ao se relacionar a organização etnolinguística e as fronteiras políticas da África?
   b) Explique como ocorreu o processo de artificialização de fronteiras no continente africano.

África: divisão política e divisão etnolinguística

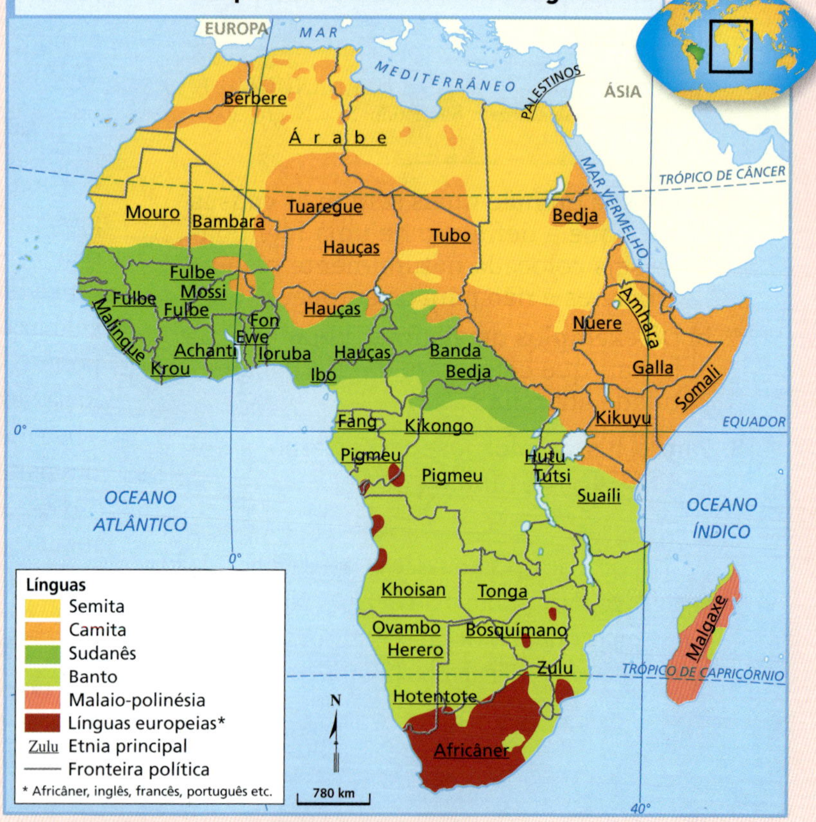

Fonte: FERREIRA, Graça M. L. *Atlas geográfico*: espaço mundial. São Paulo: Moderna, 2003. p. 75.

7. As fronteiras da África foram desenhadas antes da Primeira Guerra Mundial e são representativas dos territórios pertencentes aos impérios coloniais europeus ao final do século XIX. Tendo o mapa da figura 3 (A partilha da África) como referência, pinte o mapa a seguir com cores pertinentes, elabore sua legenda e lhe dê um título.

Fonte: Elaborado com base em FERREIRA, Graça M. L. *Atlas geográfico*: espaço mundial. São Paulo: Moderna, 2006. p. 61.

JOVEM CIENTISTA

Ao longo da História, existiram diferentes formas de escravidão e tráfico de escravos. Quando nós, brasileiros, pensamos em escravidão, temos em mente a figura do negro com vestes rústicas, trabalhando de sol a sol nas fazendas de cana-de-açúcar ou de café. Durante a colonização da América, o comércio de africanos escravizados era um grande negócio. Mas a escravidão não tem apenas esse significado. Nas civilizações clássicas, por exemplo, os povos conquistados em guerras eram escravizados, independentemente da cor de pele.

Leia alguns textos sobre esse tema e, em seguida, responda às questões propostas.

TEXTO 1

"Não pretendemos agora estabelecer nada além de que, pelas leis da natureza, há homens feitos para a liberdade e outros para a servidão, os quais tanto por justiça quanto por interesse, convém que sirvam. [...] Além da servidão natural, existe aquela que chamamos servidão estabelecida pela lei; esta lei é uma espécie de convenção geral, segundo a qual a presa tomada em guerra pertence ao vencedor."

ARISTÓTELES. *Política*. Tradução de Roberto Leal Ferreira. 3. ed. São Paulo: Martins Fontes, 2006. p. 14.

América: origem e entrada dos escravos (séculos XV a XIX)

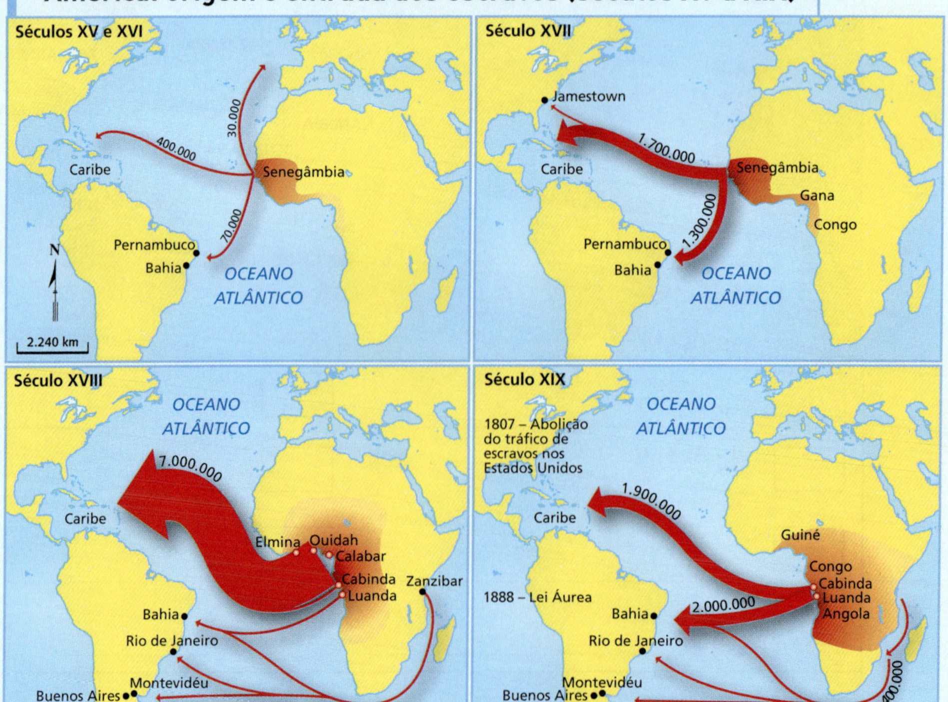

Fonte: *Brésil – la diversité comme identité*. 2. ed. Paris: Atelier de cartographie de Sciences Po. CD-ROM. Luchas contra la esclavitud, Unesco, 2004.

TEXTO 2

"Existem dois tipos de instrumentos: uns inanimados, outros animados. Assim é que, para a navegação, o leme é um instrumento inanimado e o piloto, o instrumento animado. Em todas as artes, o trabalhador é uma espécie de instrumento. Um bem é um instrumento de existência; as propriedades são uma reunião de instrumentos e o escravo, uma propriedade instrumental animada, como o agente preposto a todos os outros meios."

ARISTÓTELES. *Política*. Tradução de Roberto Leal Ferreira. 3. ed. São Paulo: Martins Fontes, 2006. p. 10-11.

TEXTO 3

"Vou contar um episódio curioso que envolve uma senhora africana chamada Honória Bailor-Caulker num momento em que visitava os EUA da América. Dona Honória é presidente da Câmara da vila costeira de Shenge, em Serra Leoa. A vila é pequena mas carregada de História. Dali partiam escravos, aos milhares, que atravessavam o Atlântico e trabalhavam nas plantações americanas de cana-de-açúcar.

Dona Honória foi convidada para discursar nos Estados Unidos da América. Perante uma distinta assembleia a senhora subiu ao pódio e fez questão de exibir os seus dotes vocais. Cantou, para espanto dos presentes, o hino religioso *Amazing Grace*. No final, Honória Bailor-Caulker deixou pesar o silêncio. Aos olhos dos americanos parecia que a senhora tinha perdido o fio à meada. Mas ela retomou o discurso e disse: quem compôs este hino foi um filho da escravatura, um descendente de uma família que saiu da minha pequena vila de Shenge.

Foi como que um golpe mágico, e o auditório se repartiu em lágrimas e aplausos. De pé, talvez movidos por uma mistura de sentimento solidário e alguma má consciência, os presentes ergueram-se para aclamar Honória.

– *Aplaudem-me como descendente de escravos?*, perguntou ela aos que a escutavam.

A resposta foi um eloquente '*sim*'. Aquela mulher negra representava, afinal, o sofrimento de milhões de escravos a quem a América devia tanto.

– *Pois eu*, disse Honória, *não sou uma descendente de escravos. Nem eu nem o autor do hino. Somos, sim, descendentes de vendedores de escravos. Meus bisavós enriqueceram vendendo escravos*. Honória Bailor-Caulker teve a coragem de assumir-se com verdade como a antítese do lugar-comum. Mas o seu caso é tão raro que arrisca ficar perdido e apagado.

COUTO, Mia. *Pensatempos*: textos de opinião. Lisboa: Caminho, 2005. p. 12-13.

1. Como o filósofo Aristóteles caracteriza o escravo?
2. Compare a concepção de Aristóteles sobre a escravidão e o processo de escravização dos povos africanos, que se acentuou a partir do século XVI.
3. Por que o texto afirma que a verdade revelada por Honória Bailor-Caulker é uma antítese do lugar-comum?
4. Com base nos mapas, identifique, nos períodos indicados:
   a) de que regiões da África vieram os escravos para a América;
   b) em quais porções da América ocorreram as maiores entradas de escravos.
5. Identifique quais eram as atividades econômicas que absorviam a mão de obra escrava em cada um dos períodos assinalados nos mapas.

MURAL DO OBSERVADOR

NA ESTANTE

Como seria sua vida no Império Asteca?

MACDONALD, Fiona. São Paulo: Scipione, 1998. (Coleção Como Seria sua Vida)

A obra apresenta elementos singulares da cultura asteca e outras manifestações do cotidiano desse povo, esclarecendo os métodos de investigação responsáveis pelo conhecimento que se tem dessa civilização.

Explorando a América do Norte

ASIKINACK, Bill e SCARBOROUGH, Kate. São Paulo: Ática, 2000.

Um membro da nação ojibwa, tribo que habitava o Canadá, descreve a vida e as tradições dos povos nativos da América do Norte e sua resistência aos invasores. Detalha também como os europeus colonizaram essa porção da América e como se deu a formação dos Estados Unidos e do Canadá.

África: terra, sociedades e conflitos

CANEPA, Beatriz e OLIC, Nelson Bacic. São Paulo: Moderna, 2004.

Neste livro, o leitor encontrará um conjunto de informações e análises que contribuem para conhecer melhor as realidades africanas atuais e compreender por que esse continente permanece à margem do processo de globalização e se mostra ao mundo apenas por seus enormes problemas socioeconômicos e conflitos trágicos.

REPRODUÇÃO

NO CINEMA

REPRODUÇÃO

1492 – A conquista do paraíso

Espanha, França, Inglaterra, 1992.
Direção: Ridley Scott.
Duração: 148 min.

A viagem de Cristóvão Colombo à América, o cotidiano desgastante, os motins da tripulação e toda a incerteza de uma expedição daquela época quanto ao rumo e ao prosseguimento da viagem estão presentes neste filme, que focaliza também o espírito vanguardista desse desbravador, suas negociações com a Coroa espanhola e sua tentativa de estabelecer colônias na América.

O último dos moicanos

EUA, 1992.
Direção: Michael Mann.
Duração: 113 min.

Épico do cinema estadunidense, o filme conta um episódio da guerra em que ingleses e franceses disputam a costa leste da América do Norte e em que ambas as partes buscaram alianças com as comunidades indígenas para conquistar a posse das terras. Em meio aos fatos, surge o romance entre o jovem branco Hawkeye, adotado pelos moicanos, com Cora, filha de um oficial britânico.

Amistad

EUA, 1997.
Direção: Steven Spielberg.
Duração: 2h34min.

Em motim a bordo do navio negreiro espanhol *La Amistad*, africanos escravizados matam a maioria da tripulação e obrigam os sobreviventes a levá-los de volta à África. São, porém, enganados e desembarcam na costa leste dos Estados Unidos, onde são presos e vivem um longo e polêmico processo envolvendo as divergências entre o norte abolicionista e o sul escravista do país, que prenunciavam a Guerra de Secessão.

REPRODUÇÃO

NO COMPUTADOR

YouTube

- Sobre a evolução da cartografia.
<http://www.youtube.com/watch?v=sN1AR4lkyfo>

- Sobre a colonização e a descolonização da África.
<http://www.youtube.com/watch?v=sN1AR4lkyfo>
<http://www.youtube.com/watch?v=kjUWDIqQOx I&feature=channel>

- Sobre a colonização e a descolonização da África e da Ásia.
<http://www.youtube.com/watch?v=4cZXG9wDUq0&fe ature=related>
<http://www.youtube.com/watch?v=uacRwLoGBg U&feature=related>
<http://www.youtube.com/watch?v=CQRGuiS7tns &feature=fvw>
<http://www.youtube.com/watch?v=NEUpjanPqC o&feature=channel>

- Sobre o império hispano-português no século XVII.
<http://www.youtube.com/watch?v=F4DbeGSwpm c&feature=channel>

Superinteressante

- Cartografia – O mundo na palma das mãos.
<http://super.abril.com.br/tecnologia/localizacao-terra-mundo-palma-maos-440278.shtml>

- O poderio dos EUA.
<http://historia.abril.com.br/politica/eua-donos-mundo-434729.shtml>

- A Guerra Hispano-Americana.
<http://historia.abril.com.br/guerra/guerra-hispano-americana-novos-donos-mar-435837.shtml>

- *A Guerra do Vietnã.*
<http://historia.abril.com.br/guerra/vietna-quem-ganhou-ou-perdeu-guerra-435079.shtml>

- *O Canal do Panamá.*
<http://historia.abril.com.br/fatos/canal-panama-mundo-menor-433711.shtml>

- *Textos originais de temas da história com comentários.*
<http://www.azpmedia.com/historia/content/view/80/40/>

EM DESTAQUE

Arte e história

- Documentários em espanhol sobre história e arte mundiais.

<http://www.artehistoria.jcyl.es/index.html>

UNIDADE 2

Os contrastes da América

A presença militar dos Estados Unidos é visível nos cinco continentes. Além das existentes no território continental e insular, o país possui bases em suas possessões (Samoa Americana, ilhas de Guam, Midway, Virgens etc.), em um Estado associado (Porto Rico) e em Estados independentes. Em alguns casos, as bases militares foram estabelecidas depois da invasão das tropas estadunidenses.

FÁBIO MOTTA/AGÊNCIA ESTADO

O poderoso porta-aviões *George Washington* da marinha estadunidense, durante exercícios com as marinhas do Brasil e da Argentina, em águas territoriais brasileiras (RJ, 2008). Com 300 metros de comprimento e impulsionado por reatores nucleares, é capaz de deslocar 100 mil toneladas. Possuindo uma esquadra composta por doze desses superporta-aviões, a marinha estadunidense é a grande senhora dos oceanos.

O poderio militar dos Estados Unidos

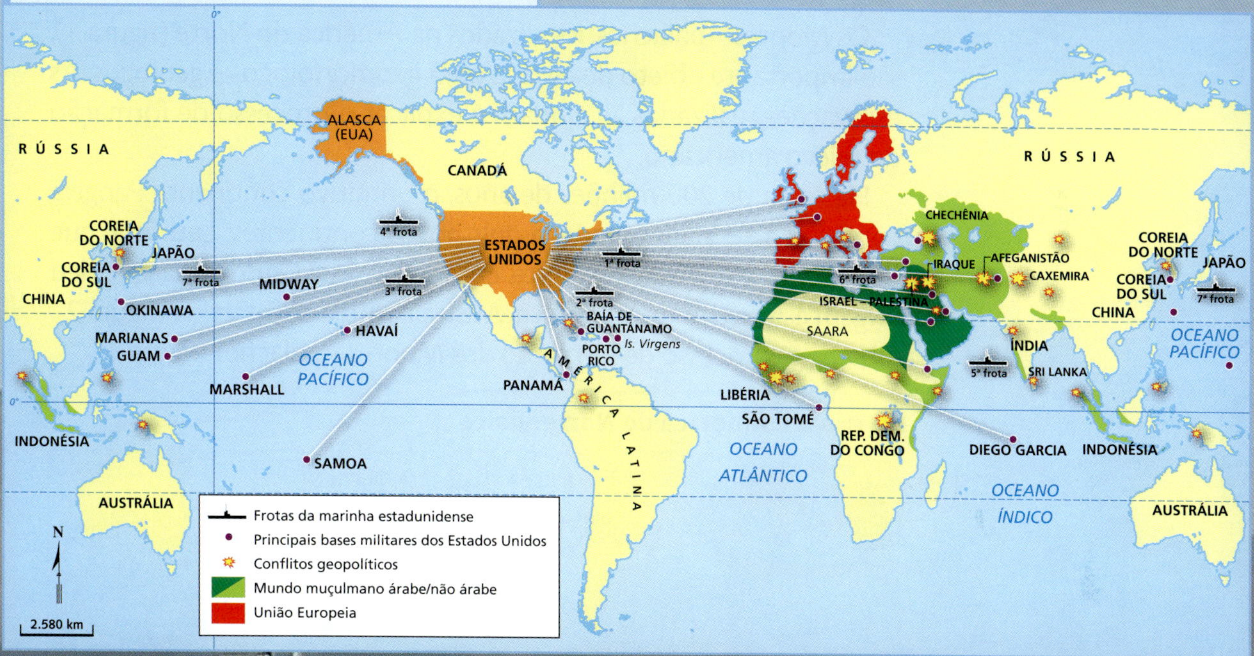

Fonte: LACOSTE, *Yves. Atlas géopolitique*. Paris: Larousse, 2007. p. 14 e 15.

Faça o que se pede.

1. De acordo com o mapa, onde estão localizadas as bases militares dos Estados Unidos na América Central?
2. Explique por que os porta-aviões são fundamentais nas operações militares contemporâneas.
3. Identifique no mapa dois países que tenham sido invadidos pelos Estados Unidos na segunda metade do século XX e que abriguem bases militares estadunidenses.
4. Procure explicar a distribuição geográfica das bases navais dos Estados Unidos.

CAPÍTULO 4

América: dinâmicas da natureza

Observatório de informações

Os Montes Apalaches, localizados na América do Norte (figura 1), são importante objeto de estudo para geomorfólogos e geólogos. As escavações realizadas ali ajudam a explicar o processo de formação do relevo americano.

Há cerca de 200 milhões de anos, o primitivo continente Pangeia começou a se fragmentar em dois novos continentes: **Laurásia**, que deu origem à América do Norte, Europa e Ásia, e **Gondwana**, que deu origem à América do Sul, África, Austrália, Índia e Antártida (figura 2). Observe o processo de formação dos Montes Apalaches (figura 3).

FIGURA 1. América do Norte: físico

Fonte: FERREIRA, Graça M. L. *Atlas geográfico*: espaço mundial. São Paulo: Moderna, 2003. p. 48.

FIGURA 2. Formação da Laurásia e de Gondwana

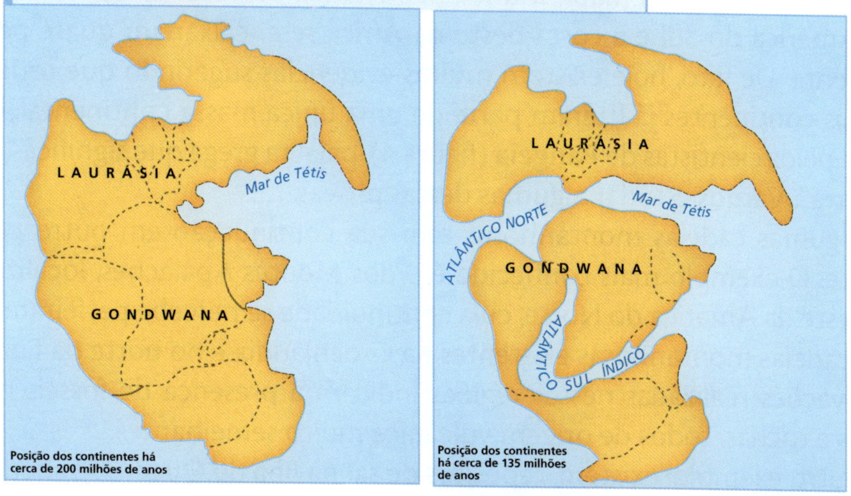

Fonte: Elaborado com base em SALGADO-LABOURIAU, Maria L. *História ecológica da Terra*. São Paulo: Edgard Blucher, 1994.

Responda.

▶ Que evidências você acha que os geólogos encontraram nas escavações nos Montes Apalaches?

FIGURA 3. Formação dos Montes Apalaches

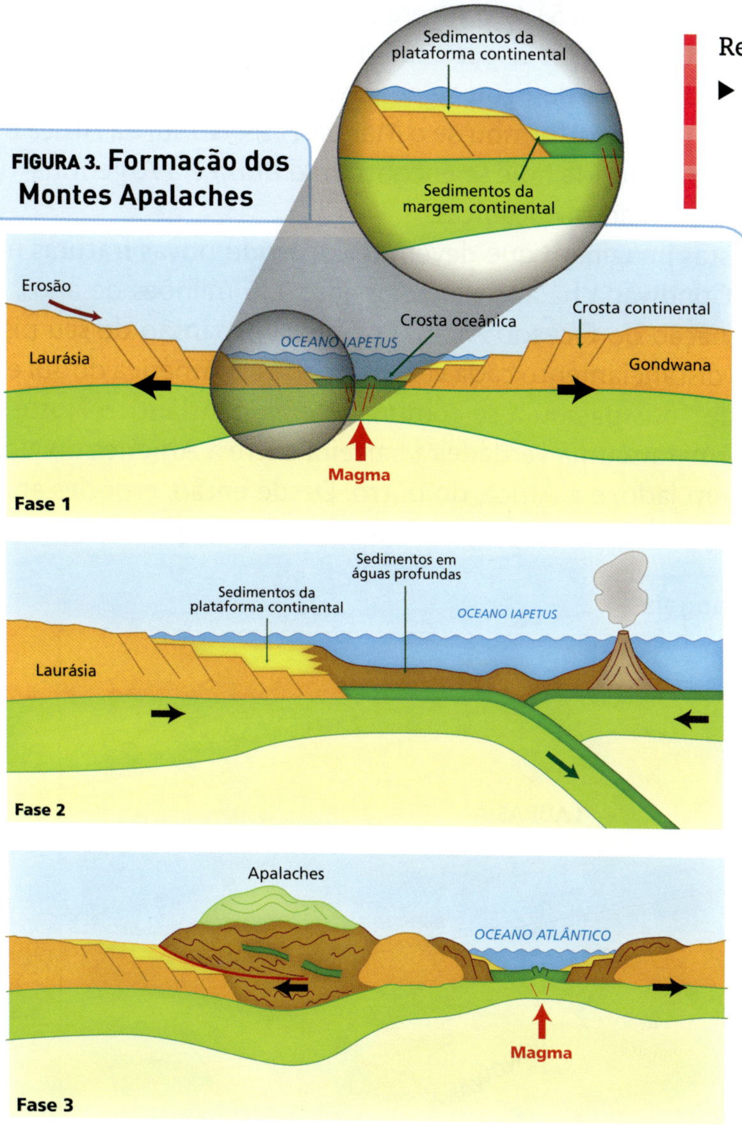

Com a fragmentação do Pangeia formaram-se vários oceanos. Entre o continente de Gondwana e da Laurásia formou-se o Oceano de Iapetus, onde havia uma rica fauna e flora submarina. Nesse fundo oceânico, eram depositados sedimentos erodidos dos novos continentes.

Ao final do Cambriano, há cinquenta milhões de anos, o piso oceânico de Iapetus entrou em colisão com a placa rochosa da Laurásia, formando um arco insular vulcânico ao redor do novo continente.

A colisão das placas oceânica e continental provocou os dobramentos e soerguimentos das formações rochosas que deram origem aos Montes Apalaches.

Fonte: Elaborado com base em Université Laval. Département de géologie et de génie géologique. Disponível em <www.ggl.ulaval.ca/personnel/bourque/s4/sommaire.appalaches.html>. Acesso em set. 2009.

❶ A formação geológica da América

Olhando para um mapa-múndi, não é difícil perceber que a costa leste da América do Sul e a costa oeste da África se encaixariam quase perfeitamente. De fato, hoje existem muitas evidências sugerindo que todos os atuais continentes já fizeram parte de uma única massa continental, batizada pelos cientistas de **Pangeia** (figura 4), palavra grega que significa "toda a Terra". Vamos estudar algumas dessas provas.

Algumas cadeias montanhosas têm sua continuação em outro continente. O exemplo mais conhecido é o dos Montes Apalaches, localizados no leste da América do Norte, cuja continuidade se percebe perfeitamente em cadeias montanhosas existentes na Groenlândia e no norte da Europa. Escavações realizadas nessas regiões indicam a presença de fósseis marinhos e rochas, todos de origem vulcânica muito semelhantes.

Outro exemplo: existem depósitos de sal na Ilha de Queen Elizabeth, no norte do Canadá (figura 5). Isso sugere que essa ilha já esteve mais próxima da linha do Equador e que se deslocou depois para o noroeste.

A América do Norte desligou-se pouco a pouco do norte da África e da Europa. Nesse processo, formou-se o Mar de Tétis. No sul da África e no sul da América do Sul, onde hoje se encontram o Brasil e a Argentina, ocorreram intensas atividades vulcânicas.

Os cientistas imaginam que devem ter ocorrido novas fraturas no continente de Gondwana há aproximadamente 135 milhões de anos, dando início à formação do Oceano Atlântico Sul e à expansão de seu piso. Isso provocou o distanciamento cada vez maior entre a América do Sul e a África. O Mar de Tétis passou a se comunicar com o Atlântico Norte e, juntos, estes formaram uma verdadeira barreira entre a América do Norte e a Europa, de um lado, e a África, do outro. Desde então, espécies animais e vegetais não puderam mais migrar de um continente para o outro.

FIGURA 4. Pangeia

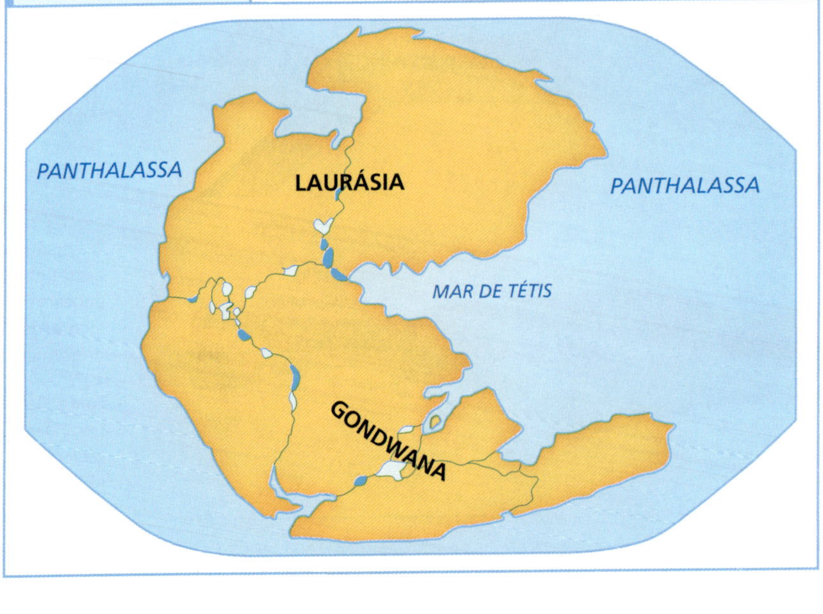

Fonte: Elaborado com base em SALGADO-LABOURIAU, Maria L. *História ecológica da Terra*. São Paulo: Edgard Blucher, 1994.

JACQUES DESCLOITRES, MODIS LAND RAPID RESPONSE TEAM

FIGURA 5. Imagem de satélite da Ilha de Queen Elizabeth (Canadá, 2000) mostra a grande quantidade de gelo do Ártico canadense. Porém, há milhões de anos, a mesma região estava bem mais próxima do Equador.

Deslizando para ocidente, as placas Norte-americana e Sul-americana colidiram com a Placa do Pacífico. Como resultado, as bordas orientais da Placa do Pacífico mergulharam sob as duas placas americanas e as bordas ocidentais das placas americanas deformaram-se, formando grandes dobramentos montanhosos sísmicos e vulcânicos. Essa é a origem da Cordilheira dos Andes, ao sul, e das Montanhas Rochosas, ao norte. O soerguimento dessas cordilheiras ocorreu há cerca de 4 ou 5 milhões de anos. Observe a zona de colisão de placas no continente sul-americano na figura 6.

Na Califórnia, situada na costa ocidental dos Estados Unidos, o deslocamento das placas gerou uma zona de falhamentos, na qual se encontra uma das falhas geológicas mais famosas, a de San Andreas. Os habitantes da Califórnia vivem a expectativa de que um dia ocorrerá o "Big One", o maior de todos os terremotos, capaz de provocar uma enorme destruição. Leia mais sobre isso na seção "Texto e contexto", na página seguinte.

A América do Norte e a América do Sul separaram-se quando o Pangeia se rompeu, formando os continentes de Laurásia e Gondwana. O Mar do Caribe era então um mar pouco profundo, pontilhado por ilhas.

A América viria a se reunir novamente há cerca de 1,6 milhão de anos, com o soerguimento da Placa do Caribe e a formação do istmo centro-americano.

FIGURA 6. A zona de colisão de placas

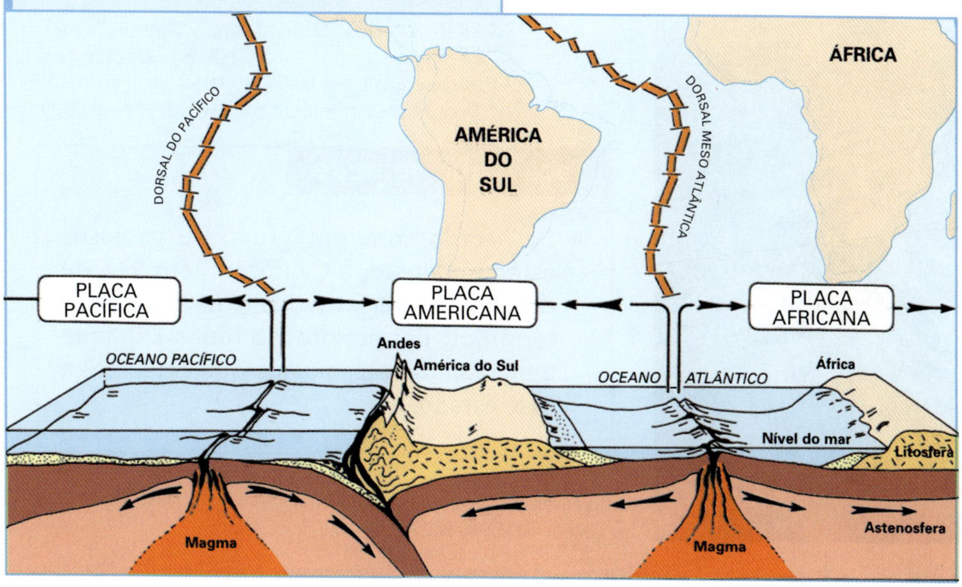

Fonte: POPP, José H. *Geologia geral*. Rio de Janeiro/São Paulo: LTC, 1987. p. 167.

Texto e contexto

O "Big One"

"Sempre se falou do risco de o Estado americano da Califórnia enfrentar um gigantesco terremoto, o 'Big One', que dividiria a região ao meio. A ameaça deve-se à sua localização sobre uma falha geológica, de 1,3 mil quilômetros de extensão, batizada San Andreas. [...] Em 1994, Los Angeles sofreu 20 tremores consecutivos que abalaram a estrutura de edifícios em Hollywood e incendiaram casas no Vale San Fernando. [...]

O San Andreas foi analisado de cima a baixo com imagens de alta qualidade obtidas através de satélites que mediram os abalos sísmicos entre 1985 e 2005. Quando o pesquisador Fialko cruzou as imagens do defeito geológico com dados de seus últimos movimentos, percebeu o quanto um lado da placa da América do Norte vem deslizando além da placa do Pacífico. Ou seja: elas estão entre seis e oito metros aquém da posição em que deveriam estar. Essa dimensão de deslizamento é equivalente a um devastador terremoto de magnitude 8 na escala Richter (a escala vai até 9 pontos). Só para efeito de comparação, em 1906 a falha de San Andreas gerou tremores menos intensos de 7,8 pontos e eles foram capazes de desmoronar São Francisco como se desmantela um castelo de cartas. A 'Paris das Américas' estava no auge do desenvolvimento econômico e urbano quando tudo o que estava sobre o seu solo foi lançado a uma distância de seis metros. Dos 800 mil habitantes, cerca de três mil morreram e milhares ficaram feridos. Rachaduras engoliram postes e edifícios. [...] Os abalos sísmicos na falha de San Andreas acontecem em ciclos e, pelos cálculos dos cientistas, o Big One está atrasado, o que aumenta a tensão dos que residem na região de Palm Springs, San Bernardino e Riverside. Finalmente, o medo também sobe de escala porque foi descoberto um ramo do sistema meridional de San Andreas, chamado Falha San Jacinto, que está se deslocando duas vezes mais rapidamente do que se acreditava. 'É o próprio sistema nervoso central dessa região', diz Yuri Fialko. 'E esse sistema nervoso está sob pressão e muito abalado'."

SGARBI, Luciana. "A Califórnia vai tremer", *IstoÉ*, 5/7/2006. Disponível em <www.terra.com.br/istoe/1915/ciencia/1915_california_tremer.htm>. Acesso em jul. 2009.

KEVIN SCHAFER/MINDEN PICTURES/LATINSTOCK

Vista aérea da Falha de San Andreas, na Califórnia (EUA, 2007).

Faça o que se pede.

▶ De acordo com um grupo de geólogos estadunidenses, a Califórnia tem 99% de chances de ser atingida por um grande terremoto nos próximos 30 anos. Explique a instabilidade geológica que caracteriza esse estado.

❷ Características do relevo americano

O relevo do continente americano pode ser dividido em dois grandes compartimentos: a área centro-oriental de planaltos e planícies e a faixa ocidental de dobramentos montanhosos. Veja o mapa da figura 7.

O embasamento geológico da área centro-oriental foi parcialmente recoberto por bacias sedimentares recentes, formadas por transporte e acumulação de material rochoso.

A faixa ocidental montanhosa, alongada no sentido norte-sul, desde o Alasca até o sul do Chile, forma a borda ocidental das placas tectônicas americanas.

FIGURA 7. O relevo americano

Fonte: FERREIRA, Graça M. L. *Atlas geográfico*: espaço mundial. São Paulo: Moderna, 2003. p. 46.

América do Sul

Na **América do Sul**, o padrão geológico geral se repete. O centro e o leste dessa porção de continente encontram-se dominados por planaltos erodidos e faixas de sedimentação.

Entre os planaltos Brasileiro e das Guianas, encaixa-se a bacia sedimentar Amazônica. As terras baixas amazônicas foram, por muito tempo, ocupadas por um mar interior pouco profundo.

PETER ADAMS/JAI/CORBIS/LATINSTOCK

FIGURA 8. Monte Verónica sobre o Vale Sagrado, em Cuzco (Peru, 2006).

Ao sul do Planalto Brasileiro, no vale do Rio Paraná, surge um vestígio de épocas ainda mais remotas. Nessa região, englobando o centro-sul do Brasil e porções do Paraguai, da Argentina e do Uruguai, rochas basálticas recobrem cerca de 1,2 milhão de quilômetros quadrados. Essa camada rochosa originou-se de um grande derrame de lavas vulcânicas, ocorrido há 120 ou 130 milhões de anos.

O oeste da América do Sul é dominado pela Cordilheira dos Andes (figura 8), onde se encontra o ponto culminante da América, o Monte Aconcágua, com quase 7 mil metros, na fronteira entre a Argentina e o Chile.

Ao contrário do sistema das Rochosas, a Cordilheira dos Andes apresenta larguras geralmente modestas. Suas cadeias montanhosas mais elevadas situam-se nos Andes centrais, que ocupam a Bolívia e o Peru. Nessa região, as montanhas bifurcam-se, formando altiplanos com altitudes superiores a 2.500 metros.

A cordilheira andina é atravessada por vales longitudinais. Na Colômbia, por exemplo, destacam-se os dos rios Magdalena e Cauca. Já os Andes meridionais, no sul do Chile, pontilhados por lagos e glaciares, despencam no Pacífico formando um litoral de fiordes. Observe o perfil sul-americano na figura 9.

FIGURA 9. Corte longitudinal da América do Sul (20° S)

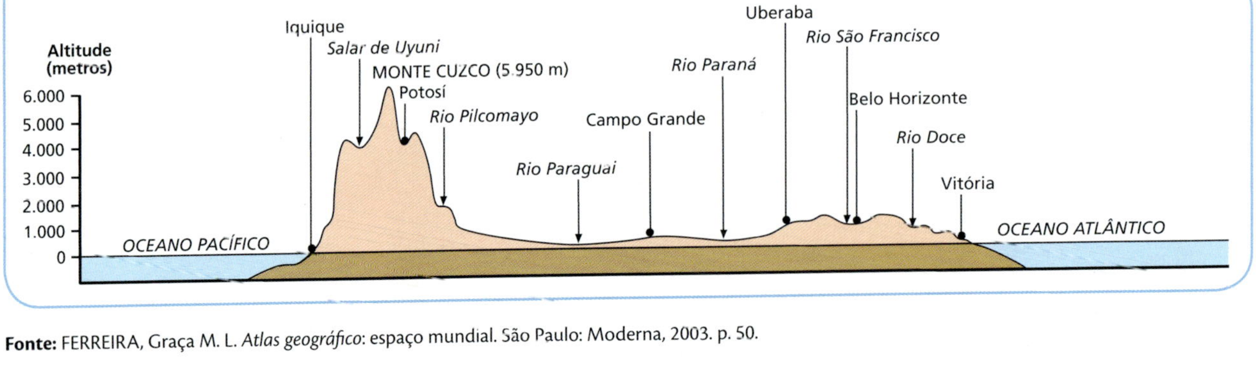

Fonte: FERREIRA, Graça M. L. *Atlas geográfico*: espaço mundial. São Paulo: Moderna, 2003. p. 50.

América do Norte

Na **América do Norte**, a área centro-oriental apresenta planaltos cristalinos e metamórficos, rebaixados pela prolongada ação erosiva, e planícies de sedimentação.

A leste dessa área, destacam-se os planaltos dos Apalaches e do Labrador, provavelmente resultantes da colisão das massas continentais que originou o Pangeia.

Na região norte das Planícies Centrais existem vários lagos. Os mais célebres são os que integram os Grandes Lagos, na fronteira entre os Estados Unidos e o Canadá. Essa paisagem lacustre, assim como os recortes litorâneos do Canadá e da Groenlândia, resulta da erosão glacial (figura 10). A outra metade, a meridional, exibe grandes vales fluviais orientados para o sul e organizados em torno da calha do Rio Mississípi. Leia a respeito no "Observatório dos viajantes", na página seguinte.

CARR CLIFTON/MINDEN PICTURES/LATINSTOCK

FIGURA 10. Depósito glacial (moraina) no território de Yukon (Canadá, 2007).

Na costa oeste, o sistema das Rochosas desdobra-se em cordilheiras paralelas às cadeias da Costa e das Cascatas e à Cordilheira das Rochosas, que ressurgem no México com os nomes de Serra Madre Ocidental e Serra Madre Oriental. Entre as cordilheiras, encaixam-se platôs elevados e vales fluviais profundos, formando cânions e despenhadeiros. Esse sistema de dobramentos perde altitude gradativamente até fundir-se com as Planícies Centrais. Observe o perfil da figura 11.

FIGURA 11. Corte longitudinal da América do Norte (40° N)

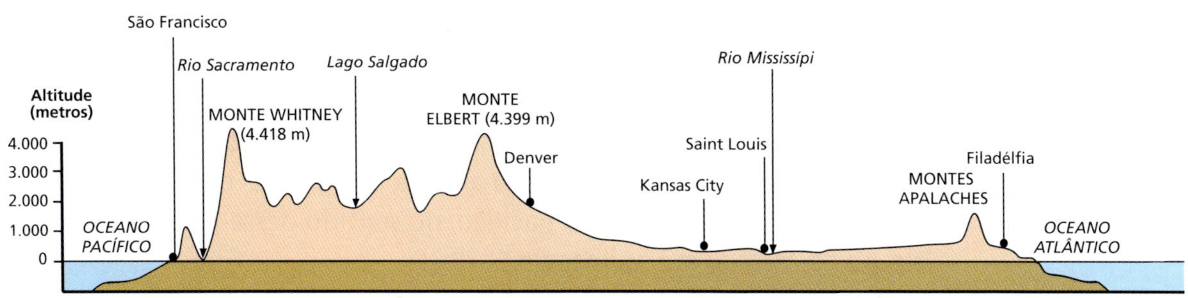

Fonte: Elaborado com base em FERREIRA, Graça M. L. *Geografia em mapas:* continente americano. São Paulo: Moderna, 2003. p. 9.

Observatório dos viajantes 1

O Pai das Águas

O filósofo, sociólogo e historiador francês Alexis de Tocqueville chegou aos Estados Unidos em 1831. Suas observações sobre o país, feitas no decorrer de nove meses de viagens, serviram de base para a obra clássica de sociologia *Da democracia na América*, na qual exalta os aspectos igualitários da sociedade estadunidense.

Veja como Tocqueville descreve alguns aspectos da geografia da América do Norte e, em especial, dos Estados Unidos.

"A América do Norte apresenta, em sua configuração exterior, traços gerais que [são fáceis de] discernir à primeira vista.

Uma espécie de ordem metódica presidiu ali à separação das terras e das águas, das montanhas e dos vales. [...]

Duas vastas regiões a dividem de maneira quase igual.

Uma tem por limite, ao norte, o polo Ártico; a leste e a oeste, os dois grandes oceanos. Ela avança, em seguida, para o sul e forma um triângulo cujos lados irregularmente traçados encontram-se finalmente abaixo dos grandes lagos do Canadá.

A segunda começa onde termina a primeira e se estende por todo o resto do continente.

Uma é ligeiramente inclinada em direção ao polo, a outra em direção ao Equador. [...]

Esse vasto território [da segunda região] forma apenas um único vale, que, descendo do topo arredondado das Alleghanies, sobe, sem encontrar obstáculos, até os cumes das Montanhas Rochosas.

No fundo do vale desliza um rio imenso. É em direção a ele que se vê correr de todas as partes as águas que descem das montanhas.

América Central

A **América Central** compreende duas regiões separadas: o istmo continental e a zona insular. Apesar de suas pequenas dimensões, exibe impressionante diversidade de estruturas de relevo.

Cadeias montanhosas formadas em tempos geológicos recentes, quando a Placa do Caribe colidiu com a Placa do Pacífico causando o soerguimento, alinham-se, junto ao Pacífico, no sentido oeste-leste, prosseguindo do sul do México até as ilhas do Caribe.

Na costa atlântica, predominam as terras baixas, constituídas por sedimentação terciária e quaternária.

No passado, os franceses o haviam chamado de Rio Saint-Louis, em memória da pátria distante; e os índios, em sua linguagem pomposa, o nomearam Pai das Águas, ou Mississípi.

O Mississípi tem sua origem nos limites das duas grandes regiões de que falei [anteriormente], em direção ao topo do planalto que as separa. [...]

Cinquenta e sete grandes rios navegáveis vêm lhe trazer as suas águas. [...]

O vale que o Mississípi banha parece ter sido criado para ele apenas; ele ali dispensa à vontade o bem e o mal, e é como o deus dali. Nas proximidades do rio, a natureza exibe uma fecundidade inesgotável; à medida que nos afastamos de suas margens, as forças vegetais se esgotam, os terrenos se estreitam, tudo declina ou morre. [...]."

TOCQUEVILLE, Alexis de. *De la démocratie en Amérique* (tradução dos autores). Paris: Pagnerre, 1848.

Faça o que se pede.

1. O Rio Mississípi nasce no estado de Minnesota, no norte dos Estados Unidos. Verifique num mapa da América do Norte se essa localização corresponde à descrição feita pelo autor: os limites das grandes regiões setentrional e meridional da América do Norte.
2. O autor afirma que 57 grandes rios navegáveis são afluentes do Mississípi. Pesquise e identifique o maior deles.
3. Pesquise e identifique um fenômeno que justifique a afirmação de que, no Vale do Mississípi, o grande rio "dispensa à vontade o bem e o mal".

Barca no Rio Mississípi no estado do Tennessee (EUA, 2005).

TERRY EGGERS/CORBIS/LATINSTOCK

O arco de ilhas que compõem as Grandes e Pequenas Antilhas é um prolongamento do relevo continental. Originado por tectonismo e vulcanismo, ele conta com vastas extensões de solos férteis formados pela decomposição de basaltos. As Bahamas, por sua vez, originaram-se da acumulação marinha, somando mais de setecentas ilhas e dois mil recifes de coral (figura 12) que, no início da história do Atlântico, quase impediram a circulação de águas entre o Mar do Caribe e o oceano de que este faz parte.

NASA/CORBIS/LATINSTOCK

FIGURA 12. Imagem de satélite da Ilha de Andros cercada de recife de corais (Bahamas, 2009).

3 A diversidade climática e a riqueza botânica da América

A América é a massa continental mais alongada no sentido latitudinal. De um extremo ao outro do continente contam-se cerca de 15 mil quilômetros. Isso ajuda a entender a diversidade de zonas climáticas do continente e, portanto, a imensa variedade paisagística que ele abriga.

A extremidade setentrional da América do Norte se encontra na Zona Glacial Ártica. A extremidade meridional da América do Sul ainda se encontra na Zona Temperada do Sul. As terras sul-americanas situam-se predominantemente nas latitudes intermediárias, enquanto a maior parte das terras norte-americanas encontra-se nas baixas latitudes. Essa situação diferenciada se traduz na distribuição dos domínios climáticos (figura 13).

FIGURA 13. América: domínios climáticos

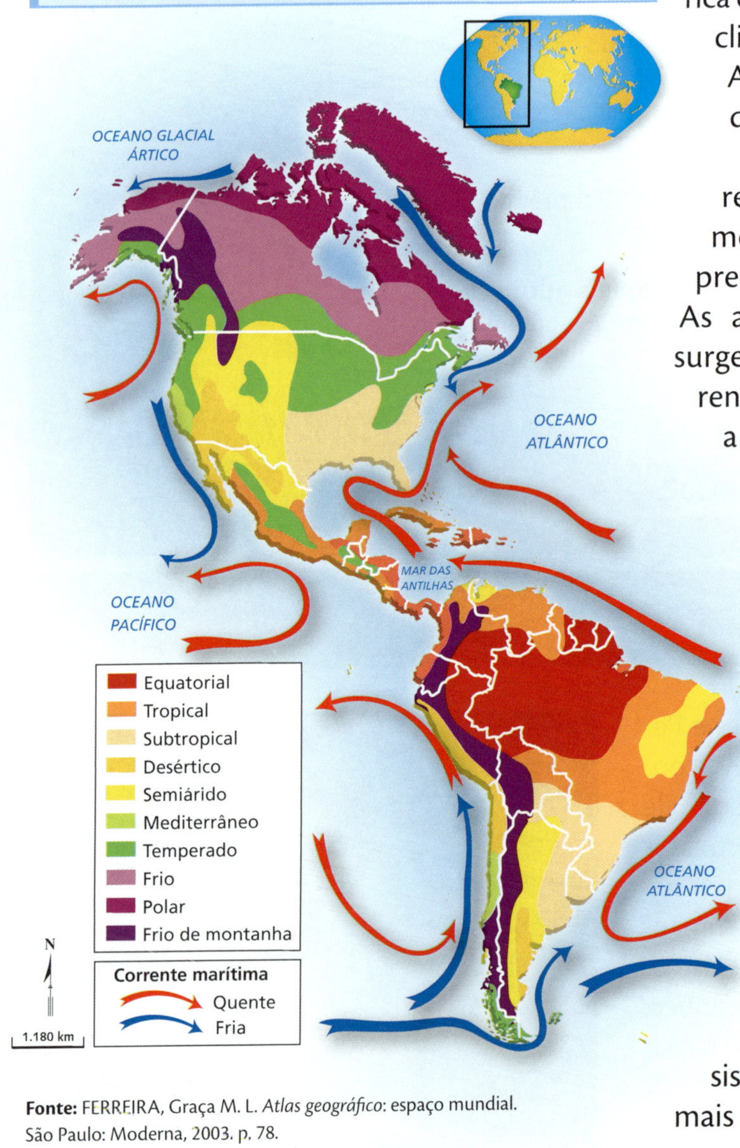

Fonte: FERREIRA, Graça M. L. *Atlas geográfico*: espaço mundial. São Paulo: Moderna, 2003. p. 78.

Domínios subtropicais estendem-se nas latitudes médias da América do Sul (região platina) e da América do Norte (sudeste dos Estados Unidos). Os climas frios e polares aparecem apenas na América do Norte, em função da extensão de suas terras por latitudes mais altas.

Na costa atlântica, a atuação de correntes marítimas quentes e das massas atmosféricas tropicais e oceânicas garantem precipitações abundantes ou moderadas. As anomalias climáticas mais importantes surgem na Patagônia argentina, onde a corrente fria das Malvinas/Falklands bloqueia a penetração das massas de ar oceânicas, determinando fracas precipitações. No Nordeste brasileiro, a formação de altas pressões atmosféricas quase constantes determina a formação de uma zona semiárida.

Na porção ocidental da América, os climas são fortemente influenciados pela presença de altas cordilheiras montanhosas e pela atuação de correntes marítimas frias. Climas frios de montanha dominam as escarpas andinas, tanto no sul do Chile como nas latitudes equatoriais da Colômbia ou do Peru. Registra-se fenômeno semelhante nas escarpas do sistema das Rochosas, onde o frio é ainda mais intenso em função das altas latitudes.

As correntes frias do Pacífico atuam tanto na América do Sul (Corrente do Peru ou de Humboldt) como na América do Norte (Corrente da Califórnia). No litoral setentrional do Chile e meridional do Peru, a ação da corrente fria é determinante para a aridez do clima. No Deserto de Atacama (figura 14), praticamente não ocorrem precipitações. No sudoeste dos Estados Unidos e no norte do México, as áreas desérticas resultam da combinação da ação da Corrente da Califórnia com a presença das cadeias montanhosas.

A continentalidade exerce influência muito maior sobre os climas da América do Norte que sobre os da América do Sul. As regiões temperadas e frias do interior dos Estados Unidos e do Canadá experimentam elevada variação térmica anual. As médias de temperatura de inverno, determinadas pela penetração de massas polares vindas do norte, podem cair bastante abaixo de 0 °C. As médias de verão, determinadas pelas massas tropicais provenientes do Golfo do México, situam-se em torno dos 20 °C. A fraca influência dos oceanos, que funcionam como reguladores térmicos, explica esse comportamento climático.

Na América do Sul, porém, a influência oceânica é fator determinante. Na Amazônia, onde as amplitudes térmicas anuais são mínimas, as massas de ar oceânicas penetram livremente pela ampla calha do rio Amazonas, até os contrafortes orientais dos Andes. Esse fenômeno também ocorre nas planícies subtropicais da Argentina, e só perde intensidade nas proximidades da cordilheira. Assim, as amplitudes térmicas sul-americanas são muito mais moderadas.

Praticamente todas as grandes paisagens vegetais do globo estão presentes na América, desde a tundra do norte canadense até as florestas pluviais da Amazônia e da América Central. Veja, no "Observatório dos viajantes", na página seguinte, o impacto que a paisagem da América do Norte causou nos colonizadores europeus.

FIGURA 14. Vista do Vale da Lua no Deserto de Atacama (Chile, 2009).

ROLF HAID/DPA/CORBIS/LATINSTOCK

Observatório dos viajantes 2

O susto de Kalme

Ao chegar à Filadélfia, colônia inglesa da América do Norte, em 1748, o naturalista finlandês Peter Kalme levou um susto considerável, conforme seu relato.

"Descobri que acabava de chegar a um novo mundo. Onde quer que olhasse para o chão, eu achava em todo canto plantas que jamais vira antes. Quando vi uma árvore, fui obrigado a parar e perguntar aos que estavam comigo qual era o nome dela... Fui tomado de terror à ideia de defrontar muitas partes novas e desconhecidas da história natural."

Apud CROSBY, Alfred W. *Imperialismo ecológico*. São Paulo: Companhia das Letras, 1993. p. 22.

Responda.

▶ Qual a causa do susto do naturalista finlandês?

Os dois tipos mais contrastantes de floresta aparecem no continente americano: a floresta boreal e a floresta equatorial.

A floresta boreal (taiga), que domina grande parte do território canadense, é uma típica formação florestal homogênea, constituída de coníferas e adaptada às variações de temperatura e ao frio extremo do inverno (figura 15).

FIGURA 15. Taiga coberta de neve na Colúmbia Britânica (Canadá, 2005).

MOMATIUK – EASTCOTT/CORBIS/LATINSTOCK

FIGURA 16. Igarapé na floresta amazônica (AM, 2009).

FABIO COLOMBINI

A floresta equatorial (figura 16), que domina a Amazônia, é a mais heterogênea das formações florestais. As chuvas intensas e a ausência de estação seca, bem como as fracas amplitudes térmicas, contribuem para a adaptação de uma enorme variedade de espécies vegetais.

A flora americana também experimenta intensa diversificação em função das diferenças de altitude geradas pelas cordilheiras montanhosas ocidentais. O aumento da altitude, que implica a diminuição progressiva das temperaturas, produz sobre as formações vegetais efeitos similares aos do aumento de latitude (figura 17).

Colômbia e Peru exibem matas tropicais nas cotas mais baixas. À medida que aumentam as altitudes, elas dão lugar a campos e florestas temperados. Nas cotas mais altas, aparecem paisagens semelhantes à taiga e, em seguida, à tundra. No alto das montanhas, onde as neves são eternas, praticamente não existe vida vegetal.

FIGURA 17. Efeitos da altitude nas formações vegetais

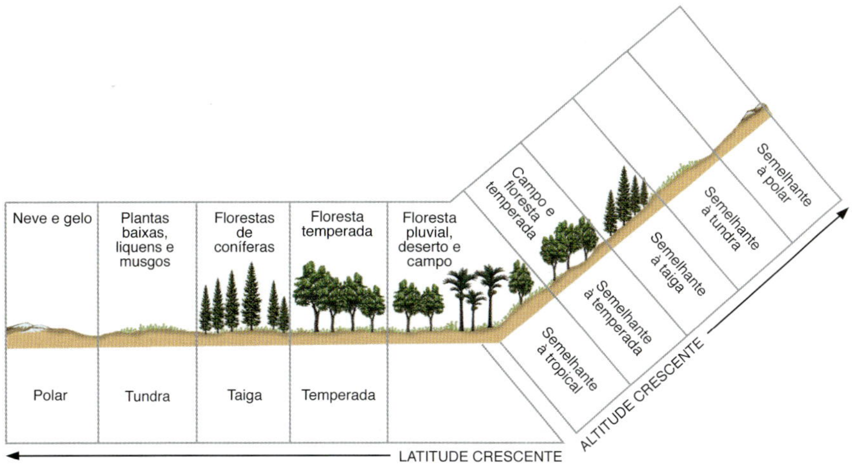

Fonte: Cesar e Sezar. *Biologia* 3. São Paulo: Atual, 1989. p. 283.

OBSERVADORES EM AÇÃO

Para rever o capítulo

1. Explique sucintamente a formação das cordilheiras ocidentais da América.
2. As porções centrais e orientais do continente americano apresentam altitudes modestas e o relevo exibe formas suaves e geralmente arredondadas. Por quê?
3. Qual foi a origem dos mais de 40 mil lagos existentes nas áreas centrais e setentrionais da América do Norte?
4. A cidade de São Francisco, no litoral californiano, sofreu, ao longo de sua história, diversos terremotos. Justifique essa concentração de fortes abalos sísmicos na área.
5. Explique a influência dos oceanos nos climas da América do Sul.
6. Cite e caracterize pelo menos duas formações florestais que ocorrem na América.

De um jeito ou de outro

7. Pôster é uma forma de comunicação visual que pode ter diversas finalidades. Uma é a educacional, em que ele é usado com o objetivo de demonstrar informações e dados relevantes sobre um tema ou uma pesquisa científica. Sua função, nesse caso, é traduzir os conceitos, informações e dados mais relevantes sobre o tema estudado.

- Após estudar detalhadamente a formação geológica e o relevo do continente americano, elabore um pôster e exponha os resultados em sala de aula. Um pôster deve apresentar: título; resumo com as principais ideias; objetividade na construção do texto; ilustrações (podendo ser imagens, mapas, fotografias, gráficos ou ilustrações feitas pelo autor).
- Ao apresentá-lo em sala, considerar os seguintes procedimentos: expor com clareza suas ideias; articular o que deve ser exposto com a apresentação das imagens e iconografias; ser objetivo na exposição das ideias, evitando ser minucioso e repetitivo.

Tabuleiro da Geografia

8. Circule as palavras que correspondem às definições a seguir.
   1. Pico culminante da América.
   2. Dobramentos montanhosos localizados na costa oeste da América do Norte.
   3. “Toda a Terra.”
   4. Cadeia montanhosa localizada na porção leste da América do Norte.
   5. Corrente marítima fria.
   6. Cordilheira localizada na América do Sul.
   7. Planícies localizadas na porção central dos Estados Unidos.
   8. Rio responsável pela formação de vales nos Andes setentrionais.

E	M	P	Z	X	W	W	U	E	I	A	L	P	I	D	F	A	U	R
B	E	A	C	O	N	C	Á	G	U	A	C	H	I	T	E	U	O	V
G	U	K	B	O	T	A	G	Z	K	D	C	U	A	W	N	R	H	M
V	R	O	C	H	O	S	A	S	T	U	I	I	Q	S	P	R	Q	A
B	I	U	N	N	M	E	L	G	L	V	E	E	E	M	I	H	F	G
F	K	Z	N	Y	Z	P	R	I	G	G	W	H	H	I	U	Z	P	D
H	R	H	M	B	D	F	L	C	N	S	C	M	U	J	U	T	Z	A
V	G	U	H	O	Z	M	L	A	V	A	K	F	G	O	M	Q	U	L
Q	L	Z	Q	Q	K	T	P	J	L	H	I	A	K	M	Y	S	Q	E
B	L	R	O	X	H	Q	J	A	L	O	U	P	F	F	B	Z	O	N
L	I	A	N	D	E	S	P	X	P	P	U	M	D	L	F	A	V	A
N	U	N	W	D	C	A	O	Y	T	H	I	F	B	A	Z	G	B	A
W	W	I	B	V	E	A	H	P	Y	D	P	D	Q	O	S	M	L	I
Y	K	N	U	W	N	V	V	Z	O	T	F	V	H	W	L	L	P	J
W	V	W	J	C	T	C	U	A	J	D	N	N	C	S	U	D	R	S
H	K	T	E	L	R	S	R	S	D	F	V	S	J	K	N	B	T	B
I	S	Y	K	Y	A	C	W	W	Y	A	K	G	J	I	P	J	Z	H
U	I	N	X	I	I	T	E	A	M	B	V	T	C	U	D	L	S	N
F	K	H	Z	Q	S	N	D	M	D	U	X	I	V	W	B	K	M	L

No mundo da cartografia

9. Observe o mapa e responda às questões.

Placas tectônicas e áreas de instabilidade

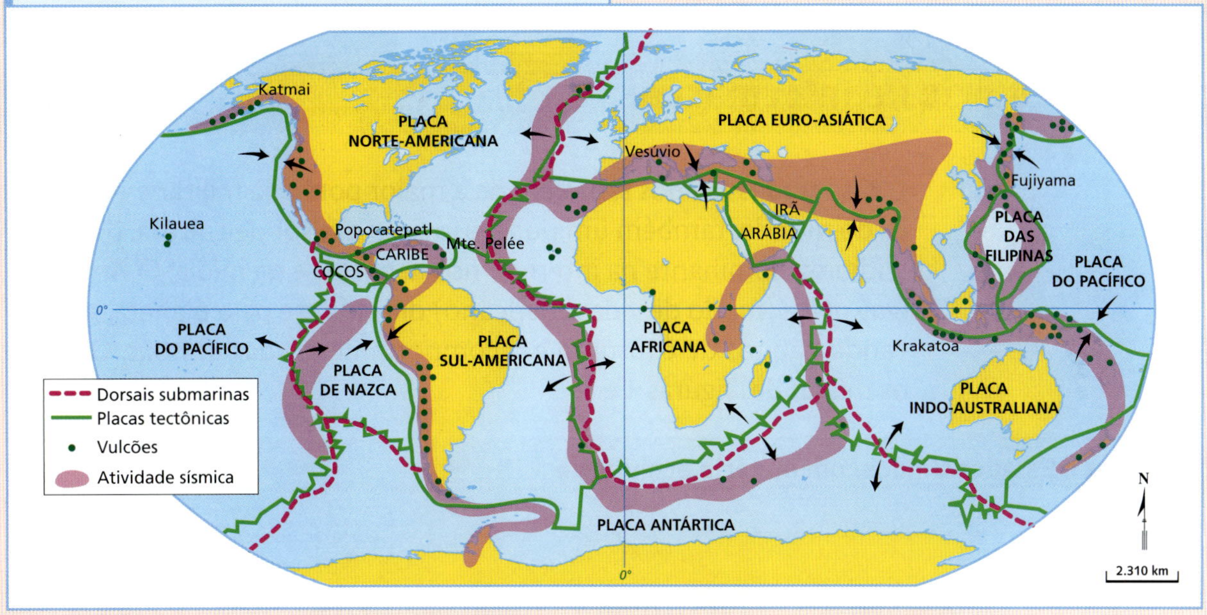

Fonte: IBGE. *Atlas geográfico escolar*. Rio de Janeiro: IBGE, 2002. p. 66; FERREIRA, Graça M. L. *Atlas geográfico*: espaço mundial. São Paulo: Moderna, 2003. p. 77.

a) Em que porção do continente americano ocorre a maior concentração de vulcões? Por que isso acontece?

b) Considerando a distribuição das placas tectônicas, identifique a porção do território americano com maior probabilidade de ocorrência de terremotos.

c) Quais placas tectônicas atuam na costa ocidental da América?

Prática de pesquisa

10. Entre os principais desertos americanos estão o da Califórnia (Estados Unidos) e o do Atacama (Chile). Considerando as figuras ao lado, pesquise a origem e as características desses desertos e produza um relatório com os resultados obtidos.

Mecanismos de formação dos desertos costeiros

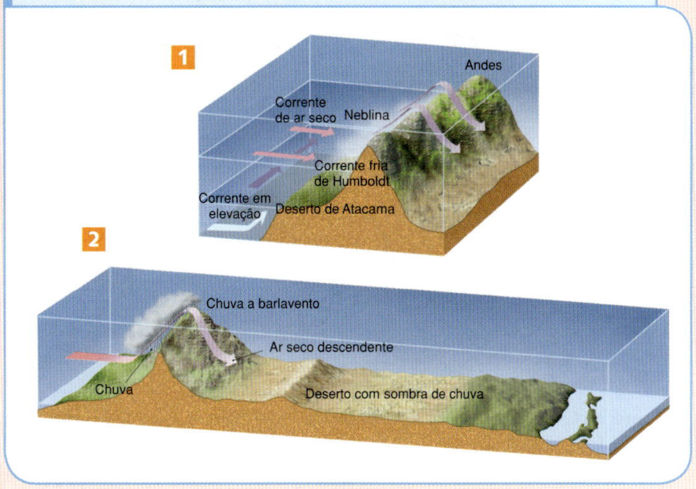

Fonte: *Tempo e clima*. Rio de Janeiro: Abril Livros/ Time-Life, 1995. p. 135.

CAPÍTULO 5

Estados Unidos: potência e dominação

Observatório de informações

Os Estados Unidos são, além de a maior potência militar e econômica do mundo, também um poderoso polo difusor de cultura: o inglês é o idioma dominante na internet, nos negócios e na mídia. O *American way of life* (modo de vida americano) difundiu-se pelo planeta, modificando hábitos de consumo e o comportamento das pessoas. Observe os mapas das figuras 1 e 2.

FIGURA 1. Estados Unidos: um império econômico

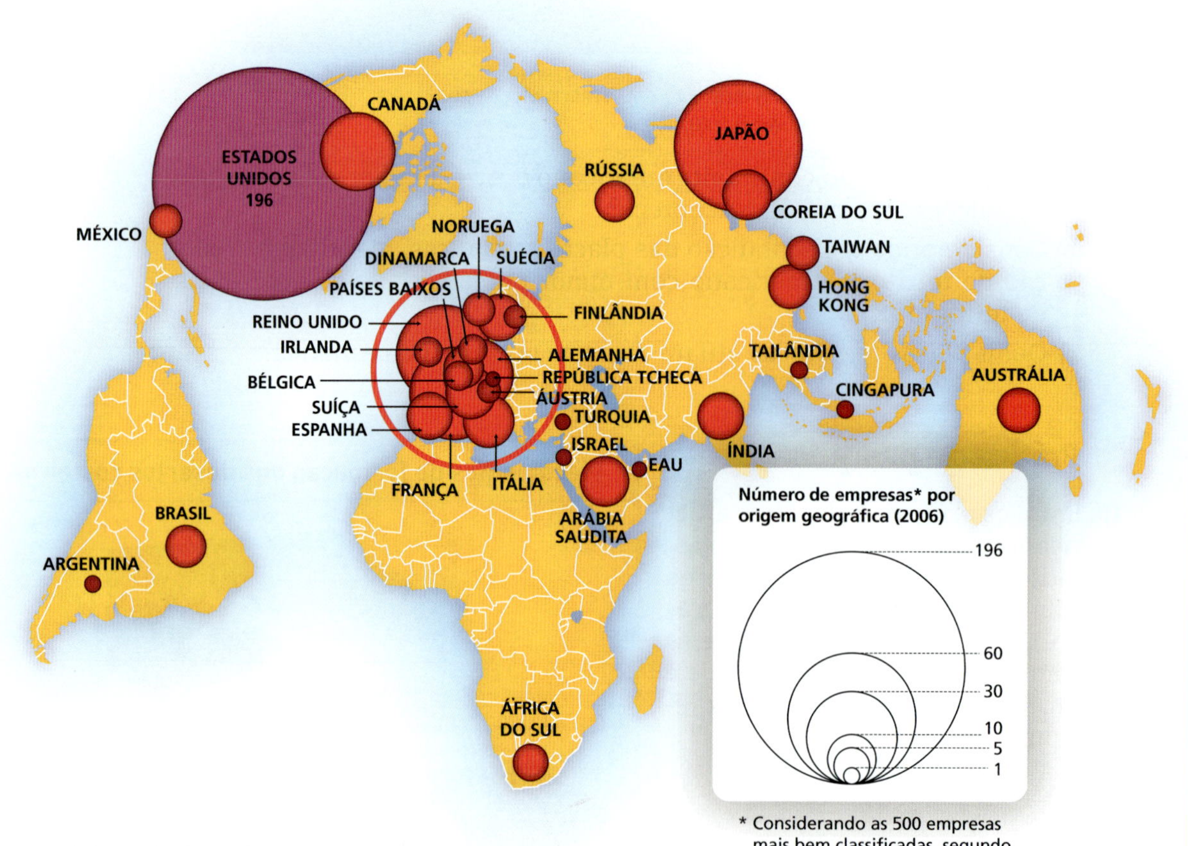

Projeção "Atlantis" de John Bartholomew

Fonte: Atelier de cartographie de Sciences Po, 2008. Disponível em <www.sciences-po.fr/cartographie>. Acesso em set. 2009.

FIGURA 2. **Principais exportadores de filmes (2006)**

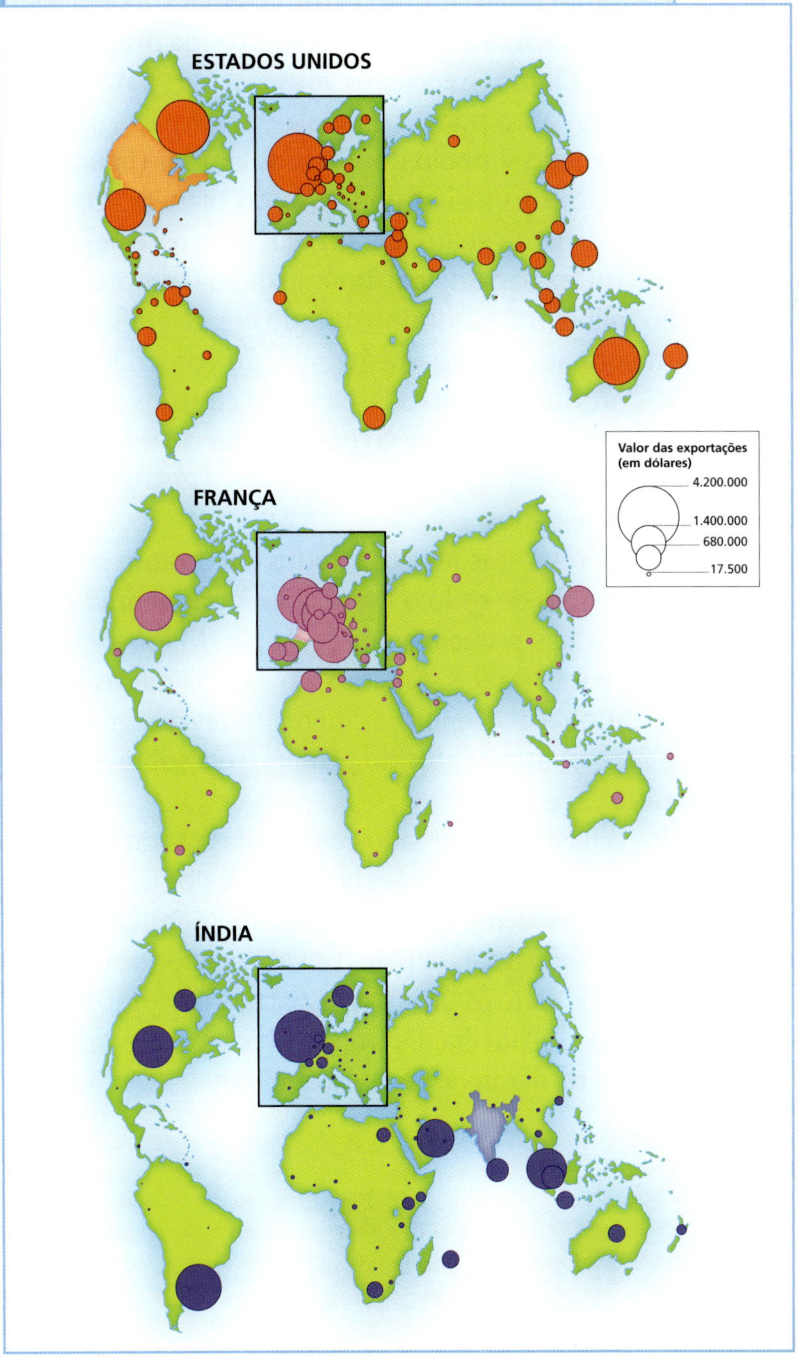

Fonte: Atelier de cartographie de Sciences Po, 2008. Disponível em <www.sciences-po.fr/cartographie>. Acesso em set. 2009.

Responda.

▶ Como o poderio econômico e cultural dos Estados Unidos está representado nos mapas?

1 Estados Unidos: o poderio industrial e agrícola

A águia é uma ave muito especial, que costuma reinar solitária sobre um extenso território. Ela avista suas presas a quilômetros de distância, do alto das montanhas, e realiza rápidos e certeiros voos rasantes para capturá-las. Poucos animais possuem tanto poder como ela. Talvez não seja por acaso que a águia tenha se tornado símbolo dos Estados Unidos (figura 3).

Os Estados Unidos são o país mais poderoso do planeta. Cerca de um quarto da riqueza mundial está guardado em seus bancos, é negociado em suas bolsas de valores ou faz parte do patrimônio de suas empresas. Mais da metade da soja e do milho produzidos no mundo cresce em suas fazendas, as quais participam com aproximadamente 40% do comércio internacional de cereais. O país produz 25% de toda a energia consumida no planeta. Suas forças armadas são as mais modernas e equipadas do mundo, com um contingente de cerca de 1 milhão e 500 mil efetivos regulares, fortemente armados e muito bem treinados.

Não foi esse poder, porém, que fez dos Estados Unidos um polo de atração para milhões de pessoas de todo o mundo, especialmente nas últimas décadas do século XIX e nas primeiras do século XX. Milhões de imigrantes entraram no país para "fazer a América", o que significava construir uma vida melhor e enriquecer. Depois, o cinema se encarregou de levar o *American way of life* aos quatro cantos do planeta. Leia sobre isso na seção "Observatório literário".

Os Estados Unidos já haviam se firmado como uma grande potência econômica no início do século XX. As regiões Nordeste e dos Grandes Lagos – conhecidas como **Manufacturing Belt** (Cinturão da Manufatura) – constituíam o principal polo industrial do país, e a vida econômica e financeira girava em torno de alguns centros urbanos importantes, como Nova York, Boston, Filadélfia, Detroit e Chicago, que rapidamente se tornaram áreas metropolitanas.

KAREN BLEIER/AFP/GETTY IMAGES

FIGURA 3. A águia-calva, uma ave de rapina, é símbolo dos Estados Unidos.

Observatório literário

Um sonho dourado

O "sonho americano" está presente nos versos de *De repente Califórnia*.

"Garota, eu vou pra Califórnia

Viver a vida sobre as ondas
Vou ser artista de cinema
O meu destino é ser *star*
O vento beija meus cabelos
As ondas lambem minhas pernas
O sol abraça o meu corpo.
Meu coração canta feliz.
[...]"

Nelson Motta/Lulu Santos.
Último romântico I. Warner Music, 1987.

Responda.

- Que aspectos da Califórnia são destacados nos versos?

JOHN TODD/ISIPHOTOS.COM/CORBIS/LATINSTOCK

Campeonato Mavericks Surf Contest, em Half Moon Bay, no estado da Califórnia (EUA, 2008).

As reservas de carvão mineral dos Montes Apalaches e as de ferro, próximas ao Lago Superior, alimentavam gigantescos complexos siderúrgicos, rodeados por indústrias de bens de consumo dos mais diversos tipos. Observe o mapa da figura 4, na página seguinte. Foi nos polos industriais dos Grandes Lagos que se criaram novas formas de gestão das fábricas, movidas pelo lema "Tempo é dinheiro", revolucionando a história do capitalismo.

FIGURA 4. Estados Unidos: Manufacturing Belt

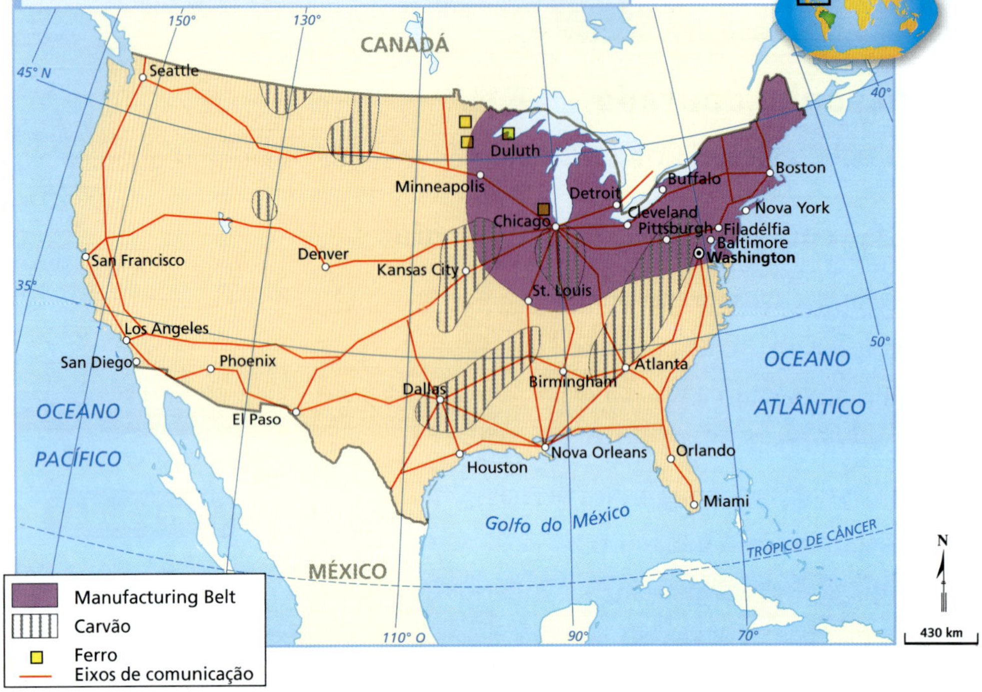

Fonte: Elaborado com base em FERREIRA, Graça M. L. *Atlas geográfico*: espaço mundial. São Paulo: Moderna, 2003. p. 53.

Nos armazéns lotados do Porto de Nova York, as mercadorias aguardavam o momento de embarque em navios cargueiros. O porto foi também a porta de entrada de milhões de imigrantes (italianos, irlandeses e de outras nacionalidades europeias), que se dirigiam para os Estados Unidos em busca de trabalho e de prosperidade.

Ao redor do Manufacturing Belt cresceu também a agropecuária do país. Primeiro, a produção de grãos, na grande Planície Central e, depois, a pecuária extensiva, nas terras do Oeste semiárido, pouco a pouco tomadas dos indígenas.

Baseadas no trabalho familiar e organizadas para atender às exigências do mercado urbano em expansão, essas fazendas foram incorporando produtos industriais, como fertilizantes químicos, máquinas agrícolas e agrotóxicos, o que aumentou vertiginosamente a produção agrícola.

Quanto mais se fortalecia esse modelo de produção agrícola, mais os proprietários de terras se integravam ao centro dinâmico da economia. A expansão da eletricidade e da telefonia no meio rural dos Estados Unidos não teve similar no mundo. Manter uma fazenda nas margens do Rio Mississípi, por exemplo, exigia o acompanhamento diário da previsão do tempo, da cotação de preços dos produtos agrícolas e da disponibilidade de recursos financeiros oferecidos pelos bancos.

Muitos fazendeiros não conseguiram acompanhar o ritmo e o dinamismo impostos pelo mercado, e parte deles foi à falência. Mas os que resistiram tornaram-se empresários do campo. A produção agrícola e a pecuária, cada vez mais atreladas ao processo industrial, foram se especializando e acabaram estabelecendo o zoneamento agrícola existente nos Estados Unidos até hoje. Os chamados *belts* agrícolas, cinturões voltados para a produção especializada (figura 5), abastecem inúmeros ramos industriais e são responsáveis por uma parcela expressiva das exportações dos Estados Unidos.

FIGURA 5. Estados Unidos: cinturões agrícolas

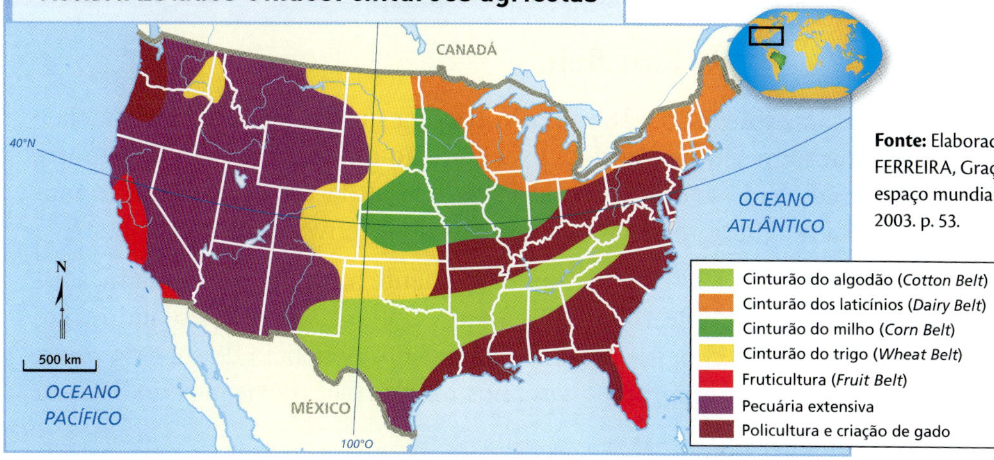

Fonte: Elaborado com base em FERREIRA, Graça M. L. *Atlas geográfico:* espaço mundial. São Paulo: Moderna, 2003. p. 53.

Novos rumos da economia e reorganização do espaço

A microeletrônica, a informática, a biotecnologia, a tecnologia aeroespacial e a indústria de armamentos são os motores da economia dos Estados Unidos. O desenvolvimento desses ramos da indústria, baseados em tecnologia de ponta, está provocando profundas transformações na organização de seu território.

Atividade extra
3 Observatório em dois tempos 4
Destaque as pranchas 3 e 4.

Os novos ramos da indústria não se estabeleceram nas áreas tradicionais do Nordeste dos Estados Unidos. Eles estão promovendo um processo de desconcentração industrial, ou seja, estão levando a indústria para outras áreas.

A microeletrônica, por exemplo, concentrou-se nas proximidades dos centros de pesquisa de São Francisco, na Califórnia. A região hoje é chamada de Vale do Silício, uma referência à matéria-prima básica na produção de *chip*, a memória do computador. Leia mais sobre isso na seção "Texto e contexto", na página seguinte.

A indústria ligada à tecnologia aeroespacial, por sua vez, disseminou-se por vários outros centros urbanos do país, como Houston, no Texas, Cabo Kennedy, na Flórida, e Los Angeles, na Califórnia. Veja, na figura 6, uma síntese dessa reorganização industrial.

FIGURA 6. Estados Unidos: a reorganização da indústria

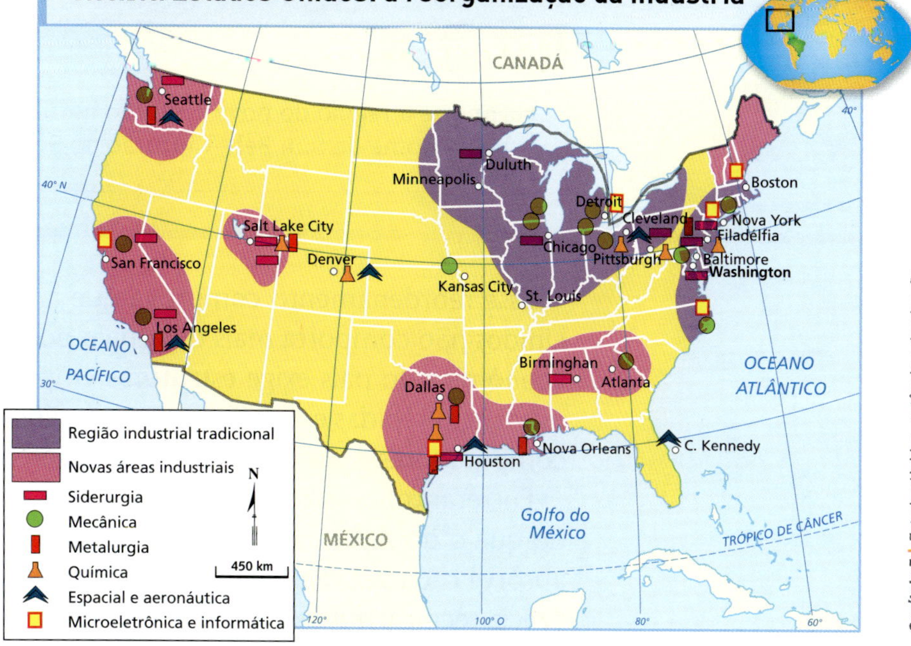

Fonte: Elaborado com base em FERREIRA, Graça M. L. *Atlas geográfico:* espaço mundial. São Paulo: Moderna, 2003. p. 53.

Texto e contexto 1

O Sun Belt

"Na sequência da Guerra de Secessão (1861-1865), o Nordeste estabeleceu sua supremacia e conduziu a integração econômica em seu proveito [...]. O coração é o quadrilátero Baltimore-Saint Louis-Milwaukee-Portland, onde se erige o poderio industrial da União; o cinturão manufatureiro concentra, por volta de 1900, mais de três quartos dos efetivos industriais. [...]

As crises econômicas dos anos 1970 e 1980 revelaram brutalmente a inversão da dinâmica espacial: o peso demográfico do Nordeste cai de 46% a 40% entre 1950 e 1980; seu peso industrial, de 68% a 48%. O Manufacturing Belt [...] perde sua importância em benefício do sul e do oeste, o Sun Belt. O cinturão do sol fixa novos imigrantes (cubanos na Flórida, mexicanos do Texas à Califórnia, asiáticos na costa oeste).

HELENE LABRIET-GROSS/AFP/GETTY IMAGES

Vista aérea do Vale do Silício, na Califórnia (EUA, 2007).

Fugindo de um quadro envelhecido e constrangedor, as empresas colocam nos novos espaços as bases de uma rentabilidade crescente. O símbolo desse progresso é o Silicon Valley (Vale do Silício), [...] perto de São Francisco e, mais recentemente, o Triângulo do Ouro da Carolina do Norte ou o complexo microeletrônico de Austin, Texas."

MANZAGOL, Claude. *O Mundo Hoje*: Anuário Econômico e Geopolítico Mundial. São Paulo: Ensaio, 1996. p. 56.

Explique.

- Por que a região do novo cinturão industrial dos Estados Unidos recebeu o nome de Sun Belt (Cinturão do Sol).

Esse reordenamento comprova que a produção industrial dos Estados Unidos não comporta mais um único polo industrial. A nova organização econômica do país exige estruturas empresariais capazes de se adaptar a mudanças rápidas e de utilizar novas regiões, agora integradas pela rede de computadores e por um intenso fluxo aéreo.

Entretanto, o setor de serviços cresce num ritmo muito mais intenso do que o do setor industrial. O mercado de trabalho dos Estados Unidos absorve cada vez mais mão de obra em atividades de administração, assistência técnica, *marketing* e planejamento.

2 A expansão continental e oceânica

A expansão territorial dos Estados Unidos encontra sua justificativa em um ideário conhecido como **Destino Manifesto**. De acordo com ele, o povo estadunidense foi escolhido pela providência divina para ocupar a enorme área entre os oceanos Atlântico e Pacífico, que seriam as fronteiras "naturais" de seu território. Leia mais sobre isso em "Texto e contexto", abaixo.

Podemos determinar três diferentes períodos do expansionismo estadunidense. O primeiro abarca a formação territorial dos séculos XVIII e XIX (reveja o capítulo 2). O segundo ocorreu entre as últimas décadas do século XIX até a Segunda Guerra Mundial e pode ser caracterizado pelo expansionismo continental e oceânico. Por fim, do final da Segunda Guerra Mundial até os dias de hoje, podemos identificar um período marcado pelo expansionismo planetário.

Completada a expansão territorial que definiu as fronteiras nacionais, os Estados Unidos apresentavam uma posição geopolítica invejável: dispunham de acesso a dois oceanos e não encontravam rival próximo de suas fronteiras. Essas condições favoreceram o expansionismo continental e oceânico, que se estenderia por toda a primeira metade do século XX.

Nessa fase, o expansionismo baseou-se nas ideias de Alfred Thayer Mahan, professor do Naval War College. Para Mahan, o poder marítimo se constituiria no vértice da supremacia das nações na História contemporânea e, portanto, os Estados Unidos deveriam lançar-se ao mar, estabelecendo sua supremacia nos principais trajetos oceânicos.

A partir dessa ideia o Caribe deveria tornar-se um "lago estadunidense", por estar na passagem entre dois oceanos.

Texto e contexto 2

Em nome de Deus

"O estado de espírito expansionista que acompanhou [...] a anexação do Texas recebeu um nome e uma justificativa no verão de 1845. John L. O'Sullivan, um editor de influência, acusou governos estrangeiros de conspirarem para bloquear a anexação do Texas num esforço para atrasar 'o cumprimento do nosso destino manifesto de ocupar o continente a nós designado pela providência para o desenvolvimento livre dos nossos milhões multiplicados anualmente'. Além de cunhar a frase **Destino Manifesto**, O'Sullivan salientou as três principais ideias em que ela se baseava. Primeiro, a de que Deus estava do lado do expansionismo norte-americano. A segunda, implícita na frase desenvolvimento livre, significava que espalhar o regime norte-americano era prolongar as instituições democráticas. E a terceira era que o crescimento da população exigia uma saída que só a aquisição de territórios iria proporcionar."

DIVINE, Robert A. et al. *América, passado e presente.* Rio de Janeiro: Nórdica, 1987. p. 289.

Responda.

- Em quais ideias se baseava o Destino Manifesto para justificar o expansionismo dos Estados Unidos?

A compra do Alasca pelos Estados Unidos, em 1867, antecipou a ideia de Mahan. Em primeiro lugar, porque com a posse do Alasca o país cercava as fronteiras internacionais do Canadá por todos os lados. Essa nova aquisição aproximava os Estados Unidos também da Ásia, especialmente a partir do Estreito de Bering (fronteira com o Império Russo) e das Ilhas Aleutas, nas proximidades do Japão. Veja o mapa da figura 7.

Desde então, os Estados Unidos apoiaram-se nessa política expansionista, avançando rapidamente em direção ao Pacífico. A anexação do Havaí, em 1898, tornou esse arquipélago o principal entreposto para o Oriente. Pearl Harbor viria a se transformar na mais importante base naval estadunidense no centro do Oceano Pacífico, e dali decorreria o movimento de anexação de Samoa, em 1899, e de outras ilhas menores do Pacífico e da Oceania.

O **Corolário Roosevelt**, anunciado em 1904, retomou e ampliou a Doutrina Monroe, de 1823 (reveja o capítulo 2). Estabeleceu uma identidade de interesses entre os Estados Unidos e seus vizinhos latino-americanos, propondo implicitamente a cooperação para um desenvolvimento comum. Com esse argumento, justificavam-se suas intervenções militares em países do continente americano, caso os governos destes demonstrassem inabilidade em promover justiça interna ou violassem direitos internacionais ou, ainda, favorecessem agressões externas em prejuízo da comunidade das nações americanas. Dessa forma, o governo dos Estados Unidos se colocava como árbitro da política continental e líder das nações vizinhas.

Fundamentada nesse Corolário, a política expansionista dos Estados Unidos voltou-se para a América Latina (figura 8). Assim, os estadunidenses impuseram um protetorado a Cuba e a São Domingos (Haiti e República Dominicana), ocuparam a Nicarágua e compraram as Ilhas Virgens da Dinamarca. A construção do Canal do Panamá também fez parte dessa estratégia de dominação, garantindo sua circulação mais rápida entre a costa do Atlântico e do Pacífico, e reforçando sua presença na América Central. Leia mais sobre esse assunto em "Texto e contexto", na página 84.

A política do **Big Stick** (Grande Porrete), resultante do Corolário Roosevelt, orientava estratégias militares de dominação na América. Mais tarde, ela foi substituída por outras políticas na mesma linha, como a Doutrina da Boa Parceria, de Eisenhower, e a Doutrina das Novas Fronteiras, de Kennedy.

FIGURA 7. EUA: expansão no Pacífico

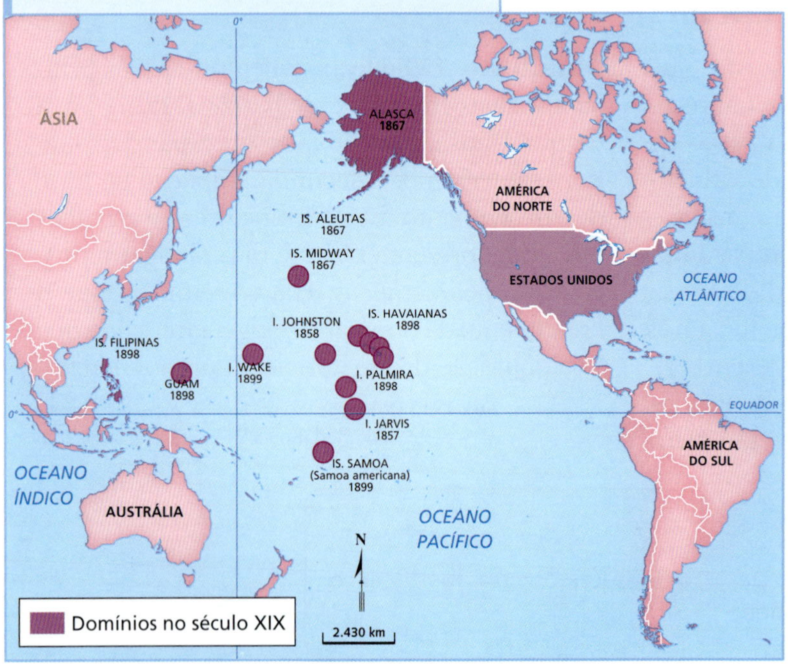

Fonte: BREEN, T. H. et al. *América, passado e presente*. Rio de Janeiro: Zahar, 1982. p. 477.

FIGURA 8. EUA: expansão na América Central

Fonte: BREEN, T. H. et al. *América, passado e presente*. Rio de Janeiro: Zahar, 1982. p. 477.

Essas políticas têm sido utilizadas repetidas vezes ainda na atualidade, em diversos episódios de invasões e ocupações, respaldadas pelo enorme poderio militar dos Estados Unidos (figura 9), capaz de atuar nos mais diferentes cenários de guerra. O país está preparado para lutar no deserto, como ocorreu na Guerra do Golfo, contra o Iraque, em 1991 e 2003; em um ambiente urbano, como em Kosovo, em 1999; e em um ambiente de floresta tropical úmida, como na missão militar de combate ao narcotráfico na Colômbia.

FIGURA 9. A presença das forças armadas dos EUA no mundo (2006)

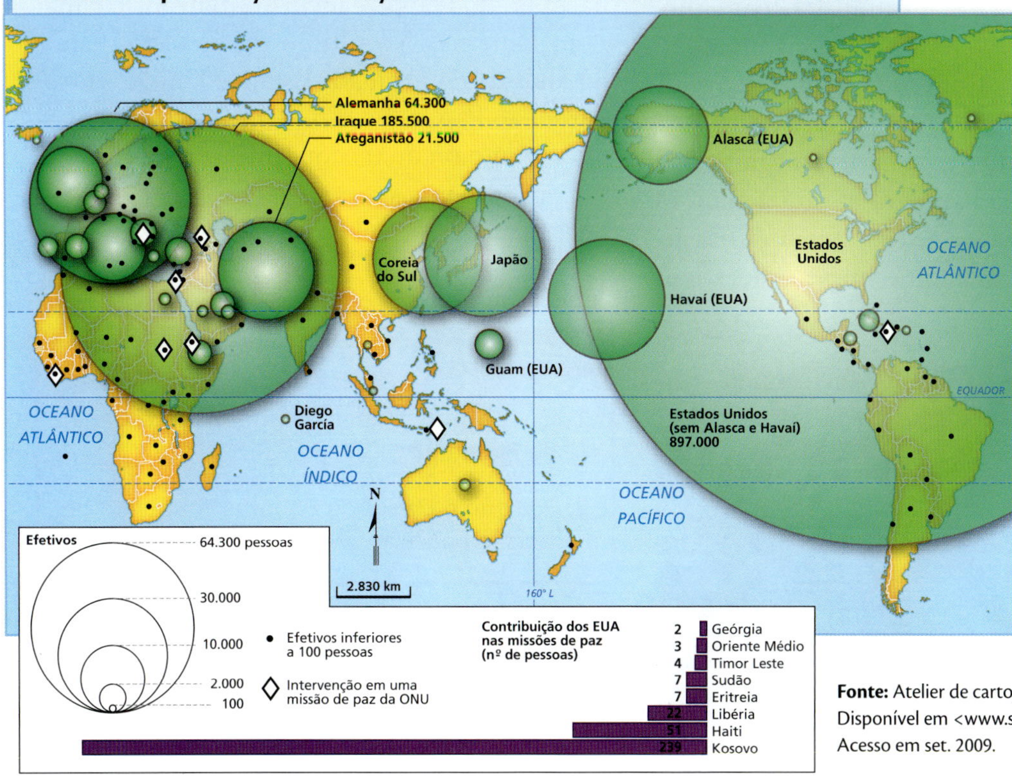

Fonte: Atelier de cartographie de Sciences Po, 2007. Disponível em <www.sciences-po.fr/cartographie>. Acesso em set. 2009.

Texto e contexto 3

A disputa pelo canal

A obra do Canal do Panamá envolveu o trabalho de dezenas de milhares de pessoas, das quais mais de um quarto morreu em seus 35 anos de construção.

Com aproximadamente 80 quilômetros de extensão, um navio leva, em média, dez horas para percorrê-lo. Viajando de Nova York, na costa leste, a São Francisco, na costa oeste, a economia de percurso é de 14.580 quilômetros, em relação aos que um navio de grande porte teria de percorrer se tivesse de circundar a América do Sul.

O Canal do Panamá foi uma obra extremamente ousada para sua época, mas representou a consolidação da presença estadunidense na região. Contudo essa presença nem sempre foi amigável, como revela o texto a seguir.

"Nove de janeiro de 1964. Cinco horas da tarde. Entre a Zona do Canal, ocupada por militares americanos, e o território panamenho, cerca de 200 estudantes se aglomeram. Eles esperam por uma cena histórica: o hasteamento da bandeira do Panamá na Zona do Canal. Até então as estrelas e listras americanas tremularam sem serem incomodadas, uma espinha na garganta dos panamenhos que o presidente Lyndon Johnson resolvera retirar, ordenando a colocação da bandeira do Panamá nos edifícios públicos. Cinco e meia. Seis pessoas são autorizadas a atravessar os portões para realizar o hasteamento. Tudo ia bem até que eles chegam a um colégio frequentado por filhos de militares americanos. Os seis panamenhos são recebidos sob vaias e xingamentos, mas não se intimidam e tentam hastear sua bandeira mesmo assim. O conflito é inevitável. Às seis e meia da tarde, os estudantes, aparentando marcas de espancamento, são expulsos pela guarda americana. A população se revolta e inicia um tumulto com os policiais. O Exército americano é acionado.

Dez de janeiro de 1964. Quinze civis panamenhos estão mortos e 188, feridos. O Panamá rompe relações diplomáticas com os Estados Unidos. O episódio marcou a mudança de atitude do Panamá em relação ao controle do canal. No entanto, só em 1977 os presidentes dos Estados Unidos, Jimmy Carter, e o panamenho, Omar Torrijos, assinaram o tratado de transferência dos bens instalados na Zona do Canal – inclusive o próprio canal – ao Panamá. No último dia de 1999, após 85 anos de controle, os Estados Unidos entregaram ao Panamá o direito de explorar o mais importante recurso econômico do país."

"Canal do Panamá, por um mundo menor." *Aventuras na História*. Disponível em <http://historia.abril.com.br/fatos/canal-panama-mundo-menor-433711.shtml>. Acesso em ago. 2009.

BETTMANN/CORBIS/LATINSTOCK

Tumulto na tentativa de hasteamento da bandeira panamenha no Canal do Panamá, no dia 9 de janeiro de 1964.

Responda.

1. Qual a importância econômica do Canal do Panamá?
2. Por que o Canal do Panamá foi objeto de tensão política?

3 Inimigos internos e externos

Para intervir militarmente em outro país, o governo dos Estados Unidos precisa primeiro obter apoio de seu próprio povo. Afinal, trata-se de uma democracia e a sociedade paga impostos e quer saber como eles são gastos.

A resistência interna foi muito grande, por exemplo, à Guerra do Vietnã, que teve início em 1960 e contou com a participação militar estadunidense entre 1965 e 1975. Parcela importante da população do país não concordou com essa intervenção em uma antiga colônia francesa na Ásia (figura 10), que teve como pretexto a contenção ao expansionismo soviético.

A derrota dos Estados Unidos na Guerra do Vietnã repercutiu negativamente na opinião pública. O retorno de combatentes mutilados e de corpos de soldados que perderam a vida longe de seu lar fortaleceu profundamente o **sentimento anti-intervencionista** da sociedade.

Depois da Guerra do Vietnã, a população do país passou a ser ainda mais exigente na cobrança dos gastos em guerras, pois aprendeu que eles não cessam no final do combate. Ao contrário, com o fim de um confronto aumentam as obrigações do Estado com indenizações e pensões a ex-combatentes e a seus dependentes, ônus pago com impostos.

FIGURA 10. Manifestação contra a Guerra do Vietnã, em Nova York (EUA, 1965).

Na década de 1980, o então presidente Ronald Reagan iniciou um movimento que viria a consolidar a hegemonia dos Estados Unidos no mundo. Mas isso significou mais gastos. Entre 1980 e 1985, por exemplo, o orçamento de defesa cresceu em 1,5% do PIB. O programa **Guerra nas Estrelas** foi o ápice da expansão das despesas militares no país. Consistia em, além de ampliar a disposição de armas e tropas pela superfície terrestre, lançar uma série de artefatos militares no espaço, com vistas a evitar uma possível dominação dos soviéticos nesse campo.

Em 2005, o governo de George W. Bush retomou os investimentos desse programa com o intuito de garantir maior vigilância em relação ao espaço aéreo dos Estados Unidos e de desenvolver novas armas de ataque de última geração, incluindo satélites e mísseis intercontinentais.

O alto custo das operações militares foi uma das razões para que a superpotência procurasse aliados. Dividindo a conta entre parceiros, fica um pouco mais fácil justificar as despesas causadas por uma guerra em outro país. Observe que foi a necessidade interna – de convencer a opinião pública de que não iria gastar muito – que levou o governo dos Estados Unidos a uma **política de alianças** para atingir seus objetivos estratégicos.

A ameaça aos valores defendidos pela sociedade estadunidense – que podem ser sintetizados em três: **democracia, livre mercado** e respeito aos **direitos humanos** – também leva a políticas de aliança. Quem ameaça esses valores é apontado como inimigo nacional; combatê-lo passa a ser obrigação do Estado e justificativa para manter o caro sistema de defesa dos Estados Unidos. Nesse caso, a política de alianças com outros países busca criar um isolamento do oponente, procurando monitorar suas ações e enfraquecê-lo por meio de intervenções como o **bloqueio econômico**.

Bloqueio econômico
Proibição da prática comercial do país e de países aliados com o adversário.

DESMOND BOYLAN/REUTERS/LATINSTOCK

FIGURA 11. Manifestação popular em Madri pelo fim do bloqueio econômico a Cuba (Espanha, 2001).

Ao longo da História, entretanto, mudaram os inimigos. Primeiro foram os soviéticos. A partir da década de 1960, Fidel Castro, líder da Revolução Socialista Cubana, foi considerado ameaça a ser combatida e permanece ainda no rol dos líderes a serem enfraquecidos. O bloqueio econômico imposto a Cuba, mantido mesmo após o fim da União Soviética, é o resultado da estratégia adotada para evitar que um oponente ascenda e possa vir a influenciar outros países contra os interesses dos Estados Unidos. Veja a figura 11.

Nos primeiros anos da década de 1990, o Japão parecia ameaçar a hegemonia dos Estados Unidos no mundo, quando registrava grande crescimento em sua participação no mercado financeiro internacional e seus empresários compravam empresas nos Estados Unidos. Como o avanço japonês durou pouco, foi preciso definir novos alvos.

Um deles foi Saddam Hussein, presidente do Iraque, que ordenou a invasão do Kuait no início da década de 1990. Em 1991, o presidente George H. Bush lançou uma operação de guerra contra o Iraque, para forçar a desocupação do Kuait. Apesar do ataque, o líder iraquiano permaneceu no poder. Mais tarde, acusado de fabricar secretamente armas de destruição em massa, ele foi transformado em uma grande ameaça aos Estados Unidos, fato que serviu como justificativa para a segunda invasão do Iraque, iniciada em 2003.

No início do século XXI, o combate ao terrorismo transformou-se no foco da política externa dos Estados Unidos. Em nome dele, foi deflagrada, em 2001, uma operação militar no Afeganistão destinada a derrubar do poder local o grupo fundamentalista islâmico Talebã, que era acusado de abrigar organizações terroristas naquele país. A operação levou à derrubada do Talebã, mas não foi capaz de estabelecer um regime verdadeiramente democrático em seu lugar.

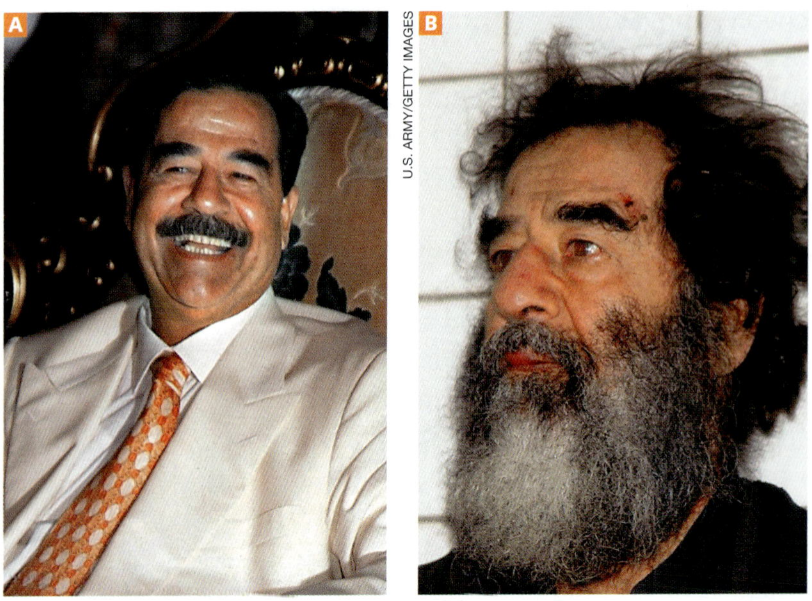

A EPA/CORBIS/LATINSTOCK

B U.S. ARMY/GETTY IMAGES

FIGURA 12. Na foto A, o presidente iraquiano Saddam Hussein celebra o seu 61º aniversário em Bagdá (Iraque, 1998); na foto B, Hussein feito prisioneiro pelas tropas dos Estados Unidos (Iraque, 2003).

OBSERVADORES EM AÇÃO

Para rever o capítulo

1. Explique a diferença entre Manufacturing Belt e Sun Belt.

2. Qual foi a importância das bases navais para o projeto expansionista dos Estados Unidos no Pacífico?

3. Leia o texto a seguir e faça o que se pede.

> "A compra dos territórios de Louisiana e a aquisição da Flórida tinham sido apenas os primeiros passos nos avanços territoriais. Posturas e concepções presentes nos movimentos religiosos, como a ideia de que existem povos escolhidos e abençoados por Deus, passariam a povoar o imaginário coletivo da nação que se acreditava eleita para um destino glorioso. A fé nas instituições livres e democráticas também se intensificava. A partir disso, desenvolveu-se a ideia de 'destino manifesto': seria uma missão espalhar a concepção de sociedade norte-americana para as regiões vistas como carentes e necessitadas de ajuda."
>
> KARNAL, L. et al. *História dos Estados Unidos*. São Paulo: Contexto, 2007. p. 125.

a) Relacione o texto anterior com o princípio ideológico do Destino Manifesto.

b) Busque no texto do capítulo exemplos de fatos e situações representativas dessa ideia.

4. Apresente dois exemplos de intervenção militar dos Estados Unidos em países soberanos, explicando o contexto no qual elas ocorreram.

Prática de pesquisa

5. Dossiê é um conjunto de documentos – mapas, ilustrações, artigos de jornal etc. – a respeito de um determinado assunto. Acompanhe por uma semana, em jornais, revistas ou na internet, notícias sobre os Estados Unidos e organize um dossiê sobre a atual situação desse país nos contextos nacional e internacional. Escreva a introdução, explicando como o trabalho foi realizado. Faça um índice dos documentos e escreva as conclusões, destacando os principais aspectos pesquisados.

No mundo da cartografia

6. Observe o mapa da figura 5, na página 79, e explique como são organizados os cinturões agrícolas nos Estados Unidos.

De um jeito ou de outro

7. Observe o cartaz de divulgação do filme *Marcha de heróis*, de 1959. Relacione a imagem e os dizeres do cartaz com a ideologia do Destino Manifesto.

DIVULGAÇÃO

Esse cartaz foi publicado em jornais brasileiros em março/abril de 1960.

CAPÍTULO 6

Estados Unidos: população e nação

Observatório de informações

O presidente dos Estados Unidos, Barack Obama, retomou o lema de sua campanha *"Yes, we can"* ("Sim, nós podemos") no dia 15 de novembro de 2008, após a confirmação de sua vitória nas urnas. Leia alguns trechos do discurso histórico que ele proferiu nessa data, em Chicago, e que foi assistido no mundo todo.

"Olá, Chicago! Se alguém aí ainda duvida que os Estados Unidos são um lugar onde tudo é possível, ainda se pergunta se o sonho de nossos fundadores continua vivo em nossos tempos, ainda questiona a força de nossa democracia, esta noite é sua resposta. [...]

É a resposta pronunciada por jovens e idosos, ricos e pobres, democratas e republicanos, negros, brancos, hispânicos, indígenas, homossexuais, heterossexuais, deficientes ou não deficientes. Americanos que transmitiram ao mundo a mensagem de que nunca fomos simplesmente um conjunto de indivíduos ou um conjunto de estados vermelhos e estados azuis. Somos, e sempre seremos, os Estados Unidos da América. [...]. Como disse Lincoln a uma nação muito mais dividida que a nossa, não somos inimigos, mas amigos. Embora as paixões possam nos colocar sob tensão, não devem romper nossos laços de afeto. [...]. Esta é a verdadeira genialidade dos EUA: o nosso país pode mudar. Nossa união pode ser aperfeiçoada. O que já conseguimos nos dá esperança sobre o que podemos e temos que conseguir amanhã.

Estas eleições contaram com muitos inícios e muitas histórias que serão contadas durante séculos. Mas uma que tenho em mente esta noite é a de uma mulher que votou em Atlanta. Ela se parece muito com outros que fizeram fila para fazer com que sua voz seja ouvida nestas eleições, exceto por uma coisa: Ann Nixon Cooper tem 106 anos. Nasceu apenas uma geração depois da escravidão, em uma era em que não havia automóveis nas estradas nem aviões nos céus, quando alguém como ela não podia votar por dois motivos – por ser mulher e pela cor de sua pele. [...]

Esta noite penso em tudo o que ela viu durante seu século nos EUA – a desolação e a esperança, a luta e o progresso, as vezes em que nos disseram que não podíamos e as pessoas que se esforçaram para continuar em frente com esta crença americana: Podemos.

Em uma época em que as vozes das mulheres foram silenciadas e suas esperanças descartadas, ela sobreviveu para vê-las serem erguidas, expressarem-se e estenderem a mão para votar. Podemos. [...]

Quando as bombas caíram sobre nosso porto e a tirania ameaçou o mundo, ela estava ali para testemunhar como uma geração respondeu com grandeza e a democracia foi salva. Podemos.

Portanto, esta noite, vamos nos perguntar se nossos filhos viverão para ver o próximo século, se minhas filhas terão a sorte de viver tanto tempo quanto Ann Nixon Cooper, quais mudanças virão? Que progresso faremos? Esta é nossa oportunidade de responder a esta chamada. Este é o nosso momento. Esta é nossa vez. [...] Obrigado. Que Deus os abençoe. E que Deus abençoe os Estados Unidos da América!"

Disponível em <www.palmares.gov.br/003/00301009.jsp?ttCD_CHAVE=1679>. Acesso em ago. 2009.

FIGURA 1. Estados Unidos: mapa eleitoral

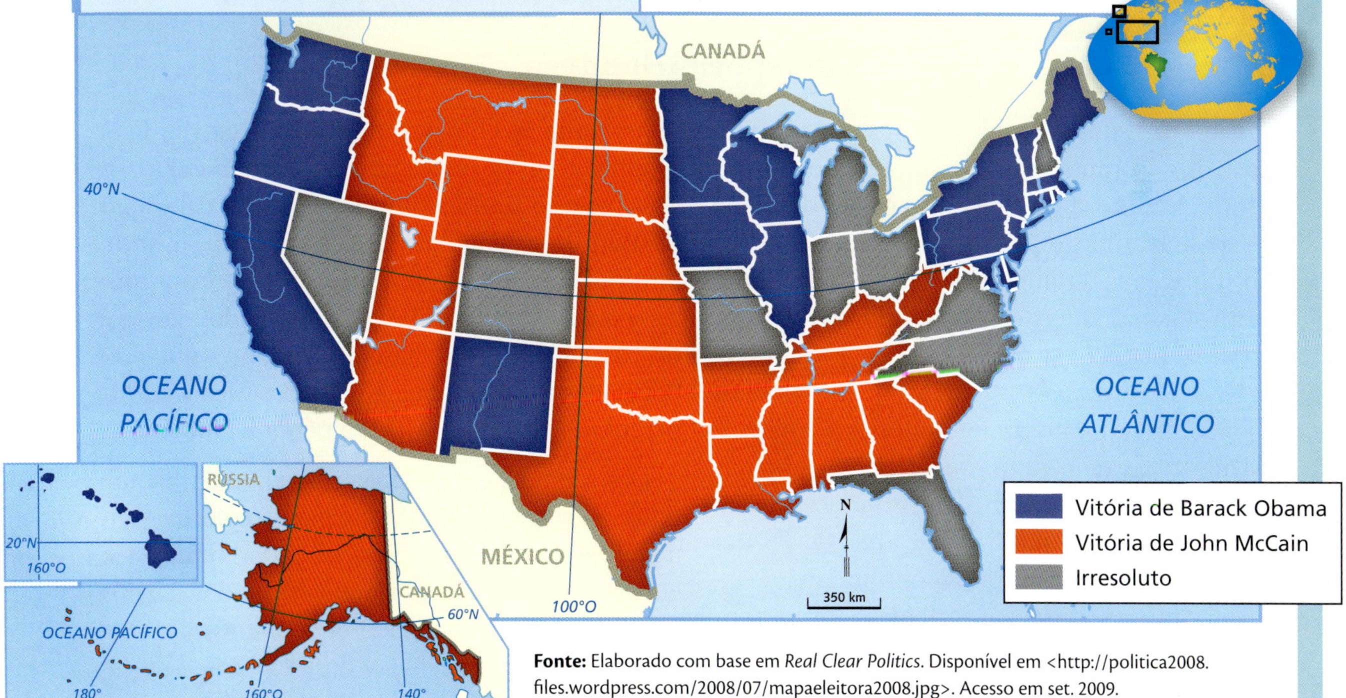

Fonte: Elaborado com base em *Real Clear Politics*. Disponível em <http://politica2008.files.wordpress.com/2008/07/mapaeleitora2008.jpg>. Acesso em set. 2009.

Faça o que se pede.

1. Qual é a origem da verdadeira genialidade dos Estados Unidos na opinião do presidente?
2. No discurso, Obama afirma que os Estados Unidos são mais do que um conjunto de indivíduos ou de estados vermelhos e estados azuis. Observe o mapa e explique essa ideia.

1 O país dos imigrantes

Nenhum outro país recebeu tantos imigrantes como os Estados Unidos: mais de 40 milhões de pessoas, desde 1800. Em 1790, recém-independente, o país, situado ainda entre os Montes Apalaches e o Atlântico, tinha apenas 4 milhões de habitantes. Em 1840, quando se iniciou o primeiro grande surto imigratório, a população era de 20 milhões, mais de um terço dela vivendo a oeste dos Apalaches. A expansão demográfica impeliu a expansão territorial e a "marcha para o Oeste", que custou a terra e a vida dos milhares de indígenas que habitavam as grandes planícies do Rio Mississípi (reveja o capítulo 2).

Entre 1840 e 1860, cerca de 4 milhões de imigrantes chegaram aos Estados Unidos, vindos principalmente da Irlanda, da Alemanha e da Inglaterra. Os navios que transportavam madeira dos portos de Boston para Liverpool (Inglaterra) voltavam com seus porões abarrotados de irlandeses.

Já fazia algum tempo que um fungo se espalhara sobre os campos de batata da Irlanda, reduzindo dramaticamente a colheita, e estava provocando uma crise alimentar de proporções devastadoras. Leia mais sobre isso em "Texto e contexto".

Texto e contexto

A diáspora irlandesa

"Em 1824, uma comitiva de pesquisa da Câmara dos Comuns chamou a atenção para a miséria espantosa, as doenças contagiosas que se espalhavam e o número considerável dos que morriam literalmente de fome [...]. Além dos problemas internos, a Irlanda sofreu com a crise generalizada que assolou a Europa. O fungo *Phytophora infestans* arrasou as colheitas de batata, enquanto as intempéries climáticas destruíram as de cereais. Na Bélgica, centenas de milhares de flamengos sofreram os efeitos da fome e do tifo, que fizeram mais de 16 mil vítimas na Silésia. Em todo o continente, a crise econômica sucedeu a agrícola. Como consequência das vultosas importações de cereais, mas também da especulação desenfreada nos setores metalúrgico e ferroviário, o dinheiro líquido tornou-se escasso, provocando fabulosas falências. A recessão e o desemprego atingiram ainda as economias inglesa, francesa e alemã.

Na Irlanda, a sobrevivência estava intimamente ligada à batata. 'Os irlandeses viviam de batatas, como os chineses, de arroz', escreveu Paul Dubois, autor de um estudo sobre a questão irlandesa, que se transformou em livro de cabeceira de Winston Churchill. 'Se a colheita fosse ruim, haveria uma catástrofe', analisou. E elas foram três consecutivas, não uma. No segundo semestre de 1845, em poucos dias, o míldio, um fungo do bolor, destruiu três quartos da produção de tubérculos. Em 1846 e 1847, a perda foi total.

Desesperada, em pouco tempo a população não tinha alternativa a não ser emigrar ou morrer. Um milhão e meio de irlandeses cansados, famintos e doentes precipitaram-se rumo aos Estados Unidos e Grã-Bretanha, suscitando uma animosidade reforçada pela repulsa, em vez de compaixão. Alguns navios se tornaram verdadeiras sepulturas, que nunca chegaram ao porto de destino. 'Se fosse possível fincar cruzes sobre a água, a rota dos emigrantes pelo Atlântico seria um imenso cemitério'."

JOANNON, Pierre. "A grande diáspora irlandesa." Revista *História Viva*, n. 43, maio de 2007. Disponível em <www2.uol.com.br/historiaviva/reportagens/a_grande_diaspora_irlandesa_imprimir.html>. Acesso em ago. 2009.

Sem dinheiro para se estabelecer nos recém-abertos núcleos agrícolas do Oeste, grande parte dos imigrantes irlandeses permaneceu nas cidades do Nordeste dos Estados Unidos, na condição de força de trabalho barata para as fábricas e a construção civil. Na indústria têxtil, substituíram em grande parte a mão de obra feminina nativa, pois aceitavam trabalhar de 12 a 14 horas por dia, sem intervalo para descanso e com baixíssimas remunerações.

No caso dos alemães, a maior parte era de origem camponesa. Muitos deles traziam consigo algum dinheiro e se tornaram lavradores nas férteis terras do Oeste. Talvez por isso, e pelo fato de serem protestantes, tenham sofrido menos discriminação e preconceito que os católicos irlandeses.

Com o incremento demográfico resultante da imigração e do crescimento vegetativo, a "marcha para o Oeste" expandia-se para além das fronteiras do Mississípi-Missouri. Desde 1849, com a descoberta de ouro nas proximidades de Sacramento (Califórnia), caravanas de colonos deslocavam-se entre os 3.200 quilômetros que separam o Rio Missouri da costa do Pacífico, em viagens que chegavam a durar mais de seis meses.

BETTMANN/CORBIS/LATINSTOCK

"O grande mal do qual temos de nos defender não é físico, é moral. Não é a fome, é o caráter orgulhoso, intratável e turbulento do povo irlandês."

Charles Edward Trevelyan,
secretário-adjunto do Tesouro inglês, 1846.

A charge do caricaturista alemão Thomas Nast, datada de 1880, mostra a emigração para a América no contexto da Grande Fome Irlandesa.

Responda.

- Lembrando que toda a Irlanda era então parte do Reino Unido, como você interpreta as palavras do secretário-adjunto?

A conquista do Oeste

Na década de 1860, a promulgação do *Homestead Act* (Ato de Propriedade Rural) e a construção das ferrovias transcontinentais alimentaram um fluxo ainda maior de imigrantes para os Estados Unidos.

O *Homestead Act* garantia a doação de 160 acres (1 acre = 4.046,8 m^2) de terra no Oeste a quem pagasse 10 dólares pelo registro e se comprometesse a cultivá-los pelo prazo mínimo de cinco anos. Essa política atraiu centenas de milhares de novos imigrantes aos Estados Unidos, vindos principalmente da Inglaterra e da Alemanha, mas também da Irlanda e dos países escandinavos.

PETER NEWARK AMERICAN PICTURES/ THE BRIDGEMAN ART LIBRARY/KEYSTONE - COLEÇÃO PARTICULAR

FIGURA 2. O empreendedor Charles Crocher (1822-1888) no comando da construção da ferrovia *Central Pacific*.

A maior parte das terras, entretanto, acabou nas mãos dos especuladores e, principalmente, dos donos das grandes companhias ferroviárias. Estes últimos se tornaram os maiores proprietários de terras do Oeste, graças à disposição do governo de transformar a construção de grandes ramais ferroviários em um excelente negócio para os empreendedores.

As obras da *Union Pacific* e da *Central Pacific*, primeiro complexo ferroviário transcontinental, iniciaram-se em 1863, fortemente subsidiadas pelas doações de terras e pelos empréstimos federais. Milhares de imigrantes, principalmente chineses, enfrentaram as mais adversas condições de trabalho para cravar os trilhos dessas ferrovias (figura 2).

Esses dois ramais finalmente se encontraram em 1869, conectando os extremos do território e abrindo os prósperos mercados urbanos industriais do Nordeste aos fazendeiros e pecuaristas do Oeste. Em 1880, 150 mil quilômetros de ferrovias interligavam os mercados estadunidenses e possibilitavam transporte rápido e seguro aos novos imigrantes (figura 3).

FIGURA 3. Estados Unidos: povoamento e ferrovias

Fonte: CHALIAND, Gerard; RAGEAU, Jean-Pierre. *Atlas stratégique*: géopolitique des rapports de forces dans le monde. Paris: Complexe, 1988. p. 77.

Rumo às cidades

A disponibilidade de terras no Oeste continuou funcionando como um poderoso chamariz, mas a maior parte dos imigrantes que desembarcaram entre o final do século XIX e o começo do século XX permaneceu nos florescentes centros industriais do Nordeste. E eles não paravam de chegar: 4 milhões de pessoas entraram no país entre 1865 e 1880; cerca de 17 milhões entre 1880 e 1920 (figura 4). Leia mais sobre isso no "Observatório literário".

FIGURA 4. EUA: número de imigrantes (1861-1920)

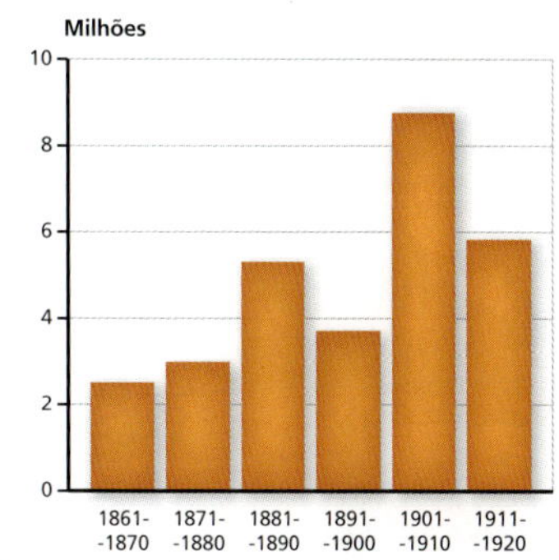

Fonte: GEORGE, Pierre. *Geografia dos Estados Unidos*. Campinas: Papirus, 1990. p. 55.

Observatório literário 1

A Mãe dos Exílios

Em 1883, a poeta estadunidense Emma Lazaus escreveu o poema "O Novo Colosso". O tema é a imigração: a chegada aos Estados Unidos "dos fatigados, dos pobres, dos sem abrigo", em busca de uma nova vida. Em 1912, ele foi gravado numa placa de bronze, no pedestal da Estátua da Liberdade.

"Não como o gigante bronzeado de grega fama,
Com pernas abertas e conquistadoras a abarcar a Terra
Aqui nos nossos portões banhados pelo mar e dourados pelo sol, se erguerá
Uma mulher poderosa, com uma tocha cuja chama
É o relâmpago aprisionado e seu nome
Mãe dos Exílios. Do farol de sua mão
Brilha um acolhedor abraço universal; Os seus suaves olhos
Comandam o porto unido por pontes que enquadram cidades gêmeas.
'Mantenham antigas terras sua pompa histórica!' grita ela
Com lábios silenciosos 'Dai-me os seus fatigados, os seus pobres,
As suas massas encurraladas ansiosas por respirar liberdade
O miserável refugo das suas costas apinhadas.
Mandai-me os sem abrigo, os arremessados pelas tempestades,
Pois eu ergo o meu farol junto ao portal dourado'."

Estátua da Liberdade, em Nova York (EUA).

PHOTODISC/GETTY IMAGES

Responda.

1. Que local é descrito como "portões banhados pelo mar"?
2. Que monumento pode ser descrito como a figura de "uma mulher poderosa, com uma tocha"?
3. Por que a personagem do poema pede "Dai-me os seus fatigados, os seus pobres"?

MARIO TAMA/GETTY IMAGES

FIGURA 5. Judeus na sinagoga de Eldridge Street, em Nova York (EUA, 2007).

Grande parte desses imigrantes vinha do sul e do leste da Europa – italianos, gregos, austro-húngaros, poloneses, russos e ucranianos. Entre eles contavam-se centenas de milhares de judeus (figura 5), fugidos dos massacres **antissemitas** que varriam a Rússia e a Polônia. O grande surto imigratório esteve na origem do rápido crescimento da população dos Estados Unidos: o censo de 1920 registrou a presença de 105,7 milhões de residentes, 50% deles vivendo em cidades.

A nova onda de imigrantes, formada por povos eslavos e mediterrâneos, encontrou forte discriminação e preconceito por parte dos descendentes do tronco anglo-saxão e germânico. Na maior parte dos casos, eram imigrantes pobres e sem formação profissional, que viviam em guetos das grandes cidades e sobreviviam à custa de trabalhos pesados e mal-remunerados. Em 1900, 80% da população de Nova York, 75% da de Chicago, 65% da de Boston e 50% da de Filadélfia eram formados por estrangeiros ou filhos de estrangeiros. Não raro, os "novos" imigrantes eram associados à marginalidade e à violência que acompanhavam o rápido crescimento urbano, fazendo recrudescer o antissemitismo e o anticatolicismo entre os "velhos" imigrantes do norte da Europa. Mesmo enfrentando as mais adversas condições de trabalho nas minas, nas fábricas e na construção civil, eles eram olhados e tratados com desdém na nova pátria.

Leis anti-imigração

Esse sentimento hostil está na origem das leis de restrição à imigração que se sucederam ao longo de todo o século XX. Em 1902, a imigração de chineses, que já havia sido suspensa em 1882, foi proibida. Em 1917, o Congresso dos Estados Unidos aprovou a exigência de testes de alfabetização para todos que desejassem se estabelecer no país. Pretendeu-se, dessa forma, conter a entrada de analfabetos provenientes do sul e do leste da Europa. Finalmente, em 1921, entrou em vigor uma rigorosa legislação anti-imigratória, que se completou três anos depois com a aprovação da **Lei de Cotas de Origem Nacional**, estabelecendo um teto de 150 mil imigrantes europeus por ano e reservando a maioria das vagas para pessoas provenientes da Inglaterra, da Alemanha e da Escandinávia. Na mesma ocasião, a entrada de imigrantes asiáticos no país foi inteiramente proibida. Os mexicanos, necessários para os trabalhos nas fazendas e nas obras de irrigação do sudoeste dos Estados Unidos, não foram incluídos na nova legislação.

A Lei de Cotas provocou um duradouro refluxo na corrente imigratória, que se prolongou até o final da Segunda Guerra Mundial. Mas as medidas restritivas não foram capazes de eliminar a diversidade étnica, cultural e religiosa que ainda hoje é uma das características mais espetaculares e explosivas da sociedade estadunidense.

Antissemita
Indivíduo ou associação que despreza os povos semitas (árabes e hebreus), embora o termo seja usualmente empregado àquele que é hostil aos indivíduos de origem judaica.

2 A inserção dos negros na sociedade estadunidense

Durante a primeira metade do século XIX, a sociedade urbano-industrial nascente no Nordeste dos Estados Unidos contrastava vivamente com os padrões aristocráticos e escravistas vigentes nos estados do Sul.

O "Sul profundo"

As ***plantations*** algodoeiras, transformadas em principal atividade econômica da região, expandiam-se da Carolina do Sul e da Geórgia até o Alabama, o Mississípi, a Louisiana e o Arkansas (figura 6). Os escravos eram a maior parte da mão de obra e se tornavam cada vez mais vitais para a economia regional. No Sul, a posse de escravos era mais importante para conferir *status* e prestígio aos grandes fazendeiros do que a quantidade de terras ou de dinheiro que eles possuíam.

Plantation
Sistema agrícola baseado em monocultura de exportação, que utiliza grande propriedade rural e mão de obra escrava.

Assim, as ideias abolicionistas eram consideradas sinais de perigosa subversão, e as rebeliões de escravos recebiam punições severas. A mais famosa delas ocorreu na Virgínia, liderada pelo pregador Nat Turner, em 1831, e terminou com a morte de 60 brancos e de outras dezenas de escravos. Atemorizada, a aristocracia local proibiu os escravos de se reunirem sob qualquer pretexto sem a supervisão dos brancos e de aprender a ler e a escrever. Criticar publicamente a escravidão transformou-se em crime, mesmo que o autor da crítica fosse um branco.

Alguns poucos escravos conseguiram fugir e se aliar aos indígenas do leste do Mississípi. Outros fugitivos penetraram em território mexicano. Mas a maioria permaneceu fortemente vigiada, trabalhando a terra dos brancos.

Em 1860, existiam aproximadamente 4 milhões de escravos e 500 mil negros libertos nos Estados Unidos. Cerca de 90% deles viviam nos estados escravistas, mas mesmo aqueles libertos que habitavam o Norte sofriam forte discriminação. Na maioria das unidades federativas, as pessoas de pele negra não tinham autorização para frequentar escolas públicas e sofriam segregação nos transportes coletivos, além de não terem acesso às terras públicas. Os duros métodos de discriminação tinham respaldo legal: em 1857, o Supremo Tribunal aprovara uma lei que negava aos negros a cidadania estadunidense e os impedia de usar passaporte.

COLEÇÃO PETER NEWARK AMERICAN PICTURES - SOCIEDADE HISTÓRICA DE MASSACHUSETTS, BOSTON

FIGURA 6. *Plantação de algodão no Mississípi*, litografia de William Aiken Walker, 1883.

Escravismo e guerra civil

Apesar do racismo incorporado às leis federais e estaduais, os negros libertos que viviam nos estados livres do Norte conseguiram conquistar certos direitos negados nas áreas escravistas e organizaram uma poderosa rede de resistência à dominação branca. Desde o início do século XIX, seus jornais e panfletos denunciaram a instituição da escravidão, enquanto surgiam as primeiras grandes associações de negros de combate ao racismo e à segregação.

BETTMANN/CORBIS/LATINSTOCK

FIGURA 7. Manifestação da Ku-Klux-Klan em Michigan (EUA, 1937). Essa organização racista surgiu no Sul dos Estados Unidos depois da derrota dos sulistas na Guerra de Secessão e, até meados do século XX, teve papel importante para manter os negros como cidadãos de segunda classe.

Com a Guerra de Secessão (1861-1865) entre os estados nortistas e sulistas, a fuga em massa de negros cativos tornou-se cada vez mais frequente. Os fazendeiros sulistas, envolvidos no esforço de guerra contra as tropas federais, relaxaram a vigilância sobre seus escravos. Muitos fugitivos ofereciam-se como voluntários no exército da União. O presidente Abraham Lincoln, pressionado pela falta de efetivos, autorizou o recrutamento de negros em julho de 1862. Cerca de 200 mil se alistaram, contribuindo de forma decisiva para a derrota dos Confederados do Sul.

No final da guerra, a aprovação da 13ª emenda finalmente aboliu a escravidão em todo o território dos Estados Unidos. Em 1868, a aprovação da 14ª emenda garantiu o direito de cidadania estadunidense a todas as pessoas, *de todas as raças*, nascidas ou naturalizadas nos Estados Unidos. Dois anos depois, a 15ª emenda estendeu o direito de voto a todos os cidadãos do sexo masculino, incluindo os de pele negra.

A derrota militar na Guerra de Secessão e a abolição da escravatura representaram duros golpes para a elite sulista. Mas a reação teve início imediato e custou a vida de centenas de negros em violentos combates raciais. Surgiram associações secretas e ilegais, fundadas com o objetivo de atemorizar os negros e de impedi-los de exercer seus novos direitos.

A Ku-Klux-Klan, tristemente famosa, usava os mais violentos métodos – que variavam do espancamento com chicote até o assassinato – para intimidar os negros e barrar-lhes o acesso às urnas e à cidadania (figura 7). As tropas federais pouco fizeram para conter os massacres. Os linchamentos de negros, muitas vezes realizados com o apoio explícito da população local, tornaram-se parte do cotidiano das principais cidades do Sul dos Estados Unidos.

No final do século XIX, o racismo e a segregação estavam incorporados à legislação da maioria dos estados sulistas. As chamadas "Leis de Jim Crow" (alusão ao personagem de uma canção popular racista do Sul) estabeleciam a separação entre brancos e negros nos transportes, nas escolas, nos hospitais, nos hotéis, nas bibliotecas e até nos parques públicos. Veja mais na seção "Observatório de imagens". Muitos estados exigiam o pagamento de impostos ou a aprovação em testes de conhecimento para cadastrarem novos eleitores, transformando as exclusões econômica e cultural dos negros em exclusão política.

Observatório de imagens

Flagrantes da desigualdade

STAN WAYMAN/TIME LIFE PICTURES/GETTY IMAGES

Ônibus no estado da Flórida (EUA, 1956).

BETTMANN/CORBIS/LATINSTOCK

Bebedouro no sul dos Estados Unidos (c. 1960).

Observe as fotografias.

▶ Agora, procure explicar por que a separação implica desigualdade.

Em 1896, o cidadão negro Homer Plessy entrou com recurso junto à Suprema Corte para derrubar uma lei que estabelecia a separação entre brancos e negros nos trens da Louisiana. A Corte decidiu pela legalidade da segregação, desde que fossem garantidas acomodações iguais para todos. O princípio constitucional **"Separado, mas igual"** só foi derrubado em 1954.

No limiar do século XX, 80% dos negros estadunidenses permaneciam nos estados do Sul, sofrendo toda sorte de discriminação e violência. A grande maioria deles trabalhava em regime de peonagem nas fazendas, recebendo em troca apenas comida e abrigo. Leia mais sobre isso no "Observatório literário", na página seguinte.

Observatório literário 2

Estranhas frutas

O trecho a seguir é uma tradução da canção *Strange fruit* (1939), escrita por Lewis Allen. Ele faz referência aos negros enforcados pelos extremistas do racismo.

BETTMANN/CORBIS/LATINSTOCK

Billie Holiday (1915-1959), cantora estadunidense, diva do *blues*, gravou *Strange Fruit*, que se tornou um ícone da cultura musical do país.

"Árvores do Sul produzem uma fruta estranha,
Sangue nas folhas e sangue nas raízes,
Corpos negros balançando na brisa do Sul,
Fruta estranha pendurada nos álamos.

[...] Os olhos inchados e a boca torcida,
Perfume de magnólias, doce e fresco,
Depois o repentino cheiro de carne queimada.
Aqui está a fruta para os corvos arrancarem,
Para a chuva recolher, para o vento sugar,
Para o sol apodrecer, para as árvores deixarem cair,
Aqui está a estranha e amarga colheita."

A Grande Migração

Nas primeiras décadas do século XX, iniciou-se um amplo movimento de migração de negros em direção ao Norte e Nordeste. Entre 1910 e 1970, mais de 6 milhões de negros se transferiram das cidades da Bacia do Mississípi para Nova York, Chicago, Filadélfia, Detroit e Washington.

A concentração espacial da indústria no Nordeste gerou uma expansão da oferta de empregos na região. Siderúrgicas, metalúrgicas e indústrias automobilísticas atraíram centenas de milhares de migrantes negros, enquanto a modernização da agricultura expulsava trabalhadores rurais da Bacia do Mississípi. Combinados, esses dois fatores estiveram na origem da **Grande Migração.**

Em 1960, cerca de 50% dos negros estadunidenses residiam fora dos estados sulistas. Verdadeiras cidades negras cresciam nos vastos subúrbios das metrópoles industriais do Norte e do Nordeste. Chicago, por exemplo, passou a abrigar um importante núcleo de negros que cobria cerca de 70 quilômetros quadrados ao sul da região central, enquanto em Nova York as habitações precárias e a miséria cresciam junto com a população do Harlem negro, nas cercanias dos bairros elegantes da Ilha de Manhattan.

Atualmente os negros constituem cerca de dois terços da população de Washington e mais de 60% da população de Detroit, e são minorias significativas em Chicago, Filadélfia, Nova York e em muitos estados do Norte e do Nordeste. Com a Grande Migração, a luta contra o racismo e a discriminação ganhou dimensões nacional e urbana, ultrapassando os limites arcaicos do "Sul profundo".

Os negros e os direitos civis

A aristocracia branca do Sul foi responsável pela maioria dos distúrbios raciais registrados nos Estados Unidos no início do século XX. O mais famoso deles ocorreu em Atlanta, em 1906, quando uma multidão de brancos furiosos incendiou quarteirões de população negra da cidade. Esses distúrbios estiveram na origem da **Associação Nacional para o Progresso das Pessoas de Cor** (NAACP). Organizada em 1910, a NAACP logo se tornou a mais importante associação de direitos civis dos Estados Unidos, chegando a manter 300 filiais em todo o país.

As primeiras conquistas

Em 1923, a NAACP mudou seu escritório central para o bairro do Harlem, em Nova York, assumindo um papel fundamental no movimento dos negros urbanizados. Veja a figura 8. Aos poucos, o maior acesso à educação contribuiu para o surgimento de importantes líderes intelectuais entre os negros. Graças à atuação deles, no início dos anos 1940 a discriminação racial nos empregos públicos foi proibida.

KEITH BEDFORD/REUTERS/LATINSTOCK

FIGURA 8. Homens jogam xadrez no bairro do Harlem, em Nova York (EUA, 2006).

Na mesma época, o *jazz*, o *blues* e outros ritmos negros incorporaram-se irreversivelmente à cultura estadunidense. O sucesso de artistas como Louis Armstrong, Sarah Vaughan e Billie Holiday levaram os negros a se sentir parte da nação, ajudando a preparar os espíritos para o grande movimento pelos direitos civis que eclodiria na década de 1950.

A questão das escolas

A luta pelo fim da segregação nas escolas públicas foi o estopim do movimento pelos direitos civis. Os advogados da NAACP investiram pesadamente contra o princípio constitucional "Separado mas igual", até que, em maio de 1954, a Suprema Corte declarou que "as instalações separadas são inerentemente desiguais".

Apesar dessa vitória jurídica, os negros ainda enfrentaram longas batalhas para se integrar efetivamente nas escolas. Um dos lances mais dramáticos da resistência às leis federais aconteceu em 1957, quando o governador do Arkansas deslocou a guarda estadual para impedir a entrada de oito crianças negras em um ginásio da cidade de Little Rock. O presidente Eisenhower, furioso, colocou a escola sob intervenção federal e suas tropas nele permaneceram durante todo o ano letivo. Em represália, o governador manteve o ginásio fechado nos dois anos seguintes. Quando a escola foi reaberta, só havia três crianças negras entre os alunos. No final da década de 1950, menos de 1% das crianças negras dos estados do Sul frequentavam a escola junto com as brancas. Em 1960, três estados – Mississípi, Alabama e Carolina do Sul – ainda mantinham oficialmente a segregação nas escolas.

FIGURA 9. Martin Luther King (1929-1968), durante discurso em Filadélfia, no estado da Pensilvânia (EUA, 1965). Ele pregava a resistência pacífica como estratégia de combate ao racismo e à segregação.

A segregação nos transportes

Os protestos dos negros não se restringiam à questão escolar. Em dezembro de 1955, em Montgomery (Alabama), uma costureira negra foi presa por violar um regulamento municipal que obrigava os negros a cederem seus assentos, nos ônibus em que viajavam, para passageiros brancos. A prisão resultou num amplo movimento de boicote ao sistema de transporte coletivo da cidade. Na liderança do boicote estava o pastor Martin Luther King (figura 9), que mais tarde se tornaria o mais importante ativista negro da história dos Estados Unidos. No ano seguinte, a Suprema Corte declarou ilegal o regulamento municipal.

Lei dos Direitos Civis

A primeira Lei dos Direitos Civis foi aprovada em 1957. Com ela, o governo federal demonstrou maior empenho em assegurar o direito ao voto e ao alistamento eleitoral da população negra.

Em 1963, as entidades de direitos civis do país organizaram uma marcha sobre Washington pela igualdade racial. Cerca de 200 mil pessoas, negras e brancas, aderiram à manifestação. No mesmo ano, o presidente John Kennedy apresentou um programa de direitos civis que visava abolir a discriminação racial na habitação e no emprego. O programa ganhou força de lei em 1964, com a aprovação da **Lei dos Direitos Civis**. No ano seguinte foi promulgada a Lei do Direito de Voto, que assegurou aos negros o direito de eleger os governantes. Pelo menos formalmente, estava consolidada a igualdade jurídica entre cidadãos negros e brancos.

Os ódios, porém, subsistiram e contribuíram para o assassinato de líderes de movimentos pelos direitos civis. Malcolm-X (figura 10), ex-dirigente da Nação do Islã, tombou em 1965. O ano de 1968 foi marcado por outros dois assassinatos: o de Martin Luther King e o de Bob Kennedy, irmão do ex-presidente John Kennedy, que havia sido morto num atentado em 1963. Esses fatos demonstravam que alguns setores da sociedade, apesar dos avanços na legislação, reagiam com fúria a projetos de transformação social.

FIGURA 10. O único e breve encontro de Luther King e Malcolm-X (1925-1965), em Washington (EUA, 1964). No início de sua trajetória política, Malcolm-X defendeu a separação das raças e a criação de um Estado autônomo dos negros. No final da vida, porém, defendia a união de brancos e negros para transformar a sociedade.

3 Os novos imigrantes

O final da Segunda Guerra Mundial inaugurou um novo fluxo de imigração para os Estados Unidos. Centenas de milhares de mexicanos, porto-riquenhos e outros grupos de latino-americanos passaram a ingressar anualmente naquele país. Ao mesmo tempo, a política de aceitação de refugiados políticos facilitava a entrada de milhares de alemães, poloneses, húngaros, tchecos, coreanos e chineses e, posteriormente, cubanos e vietnamitas fugidos dos regimes comunistas.

O censo estadunidense agrupa todos os imigrantes de sobrenome espanhol na categoria de *hispânicos*. Mexicanos, cubanos, porto-riquenhos e tantos outros povos diferentes da América Latina, rotulados como um único grupo étnico-cultural pela burocracia governamental, constituíam cerca de 10% da população do país em 1990. Em 2003, a população hispânica já havia ultrapassado a afro-americana: viviam nos Estados Unidos 37 milhões de hispânicos e 36 milhões de negros. Em 2008, os hispânicos já correspondiam a 15% dos habitantes do país, e os negros, a 12,2%.

Os *asiáticos* (principalmente coreanos, vietnamitas e chineses) representam cerca de 4,4% da população total, segundo dados do Censo de 2008.

Hispânicos e asiáticos formam a maior parte do contingente de novos imigrantes nos Estados Unidos, e são os dois grupos étnicos de maior crescimento demográfico, com taxas de respectivamente 3,2% e 2,5% em 2008.

Os mexicanos (figura 11) constituíram o maior grupo individual de imigrantes das últimas décadas. Muitos deles realizam um movimento **sazonal**, permanecendo nos Estados Unidos apenas durante o período das safras agrícolas do sudoeste, mas um número significativo permanece legal ou ilegalmente em território americano, formando minorias importantes em todos os estados fronteiriços. Graças a um mandado federal expedido em 1970, esses estados estão obrigados a manter escolas bilíngues nas quais parte dos professores seja de origem mexicana.

Os porto-riquenhos conseguem driblar muitas leis de restrição à imigração, já que Porto Rico é um "Estado livre associado" aos Estados Unidos – ou seja, um domínio semicolonial – e cerca de um terço de sua população vive em território estadunidense. Grande parte dos cerca de 2 milhões de porto-riquenhos que chegaram ao país nas últimas décadas se estabeleceu em Nova York e nas cidades industriais do Norte e do Nordeste, sujeitos a rendimentos sensivelmente inferiores à média nacional.

KEVIN LAMARQUE/REUTERS/NEWSCOM

FIGURA 11. Mexicano agita as bandeiras do México e dos Estados Unidos durante manifestação contra as leis anti-imigração, em Washington (EUA, 2006).

FIGURA 12. Feira de produtos e comidas hispânicas no bairro de Little Havana, em Miami (EUA).

A Flórida foi o destino principal dos cerca de 500 mil cubanos que se refugiaram nos Estados Unidos após a ascensão de Fidel Castro ao poder de seu país, em 1959. Juntamente com outras minorias de origem hispânica – principalmente nicaraguenses, panamenhos, salvadorenhos e peruanos –, eles representam cerca de 50% da população da Grande Miami, número provavelmente subestimado por ser quase impossível avaliar a quantidade de ilegais. O número de cubanos e descendentes de cubanos no país era estimado em 1,5 milhão em 2004 (figura 12).

Os asiáticos constituem minorias significativas: na Califórnia, são cerca de 4,5 milhões (12,4% da população do estado); em Nova York, eram 872.777, no ano 2000; e, no Havaí, já são cerca de 765 mil habitantes (mais de 58% da população). Embora representem uma porcentagem pequena em relação à população total do país, eles formam o grupo étnico que mais cresceu desde 1980.

Xenófobo

Que tem aversão aos estrangeiros.

Os novos imigrantes hispânicos e asiáticos nem sempre são bem recebidos nos Estados Unidos. A crise econômica, que se agravou no final de 2008, e as altas taxas de desemprego no país alimentam velhos sentimentos **xenófobos**. Parte desta responsabiliza os imigrantes pelo aumento da violência urbana e da criminalidade no país.

A dinâmica demográfica e os conflitos étnico-raciais

Em 2007, a população dos Estados Unidos era estimada em mais de 301 milhões de habitantes, dos quais mais de 73% viviam nas cidades.

A diminuição nas taxas de crescimento demográfico, registrada nas últimas décadas, tem acarretado profundas alterações na estrutura etária do país: em 1960, existiam cerca de 16,6 milhões de pessoas com mais de 65 anos; em 2005, o número de idosos era estimado em 36,7 milhões.

A aceleração recente do fluxo migratório, combinada com o fato de as maiores taxas de natalidade serem registradas entre negros, hispânicos e asiáticos, projeta alterações também da composição étnico-racial do país: as minorias representarão porcentagens crescentes da população dos Estados Unidos nas próximas décadas.

Enquanto o crescimento da população idosa indica que, em um futuro próximo, tende a aumentar a pressão sobre o sistema de seguridade social, o crescimento das minorias apresenta um caráter ainda mais explosivo.

Afinal, o índice de pobreza entre os negros (33%) e hispânicos (29%) é cerca de três vezes maior que aquele vigente entre os brancos. As taxas médias de desemprego são cerca de duas vezes maiores entre negros e hispânicos que entre os brancos. Além disso, a retração do mercado de trabalho alimenta antagonismos entre brancos pobres, negros, asiáticos e hispânicos que disputam empregos de baixa qualificação.

OBSERVADORES EM AÇÃO

Para rever o capítulo

1. A expansão territorial dos Estados Unidos foi acompanhada por ondas de imigração europeia: a primeira entre 1840 e 1860, e a segunda entre 1880 e 1900. Caracterize cada uma dessas ondas.
2. Na histórica Marcha sobre Washington, em 28 de agosto de 1963, Martin Luther King pronunciou seu mais famoso e belo discurso. Leia um trecho dele.

> "Eu tenho um sonho: de que um dia, nas Colinas da Geórgia, os filhos de antigos escravos e os seus antigos senhores poderão festejar, juntos, o banquete da fraternidade [...]. De que meus filhos um dia viverão numa nação onde não serão julgados pela cor, mas pela força de seu caráter [...]. De que um dia esta nação se erguerá para aplicar na prática o verdadeiro significado de sua fé. Nós acreditamos que essa verdade é autoevidente: que todos os homens foram criados iguais. [...]"
>
> Apud ARBEX JR., José. *A outra América*. São Paulo: Moderna, 1993. p. 51-52. (Coleção Polêmica)

▶ Por que o líder Martin Luther King se refere às colinas da Geórgia, e não a outra região?

3. Estabeleça uma relação entre o escravismo e a Guerra de Secessão (1861-1865).
4. No início do século XX, os negros começaram uma migração em massa para os centros urbanos do Norte e do Nordeste dos Estados Unidos. Por que ocorreu esse movimento?
5. Qual o significado do princípio constitucional "Separado mas igual"? Por que ele foi derrubado?
6. Explique a predominância de mexicanos, porto-riquenhos e cubanos entre os *hispânicos* que vivem nos Estados Unidos.

Prática de pesquisa

7. De acordo com a historiadora Luiza Carneiro, a palavra Ku-Klux-Klan deriva do grego *kuklos* (círculo ou bando) e do escocês *klan* (clã, no sentido de ancestralidade). Elabore uma pesquisa acerca dessa organização e escreva um relatório identificando seus princípios e o período e a área em que atuou.

No mundo da cartografia

8. Considerando o mapa a seguir, explique a distribuição geográfica dos negros e hispânicos no território dos Estados Unidos.

Estados Unidos: negros e hispânicos (2000)

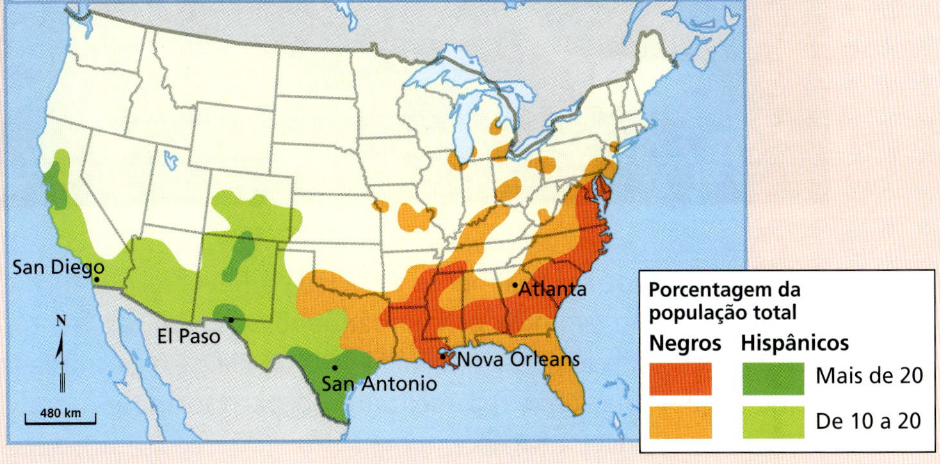

Fonte: DURAND, Marie-Françoise et alii. *Atlas de la mondialization 2009*. Paris: Sciences Po, 2009.

JOVEM CIENTISTA

A Independência dos Estados Unidos, declarada em 1776, precedeu a Revolução Francesa de 1789, mas ambos os eventos se fundamentaram no ideário de soberania popular que consolidou os Estados nacionais modernos. Tanto em um país como no outro, a bandeira e o hino são símbolos muito valorizados, refletindo a identificação da nação com o Estado. A Estátua da Liberdade foi um presente do governo francês para os estadunidenses durante as comemorações do centenário da Declaração de Independência, em 1886, e se transformou em ícone dos Estados Unidos.

Uma das mais fascinantes pinturas de todos os tempos é a obra *A liberdade conduzindo o povo*, de Eugène Delacroix, criada em 1830 para comemorar a revolução que derrubou o rei Carlos X, instaurando a monarquia parlamentar de Luís Filipe. Trata-se de um óleo sobre tela de grandes proporções (2,60 m por 3,25 m), que faz parte da coleção do Museu do Louvre, em Paris (figura A).

A

THE BRIDGEMAN ART LIBRARY/KEYSTONE – MUSEU DO LOUVRE, PARIS, FRANÇA

A liberdade conduzindo o povo, óleo sobre tela de Eugène Delacroix (1830).

Esta obra pode ser facilmente associada à Revolução Francesa. Uma mulher do povo estimula os companheiros a seguir em frente, como que a sugerir que sem luta não há liberdade. Ela carrega consigo a bandeira, símbolo nacional, representando o patriotismo e o orgulho do povo por pertencer à nação.

Observe nas figuras a seguir como os símbolos nacionais são representados em situações vividas pelo povo estadunidense.

BETTMANN/CORBIS/LATINSTOCK

B

O astronauta estadunidense Edwin Aldrin junto à bandeira dos Estados Unidos em solo lunar (1969).

PETER MORGAN-FILES/REUTERS/LATINSTOCK

C

Destroços do *World Trade Center*, em Nova York (EUA, 2001).

STEPHFF

D

Faça o que se pede.

- Nas figuras desta página, a bandeira dos Estados Unidos e a Estátua da Liberdade assumem diferentes significados simbólicos. Procure desvendar essas diferenças.

MURAL DO OBSERVADOR

NA ESTANTE

Estados Unidos: a formação da nação

KARNAL, Leandro. São Paulo: Contexto, 2001.

Obra essencial para compreender as origens dos Estados Unidos, a maior potência econômica, política e cultural de nossos dias. Remonta às civilizações pré-colombianas, percorre a colonização europeia e seus personagens (os peregrinos, os puritanos, os ameríndios e os negros escravizados) e reconstrói o impasse que resultou na Guerra de Independência.

REPRODUÇÃO

História da América através de textos

PINSKI, Jaime (Org.). São Paulo: Contexto, 2001.

Escrito por professores de História da Unicamp e do ensino fundamental e médio, percorre a história do continente desde antes de Colombo até os dias atuais. Cada capítulo é composto por uma introdução explicativa e quatro ou cinco textos, seguidos de sugestões de atividades.

A Declaração de Independência dos Estados Unidos

DRIVER, Stephanie Schwartz. Rio de Janeiro: Zahar, 2006.

Além de reproduzir o próprio documento, assinado por Thomas Jefferson, o livro discute e analisa os impactos e o legado dessa declaração histórica, além de apresentar o contexto histórico que deu origem ao movimento que nela culminou.

O racismo explicado a meus filhos

LOPES, Nei. Rio de Janeiro: Agir, 2007

Esse livro analisa as diferentes formas de racismo, preconceito, discriminação e segregação que ocorreram ao longo da História, permitindo uma melhor compreensão das leis segregacionistas que vigoraram nos Estados Unidos.

REPRODUÇÃO

Como é viver nos Estados Unidos?

TONINI, Aline. Rio Grande do Sul: Gazeta, 2007.

Relato de uma imigrante brasileira sobre seu cotidiano nos Estados Unidos, analisando as motivações que levaram mais de um milhão de brasileiros a emigrar e as dificuldades cotidianas que essas pessoas enfrentam no país.

REPRODUÇÃO

NO COMPUTADOR

YouTube

- Sobre a formação dos dobramentos modernos (em espanhol). *<www.youtube.com/watch?v=B7kSMVCgs2c&feature=related>*
- Excelente vídeo com imagens originais sobre a relação dos Estados Unidos com a América do Sul, especialmente o Brasil, durante a Segunda Guerra Mundial. *<www.youtube.com/watch?v=AoEWKJN2g64>*

FILMES

E o vento levou

EUA, 1939.
Direção de Victor Fleming.
Duração: 241 min.

As aventuras e desventuras amorosas de Scarlet O'Hara, filha mimada de ricos fazendeiros da Geórgia, que se transforma em mulher forte e corajosa para defender a propriedade da família, arrasada pela guerra civil. Um dos maiores clássicos do cinema estadunidense.

Faça a coisa certa

EUA, 1989.
Direção de Spike Lee.
Duração: 120 min.

Em Nova York, o desentendimento entre um dono de pizzaria ítalo-americano e um ativista negro termina em confusão e pancadaria, expondo as tensões étnicas que ainda dividem os bairros pobres das grandes cidades estadunidenses.

Malcom-X

EUA, 1992.
Direção de Spike Lee.
Duração: 192 min.

O filme conta a história de um dos maiores líderes do movimento negro nos Estados Unidos, sua relação com a religião e sua trajetória pessoal. Celebrizado como um ativista do ódio racial contra os brancos, Malcom-X se tornou um defensor da tolerância após aderir ao verdadeiro islamismo.

Capitalismo: uma história de amor

EUA, 2009.
Direção de Michael Moore
Duração: 127 min.

Documentário sobre os efeitos da crise econômica que começou nos Estados Unidos e se espalhou pelo mundo todo, em 2008. De acordo com o diretor, Moore, o sistema financeiro e as multinacionais provocaram o colapso, cujas consequências pesaram no bolso e na vida da população mais pobre.

Fahrenheit 11/09

EUA, 2004.
Direção de Michael Moore.
Duração: 122 min.

Documentário que expõe os bastidores do governo de George W. Bush (2001-2008) e sugere uma interpretação bombástica dos ataques terroristas sofridos pelos Estados Unidos em 11 de setembro de 2001.

A história de Louisiana

EUA, 1948.
Direção de Robert Flaherty.
Duração: 81 min.

O filme narra os impactos da chegada da ainda incipiente indústria do petróleo em uma pacata comunidade da Louisiana, situada às margens do Mississípi.

EM DESTAQUE

Mother Jones

<www.motherjones.com/military-maps>

Portal em inglês. O controle deslizante na base do mapa permite ver a movimentação das tropas estadunidenses ao longo do tempo por meio de uma linha do tempo.

UNIDADE 3

A outra América

GUSTAVO CABALLERO/GETTY IMAGES

Resort em ilha paradisíaca nas Bahamas (2005).

MÔNICA ZARATTINI/AGÊNCIA ESTADO

Vista do Malecón, avenida à beira-mar em Havana (Cuba, 2003).

Também conhecido por Antilhas, o Caribe é a região insular da América Central. Formado por pequenos Estados distribuídos por inúmeros arquipélagos e ilhas localizadas numa zona de grande instabilidade geológica, o Caribe apresenta grande diversidade social e econômica. Observe as fotos e o mapa, e compare os dados da tabela.

EDUARDO MUNOZ/REUTERS/LATINSTOCK

Bairro pobre no Haiti (2005).

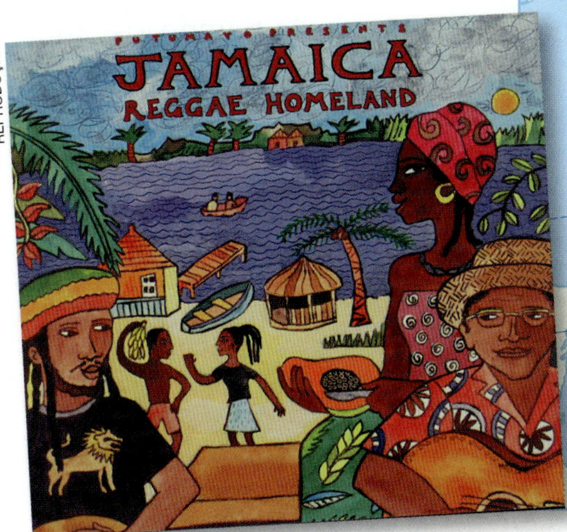

Capa de disco de *reggae* da Jamaica.

América Central insular: político

Fonte: FERREIRA. Graça Maria Lemos. *Atlas geográfico*: espaço mundial. São Paulo: Moderna, 2003. p. 49.

Caribe: países selecionados (2005)					
Países	Analfabetos acima de 15 anos (%)	Mortalidade de crianças até 5 anos (%)	Renda *per capita* (US$)	Religião	Língua oficial
Bahamas	4,2	14,0	16.900	Cristianismo (75% protestantes, 16% católicos)	Inglês
Cuba	2,7	7,0	2.800	Cristianismo (40% católicos)	Espanhol
Haiti	45,2	80,0	380	Cristianismo (80% católicos, 16% protestantes) Vudu	Francês e crioulo
Jamaica	11,3	31,0	2.900	Cristianismo (56% protestantes)	Inglês

Fonte: *Anuário estatístico da Cepal 2007*. Disponível em <http://websie.eclac.cl/anuario_estadistico/anuario_2007>. Acesso em ago. 2009.

Indique.

- Semelhanças e diferenças entre os países destacados na tabela.

CAPÍTULO 7

Canadá e México: os parceiros do Norte

Observatório de informações

O Canadá e o México formam com os Estados Unidos a América do Norte (figura 1). Por ser a maior economia do mundo, os Estados Unidos são o principal parceiro comercial e o responsável pela maior parte dos investimentos estrangeiros no México e no Canadá. Veja as figuras 2 e 3.

FIGURA 1. **América do Norte: político**

Fonte: IBGE. *Atlas geográfico escolar*. 3. ed. Rio de Janeiro: IBGE, 2006. p. 37.

FIGURA 2. EUA: Comércio exterior com o Canadá (1998-2008)

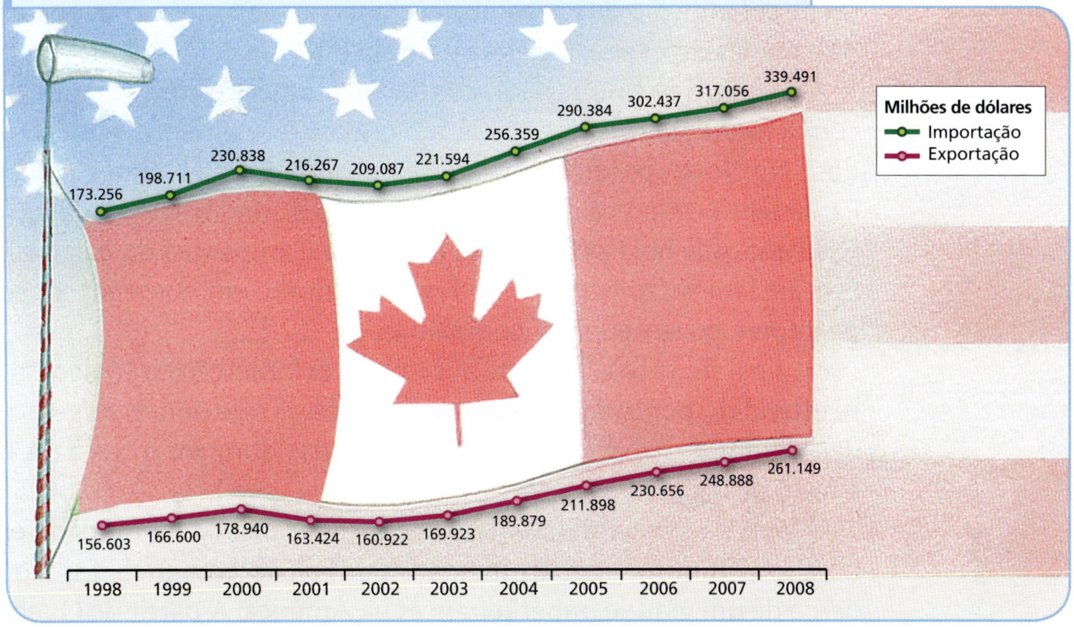

FIGURA 3. EUA: Comércio exterior com o México (1998-2008)

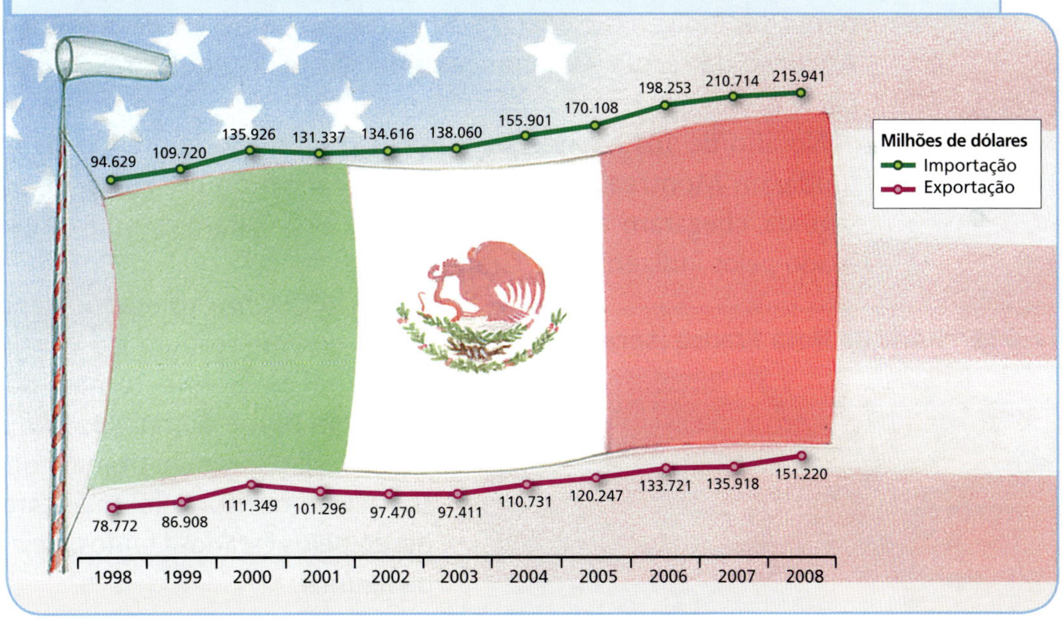

Fonte: US Census Bureau. Disponível em <www.census.gov>. Acesso em set. 2009 (figuras 2 e 3).

Faça o que se pede.

1. Qual dos dois países (Canadá ou México) é o principal parceiro comercial dos Estados Unidos?
2. Analisando os gráficos das figuras 2 e 3, a que conclusão se pode chegar sobre as trocas comerciais entre os Estados Unidos e seus dois vizinhos?

1 O Canadá

A história colonial do Canadá é a história do confronto entre duas frentes de colonização que se estabeleceram quase ao mesmo tempo em terras da América do Norte: a inglesa e a francesa.

A colonização britânica do continente começou efetivamente em 1607, com a fundação de Jamestown, na Virgínia (atualmente, nos Estados Unidos). No Norte, porém, a Inglaterra optou por uma estratégia diferente: o Parlamento cedeu os direitos de comércio e administração de um imenso território, que hoje pertence ao Canadá, à Companhia da Baía de Hudson. Essa área foi então batizada de Terra de Rupert, em homenagem ao Príncipe Rupert, governador da companhia.

No final do século XVII, os núcleos de colonização britânicos já haviam se estendido por toda a costa, e as 13 colônias que deram origem aos Estados Unidos da América já estavam formadas, abrigando cerca de 1 milhão e meio de ingleses.

Quebec, a primeira base da colonização francesa, foi fundada em 1608, no alto de um rochedo às margens do Rio São Lourenço. Esse local foi o berço de um grande império francês na América. A partir de Quebec – então denominada Nova França –, os franceses penetraram pelo continente: seguiram o curso das principais vias fluviais, estabeleceram feitorias nas terras dos indígenas e criaram um próspero comércio de peles de animais. Ao longo do século XVII, franceses e ingleses disputaram o controle sobre parte desses territórios.

No ano de 1642, ainda às margens do Rio São Lourenço, os franceses fundaram Montreal, que se tornaria o centro do comércio de peles. Em seguida, chegaram aos Grandes Lagos e alcançaram o Rio Mississípi, chamado pelos indígenas de "Grande Pai das Águas".

Em 1681, um explorador francês chegou à desembocadura do Mississípi, no Golfo do México, e tomou posse das terras em nome do rei Luís XIV, em cuja homenagem foram batizadas como Louisiana. Esse território foi mais tarde comprado pelos Estados Unidos. Veja o mapa da figura 4.

FIGURA 4. O território da Nova França (século XVII)

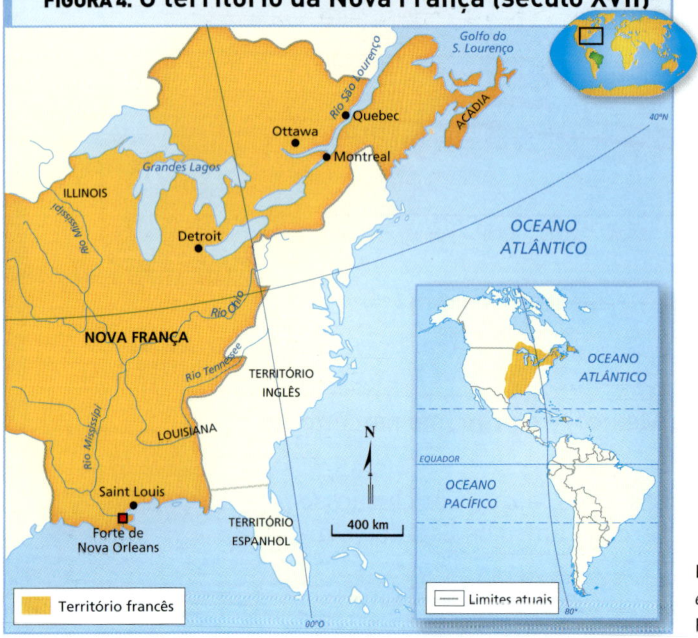

Fonte: *Atlas histórico escolar*. Rio de Janeiro: FAE, 1978. p. 60-61.

Em 1750, os franceses já dispunham de uma cadeia de fortes entre os vales dos rios Ohio e Mississípi. Apesar desse imenso avanço territorial, o número de franceses na América do Norte sempre foi relativamente baixo: em 1760, havia apenas 60 mil colonos.

No século XVIII, os choques entre os ingleses e os franceses se tornaram cada vez mais frequentes. A Nova França estava no caminho dos colonos e comerciantes ingleses, e a Coroa britânica queria toda a América do Norte. Em 1763, durante a Guerra dos Sete Anos (1756-1763), entre a França e a Inglaterra, envolvendo aliados de ambos os países, Quebec foi tomada pelo exército britânico e tornou-se a 14ª colônia inglesa na América.

Quebec estava ainda sob domínio britânico quando as 13 colônias originais protagonizaram a Guerra de Independência (1775-1783), rompendo os laços com a Grã-Bretanha e formando os Estados Unidos da América. Foi assim que a ex-colônia francesa recebeu milhares de ingleses, muitos deles nascidos na América, que preferiam continuar a ser cidadãos britânicos.

RYAN REMIORZ/AP PHOTO/IMAGEPLUS

FIGURA 5. Manifestantes empunham bandeiras do Canadá e de Quebec, em Montreal, em 27 de outubro de 1995. Três dias depois seria realizado o plebiscito sobre a permanência da província de Quebec na Federação Canadense. Os separatistas perderam por uma pequena margem de votos, e a província continua a fazer parte do Canadá.

Mais tarde, Quebec foi repartida, dando origem às atuais províncias de Quebec e Ontário. Nos séculos seguintes, mais imigrantes europeus – principalmente alemães, poloneses, ucranianos e italianos – migraram para as novas províncias britânicas em formação na América do Norte. Com o tempo, essas colônias se reuniram e deram origem ao Canadá, que acabou incorporando também as Terras de Rupert, as quais deram origem às províncias de Manitoba, Alberta, Saskatchewan e Territórios do Noroeste. Veja os mapas da figura 6, na página seguinte.

Até hoje Quebec é uma referência da cultura francesa no Canadá, leia a respeito no "Observatório dos viajantes", na página 115.

Em razão de sua história colonial, o Canadá é um país bilíngue: o inglês e o francês são línguas oficiais. Os habitantes de origem britânica constituem pouco menos da metade da população total e estão espalhados por todo o país. A maior parte dos habitantes de língua francesa vive na província de Quebec, mas eles também formam minorias importantes em Ontário e em Novo Brunswick. A existência de um "Canadá francês" coloca em xeque a integridade territorial do país, pois muitos ativistas de origem francesa lutam para transformar Quebec em uma nação independente (figura 5).

FIGURA 6. Canadá: formação territorial (1849-2009)

Fontes: Library and Archives Canada. Disponível em <http://canadaonline.about.com>. Acesso em ago. 2009 (mapas A a D); FERREIRA, Graça Maria Lemos. *Atlas geográfico*: espaço mundial. São Paulo: Moderna, 2003. p. 36 (mapa E).

Observatório dos viajantes

O charme à francesa de Quebec

"Quebec é o nome de uma província canadense, mas é também o nome de sua segunda maior cidade – e, de longe, a mais charmosa, com seus 650 mil habitantes e muita história para contar.

Foi nela que se iniciou a presença francesa na América do Norte, em 1608. E foi ainda nela que, em 1759, os britânicos derrotaram os franceses e se assenhorearam da bacia do Rio São Lourenço. [...]

A cidade teve seus dias de glória no período pré-industrial, quando era entreposto para a exportação de peles e estava acessível à navegação transatlântica, com a travessia dos barcos completada por 1.000 km de navegação fluvial.

Com o comércio deslocado para Montreal – que por sua vez perdeu no século 20 a liderança canadense para Toronto, grande metrópole da anglofonia –, a cidade não foi devastada pela especulação imobiliária e se manteve bonita como antigamente. Os bairros históricos são em parte protegidos por 4,6 km de muralhas de 16 m de altura – que os franceses começaram a construir em 1745.

É aconselhável passear pela cidade entre o final da primavera e meados do outono. No inverno, Quebec é castigada em média por três metros de neve, e a temperatura registra até –22 °C. Isso só é bom para quem quer esquiar.

Mas vejamos a cidade. Ela é a capital da província. Tem por isso palácios oficiais, bonitos por fora e luxuosos por dentro.

Há bons museus, como o de Belas Artes, especializado em artes canadenses, há as portas das muralhas, como a de Saint-Jean, e ainda praças que nos dão a impressão de terem sido deslocadas de alguma cidade histórica da Europa. Como a Royale, assim chamada em razão de um busto de Luís 14 num de seus cantos.

Há em Quebec uma cidade alta e uma cidade baixa. A primeira era habitada pelos mais ricos, e a segunda, pelo povão. Por serem ambas antigas, elas se beneficiaram nos últimos 40 anos de um lento processo de restauração.

Prédios que abrigavam bancos hoje falidos se tornaram hotéis – ou *hôtel-boutique*, um conceito de hotelaria que associa conforto extremo à presença de uma arquitetura bicentenária.

Um exemplo deles: o Auberge Saint-Antoine, que distribui por vitrinas nas áreas comuns e nos apartamentos cerca de 1.600 objetos que arqueólogos encontraram no local e que datam muitas vezes do final do século 17.

Um outro exemplo seria o Chateau Frontenac, que parece um castelo, mas que nunca foi um de verdade. Trata-se de um hotel de mais de 600 quartos, construído em 1893 pela ferrovia Canadian Pacific. [...]

NATALI, João Batista. *Folha de S.Paulo*, 23 mar. 2003. Disponível em <www1.folha.uol.com.br/folha/turismo/noticias/ult338u5518.shtml>. Acesso em jun. 2009.

TIBOR BOGNAR/CORBIS/LATINSTOCK

Chateau Frontenac, em Quebec (Canadá, 2008). Semelhante a um castelo medieval francês, a construção recebeu o nome de um dos governadores da província à época da colonização.

Faça o que se pede.

1. Em que aspecto o deslocamento do polo comercial para Montreal foi positivo para a cidade de Quebec?
2. Faça uma pesquisa sobre a economia da província de Quebec e destaque a relevância do turismo nesse cenário.

O espaço econômico canadense

O Canadá é um dos países mais ricos do mundo em recursos minerais e energéticos. Principal produtor mundial de urânio e zinco, ocupa a terceira posição entre os produtores de cobre e gás natural. É o quarto produtor mundial de minério de ferro e o quinto de carvão vegetal.

A disponibilidade de matérias-primas e de energia de origem hidrelétrica, obtida principalmente nas bacias hidrográficas que, a leste, drenam o Planalto Laurenciano e, a oeste, as cadeias montanhosas terciárias, tem atraído diversas empresas dos Estados Unidos, que respondem por grande parte da produção industrial canadense. Veja o mapa da figura 7.

No campo, em especial nas férteis planícies centrais (figura 8), observa-se também a presença de grandes conglomerados agroindustriais estadunidenses. Ou seja, apesar de ser um país rico e próspero, o Canadá depende muito dos Estados Unidos. Leia mais sobre a integração econômica desses dois países na seção "Texto e contexto".

FIGURA 7. Canadá: economia

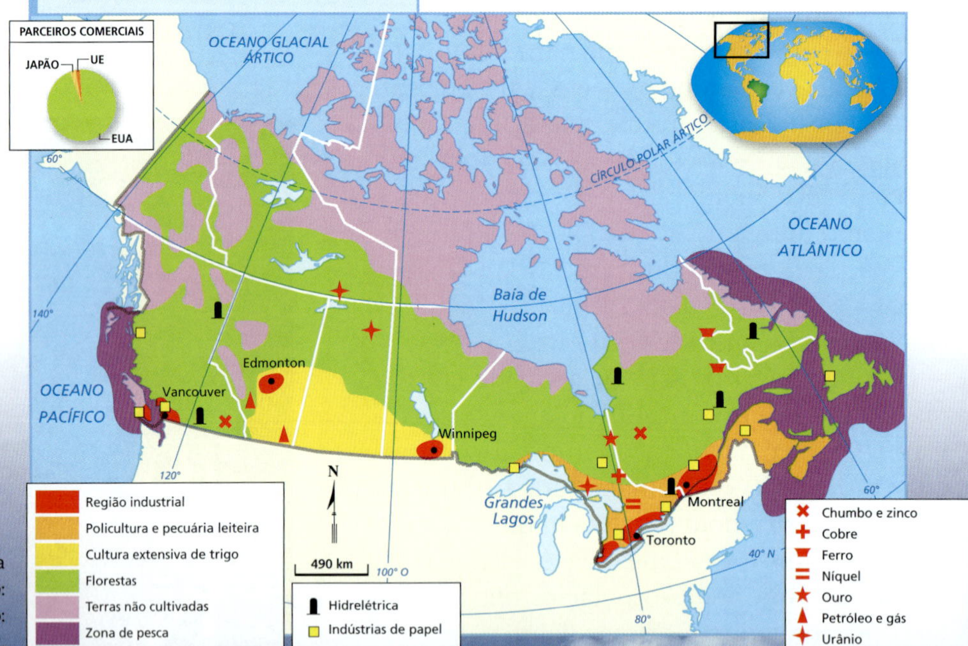

Fonte: FERREIRA, Graça Maria Lemos. *Atlas geográfico: espaço mundial*. São Paulo: Moderna, 2003. p. 52.

BUDDY MAYS/CORBIS - LATINSTOCK

FIGURA 8. Vista da Planície Central na província de Alberta (Canadá, 2004). Grande parte dos grãos produzidos na região é armazenada em silos e escoada pela Ferrovia Transcanadense.

Texto e contexto 1

A hidrovia da integração

"Desde a década de 1930, o Canadá e os Estados Unidos haviam discutido a possibilidade de construção de uma via marítima através do Rio São Lourenço, que permitisse a navios de grande tonelagem navegarem mais de 3.200 quilômetros até a cabeceira dos Grandes Lagos – criando portos marítimos em Toronto, Buffalo, Detroit, Chicago, Milwaukee e Duluth. Entretanto, os interesses das ferrovias norte-americanas do leste, das companhias de cabotagem e portos costeiros se opuseram ao projeto, e os Estados Unidos o recusaram repetidamente. Em 1951, o Canadá decidiu construir sozinho a via marítima, não somente canalizando o rio mas também desenvolvendo sua imensa capacidade hidroelétrica. Três anos mais tarde, interesses do centro-oeste norte-americano uniram suas petições aos das indústrias do leste e conseguiram que Washington aceitasse o projeto. Os norte-americanos se juntaram aos canadenses e, em 1959, a rainha Elisabeth e o presidente Eisenhower inauguraram o gigantesco canal e as centrais elétricas."

SAYWELL, J. *Canadá*: passado e presente. Toronto: C. Irwin, 1983. p. 35.

Responda.

▶ Qual a importância do Rio São Lourenço para a integração econômica dos Estados Unidos e do Canadá?

Navio de cabotagem no Rio São Lourenço, em Quebec (Canadá, 1999).

WAYNE SCARBERRY/GETTY IMAGES

Os setores da economia

Hoje, a economia do Canadá está assim distribuída:

- o setor primário (agricultura, pesca e silvicultura) gera 3% do PIB do país e emprega cerca de 675 mil pessoas;
- o setor secundário (manufatura, construção e mineração) é responsável pela geração de 30% do PIB, com a seguinte distribuição: a manufatura de produtos industrializados gera 18% do PIB canadense e emprega 2,3 milhões de pessoas; a construção civil responde por 5% do PIB nacional e emprega 820 mil pessoas; e a mineração é responsável por 4% do PIB nacional, empregando cerca de 285 mil pessoas;
- o setor terciário é o mais forte do Canadá, no qual, juntos, os setores de comércio e de serviços são responsáveis por 67% do PIB e empregam quase 9 milhões de pessoas.

Os centros industriais

Toronto, na província de Ontário, e Montreal, em Quebec, são as principais cidades industriais e abrigam um importante complexo metalúrgico e siderúrgico, fortemente integrado ao Manufacturing Belt do Nordeste dos Estados Unidos. A grande movimentação de navios nos Grandes Lagos e no Rio São Lourenço, tornado navegável graças a sofisticadas obras de engenharia, é testemunha dessa integração.

Em Ontário, destaca-se a metalurgia do alumínio, cuja matéria-prima, a bauxita, é em grande parte importada da Jamaica. Quebec, por sua vez, dispõe de abundantes reservas de ferro e é um importante polo siderúrgico e automobilístico. Além disso, a floresta dessa província fornece matéria-prima para quase metade da produção canadense de papel e pasta de papel.

Vancouver (figura 9), na Colúmbia Britânica, é o centro industrial da costa pacífica do país, também alimentado pela presença de recursos naturais importantes, como cobre, chumbo e zinco, além da madeira. O Porto de Vancouver é responsável por grande parte do comércio entre o Canadá e os países asiáticos, em especial o Japão.

RUDY SULGAN/CORBIS/LATINSTOCK

FIGURA 9. Vista de Vancouver (Canadá, 2007). O porto local é responsável por boa parte do comércio do país com a Ásia. As províncias do oeste canadense dispõem de grandes reservas de cobre, chumbo, zinco e madeira.

2 O México

A história do México é a história da pilhagem de seus valiosos recursos naturais e do massacre das populações indígenas. Leia mais sobre isto no "Observatório literário", nas páginas seguintes.

Período colonial

No período colonial, quantidades colossais de prata foram extraídas pelos colonizadores espanhóis, que utilizavam os indígenas no trabalho de mineração. Em 1540, existiam cerca de 10 milhões de nativos e 12 mil conquistadores espanhóis na colônia. Em 1600, restava apenas 1 milhão de indígenas, e os espanhóis haviam conseguido montar uma das mais lucrativas estruturas coloniais da História, movida pelas prósperas minas de prata. Nos séculos seguintes, ainda seriam implantados latifúndios voltados para a produção de produtos tropicais – as *haciendas* –, em terras tradicionalmente cultivadas pelos indígenas.

México independente

O México foi colônia da Espanha até 1821, quando conquistou sua independência. A partir de então, sofreu expressivas perdas territoriais (figura 10). Por meio de guerras e acordos, os Estados Unidos somaram à sua área os estados do Arizona, da Califórnia, do Novo México e do Texas, além de parte dos estados do Colorado e de Utah.

O México independente herdou uma profunda disparidade social entre a elite *criolla* – formada por descendentes de espanhóis, detentores das minas e da maior parte das terras agrícolas – e a massa da população mestiça e indígena, transformada em camponeses pobres e em mão de obra barata para os negócios dos brancos.

FIGURA 10. México: as perdas territoriais

Até hoje importantes cidades da costa oeste conservam seus nomes latinos, como, por exemplo, Los Angeles e San Diego.

Fonte: Baseado em MONNET, J. *Le Mexique*. Paris: Nathan, 1999. p. 46.

Essa disparidade está na origem da Revolução Mexicana, que começou em 1910. Naquele ano, Francisco Madero, candidato à presidência da República e derrotado em eleições fraudulentas, associou-se a camponeses rebeldes chefiados por Emiliano Zapata e Pancho Villa. O objetivo dos revolucionários era derrubar o ditador Porfirio Díaz, aliado dos latifundiários, e instaurar um novo governo no México.

Madero foi eleito em 1911, após a destituição de Díaz. Os sucessivos governos que surgiram desde então não impediram que o país continuasse sendo um grande fornecedor de recursos naturais e de mão de obra barata e pouco qualificada. Se, por um lado, o petróleo havia substituído a prata como riqueza do país, os mexicanos haviam deixado de ser explorados pelos espanhóis para se converterem em mão de obra farta e de baixo custo para os empresários dos Estados Unidos.

Observatório literário

Tenochtitlán, a capital asteca

O cronista espanhol Bernal Díaz del Castillo, que acompanhou Cortés na conquista do Império Asteca, descreve a cidade de Tenochtitlán, capital de Montezuma, e sua enorme praça.

"Como já havia quatro dias que estávamos no México e nem o capitão nem qualquer de nós saía dos aposentos, [...], Cortés nos disse que seria bom ir à praça maior [...]; e desde que chegamos à grande praça, chamada *Tatelulco*, como não havíamos visto tal coisa, ficamos admirados com a multidão de pessoas e mercadorias que nela havia e com a ordem que prevalecia. E os principais [chefes nativos] que iam conosco nos iam mostrando; cada gênero de mercadorias estava em seu lugar [...].

Comecemos pelas mercadorias de ouro e prata e pedras preciosas e plumas e mantas e coisas lavradas, e também índios escravos e escravas; digo que traziam tantos deles para vender na grande praça quanto os negros da Guiné que trazem os portugueses, e os traziam atados em longos paus com gargalheiras no pescoço para que não fugissem, enquanto outros ficavam soltos. Adiante estavam outros mercadores que vendiam roupa [...] e algodão e coisas de fio torcido, e vendedores de cacau, e dessa maneira estavam todos os gêneros de mercadorias existentes na Nova Espanha, dispostos com ordem [...].

Passemos adiante e falemos dos que vendiam feijões e outros legumes e ervas variadas. Vamos aos que vendiam galinhas, galos, coelhos, lebres [...] e outras coisas dessa espécie, em sua parte da praça. Falemos dos vendedores de frutas, dos que vendiam coisas cozidas, [...] também em sua parte. [...]

E assim deixamos a grande praça sem mais vê-la e chegamos aos grandes pátios e cercas onde está a grande construção [...]. E desde que chegamos perto da construção, antes que subíssemos um só degrau, o grande Montezuma nos enviou lá de cima, onde estava fazendo sacrifícios, seis *papas* e dois principais, para que acompanhassem nosso capitão, e ao subir os degraus, que eram cento e quatorze, iam ampará-lo para ajudá-lo a subir, acreditando que se cansaria, como ajudavam seu senhor Montezuma, e Cortés não quis que chegassem até ele.

E logo que chegamos Montezuma saiu de um local de adoração, onde estavam seus malditos ídolos, que ficava no alto da grande construção [...]. E logo pegou Cortés pela mão e lhe disse que olhasse sua grande cidade e as demais cidades que havia dentro da água, e muitos outros povoados em redor da mesma laguna, em terra; e que se não havia visto muito bem a grande praça, dali poderia vê-la muito melhor, e assim ficamos observando [...]; e dali vimos as três estradas pavimentadas que entram no México [...]. E víamos a água doce que vinha de *Chapultepec*, de que se abastecia a cidade, e naquelas três estradas, as pontes feitas de trecho a trecho, por onde entrava e saía a água da laguna, de uma parte a outra; e víamos naquela grande laguna grande número de canoas [...]; e víamos que cada casa daquela grande cidade [...] de cada casa não se passava a não ser por meio de pontes levadiças feitas de madeira, ou de canoa [...].

E depois de observar bastante e considerar tudo o que havíamos visto, tornamos a ver a grande praça e a multidão que nela havia, uns comprando e outros vendendo, que só o rumor das vozes e palavras que ali havia ressoava por mais de uma légua, e entre nós havia soldados que haviam estado em muitas partes do mundo, em Constantinopla e em toda Itália e Roma, e disseram que praça tão espaçosa e com tanta ordem e tamanho e cheia de tanta gente jamais haviam visto. [...]."

DÍAZ DEL CASTILLO, Bernal. *Historia verdadera de la conquista de la Nueva España.* (tradução dos autores). México: Porrúa, 1998. p. 172-173.

SEAN SPRAGUE/MEXICOLORE/THE BRIDGEMAN ART LIBRARY INTERNATIONAL/KEYSTONE - MUSEO NACIONAL DE ANTROPOLOGIA, CIDADE DO MÉXICO, MÉXICO

Planta de Tenochtitlán feita por Luis Covarrubias (1919-1987), exposta no Museu Nacional de Antropologia na Cidade do México.

Responda.

1. Pela descrição do cronista, como se pode caracterizar o Estado asteca em termos de atividades econômicas?
2. Tenochtitlán foi construída numa ilha do Lago de Texcoco. Pesquise sobre a situação atual do lago.
3. Pesquise algumas consequências da drenagem do Lago de Texcoco e de outros lagos sobre os quais foi construída a Cidade do México.

A economia mexicana

O México é hoje um país soberano do ponto de vista político, mas permanece dependente no que se refere à sua dinâmica econômica. Observe os contrastes desse país no "Observatório de imagens", a seguir.

Observatório de imagens

Contrastes

O texto a seguir é uma síntese da palestra "Confrontos religiosos e fundamentalismos", realizada pelo historiador Leandro Karnal, doutor em História Social pela USP e professor de História na Unicamp, em 27 de fevereiro de 2009, como parte do programa CPFL Cultura.

"A paz liberal que resultaria da globalização foi abalada por espetaculares atentados atribuídos ao fundamentalismo religioso. O mundo tecnológico do século XXI é abalado por movimentos em nome de Deus. O velho espírito de cruzada e guerra santa, nunca apagado de fato, parece ser a marca de um novo tipo de conflito e uma nova estrutura de guerra fria que não mais opõe socialismo e capitalismo, mas os diversos credos e suas respectivas representações civilizacionais. Quais os aspectos mais relevantes dos choques religiosos? Quais são as possibilidades da convivência e do diálogo entre as religiões?"

Disponível em <www1.cpflcultura.com.br/video/confrontos-religiosos-e-fundamentalismos-leandro-karnal>. Acesso em 21 set. 2009.

Agora, observe as imagens: uma delas é herança das religiões ameríndias, dos povos dominados; a outra, um monumento católico, da religião do colonizador/dominador.

JORGE GONZALEZ/EPA/CORBIS/LATINSTOCK

Pirâmide da Lua, em Teotihuacán (México, 2004).

DE AGOSTINI PICTURE LIBRARY/DE AGOSTINI/GETTY IMAGES

Catedral Metropolitana, na Cidade do México (México, 2007).

Faça o que é pedido.

1. Pesquise a localização de Teotihuacán, Patrimônio Cultural da Humanidade.
2. Individualmente ou em grupo, associe ambas as edificações ao conteúdo do texto.

Agricultura e indústria

Um dos maiores feitos da Revolução Mexicana foi a realização de uma ampla reforma da propriedade fundiária, que demorou cinco décadas para ser completada. A reforma, inspirada nas terras comunais camponesas reconhecidas pela Coroa espanhola, foi baseada no controle comunitário das terras distribuídas, que constituem os *ejidos*. A produção camponesa dos *ejidos*, organizada em pequenas explorações, é responsável pela maior parte dos cultivos alimentares do mercado interno.

No início da década de 1960, aproximadamente um terço da área agrícola do país havia sido desapropriada pelo governo e distribuída para 3 milhões de famílias de camponeses pobres.

Essa reforma agrária, porém, não eliminou as velhas *haciendas* do território mexicano. Elas ainda predominam no norte do país, onde grandes empresários rurais, com o auxílio de modernas técnicas de irrigação, cultivam frutas, cereais, soja e algodão para os mercados externos. O milho, base da dieta mexicana, ocupa a metade das terras agrícolas e é produzido nos *ejidos*, tal como a maior parte dos alimentos consumidos no país.

O México dispõe de recursos minerais importantes. O principal deles é o petróleo, cuja industrialização ganhou impulso a partir da década de 1950. O modelo adotado baseou-se na participação do Estado na economia e na abertura ao ingresso de transnacionais no país. Inicialmente o governo criou grandes empresas, destacando-se a Pemex (Petróleo do México), voltada para a exploração e o refino do petróleo. Em seguida, chegaram as empresas transnacionais. A Cidade do México (figura 11), capital do país, recebeu uma parcela considerável dos investimentos transnacionais.

Atualmente, a Cidade do México concentra cerca de 20% da população nacional e é a maior e mais poluída metrópole do mundo. Em certas épocas do ano, as indústrias ficam proibidas de funcionar, num esforço para melhorar as condições do ar na cidade. O rodízio de automóveis é permanente, ou seja, a cada dia da semana uma parcela da frota de automóveis fica proibida de circular.

Em meados da década de 1970, outro tipo de indústria chegou ao México, constituído das chamadas **maquiladoras**. Trata-se de empresas que produzem diretamente para suas matrizes no exterior – a maioria delas situada nos Estados Unidos –, empregando componentes importados. Nesse caso, nem as matérias-primas nem o mercado mexicano são utilizados: as maquiladoras foram atraídas basicamente pela oferta de mão de obra barata, pelos incentivos fiscais e pela fiscalização pouco exigente no tocante ao cumprimento das leis trabalhistas. Os setores elétrico e automobilístico concentram grande parte dos investimentos das maquiladoras. Leia mais sobre isso em "Texto e contexto", na página seguinte.

DEMETRIO CARRASCO/JAI/CORBIS/LATINSTOCK

FIGURA 11. Vista da Cidade do México, com destaque para o Palácio das Belas Artes (México, 2002).

Texto e contexto 2

A "Marcha para o Norte"

O geógrafo mexicano Daniel Hiernaux-Nicolas sintetizou da seguinte forma as mudanças ocorridas no território mexicano nas últimas décadas:

"Por um lado, assistiu-se à ativação da 'Marcha para o Norte' da economia mexicana [...] e a maquiladora tornou-se o epicentro da nova economia industrial [...]. Dito de outra maneira, o México viveu uma transformação radical de seu território nos últimos vinte anos, o que implica uma autêntica recolocação das atividades econômicas e da população [...]. Desse modo, as grandes cidades do norte, tanto as de fronteira (Tijuana e Ciudad Juárez, por exemplo) como as cidades médias não fronteiriças (Chihuahua, Hermosillo e Saltillo-Ramos Arizpe) são espaços radicalmente abertos para o norte, orientados de forma crescente para os Estados Unidos. Cabe assinalar que a diferença com relação ao resto do país não é visível apenas na própria estrutura de suas economias, como também na configuração espacial de seus territórios e no modo de vida de suas populações que, embora de migração recente, se integram facilmente ao sonho americano em sua versão local, na falta de conseguir emigrar e integrar-se aos Estados Unidos."

HIERNAUX-NICOLAS, Daniel. Globalização e exclusão no México. In: SILVEIRA, Maria Laura (Org.). *Continente em chamas*: globalização e território na América Latina. Rio de Janeiro: Civilização Brasileira, 2005. p. 36-37.

ALEX CRUZ/EPA/CORBIS/LATINSTOCK

Linha de montagem de automóveis Ford em Cuautitlan, no norte do México (2009).

LORENA ROS/GETTY IMAGES

Vista aérea da fronteira entre Ciudad Juárez, no México, e El Paso, nos Estados Unidos, na região de implantação das maquiladoras (foto de 2009).

Responda.

▶ Qual a principal causa da "Marcha para o Norte" à qual se refere o texto?

OBSERVADORES EM AÇÃO

Para rever o capítulo

1. De que forma as frentes de colonização francesa e britânica na América do Norte marcaram a história e a cultura do Canadá? Dê exemplos representativos dessas influências.

2. Apesar de o Canadá ser um dos países mais ricos do mundo, em que sentido é possível afirmar que o país é dependente dos Estados Unidos?

3. Observe o mapa a seguir.

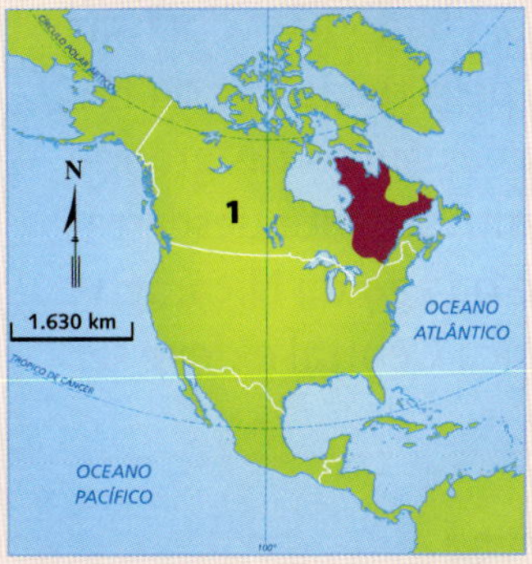

Fonte: Elaborado com base em IBGE. *Atlas geográfico escolar*. Rio de Janeiro: IBGE, 2004. p. 43.

a) Identifique o país indicado com o número 1 e explique a distribuição espacial de sua população.

b) Do ponto de vista do povoamento e da língua, quais as principais diferenças apresentadas pela província destacada no mapa?

4. Leia o texto e depois responda às questões.

"Com o Canadá, tudo limpo. Até porque a maioria dos norte-americanos acredita piamente que o Canadá faz parte dos Estados Unidos. Falam a mesma língua, até, e sem aquele sotaque pernóstico dos ingleses. E para telefonar você não precisa nem colocar o código na frente do número, só os três dígitos da cidade, mais o número chamado – um interurbano, enfim.

E vejam só as contribuições que o Canadá já deu à cultura norte-americana: Joni Mitchell, Neil Young, Michel J. Fox, John Candy, James Cameron e hóquei, que maravilha!

Ah, sim, tem aquela história de Quebec e aquele povo que fala francês. Mas Quebec fica na Europa, não fica?"

BAHIANA, Ana Maria. *América de A a Z*: quase tudo o que você precisa saber para sobreviver ao sonho americano. Rio de Janeiro: Objetiva, 1994. p. 19-20.

a) Por que a autora, de forma irônica, afirma que muitos norte-americanos acreditam que o Canadá faz parte dos Estados Unidos?

b) Explique o significado da ironia na frase: "Ah, sim, tem aquela história de Quebec e aquele povo que fala francês. Mas Quebec fica na Europa, não fica?"

5. "Pobre México, tão longe de Deus e tão perto dos Estados Unidos." Essa frase é atribuída ao ex-presidente Porfirio Díaz. Considerando a história mexicana, qual é seu significado?

6. Identifique no texto do capítulo as principais características dos *ejidos* mexicanos.

No mundo da cartografia

7. Copie em papel transparente o mapa da América do Norte. Nele, refaça o caminho dos pioneiros franceses, desde Quebec até o Golfo do México. Não se esqueça de indicar em seu mapa todos os lugares citados no item 1 do texto principal.

Prática de pesquisa

8. Os Estados Unidos, o Canadá e o México são bastante visitados pelos turistas brasileiros. Nos cadernos de turismo dos jornais de grande circulação, há inúmeras ofertas de pacotes de viagens para esses países. Consulte uma edição recente de um jornal com caderno de turismo e responda às questões.

a) Que lugares dos Estados Unidos, Canadá e México são mais mencionados nas propagandas de pacotes turísticos? Procure esses lugares em um mapa da América do Norte e indique sua localização.

b) Para qual desses países é oferecido um maior número de pacotes turísticos?

c) Qual o pacote turístico mais barato? O que ele oferece para o turista?

d) Qual o pacote turístico mais caro? O que ele oferece para o turista?

e) Considerando os pacotes de viagem das ofertas, quais devem ser as imagens que os turistas brasileiros guardam dos Estados Unidos, do Canadá e do México?

CAPÍTULO 8

América Central e Caribe

Observatório de informações

O Canal da Nicarágua

Antes da construção do Canal do Panamá, chegou-se a pensar numa ligação entre o Atlântico e o Pacífico pelo território da Nicarágua, que utilizaria em parte do percurso as águas do grande Lago da Nicarágua. Esse projeto não foi definitivamente descartado, embora o governo do país considere que o Lago da Nicarágua é o maior reservatório de água doce da América Central e deve ser preservado a qualquer custo.

FIGURA 1. Nicarágua

Fonte: *Atlas National Geographic* – América do Norte. Ed. Portuguesa. National Geographic Society, 2005. p. 78.

Identifique no mapa o Lago da Nicarágua e responda.

1. Quais foram as vantagens da ligação entre os oceanos pelo território panamenho? (Reveja, no capítulo 5, informações sobre o Canal do Panamá.)
2. O que aconteceria com as águas do Lago da Nicarágua caso a construção do mencionado canal se concretizasse?

❶ Entre duas Américas

A **América Central continental** é constituída por um **istmo** entre os oceanos Pacífico e Atlântico, que liga a América do Norte à América do Sul. Observe o istmo centro-americano no mapa da figura 2.

Na vertente voltada para o Oceano Pacífico, encontra-se uma longa cadeia montanhosa, que se estende da Guatemala ao Panamá. Do outro lado, na vertente atlântica, predominam as planícies e as terras baixas, em boa parte ainda recobertas por florestas tropicais.

O istmo centro-americano abriga sete pequenos países: Guatemala, El Salvador, Belize, Honduras, Nicarágua, Costa Rica e Panamá. A Guatemala, que é o mais populoso, possui menos habitantes do que a região metropolitana de São Paulo. À exceção de Belize, ex-colônia britânica, os demais países têm sua origem ligada à colonização espanhola. Grande parte da população atual da América Central ístmica é composta por mestiços de índios e brancos descendentes de espanhóis.

O conjunto de ilhas dispostas em forma de arco no Oceano Atlântico constitui a **América Central insular**. Formadas por material vulcânico ou pelo acúmulo de corais, essas ilhas exibem um cenário de rara beleza natural. Muitas foram conquistadas pelos espanhóis, que, mais tarde, as perderam para britânicos, holandeses e franceses. Somente em Cuba, em Porto Rico e em parte da Ilha Hispaniola (onde se localiza a República Dominicana), os espanhóis conseguiram manter sua soberania por mais tempo.

Istmo
Faixa de terra relativamente estreita, cercada de água dos dois lados e que liga duas grandes extensões de terra.

FIGURA 2. América Central: ístmica e insular

As cidades mais importantes da América Central ístmica situam-se nas proximidades da costa do Pacífico. A América Central insular é formada por um arco de ilhas que protege o Mar do Caribe (ou das Antilhas) do oceano aberto.

Fonte: FERREIRA, Graça Maria Lemos. *Moderno atlas geográfico*. São Paulo: Moderna, 2003. p. 31.

2 O istmo centro-americano

Logo depois de aportar na América, os espanhóis se lançaram à busca de metais preciosos, principalmente ouro e prata. Eles acreditavam na existência de tesouros escondidos e em que muitas riquezas, glória e fama estariam reservadas aos desbravadores. Esse espírito animou as primeiras expedições de reconhecimento e conquista ainda no início do século XVI.

A colonização

Em 1543, numa tentativa de impedir que os desbravadores continuassem a agir por conta própria, o rei da Espanha resolveu tomar para si o controle da região. Para tanto, criou a Capitania Geral da Guatemala, que englobava grande parte do istmo. Ele nomeou pessoas de sua confiança para construir cidades e monumentos (figura 3), implantar a agricultura e organizar a exploração dos metais preciosos.

Os espanhóis geralmente se estabeleciam nas regiões já povoadas pelos indígenas e nelas exploravam a mão de obra nativa. Os colonizadores implantaram núcleos esparsos de povoamento no istmo, nos quais se destacava a agricultura de produtos tropicais, como cana-de-açúcar, banana e cacau. Para o abastecimento das cidades, recorriam aos alimentos tradicionalmente cultivados pelos índios (batata-doce e mandioca, por exemplo) e à pecuária praticada nas encostas montanhosas voltadas para o Oceano Pacífico. As minas de prata das áreas montanhosas próximas a Tegucigalpa, cidade que mais tarde seria a capital de Honduras, fizeram da região o mais importante centro minerador da América Central continental.

Durante todo o período colonial, os núcleos de povoamento espanhol no istmo permaneceram isolados uns dos outros. Em 1823, com o processo de independência, foi organizada a **Federação das Províncias Unidas da América Central**, que reuniu os atuais Estados da Guatemala, Nicarágua, El Salvador, Honduras e Costa Rica. No entanto, a Federação se desfez em 1840, e a região se fragmentou em vários países.

FIGURA 3. Igreja de Nossa Senhora das Mercês, construída pelos espanhóis em Granada (Nicarágua, 1995).

ROBERT FRANCIS/ROBERT HARDING PICTURE LIBRARY/GRUPO KEYSTONE

O Canal do Panamá

O Panamá teve uma história singular. No período colonial, fazia parte do Vice-Reino de Nova Granada. Tornou-se independente em 1819, mas ainda incorporado à Colômbia. No início do século XX, o governo dos Estados Unidos pediu autorização ao senado colombiano para construir um canal que ligasse os oceanos Atlântico e Pacífico, visando agilizar a navegação entre a costa leste e a costa oeste do país. Como o governo colombiano se recusou a ceder território para o canal, os Estados Unidos patrocinaram o movimento de independência do Panamá em relação à Colômbia. Assim, o Panamá deve sua existência ao interesse dos Estados Unidos em construir o canal, que foi inaugurado em 1914.

Herança colonial e pobreza

Os países do istmo centro-americano tornaram-se países independentes, mas mantiveram as estruturas econômicas herdadas do tempo da colonização. A agricultura continua a ser a principal atividade econômica. Nas melhores terras agrícolas, localizadas na costa do Oceano Pacífico, predominam as fazendas cafeeiras, cujo produto é exportado para os mercados da Europa e da América do Norte. Nas encostas montanhosas, a população indígena e mestiça se dedica aos cultivos de subsistência tradicionais. A renda obtida com as exportações agrícolas e a terra permanece concentrada nas mãos de poucos fazendeiros e comerciantes ricos.

Atividade extra

5 Observatório em dois tempos 6

Destaque as pranchas 5 e 6.

A história recente desses países tem sido marcada por guerras civis e golpes de Estado, em geral comandados pelos Exércitos nacionais e patrocinados pelos Estados Unidos. A falta de instituições democráticas sólidas está entre as causas da pobreza na região.

A Costa Rica, cujas terras e riquezas são mais bem distribuídas e onde não existem Forças Armadas, é o país centro-americano cuja população goza de melhores condições de vida.

Já na Guatemala, um dos mais importantes produtores mundiais de café, parte da população muitas vezes não tem o que comer. Apenas 30% dos habitantes vivem em cidades e cerca de 40% são analfabetos.

Em Honduras, a situação não é muito diferente. Só que, nesse país, o principal produto de exportação é a banana, cultivada principalmente nas planícies do norte do país. Grandes companhias com sede nos Estados Unidos controlam a produção e a comercialização do produto. Por causa de Honduras, muitos países centro-americanos ganharam o triste apelido de "República das Bananas": vivem das exportações de produtos primários e as empresas estadunidenses exercem grande influência em sua vida política e econômica.

Também El Salvador mantém fortes laços de dependência em relação aos Estados Unidos. O país exporta café e algodão para esse país e todos os anos milhares de salvadorenhos emigram para lá em busca de trabalho e melhores condições de vida. O dinheiro que eles mandam para seus parentes em El Salvador é hoje a principal fonte de renda do país.

JANE SWEENEY/JAI/CORBIS/LATINSTOCK

FIGURA 4. Navio de cruzeiro atravessando o Canal do Panamá (2008). Até hoje, o canal é a principal fonte de recursos do Panamá.

O Panamá é um dos poucos países do istmo que não vivem da exportação de produtos primários. Praticamente toda a economia panamenha gira em torno do canal (figura 4), por causa do grande fluxo de navios e do elevado número de trabalhadores envolvidos em sua operação.

3 A América Central insular

No trecho em que banha a América Central, o Oceano Atlântico recebe o nome de Mar do Caribe (ou das Antilhas). Esse mar abrange milhares de ilhas, dispostas em forma de arco. Como o turismo é muito desenvolvido na região, o Caribe é, para muita gente, sinônimo de férias, belas praias e ritmos musicais quentes (figura 5).

ROBERTA PARKIN/REDFERNS/GETTY IMAGES

FIGURA 5. Banda de *reggae* no Plymouth Jazz Festival, realizado em Tobago (Trinidad e Tobago, 2008). A música caribenha dita o ritmo do verão local.

Costuma-se dividir a América Central insular em três conjuntos de ilhas: as **Grandes Antilhas** (Cuba, Jamaica, Porto Rico, Haiti e República Dominicana), as **Pequenas Antilhas** (milhares de pequenas ilhas entre Porto Rico e o litoral da Venezuela) e o **Arquipélago das Bahamas** (entre os Estados Unidos e Cuba). Você pode observar essa divisão no mapa da figura 6.

A colonização

Assim como aconteceu no istmo centro-americano, também as ilhas caribenhas mais importantes foram colonizadas pelos espanhóis. Mas eles não conseguiram manter o domínio por muito tempo. No final do século XVII, o Mar do Caribe estava infestado de piratas especializados em atacar barcos espanhóis que levavam riquezas da América para a Espanha. Diversas ilhas, em especial as das Pequenas Antilhas, estavam sob o controle desses piratas.

Na mesma época, a Inglaterra, a França e a Holanda já tinham tomado grande parte das possessões espanholas no Caribe e implantado nelas o cultivo de produtos tropicais – principalmente cana-de-açúcar – para suprir os mercados europeus. Como não havia população nativa para trabalhar nas plantações, os colonizadores tiveram de trazer escravos negros da África. Por isso existe um grande contingente de população negra e mulata nas ilhas caribenhas.

FIGURA 6. América Central insular

A maior parte das ilhas da América Central foi formada por materiais vulcânicos ou pela acumulação de corais.

Fonte: FERREIRA, Graça Maria Lemos. *Atlas geográfico:* espaço mundial. São Paulo: Moderna, p. 49.

Porto Rico

Até hoje, grande parte dessas ilhas permanece sob o controle de países europeus. Porto Rico configura um caso especial: não é uma colônia nem um país soberano, mas um estado livre, associado aos Estados Unidos. Isso significa que os porto-riquenhos desfrutam de alguns direitos comuns aos cidadãos desse país, o que ajuda a entender o grande número de nascidos na ilha que residem nos Estados Unidos. Mas eles não gozam da totalidade dos direitos de cidadania. Por exemplo: não votam nas eleições para presidente e também não estão representados no Congresso dos Estados Unidos.

Atividades econômicas

A exportação de produtos agrícolas e minerais movimenta grande parte da economia da região. A cana-de-açúcar, um dos mais importantes itens caribenhos de exportação, ocupa lugar de destaque na pauta de exportações da Jamaica, do Haiti e de certos arquipélagos das Pequenas Antilhas. Também a banana é cultivada em larga escala, principalmente na República Dominicana. A exportação de bauxita, o mineral que serve de matéria-prima para a produção do alumínio, é muito importante para a economia da Jamaica: o Canadá, um dos maiores produtores mundiais de alumínio, utiliza basicamente a bauxita jamaicana como matéria-prima.

Em muitos países e territórios caribenhos, as atividades ligadas ao turismo constituem a principal fonte de renda. Os turistas são, em sua maioria, estadunidenses e europeus, que apreciam a beleza das praias, das águas cristalinas e dos recifes de corais. Para receber os visitantes, há uma sofisticada infraestrutura, com hotéis, como o da foto (figura 7), estabelecimentos comerciais, estradas e marinas. Nos últimos anos, o fluxo de turistas para a região vem aumentando, envolvendo um número cada vez maior de ilhas caribenhas, em especial nas Pequenas Antilhas.

FIGURA 7. Hotéis em Oranjestad, na Ilha de Aruba, no Caribe (2008). A região figura entre os principais polos turísticos do mundo, e não é difícil entender por quê.

RICHARD CUMMINS/ROBERT HARDING WORLD IMAGERY/CORBIS/LATINSTOCK

O Caribe é conhecido mundialmente não somente por seus paraísos naturais, mas também por abrigar vários "paraísos fiscais", em especial no Arquipélago das Bahamas e nas Ilhas Cayman. O governo desses países cobra impostos muito baixos das empresas que neles se instalam e não exige explicações detalhadas sobre o tipo de atividade que realizam. Em resumo: pode-se movimentar livremente grandes somas de dinheiro, pois não há nenhuma fiscalização. Os bancos, por sua vez, também não querem saber de onde vem ou para onde vai o dinheiro depositado em seus cofres. É por isso que grandes empresas e milionários do mundo inteiro mantêm contas e depósitos bancários na América Central insular.

O turismo e os serviços financeiros fazem das Bahamas e das Ilhas Cayman a região mais rica do Caribe. Os exportadores de minerais, como a Jamaica, ocupam lugar intermediário. A Ilha Hispaniola, que abriga a República Dominicana e o Haiti, bate todos os recordes de pobreza regional. O caso mais dramático é o do Haiti: no século XVII, suas plantações de cana, movidas pelo trabalho escravo, fizeram fortunas para os franceses que dominavam a região. Hoje, é o país mais miserável da América, e sua capital, uma das cidades mais pobres do mundo. Milhares de haitianos tentam ingressar nos Estados Unidos em busca de uma vida melhor, mas o governo desse país mantém vigilância severa nas fronteiras, para impedir a entrada desses imigrantes em seu território (figura 8). Leia mais sobre o Haiti no "Observatório literário".

Observatório literário

Lutas pela liberdade

Veja como o escritor uruguaio Eduardo Galeano e o cubano Alejo Carpentier descrevem um dos episódios mais marcantes da história do Haiti.

TEXTO 1

"Na segunda metade do século [XVIII], o melhor açúcar do mundo brotava do solo esponjoso das planuras da costa do Haiti, uma colônia francesa que nessa época se chamava Saint Domingue. Ao norte e a oeste, o Haiti converteu-se em sorvedouro de escravos: o açúcar exigia cada vez mais braços. Em 1786, chegaram à colônia 27 mil escravos, e no ano seguinte 40 mil. No outono de 1791, explodiu a revolução. Num só mês, setembro, duzentas plantações de cana foram tomadas pelas chamas; os incêndios e os combates sucederam-se sem trégua à medida que os escravos insurretos iam empurrando os exércitos franceses até o oceano. Os barcos zarparam carregando cada vez mais franceses e cada vez menos açúcar. A guerra derramou rios de sangue e devastou as plantações. Foi longa. O país, em cinzas, ficou paralisado; em fins do século a produção caiu verticalmente. [...]"

GALEANO, Eduardo. *As veias abertas da América Latina.* Rio de Janeiro: Paz e Terra, 1990.

TEXTO 2

"O Deus dos brancos ordena o crime. Nossos deuses pedem vingança. Eles guiarão nossos braços e nos darão ajuda. Rebentem a imagem do Deus dos Brancos, que tem sede de nossas lágrimas; escutemos dentro de nós mesmos o apelo da liberdade! [...]

JOE RAEDLE/GETTY IMAGES

FIGURA 8. Haitianos que tentavam chegar à Flórida são resgatados pela guarda costeira dos Estados Unidos, em dezembro de 2001. Provavelmente a grande maioria deles foi mandada de volta para casa.

Junto a Bouckman, uma negra ossuda, de longos membros, dançava fazendo gestos circulares com um facão ritual [...].

Ogum das Armas, Ogum guerreiro, Ogum das forjas, Ogum Marechal, Ogum das lanças, Ogum-Xangô, Ogum Kankanikã, Ogum-Batala, Ogum-Panamá, Ogum-Bakulê eram invocados agora pela sacerdotisa Radá, em meio ao clamor das sombras:

Ogún Badagrí,

General sanglant,

Saizi z´orage

Ou scell´orage

Ou fait kataoun z´eclai!"

CARPENTIER, Alejo. *O reino deste mundo.* Rio de Janeiro: Civilização Brasileira, 1985.

DAVID HOWELLS/CORBIS/LATINSTOCK

Vista de favela em Porto Príncipe, capital do Haiti (2003). O país apresenta os piores indicadores sociais do continente americano.

Faça o que é solicitado.

1. Qual momento da história do Haiti é abordado nos textos 1 e 2?
2. Você já ouviu falar de algumas das divindades evocadas pela sacerdotisa haitiana? A que religião elas pertencem?
3. Pesquise e cite religiões afro-americanas existentes no Haiti e no Brasil.

Cuba: uma ilha socialista no Caribe

Situado em uma ilha junto ao Estreito da Flórida, e pertencente ao arquipélago das Grandes Antilhas, Cuba permaneceu sob domínio dos espanhóis até o início do século XX, quando se transformou em uma espécie de protetorado dos Estados Unidos. Isso significa que Cuba alcançou a independência formal, mas quem mandava mesmo na ilha era o governo sediado em Washington.

O cultivo de cana-de-açúcar para exportação, principal atividade econômica cubana, ficou muito tempo sob controle de companhias estadunidenses: as grandes empresas de comercialização de produtos tropicais ganhavam dinheiro e os cidadãos ricos daquele país iam passar as férias na ilha, para usufruir do sol, das praias paradisíacas e dos famosos cassinos então existentes em Havana, capital do país (figura 9). A posse da terra era privilégio de alguns latifundiários, enquanto a maior parte da população camponesa vivia em condições de extrema miséria. Os ditadores que dominavam a política local eram amplamente apoiados pelo governo dos Estados Unidos.

A Revolução Cubana

No início da década de 1950, um movimento de oposição começou a se formar em Cuba, reunindo os camponeses pobres e os trabalhadores das cidades. O objetivo era derrubar o ditador Fulgêncio Batista e tirar o país da zona de influência dos Estados Unidos. Os rebeldes, liderados por Fidel Castro (figura 10), acreditavam que era preciso lutar com todas as armas pela liberdade do país e pela melhoria das condições de vida da população.

Em 1959, o movimento revolucionário chegou ao poder, expulsando Fulgêncio Batista. A história de Cuba iria mudar para sempre.

Os primeiros anos do novo governo foram marcados pela nacionalização de empresas e pela reforma agrária (o governo desapropriou e redividiu as grandes propriedades rurais).

MARIANA BAZO/REUTERS/LATINSTOCK

FIGURA 9. Bairro antigo de Havana, capital de Cuba (2005). No passado, turistas dos Estados Unidos costumavam passear pela região.

Tendo seus interesses prejudicados, o governo e os empresários dos Estados Unidos patrocinaram uma invasão ao país, expulsaram Cuba da OEA (Organização dos Estados Americanos) e pressionaram seus aliados no mundo inteiro para que rompessem relações com Cuba e se recusassem a comercializar os produtos do país.

Uma das medidas rapidamente implantadas em Cuba foi a prisão e a pena de morte para aqueles que discordassem do novo governo, que passou a perseguir e prender os dissidentes políticos e os homossexuais. Os inimigos de Fidel Castro passaram a ser bem recebidos nos Estados Unidos, o que geralmente não acontece com os imigrantes caribenhos.

A pressão de Washington não surtiu o efeito esperado. Fortemente pressionado, o governo de Cuba proclamou que a ilha era um Estado socialista e acabou pedindo ajuda ao país que, na época, era o maior rival dos Estados Unidos: a URSS (União das Repúblicas Socialistas Soviéticas). Grande parte do comércio exterior cubano passou a se dirigir para a União Soviética, que, por sua vez, ganhou um aliado estrategicamente importante, pois a ilha está praticamente encostada na grande potência americana. Durante muito tempo, o petróleo, os carros e a maioria dos bens de produção (máquinas e equipamentos) que abasteciam o mercado cubano vinham da União Soviética e dos países socialistas da Europa, que compravam da ilha quase toda a produção de açúcar, tabaco, rum e couro.

JUAN CARLOS ULATE/REUTERS/LATINSTOCK

FIGURA 10. Fidel Castro, em foto de 2002. Na história recente, poucas vezes um chefe de Estado permaneceu tanto tempo no poder.

Enquanto isso, os revolucionários estatizaram as indústrias e o comércio, e implantaram um sistema misto para a produção rural em que as cooperativas de camponeses e as fazendas do Estado passaram a atuar conjuntamente. Houve estímulo à produção industrial, principalmente de bens de consumo não duráveis (roupas, remédios e alimentos), e o país passou por um rápido processo de urbanização.

O atual contexto cubano

Hoje, porém, Cuba carece de abastecimento de itens básicos, como papel higiênico, café, sabonete, pasta de dente e produtos de limpeza. Os carros que circulam no país são os mesmos de seis décadas atrás, e os jovens se ressentem da falta de acesso aos bens de consumo existentes em outros países – o telefone celular, por exemplo, é um artigo de luxo fora do alcance da maioria dos cubanos.

Um dos aspectos positivos do regime diz respeito aos investimentos em educação e saúde. Os analfabetos são quase inexistentes na ilha. A disseminação de hábitos simples, como o de ferver a água que será consumida, e os investimentos na área de saúde ajudaram a erradicar doenças que respondiam por altas taxas de mortalidade, sobretudo da população infantil. A mortalidade infantil da ilha é bastante baixa para os padrões da América Central e da América do Sul. O programa de saúde cubano serve de modelo para médicos e centros de pesquisa de países subdesenvolvidos, principalmente aqueles que trabalham com medicina preventiva (vacinação e controle de epidemias).

Indicadores vitais: países selecionados (2005)			
País	Mortalidade infantil (por mil nascidos vivos)	Expectativa de vida ao nascer (anos)	Alfabetização de adultos (%)
Cuba	6	77,7	99,8
Estados Unidos	6	77,9	99,9
Haiti	84	59,5	54,8
Guatemala	32	69,7	69,1
Peru	23	70,7	87,9
Brasil	31	71,7	88,6
França	4	80,2	99,9
Alemanha	4	79,1	99,9

Fonte: ONU-PNUD. *Relatório de desenvolvimento humano 2007/2008*. Coimbra: Almedina, 2007.

Atualmente Cuba enfrenta muitos problemas. Com o fim da União Soviética, o país deixou de receber ajuda externa e de contar com mercado certo para suas exportações. O bloqueio comercial dos Estados Unidos persiste: os empresários da superpotência capitalista são proibidos de investir na ilha. Na década de 1990, o bloqueio tornou-se ainda mais rígido: desde 1992, empresários de qualquer parte do mundo que mantêm negócios em Cuba tiveram limitado seu acesso ao mercado dos Estados Unidos. Apesar da pressão internacional contra essa política, Washington não abre mão do bloqueio e continua fazendo pressão para derrubar o regime socialista vigente no país. Ao mesmo tempo, aumentam as manifestações contra o governo local (figura 11). Veja uma situação desse tipo de conflito em "Texto e contexto".

Diante disso, o regime socialista teve de fazer concessões. Alguns serviços urbanos foram liberados para pequenos empresários. Negócios com táxis, bares, restaurantes e hotéis passaram a ser incentivados pelo governo, com o objetivo de melhorar a infraestrutura e aumentar as divisas provenientes do turismo. Os cubanos foram autorizados a possuir dólares, o que era rigorosamente proibido até 1993.

REUTERS TV/REUTERS/LATINSTOCK

FIGURA 11. No dia 23 de fevereiro de 2002, um grupo anticastrista utilizou um ônibus para invadir a embaixada do México, em Havana, e solicitar asilo político ao governo mexicano.

Essas medidas, porém, não têm sido suficientes para evitar o envelhecimento do reduzido parque industrial (já que não há mais dinheiro para comprar máquinas e equipamentos), a crise energética (pois os preços vantajosos do petróleo fornecido pela União Soviética não existem mais) e a redução da oferta de bens de consumo (roupas e produtos de limpeza, por exemplo).

Há ainda a questão da falta de liberdade política. Em Cuba, quem discorda do regime sofre severas retaliações. Em idade avançada e com a saúde abalada, Fidel Castro permanece poderoso, mas, na prática, o comando do país tem estado nas mãos de seu irmão, Raúl Castro. O fato de o poder ter sido transferido de um irmão para outro, praticamente como se Cuba fosse uma dinastia, vem suscitando críticas em âmbito internacional.

Texto e contexto

A fuga de Rigondeaux e Lara

O texto a seguir, escrito para o *site* do Fórum de Entidades Nacionais de Direitos Humanos, trata do caso dos dois boxeadores cubanos que abandonaram a delegação de seu país durante os Jogos Pan-Americanos de 2007, realizados no Rio de Janeiro.

"Miguel Vivanco, diretor-executivo da Human Rights Watch, enviou carta ao ministro da Justiça, Tarso Genro, levantando a possibilidade de o governo brasileiro não ter tomado 'medidas suficientes para assegurar que [os atletas cubanos] Rigondeaux e Lara recebessem as proteções legais às quais eles pudessem ter direito como refugiados em potencial'. [...]

Ambos desertaram da delegação cubana durante os Jogos Pan-Americanos do Rio de Janeiro, com a intenção de se tornarem pugilistas profissionais na Alemanha. Como amadores, os dois são campeões mundiais de suas categorias e Rigondeaux detém também o título olímpico.

Estiveram desaparecidos por 12 dias [...]. Localizados pela Polícia Federal, passaram dois dias em liberdade vigiada, tendo sido mantidos inacessíveis à imprensa e até a juristas [...]. Em seguida, foram recambiados a toque de caixa para Cuba, numa operação muito criticada pelos defensores dos direitos humanos.

O principal – praticamente único – argumento dos defensores da lisura do comportamento das autoridades brasileiras é o de que os boxeadores não solicitaram asilo. Vivanco foi taxativo: 'Ainda que os dois atletas não tenham requisitado asilo político explicitamente, pedidos de obtenção do *status* de refugiado podem ser sinalizados por ações, e não apenas por pedidos explícitos. [Quando há o] temor fundamentado de que serão perseguidos em seu país-natal', afirmou [...].

Lembrou, ainda, ser 'prática rotineira do governo cubano, violando a legislação internacional, acionar cidadãos criminalmente por viagens não autorizadas, incluindo casos nos quais indivíduos permanecem mais tempo do que o autorizado em suas visitas ao estrangeiro'. As sentenças, acrescentou, chegam a três anos de prisão.

Não será esta, entretanto, a punição de Rigodeaux e Lara. Num julgamento sumário, Fidel os considerou implicitamente culpados de traição à pátria, já que, nas suas palavras, 'o atleta que abandona sua delegação é como um soldado que abandona seus companheiros em meio do combate'. E lavrou a sentença:

'– A Revolução cumpriu sua palavra. Prometeu oferecer aos atletas um trato humano, reuni-los imediatamente com seus familiares, facilitar-lhes o acesso à imprensa se o desejarem, e oferecer-lhes um emprego decoroso de acordo com seus conhecimentos. [...] Já eles desejam ir embora, juntamente com seus familiares. Chegaram ao ponto em que deixaram de fazer parte da delegação cubana nesse esporte.' [...]

Pode ser até que o clamor da opinião pública mundial acabe levando Fidel a conceder-lhes a graça, como faziam os soberanos medievais. Mas, enquanto o castrismo perdurar em Cuba, serão sempre vistos como ovelhas negras, desprezados e estigmatizados. Só conseguirão reconstruir verdadeiramente suas vidas no exterior se puderem sair junto com os (reféns?) parentes. Esta seria a real solução humanitária para o episódio."

LUNGARETTI, Celso. Disponível em <www.direitos.org.br/index.php?option=com_content&task=view&id=3687&Itemid=2>. Acesso em jun. 2009.

Pesquise os desdobramentos do episódio relatado.

1. Os boxeadores ainda estão em Cuba?
2. Em caso de resposta negativa, o que aconteceu com eles?

OBSERVADORES EM AÇÃO

Para rever o capítulo

1. Desenhe em seu caderno um istmo e um arquipélago, diferenciando-os conceitualmente, e identifique os países da América Central localizados na parte ístmica do continente e os localizados na porção insular.

2. Leia o trecho da notícia e responda.

"Os paraísos fiscais preferidos dos brasileiros vão deixando, aos poucos, de ser locais seguros para guardar dinheiro de caixa dois, que não pode ser declarado. Em julho, o Gafi (Grupo de Ação Financeira Internacional, principal organismo internacional de combate à lavagem de dinheiro) divulgou um relatório sobre a evolução da política de combate à lavagem de dinheiro dos principais países do mundo. Cayman, Bahamas e Panamá, na América Central, saíram da lista negra dos países que guardam sigilo sobre operações financeiras lá realizadas por estrangeiros."

Folha de S.Paulo, 23 ago. 2001.

a) Qual é o significado de *paraíso fiscal* e de *lavagem de dinheiro*?

b) Em que parte do continente americano se localizam os países citados?

Práticas de pesquisa

3. Leia o texto e faça o que é pedido.

"A Emmienda Platt foi familiar a toda criança de escola cubana por mais de um século, duas palavras que evocam a humilhação do acordo imposto a Cuba ao término da ocupação pelos Estados Unidos."

GOTT, Richard. *Cuba*: uma nova história. Rio de Janeiro: Jorge Zahar, 2006. p. 131.

▸ Pesquise sobre a Emenda Platt e explique por que o autor afirma que ela evoca a humilhação do acordo imposto a Cuba pelos Estados Unidos.

4. Dossiê é um conjunto de documentos – mapas, ilustrações, artigos de jornal – a respeito de um determinado assunto. Organize um dossiê a respeito da atual situação de Cuba ou do Haiti. Inicialmente separe o material numa pasta. Escreva a introdução do dossiê, explicando como o trabalho foi realizado e organizado. Faça um índice para os documentos e escreva a conclusão, destacando os principais aspectos pesquisados.

De um jeito ou de outro

5. Leia o texto com atenção.

"A Anistia Internacional fez um apelo ao presidente dos Estados Unidos, Barack Obama, para que ele tome medidas para acabar com o embargo contra Cuba, que já dura 47 anos. A organização pede ao presidente americano que dê o primeiro passo neste sentido, não renovando as sanções que pesam contra a ilha. O pedido consta do relatório 'O embargo americano contra Cuba: seu impacto nos direitos econômicos e sociais'.

– Esta é a oportunidade perfeita para que o presidente Obama se distancie das políticas falidas do passado e transmita ao Congresso americano uma mensagem enérgica sobre a necessidade de acabar com o embargo – disse a secretária-geral da Anistia Internacional, Irene Khan.

Desde que chegou ao poder, em janeiro, Obama ordenou a abolição de restrições a viagens e envios de remessas de cubano-americanos à ilha, mas se pronunciou contra uma suspensão do embargo vigente desde 1962, condicionando esta decisão à democratização do regime político cubano. Os líderes da ilha descartaram quaisquer 'concessões' ou a adoção do capitalismo.

Obama tem dito que deseja forjar 'um novo começo' nas relações com Cuba. Ele retomou conversas sobre imigração com o governo do presidente Raúl Castro [...], e os diplomatas dizem que as discussões sobre o restabelecimento de serviços postais diretos devem acontecer este mês. A aprovação final de um possível fim do embargo, no entanto, caberá ao Congresso americano.

A Anistia Internacional classifica o embargo de 'imoral', lembrando que sua existência está impedindo que milhões de cubanos se beneficiem de medicamentos e equipes médicas essenciais para sua saúde. Para ilustrar os efeitos do embargo, a organização cita o exemplo de um fornecedor americano que cancelou um pedido de três milhões de seringas descartáveis feito em 2007 pela Aliança pela Vacinação e Imunização – associada à Unicef – quando soube que eram destinadas a Cuba.

– Embora a responsabilidade de proporcionar assistência médica adequada recaia principalmente sobre as autoridades cubanas, os governos que impõem sanções, como o embargo, devem prestar atenção especial às repercussões que estas sanções podem ter na população do país – acrescentou Khan. Desde 2000, uma nova legislação americana transformou os Estados Unidos em primeiro exportador agrícola de Cuba, mas a venda de produtos médicos e farmacêuticos continua muito limitada. Segundo a Anistia, enquanto Cuba importou em 2008 alimentos e produtos agrícolas americanos no valor de US$ 710 milhões, as importações de equipamentos médicos e produtos farmacêuticos foram de apenas US$ 1,2 milhão.

Mas o fim do embargo tem críticos entre cubano-americanos – americanos de origem cubana ou de cubanos que vivem nos EUA – que se mostram divididos quando indagados sobre a permanência do embargo, revelou uma pesquisa. No entanto, o apoio à manutenção das sanções parece ter diminuído. A pesquisa, realizada pela empresa Bendixen & Associates e publicada pelo jornal *Miami Herald* terça-feira, mostrou que 41% dos cubano-americanos são contrários à preservação do embargo, enquanto 40% são favoráveis. Fernand Amandi, vice-presidente executivo da Bendixen, disse que o levantamento mostra uma 'evolução de pensamento' na comunidade de 1,5 milhão de cubano-americanos."

Jornal do Brasil, 1º set. 2009.

▶ Elabore um mapa conceitual considerando as seguintes etapas:

a) Leia o texto e grife as palavras desconhecidas, buscando seu significado no dicionário.

b) Grife as palavras-chave apresentadas no texto e que correspondem aos conceitos.

c) Disponha essas palavras aleatoriamente no espaço destinado à construção do mapa.

d) Escolha os conceitos que se relacionam entre si.

e) Defina frases que servirão de conectores entre os conceitos escolhidos.

f) Repita os procedimentos até que todos os conceitos separados estejam interligados de forma significativa.

No mundo da cartografia

6. Analise a imagem orbital feita pela Nasa.

▶ Considerando o relevo da porção ístmica da América Central, explique por que a ligação entre os oceanos Pacífico e Atlântico foi construída em território panamenho.

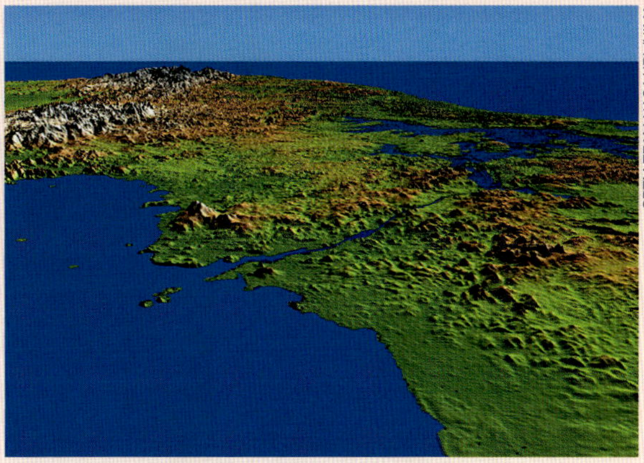

SRTM TEAM NASA/JPL/NIMA

Imagem de satélite do Canal e Golfo do Panamá, e o Mar do Caribe ao fundo.

CAPÍTULO 9

América do Sul

Observatório de informações

Os países sul-americanos mantêm grande diversidade, no que diz respeito tanto às suas estruturas econômicas quanto às suas relações com os Estados Unidos. Observe os mapas.

FIGURA 1. América do Sul: população (2007)

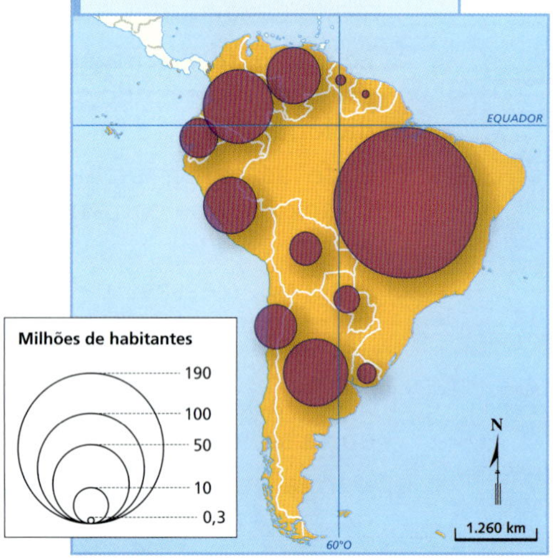

FIGURA 2. América do Sul: PNB *per capita* (2007)

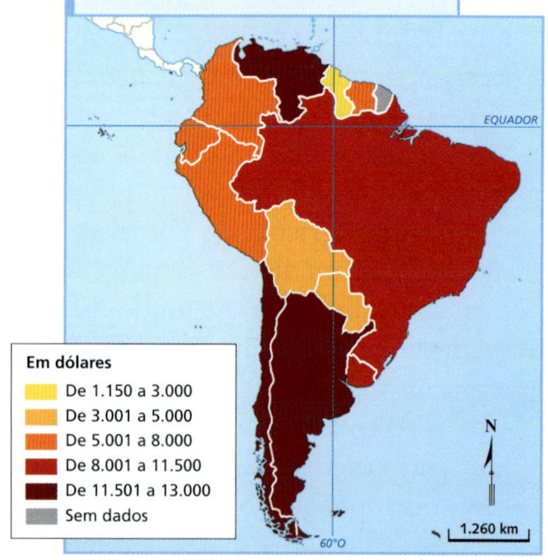

FIGURA 3. América do Sul: principais destinos das exportações (2007)

Fonte: *L'Atlas du Monde Diplomatique*. Paris: Le Monde Diplomatique, 2009. p. 55 (figuras 1, 2 e 3).

Faça o que se pede.

1. Analise a situação do Brasil no contexto sul-americano.
2. Identifique os países cuja pauta principal de exportação é para os Estados Unidos. Tente explicar por quê.

1 América do Sul: aspectos físicos

A América do Sul é um continente essencialmente tropical – exceto na extremidade sul, onde as temperaturas são mais amenas e, no inverno, registram-se temperaturas abaixo de zero. Nela, estão contidos biomas totalmente diferentes: florestas tropicais e equatoriais, savanas (lhanos, caatingas, cerrados), florestas temperadas em planaltos elevados, situados em plena zona equatorial, além de formações de tipo estépico (pampas) e desértico. Veja o mapa da figura 4.

A Cordilheira dos Andes, que ocupa toda a porção ocidental do continente no sentido norte-sul, é um exemplo interessante de riqueza em biodiversidade: segundo a pesquisa *Hotspots revisited*, da International Conservation, publicada em 2004, o trecho tropical dos Andes é considerado a área mais rica em biodiversidade do planeta. A oeste da cordilheira, a encosta montanhosa e as planícies litorâneas estão sob a influência dos ventos que sopram do Pacífico. A leste, há duas importantes bacias hidrográficas: a Amazônica, ao norte, e a do Prata, ao sul.

FIGURA 4. América do Sul: domínios naturais

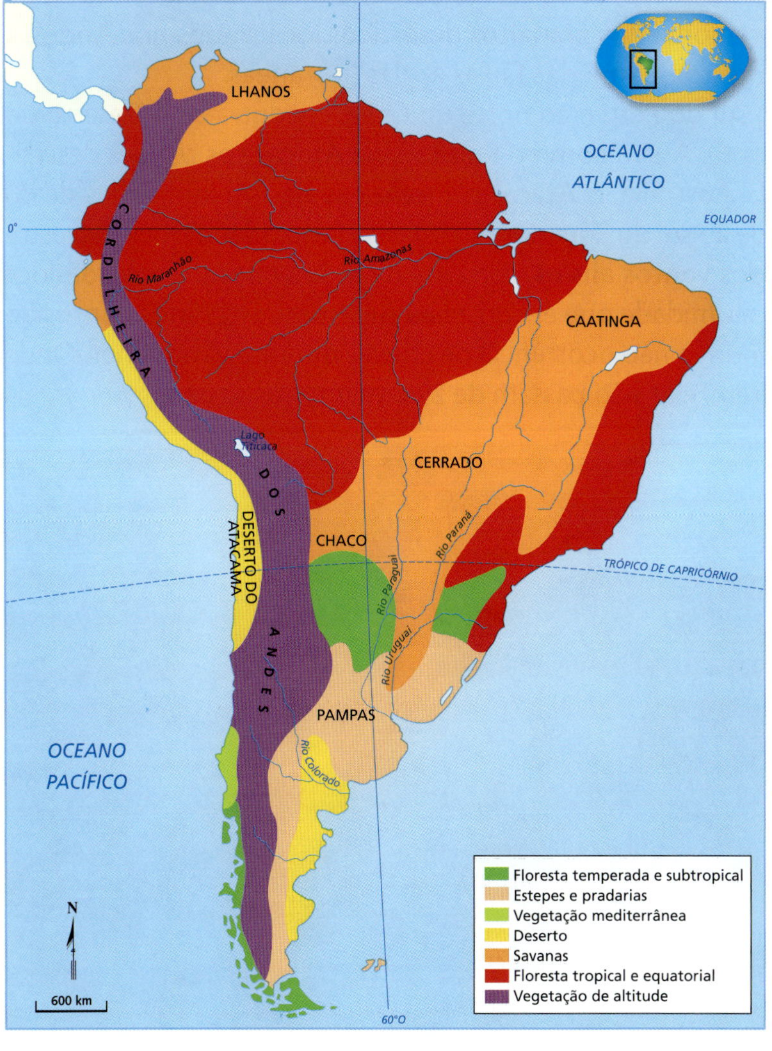

No detalhe abaixo, observa-se que na vegetação de altitude as formações vegetais se sucedem em função da variação de temperatura e de umidade. O topo das montanhas mais elevadas é coberto permanentemente por camadas de gelo.

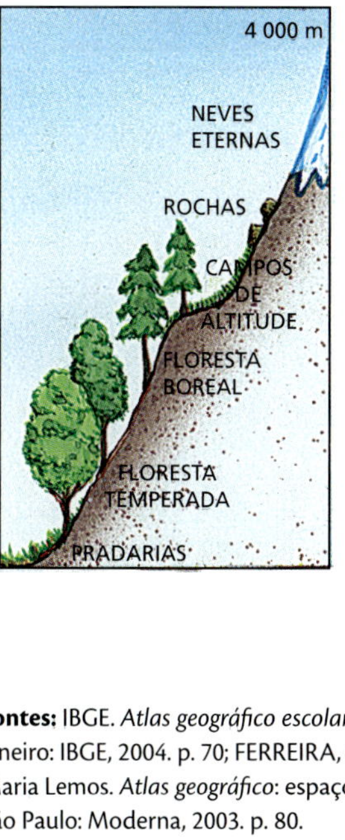

Fontes: IBGE. *Atlas geográfico escolar.* Rio de Janeiro: IBGE, 2004. p. 70; FERREIRA, Graça Maria Lemos. *Atlas geográfico*: espaço mundial. São Paulo: Moderna, 2003. p. 80.

A Bacia Amazônica é drenada por grandes rios, com destaque para o Amazonas (6.280 quilômetros de extensão) e seus numerosos afluentes, cercados pela floresta equatorial. Nas encostas andinas, a floresta cede lugar à vegetação arbustiva e, depois, aos campos de altitude. Nas áreas mais elevadas da cordilheira predomina o ar frio e seco e aparece a **vegetação de altitude**. Reveja o detalhe da figura 4.

A Bacia do Prata, por sua vez, é drenada pelo Rio Paraná (4.700 quilômetros de extensão), que recebe as águas do Rio Paraguai (2.078 quilômetros) e desemboca no estuário do Rio da Prata, onde é engrossado pelas águas do Rio Uruguai (1.400 quilômetros), recortando o domínio natural do pampa. A paisagem dominante é a pradaria subtropical ou temperada, com relevo suavemente ondulado. Os solos férteis propiciaram a transformação dessas áreas em extensos campos de agricultura altamente mecanizada.

Cerca de 3 mil metros acima do nível do mar, entre as encostas interiores da Cordilheira dos Andes, encontram-se os **altiplanos andinos**. Ali está situado o famoso Lago Titicaca (figura 5), alimentado por vários riachos que se formam pelo derretimento das placas de gelo das montanhas e pelas chuvas de verão.

Ao longo de 800 quilômetros ao sul do Lago Titicaca, o altiplano torna-se cada vez mais seco, até a região de Puna do Atacama. Trata-se da denominação regional dos planaltos desérticos localizados nos Andes, a mais de 4 mil metros acima das faixas áridas litorâneas.

No litoral ao sul do Peru e ao norte do Chile, encontra-se o Deserto do Atacama (figura 6). Assim como o Kalahari, na África, e as regiões desérticas do oeste da Austrália, o Atacama localiza-se nas proximidades de 30 graus de latitude ao sul do Equador (30 °S). Essa faixa da superfície terrestre recebe a ação dos **ventos alísios**, corrente de ar fria e seca, que se desloca retirando toda a umidade que encontra na superfície. Em vários pontos do Atacama, é comum a não ocorrência de chuvas durante vários anos. Onde as chuvas ocorrem, elas não passam de 250 milímetros anuais.

PATRICK ESCUDERO/HEMIS/CORBIS/LATINSTOCK

FIGURA 5. Lago Titicaca, na fronteira do Peru com a Bolívia, localizado a 3.800 metros de altitude e com extensão de 8.350 quilômetros quadrados (foto de 2008). Nas margens do lago, entre aproximadamente 1300 e 1000 a.C., nasceu a civilização tiahuanaca, uma das pioneiras do continente americano. Atualmente esse lago é um dos centros de atração turística do país.

FIGURA 6. Deserto do Atacama, no norte do Chile (2004). Lá estão localizadas as reservas de cobre do país.

Nos costões rochosos do Atacama, milhares de pelicanos amontoam-se em bandos estridentes, atraídos pelos cardumes que, por sua vez, se alimentam do **plâncton** trazidos pelas águas permanentemente frias do oceano devido à Corrente de Humboldt. A concentração de cardumes nessa faixa costeira do Pacífico estimulou o florescimento de uma intensa atividade pesqueira na região, e permite que países, como o Chile, o Peru e o Equador, sejam importantes exportadores de pescado.

Plâncton
Minúsculas formas de vida que flutuam na água. Há dois tipos de plâncton: o fitoplâncton (vegetal) e o zooplâncton (animal).

É nessa região que atua o fenômeno **El Niño** (O Menino, em português). Quando ele ocorre, as correntes marítimas frias são deslocadas para longe da América do Sul em direção ao centro do Oceano Pacífico, e com elas o plâncton e os peixes. Sem alimento, milhares de aves morrem de fome e exaustão, deixando o litoral peruano coberto de carcaças. O El Niño também preocupa outros países da região, pois causa grandes prejuízos à pesca.

O nome desse fenômeno vem do fato de ele ocorrer geralmente na época do Natal – portanto, em referência ao Menino Jesus.

Trata-se de um processo de aquecimento seguido de um resfriamento das águas do Oceano Pacífico junto à linha do Equador, que afeta a dinâmica climática em várias partes do mundo. O processo todo demora em média 18 meses. As correntes marítimas aquecidas deslocam-se pela costa do Peru e do Chile. Veja a figura 7, na página seguinte.

Diferentemente do El Niño, o processo chamado de **La Niña** (A Menina) inicia-se com o resfriamento das águas oceânicas do Pacífico junto à linha do Equador. As temperaturas caem em média 2,5 °C. Em geral, o resfriamento atinge seu ponto mais intenso cerca de seis meses depois de começar, retornando mais tarde aos 25 °C habituais.

As correntes frias deslocam-se ao longo da costa do Peru e do Chile, rumando para a zona central do Pacífico. Esse processo também altera a dinâmica climática sul-americana.

FIGURA 7. El Niño

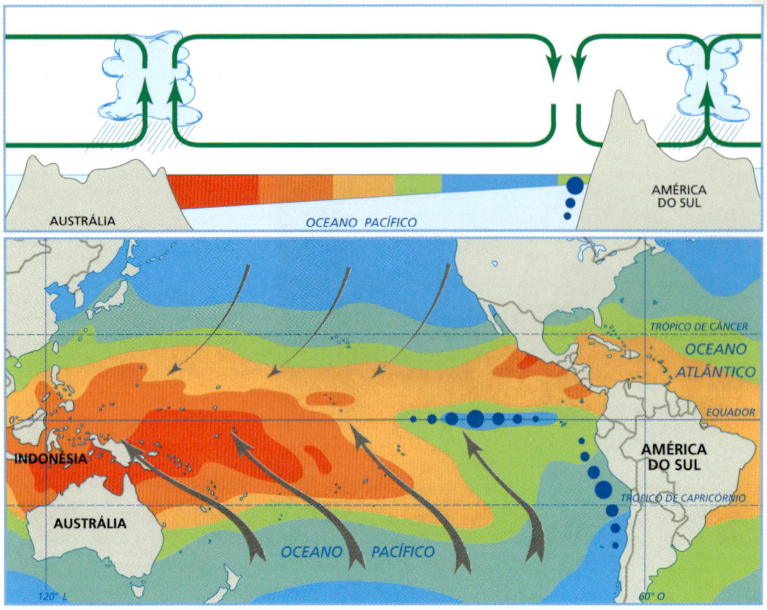

SITUAÇÃO NORMAL

Os ventos alísios deslocam as águas quentes superficiais do Oceano Pacífico da costa da América do Sul em direção à Austrália e à Indonésia, onde tornam-se úmidos e provocam chuvas. Na América do Sul, com o deslocamento das águas quentes superficiais do Oceano Pacífico, as águas frias mais profundas vêm para a superfície (ressurgência) trazendo abundância de nutrientes que atrai grande quantidade de peixes.

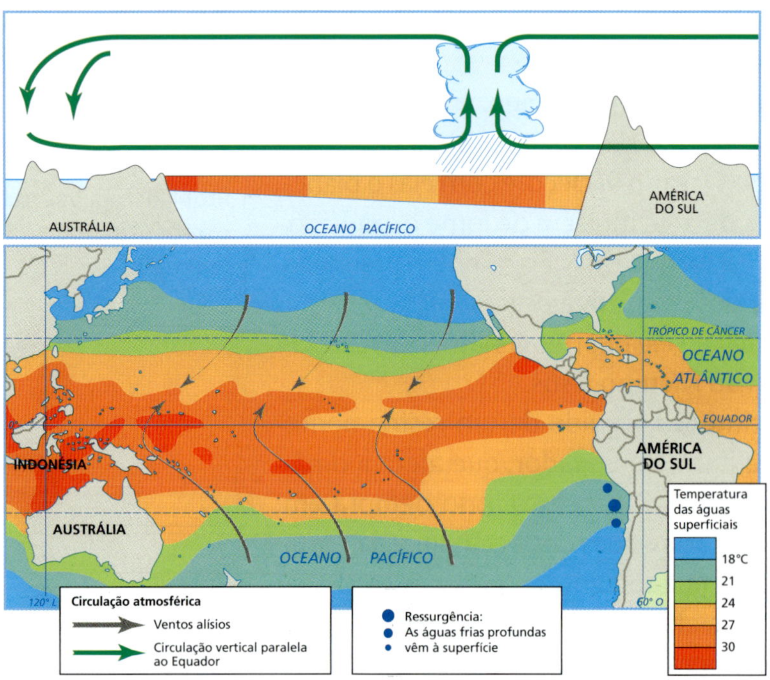

SITUAÇÃO COM EL NIÑO

Os ventos alísios não têm força para deslocar as águas quentes superficiais do oceano que permanecem na costa da América do Sul. As chuvas caem no Oceano Pacífico, não chegando à Austrália e à Indonésia. O fenômeno da ressurgência não ocorre, por isso diminuem os nutrientes e a quantidade de peixes na costa da América do Sul.

Fonte: FERREIRA, Graça Maria Lemos. *Atlas geográfico*: espaço mundial. São Paulo: Moderna, 2003. p. 82.

2 As marcas da colonização

Inúmeros povos viveram na América do Sul antes da chegada dos europeus. Entre eles o mais importante e conhecido foi o inca. Observe o mapa da figura 8.

O **Império Inca** floresceu entre os anos de 1200 e 1400 e estendeu seu poder a uma vasta área do continente. Antes disso, a região ao longo da Cordilheira dos Andes era ocupada por mais de cem povos diferentes, alguns organizados em reinos.

O povo inca não conhecia a roda, o ferro e a pólvora. Sua economia era sustentada pela produção agrícola. O milho, o feijão e a batata eram os principais produtos agrícolas, e seu cultivo dependia das condições de solo e de clima das diversas áreas que compunham o império. A criação de animais resumia-se à da lhama, que era utilizada como meio de transporte e fornecia a lã. Os incas praticavam também a extração de ouro, prata, cobre e estanho, com os quais eram confeccionados utensílios, armas, ornamentos e esculturas.

FIGURA 8. América do Sul: culturas indígenas pré-colombianas

Fonte: *Atlas histórico*. São Paulo: Encyclopaedia Britannica do Brasil, 1997. p. 74.

Antes da chegada dos europeus, a América do Sul era ocupada por muitos povos diferentes.

Mais ou menos cem anos antes da chegada dos espanhóis, os incas atingiram a unidade cultural, política e religiosa em seu território. Em cidades como Cuzco, a capital do império, e Machu Picchu (ambas no atual Peru) e Quito (no atual Equador) erigiram-se magníficas edificações de pedra. Veja a figura 9.

FERNANDO FERNANDES/ LUNAPRESS/AGÊNCIA ESTADO

FIGURA 9. As edificações de Machu Picchu, construídas com blocos de pedra, chamaram a atenção de Hiram Bingham, pesquisador estadunidense que as conheceu em 1911, após atravessar um difícil caminho entre as montanhas andinas. Atualmente a cidade é um dos principais polos turísticos do Peru, e centenas de pessoas sobem diariamente seus mais de 3 mil degraus (foto de 2008).

FIGURA 10. O Império Inca (séculos XV e XVI)

No início do século XVI, o Império Inca, em seu auge, estendia-se por quase 1 milhão de quilômetros quadrados, ocupando uma área que atualmente corresponde a parcelas do território da Colômbia, do Equador, do Peru, da Bolívia, do Chile e da Argentina (figura 10).

O capitão-geral espanhol Francisco Pizarro sabia da existência dos incas desde 1524. À procura de ouro e prata para o rei da Espanha, ele realizou algumas expedições pelo império andino a partir de bases espanholas no Panamá.

Em 1532, Pizarro fez sua expedição vitoriosa. Chegou a Cuzco com menos de 350 soldados e dominou o exército inca, que tinha mais de 30 mil membros.

O Império Inca abrangia a área ocupada pela maior civilização pré-colombiana (anterior à chegada de Cristóvão Colombo) da América do Sul.

Fonte: *Atlas da história do mundo*. São Paulo: Folha de S.Paulo, 1994. p. 145.

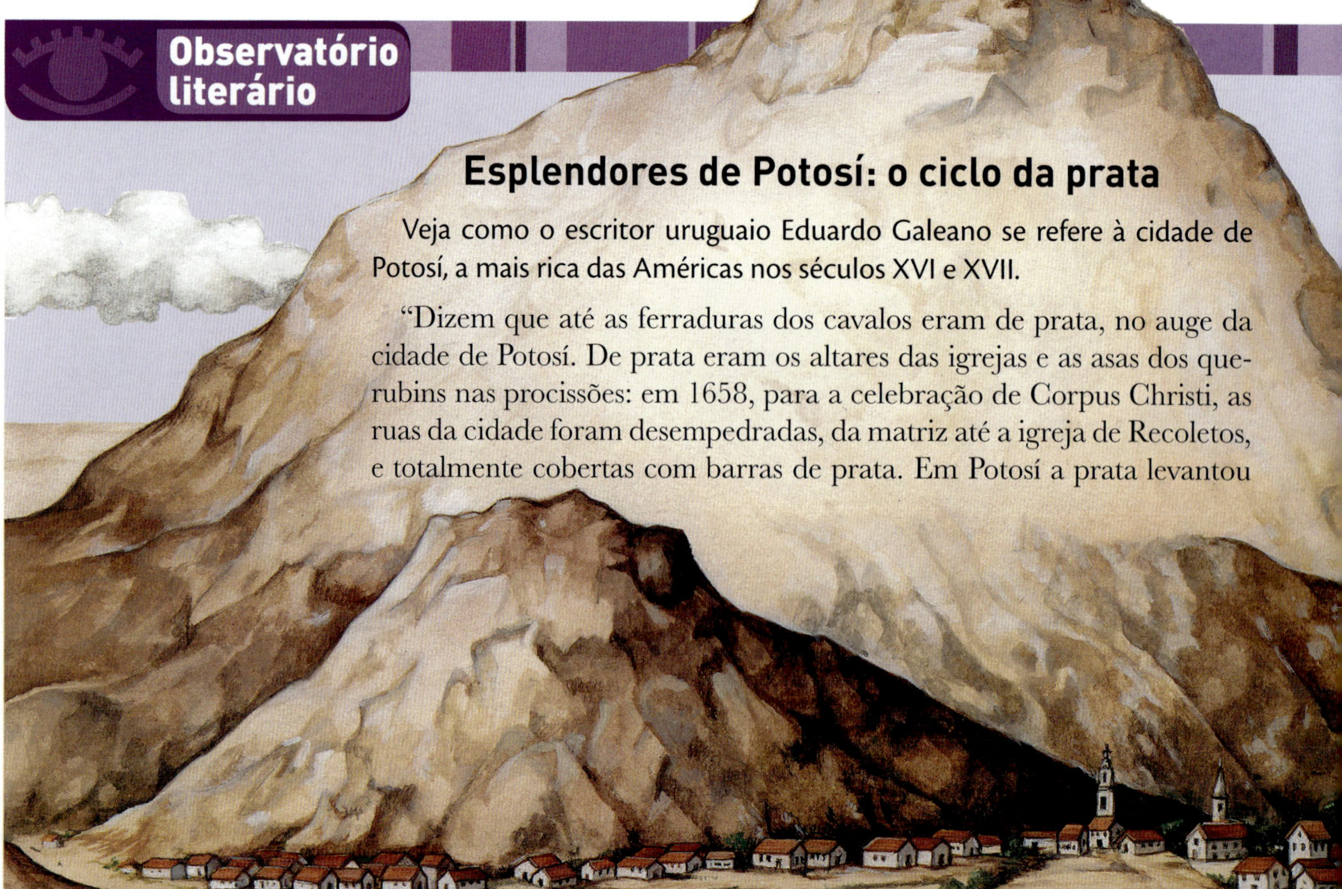

Observatório literário

Esplendores de Potosí: o ciclo da prata

Veja como o escritor uruguaio Eduardo Galeano se refere à cidade de Potosí, a mais rica das Américas nos séculos XVI e XVII.

"Dizem que até as ferraduras dos cavalos eram de prata, no auge da cidade de Potosí. De prata eram os altares das igrejas e as asas dos querubins nas procissões: em 1658, para a celebração de Corpus Christi, as ruas da cidade foram desempedradas, da matriz até a igreja de Recoletos, e totalmente cobertas com barras de prata. Em Potosí a prata levantou

Na época, os incas eram governados pelo imperador Atahualpa, filho favorito de Huayna Capac, Inca (soberano) do Peru. Com a morte de seu pai, ocorrida em 1525, recebeu o reino de Quito, enquanto seu meio-irmão, Huáscar, legítimo herdeiro, ocupava-se do restante do Império Inca.

Antes da chegada de Francisco Pizarro, Atahualpa havia invadido os territórios de Huáscar e se tornado o governante máximo de todo o Império Inca. Em 16 de novembro de 1532, Pizarro o encontrou em Cajamarca e, após fingir uma aproximação amigável, ordenou sua prisão. Para seu próprio resgate, Atahualpa concordou em ceder aos espanhóis grande quantidade de ouro e prata e em ordenar a morte de Huáscar.

Pizarro traiu-o novamente, condenando-o pelo assassinato do próprio irmão e acusando-o de conspirar contra os espanhóis. Atahualpa foi executado no dia 29 de agosto de 1533.

A descoberta das minas de prata de Potosí, na Bolívia, em 1545, estimulou a exploração de metais preciosos pelos espanhóis, que chegaram a extrair nada menos que 300 toneladas anuais de prata, uma quantidade fabulosa em comparação à produção europeia da época (cerca de 60 toneladas anuais). Isso acirrou ainda mais a cobiça dos europeus pelas novas terras que, antes da chegada dos espanhóis, abrigavam cerca de 30 milhões de pessoas, entre quíchuas, aimarás e outros povos andinos. Um século e meio depois, essa população estava reduzida a menos de 4 milhões. Leia mais sobre isso no "Observatório literário", a seguir.

templos e palácios, mosteiros e cassinos, foi motivo de tragédia e de festa, derramou sangue e vinho, incendiou a cobiça e gerou desperdício e aventura. [...] Convertidas em bolas e lingotes, as vísceras da rica montanha alimentaram substancialmente o desenvolvimento da Europa. [...] Veia jugular do vice-reinado, manancial da prata da América, Potosí contava com 120 mil habitantes, segundo o censo de 1573. Só vinte anos haviam transcorrido desde que a cidade brotara entre os páramos andinos, e já tinha a mesma população que Londres e mais habitantes do que Sevilha, Madri, Roma ou Paris. Por volta de 1650, um novo censo dava a Potosí 160 mil habitantes. Era uma das maiores e mais ricas cidades do mundo [...]."

GALEANO, Eduardo. *As veias abertas da América Latina*. Rio de Janeiro: Paz e Terra, 1990. p. 32.

Responda.

1. Por que Potosí cresceu rapidamente no século XVI?
2. O que autor quis dizer com "a prata [...] derramou sangue e vinho"?

❸ Dos vice-reinos à fragmentação territorial

A enorme extensão territorial da América Espanhola determinou sua divisão administrativa em vice-reinos e capitanias gerais. A organização definitiva foi fixada no final do século XVIII.

Como nos vice-reinos espanhóis havia forte centralização administrativa, as colônias dependiam muito de Madri, que cobrava altos impostos. Essa situação aborrecia profundamente os descendentes de espanhóis nascidos na América. Chamados de *criollos*, eles compunham as elites locais e se sentiam cada vez mais distantes e desligados da Coroa espanhola.

Foram os *criollos* que organizaram a independência da América Espanhola, entre 1810 e 1824. Os líderes foram o venezuelano Simón Bolívar e o argentino José de San Martín, que, respectivamente ao norte e ao sul do continente, conduziram as forças militares mais importantes e derrubaram o poder espanhol na América.

FIGURA 11. **América Espanhola: fragmentação territorial**

Fonte: DUBY, Georges. *Atlas historique*. Paris: Larousse, 1987.

A independência do Chile foi declarada em 1810, com a formação de um governo provisório em Santiago, sob o comando de Bernardo O'Higgins. Em 1814, os espanhóis retomaram o país e O'Higgins só conseguiu escapar da prisão e retornar ao poder com a ajuda militar de San Martín. Em 1818, com a independência consolidada, O'Higgins tornou-se o primeiro presidente do Chile.

Quando Simón Bolívar e José de San Martín se encontraram em Guayaquil, no atual Equador, em 1822, o primeiro já alimentava a ideia de unificar os territórios libertados. Mas acabaram prevalecendo os interesses políticos das elites locais e a América Hispânica foi fragmentada.

A configuração dos novos Estados resultou praticamente da desmontagem do sistema administrativo espanhol. Veja o mapa da figura 11.

❹ Desenvolvimento econômico e qualidade de vida

A América do Sul é formada por doze países (Argentina, Bolívia, Brasil, Chile, Colômbia, Equador, Guiana, Paraguai, Peru, Suriname, Uruguai e Venezuela). Conta também com dois territórios sob controle europeu: a Guiana Francesa, que é uma possessão da França, e as Ilhas Falklands (Malvinas), do Reino Unido. Veja o mapa da figura 12.

Com exceção de Brasil, Argentina, Chile, Colômbia e Venezuela, os países latino-americanos são pouco industrializados. Por esse motivo, quase sempre têm a balança comercial deficitária, ou seja, gastam mais do que lucram no comércio com os outros países: compram máquinas, veículos e equipamentos de maior sofisticação tecnológica e vendem produtos primários, como café, cacau, cana-de-açúcar, banana, algodão e tabaco.

Na pauta de exportações dos países sul-americanos em geral também são importantes vários produtos obtidos da atividade extrativa, como madeira, pescado, petróleo, ferro, cobre, estanho e bauxita.

Os países mais urbanizados e suas maiores aglomerações urbanas são o Brasil (São Paulo e Rio de Janeiro), Argentina (Buenos Aires), o Chile (Santiago), o Peru (Lima), a Colômbia (Bogotá) e a Venezuela (Caracas). O Paraguai, a Bolívia, o Equador e a Guiana são os que apresentam menor índice de urbanização.

Na América do Sul, com exceção do Brasil, podemos agrupar conjuntos de países que se diferenciam por suas características ambientais, socioeconômicas e importância política:

- países andinos;
- países do Cone Sul;
- Venezuela, Guianas e Suriname.

FIGURA 12. América do Sul: divisão política

Fonte: IBGE. *Atlas geográfico escolar*. 3. ed. Rio de Janeiro: IBGE, 2006. p. 41.

O Brasil é o maior país em extensão territorial da América do Sul, seguido da Argentina, do Peru e da Bolívia.

FIGURA 13. América Andina

Fonte: IBGE. *Atlas geográfico escolar*. 3. ed. Rio de Janeiro: IBGE, 2006. p. 41.

América Andina

Colômbia, Bolívia, Equador e Peru são os países da chamada **América Andina** (figura 13). Eles têm em comum a economia focada na exportação de produtos primários, a concentração de terras nas mãos de elites locais e a maioria de indígenas e mestiços na população.

Muitas das comunidades indígenas da América Andina mantêm tradições culturais de seus antepassados, especialmente na alimentação, no modo de vestir e nos métodos de produção agrícola.

Peru

O Peru está entre os cinco maiores produtores mundiais de estanho e chumbo. Também é exportador de pescado e café. Ultimamente o país vem estreitando seus laços econômicos com a Ásia, trazendo fortes investimentos da China e do Japão.

As bacias petrolíferas do Peru se localizam na Floresta Amazônica. Porém, como a exploração do petróleo peruano é recente, o produto não figura entre os seus principais itens de exportação.

O quadro social do país é dramático. Dois em cada três peruanos vivem abaixo do limite de pobreza absoluta. Mais de 70% da PEA sobrevivem por meio de atividades informais (subemprego), sem garantia de quaisquer direitos trabalhistas, como assistência médica, férias e jornada de trabalho de 8 horas diárias. Na fotografia da figura 14, é possível perceber as precárias condições de vida na periferia de Lima, a capital do país.

MARIANA BAZO/REUTERS/LATINSTOCK

FIGURA 14. Periferia de Lima, no Peru (2009). Assim como acontece na maior parte das metrópoles latino-americanas, boa parte da população de Lima vive em moradias precárias.

FIGURA 15. Indústria de beneficiamento de camarões no Equador (2001). A mão de obra feminina é bastante empregada nessa atividade.

Equador

O Equador é o primeiro exportador mundial de banana e o quarto produtor de camarão (figura 15). A atividade agrícola emprega 35% de sua população economicamente ativa (PEA). Como os preços dos produtos agrícolas e do pescado flutuam muito no mercado internacional, a economia do país é bastante vulnerável. A exploração de petróleo na Bacia Amazônica tem sido a principal responsável pela modernização da economia equatoriana, e hoje já representa mais de 40% dos recursos públicos, impulsionando o desenvolvimento da indústria petroquímica do país.

A expansão da atividade petrolífera no país tem acarretado o crescente desmatamento da Floresta Amazônica equatoriana, o que preocupa bastante os países vizinhos.

Colômbia

Na Colômbia, o principal produto de exportação é o café, setor em que ocupa a terceira posição mundial (o Brasil é o líder, seguido pelo Vietnã). Considerado de excelente qualidade, o café colombiano é um concorrente de peso do Brasil no mercado internacional. Outro produto importante da pauta de exportações colombiana é o petróleo.

Grande parte da economia colombiana sustenta-se na produção de **drogas**, em especial a cocaína. A planta da coca é cultivada por camponeses em vastas áreas do território colombiano, e suas folhas servem como matéria-prima para a produção da cocaína em laboratórios localizados no próprio país ou em países vizinhos, como o Brasil.

Os **narcotraficantes**, como são chamados os vendedores e produtores de drogas, como a cocaína e a maconha, ganham muito dinheiro com essa atividade. O dinheiro que circula no mercado de drogas não paga impostos e é integralmente detido por grupos poderosos, que formam redes internacionais para esse comércio e distribuição e financiam as milícias privadas, fortemente armadas, que defendem seus interesses.

O Brasil desempenha um papel relevante na rota do tráfico de drogas, o que explica muitos de nossos problemas de violência urbana. Aeroportos escondidos na Floresta Amazônica recebem a mercadoria pronta para consumo. Dali, ela é vendida para outros países, como os Estados Unidos, ou consumida nos grandes centros urbanos brasileiros.

FIGURA 16. **Colômbia: conflitos armados**

Fonte: *El Atlas de Le Monde Diplomatique II*. Buenos Aires: Capital Intelectual, 2006. p. 153.

O combate ao tráfico de drogas foi usado para justificar o **Plano Colômbia**, que inclui uma série de medidas visando não apenas erradicar os narcóticos da economia do país como apresentar alternativas de desenvolvimento econômico. Com apoio de Suíça, Japão, Canadá, União Europeia e Estados Unidos, o plano pretende reorganizar o Estado colombiano para arrecadar mais impostos, reformar a Justiça, propor alternativas de trabalho para a população envolvida com a produção e venda de drogas e promover a paz.

Especialistas militares dos Estados Unidos hoje colaboram com o treinamento das Forças Armadas colombianas contra a guerrilha que controla cerca de 30% do território do país. Entre os grupos guerrilheiros, que há mais de 30 anos tentam tomar o poder e se sustentam com o dinheiro do narcotráfico, incluem-se o Exército de Libertação Nacional (ELN) e as Forças Armadas Revolucionárias da Colômbia (Farc). Também existem na Colômbia grupos paramilitares que combatem os guerrilheiros utilizando os mesmos métodos, entre eles as ligações com o narcotráfico. Veja o mapa da figura 16.

JUAN KARITA/AP PHOTO/IMAGEPLUS

Bolívia

Assim como ocorre na Colômbia, o cultivo da folha de coca é também importante para a economia boliviana, embora apenas uma pequena parcela seja transformada em cocaína. Entre outras medidas para coibir o tráfico, o governo boliviano tem buscado aumentar o número de empregos da Comibol (empresa pública de mineração), visando reforçar a indústria extrativa (figura 17).

A Bolívia é um dos principais produtores mundiais de estanho, além de zinco e prata. Tem uma produção significativa de gás natural, que em boa parte é escoada para o Brasil, a Argentina e o Chile por meio de gasodutos. Leia mais sobre o país em "Texto e contexto", a seguir.

FIGURA 17. Trabalhadores em mina de estanho na Bolívia (2007).

Texto e contexto

Bolívia: o chão, a nação e o cifrão

A Bolívia independente herdou a estrutura econômica do período colonial, baseada na extração mineral, na extrema concentração da propriedade fundiária e na exploração do trabalho indígena. Os indígenas, maior parte da população, trabalhavam nas minas e nas grandes fazendas, mas eram excluídos do jogo político e viviam em um estado de miséria aterrador até para os modestos padrões sul-americanos. Na ausência de um corpo essencial de cidadãos, o Estado boliviano não poderia se constituir em uma nação de fato.

Esse panorama começou a mudar com a Revolução Nacionalista de 1952, protagonizada pelo MNR (Movimento Nacionalista Revolucionário), pelos sindicatos mineiros, pelos camponeses e por uma parte das Forças Armadas. A partir de então, o direito ao voto foi estendido aos analfabetos, e a maioria indígena finalmente alcançou o *status* de cidadã. As minas de estanho foram nacionalizadas e teve início uma ampla política de reforma da propriedade rural.

Nas décadas seguintes, porém, a Bolívia foi sucessivamente atingida pelas ondas de ditaduras militares e de receituários políticos neoliberais que se alastraram pela América Latina, apesar da feroz resistência dos trabalhadores mineiros e dos camponeses.

No ano 2000, por exemplo, a população de Cochabamba saiu às ruas para lutar contra a privatização do serviço de água e esgoto, no episódio conhecido como a "Guerra da Água". Em 2003, violentos protestos em diversos pontos do país impediram a concretização de um acordo que concedia a um consórcio transnacional o controle sobre a exportação do gás natural boliviano para os Estados Unidos. Mais de 80 pessoas morreram na "Guerra do Gás", que culminou com a renúncia do então presidente.

A eleição do líder sindical Evo Morales, em 2005, se inscreve nessa tradição de lutas populares. Afinal, pela primeira vez na história, um indígena assumiu a presidência do país, com uma plataforma de governo que pretende reforçar o controle do Estado sobre a economia, dar maior poder à maioria pobre do país e retomar a política de reforma agrária, essencial em um país no qual 0,63% das propriedades concentram 66% da terra agricultável, enquanto 86% das fazendas ocupam escassos 2,4%.

Mas, assim como a história, a geografia tem as suas ironias. As riquezas naturais bolivianas não são mais aquelas do tempo da Revolução Nacionalista. Em meados do século XX, a exportação de estanho representava mais da metade das vendas externas do país; atualmente esse lugar é ocupado pelo gás natural e, secundariamente, pelo petróleo. Na nova geografia econômica boliviana, o declínio econômico do tradicional altiplano mineiro contrasta com a ascensão das terras baixas orientais, onde os departamentos da chamada Meia-Lua (Beni, Pando, Santa Cruz e Tarija) concentram 82% da produção de gás natural.

Está delineado o cenário da tragédia. As iniciativas do presidente Evo Morales esbarram no recém-delineado Movimento Nação Camba de Libertação, que, alegando terem as terras baixas orientais raízes étnicas próprias (guaranis), reivindica a separação de Beni, Pando, Santa Cruz e Tarija do espaço territorial da Bolívia. Essa reivindicação está claramente vinculada ao interesse do grupo em manter o controle sobre as rendas geradas pelo gás natural da região. Por seu turno, o projeto constitucional proposto por Morales busca conferir direitos coletivos das 'nações indígenas originárias' (em grande parte concentradas no Altiplano), sem abrir mão das riquezas produzidas nas terras baixas. Nesse contexto, o Altiplano e o Oriente se transformam em metáforas da cegueira nacional que parece tomar conta da Bolívia.

ARAUJO, Regina. Geografia e política internacional. *Boletim Mundo*: n. 6. São Paulo: Pangea, 2008.

Responda.

1. O que significou a vitória de Evo Morales nas eleições presidenciais da Bolívia?
2. Em que medida a nova geografia econômica boliviana altera a base de apoio político de Evo Morales?

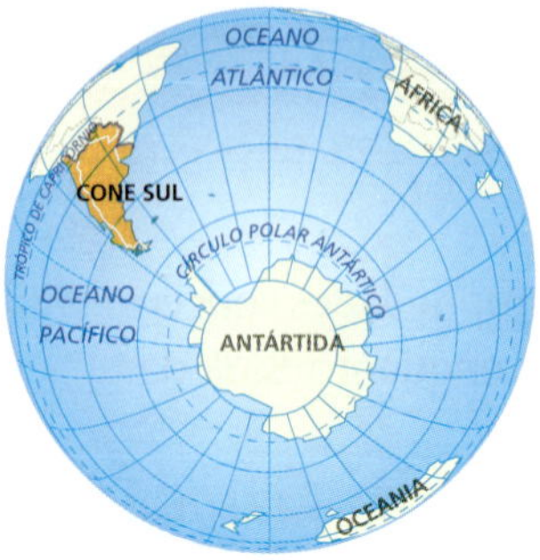

FIGURA 18. Cone Sul

Fonte: IBGE. *Atlas geográfico escolar.* 3. ed. Rio de Janeiro: IBGE, 2006. p. 33.

Os países do Cone Sul

Argentina, Uruguai, Paraguai e Chile formam o chamado **Cone Sul**, situado na parte meridional da América do Sul, e na rota de passagem entre os oceanos Atlântico e Pacífico (figura 18). Sua posição geográfica faz com que tenha grande importância estratégica, em função de sua proximidade da Antártida e pela ligação entre os dois grandes oceanos, e desperte o interesse das potências militares mundiais.

As ditaduras do Cone Sul

A exemplo do que ocorreu com vários outros países da América do Sul, entre as décadas de 1960 a 1980, os países do Cone Sul foram governados por militares, que chegaram ao poder com o apoio dos Estados Unidos.

O regime ditatorial militar de maior duração no Cone Sul foi o do **Chile**, que se estendeu de 1973 a 1990. Durante esse período, o país viveu sob o rígido controle do general Augusto Pinochet, que teve o auxílio dos órgãos de inteligência e espionagem das Forças Armadas dos Estados Unidos para combater seus opositores. Pinochet destituiu o governo civil do presidente Salvador Allende (figura 19), ordenou a morte de centenas de pessoas e a prisão e o exílio de milhares de outras. Além disso, o governo militar chileno patrocinou atentados terroristas na Europa e nos Estados Unidos para eliminar autoridades do governo Allende que haviam fugido do país após o golpe militar.

BETTMANN/CORBIS/LATINSTOCK

FIGURA 19. Palácio de La Moneda, sede do governo do Chile, sendo bombardeado durante o golpe militar, em 11 de setembro de 1973.

A **Argentina** esteve sob regime militar em dois períodos: de 1966 a 1972 e de 1976 a 1983. No segundo, sua população sofreu dura repressão às liberdades democráticas. Milhares de pessoas foram presas, exiladas ou assassinadas. Essa violência deu início ao movimento das Mães da Plaza de Mayo (figura 20), que teve repercussão internacional. Mães de mortos e desaparecidos nos anos de ditadura militar reuniam-se às quintas-feiras na Plaza de Mayo, na frente da Casa Rosada (sede do governo argentino), exigindo providências na apuração da morte e desaparecimento de seus filhos. Essa iniciativa chamou a atenção do mundo para o que estava acontecendo na Argentina, cujo governo passou a ser pressionado por autoridades de outros países pela recuperação das liberdades democráticas e respeito aos direitos humanos.

AP PHOTO/IMAGEPLUS

FIGURA 20. Mães na Plaza de Mayo, em Buenos Aires (Argentina, 1977). Elas queriam que o governo reconhecesse que seus filhos foram mortos pela repressão política.

O **Uruguai** e o **Paraguai** também viveram sob regime militar. O Paraguai esteve sob o comando do general Alfredo Stroessner de 1954 a 1989. No Uruguai, a ditadura durou de 1976 a 1984.

Economia

Com o processo de democratização, esses países se aproximaram no plano diplomático e econômico. A Argentina, o Brasil, o Paraguai e o Uruguai formaram uma união aduaneira, o **Mercosul**, que passou por momentos difíceis nos últimos anos, devido a uma série de disputas comerciais entre seus principais integrantes, Brasil e Argentina, a maior parte delas envolvendo barreiras à importação de produtos manufaturados brasileiros.

A **Argentina** dispõe de uma base industrial que se distribui por Buenos Aires em direção a Córdoba, faixa onde se concentra a indústria automobilística instalada no país. Além disso, tem capacidade para produzir aviões. O mercado consumidor do país é formado por uma população de elevada escolaridade, que teve sua capacidade de compra reduzida nos últimos anos, embora esta ainda seja maior que a da brasileira.

FIGURA 21. Cone Sul: uso da terra

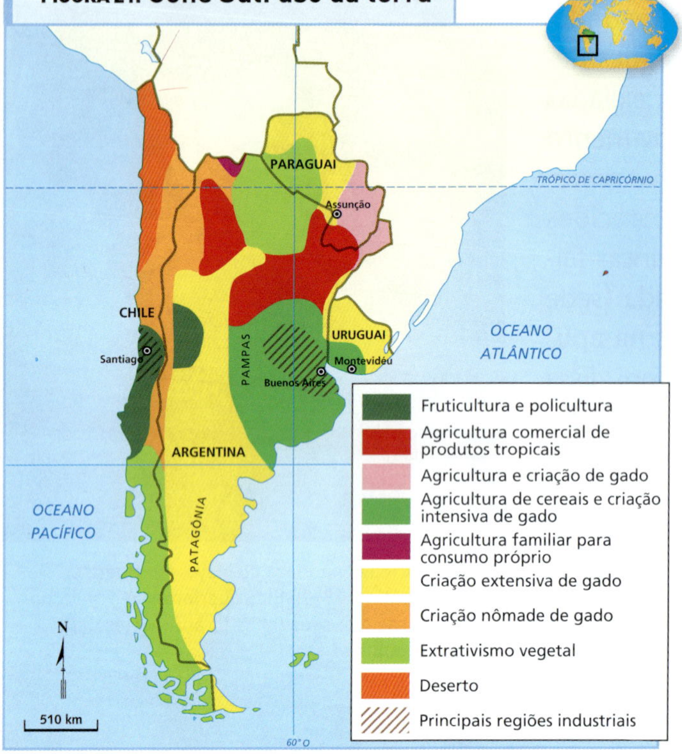

Fontes: Elaborado com base em *Atlante geografico metodico De Agostini*. Novara: Istituto Geografico De Agostini, 2002; FERREIRA, Graça Maria Lemos. *Atlas geográfico*: espaço mundial. São Paulo: Moderna, 2003. p. 55.

A Argentina é o país mais industrializado do Cone Sul. Entretanto, parte de sua estrutura industrial está voltada para o beneficiamento de produtos agrícolas, como o trigo.

ROLF HAID/DPA/CORBIS/LATINSTOCK

FIGURA 22. Exploração de cobre em Chuquicamata (Chile, 2009). O cobre é um dos principais produtos de exportação do país.

Segundo maior país da América do Sul em dimensão territorial, ficando atrás apenas do Brasil, a Argentina tem uma distribuição demográfica bastante irregular: Buenos Aires, principal cidade e capital do país, concentra cerca de um terço da população total.

A produção agropecuária é fundamental para a economia argentina. A carne, de qualidade reconhecida no exterior, constitui um item importante em sua pauta de exportações. O Pampa, que é a principal região agrícola, abriga grandes e modernas propriedades agropecuárias, baseadas no uso intensivo de maquinários e insumos agrícolas (fertilizantes, agrotóxicos).

O **Chile** é membro associado do Mercosul, o que lhe garante participar dos encontros de negociação do bloco na condição de observador. Ao mesmo tempo, procura intensificar suas relações comerciais com a região do Pacífico, em particular com o Japão e os países do Sudeste Asiático, visando diversificar seus parceiros comerciais e diminuir o grau de dependência em relação à economia estadunidense. Observe o mapa da figura 21.

O Chile tem 80% de suas terras em áreas montanhosas, geladas ou desérticas. É formado por uma estreita faixa de terra no sentido norte-sul. As áreas de extração de minérios (figura 22) concentram-se no norte do país e as principais áreas agrícolas estão próximas da capital.

Ainda no governo militar de Pinochet, o Chile iniciou o processo de privatização das atividades que estavam sob controle do Estado, com exceção do cobre, seu principal produto de exportação. Ao mesmo tempo, abriu suas portas para o mercado mundial. A concorrência dos produtos importados provocou a falência de muitas empresas chilenas, resultando em uma dramática onda de desemprego.

No entanto, desde a década de 1990, o Chile retomou o crescimento econômico (em média, 7% ao ano) e se transformou em grande exportador de frutas, de papel e celulose e de pescado. O cobre, que representava mais de 80% da pauta de exportações, no começo da década de 1970, atualmente não representa mais de 35%.

O **Paraguai** é a menor economia do Cone Sul. Sua agricultura ocupa 43% da PEA, principalmente na produção de algodão e tabaco. Na pauta de exportações paraguaias, destacam-se o mate e o tanino (obtido por meio da atividade extrativa), além da carne bovina (pelo sistema de pecuária extensiva). A pequena produção industrial está fortemente associada ao processamento de produtos agrícolas, como é o caso do óleo extraído do algodão, e à indústria têxtil.

PAULO FRIDMAN/CORBIS – LATINSTOCK

FIGURA 23. A Ponte da Amizade liga as cidades de Foz do Iguaçu, no Brasil, a Ciudad del Este, no Paraguai (foto de 2007).

O **Uruguai** tem na pecuária sua atividade econômica mais tradicional. A inserção da carne uruguaia de alta qualidade no exigente mercado europeu garantiu ao país um período de grande desenvolvimento. Isso se manteve até a década de 1960, época em que foi chamado de "a Suíça da América do Sul", e a população da capital, Montevidéu (figura 24), gozava de bom nível de vida. Outros itens importantes na pauta de exportações uruguaias são a lã e o pescado.

A atividade agrícola do Uruguai está bastante integrada à indústria. É o que se verifica no cultivo de uva, para a produção de vinho, de cevada, para a produção de cerveja, e na tosquia de lã, para a indústria têxtil. A produção de arroz e de milho também é significativa.

FIGURA 24. Montevidéu, capital do Uruguai (2008). Nessa cidade concentram-se sedes de empresas locais e estrangeiras, além de indústrias e universidades. Cerca de metade da população do país vive em Montevidéu, gerando um fenômeno conhecido como *macrocefalia urbana*.

MIGUEL ROJO/AFP/GETTY IMAGES

Venezuela, Guianas e Suriname

A **Venezuela** é um país de posição geográfica privilegiada: possui uma parte de seu território nos Andes e outra na Amazônia, além de contar com uma grande faixa costeira, voltada para o Mar das Antilhas, área bastante produtiva para a atividade pesqueira. Veja, no mapa da figura 25, a organização espacial da economia venezuelana.

As reservas de petróleo da Venezuela atraíram mais de vinte companhias petrolíferas do mundo todo. Essas empresas atuaram livremente até 1946, quando o governo venezuelano criou um imposto que as obrigava a deixar no país parte do dinheiro obtido com a extração do petróleo. Anos mais tarde, em 1960, foi criada a Companhia Venezuelana de Petróleo, que, inspirada na Petrobras, tinha a missão de explorar petróleo no país. Ela se transformou numa das maiores companhias petrolíferas do mundo e ajudou a estimular o aparecimento de indústrias químicas, localizadas principalmente em torno de Mérida e Maracaibo, principais polos de desenvolvimento industrial da Venezuela.

A **Guiana** e o **Suriname** surgiram da colonização europeia no século XVII: a primeira colonizada pelos ingleses, e o segundo, pelos holandeses.

A Guiana tornou-se independente, em 1966, quando passou a integrar a Comunidade Britânica. O Suriname transformou-se em membro autônomo do Reino da Holanda, em 1954, e tornou-se um país independente em 1975.

Desde sua origem, a economia desses países baseou-se na extração de produtos da Floresta Amazônica e, posteriormente, na de bauxita. A agricultura de *plantation* é outra herança do período colonial. Na Guiana, os produtos agrícolas mais importantes são o açúcar e o algodão. No Suriname, além do açúcar, a agricultura monocultora é responsável pela produção de café, banana e cacau.

A **Guiana Francesa** é um departamento ultramarino da França. Sua economia depende principalmente da extração de produtos da Floresta Amazônica e da atividade pesqueira. Atualmente, o camarão é seu principal produto de exportação.

FIGURA 25. Venezuela: uso da terra

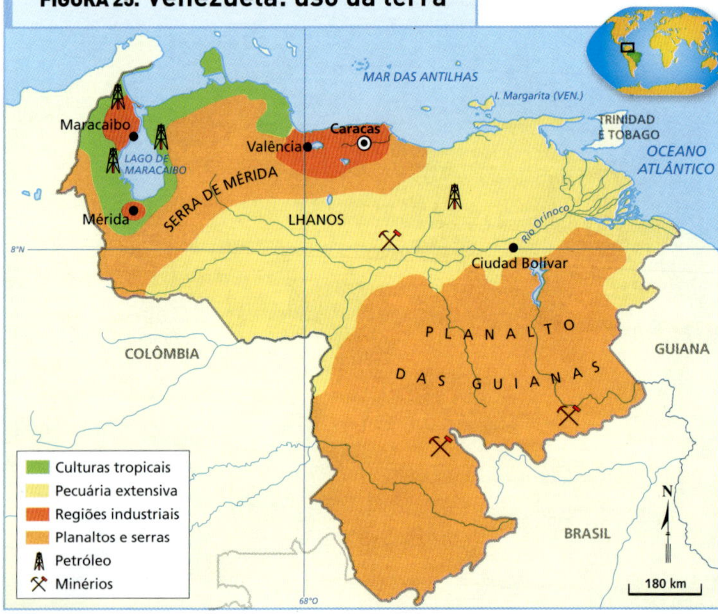

Caracas, a capital do país, é o principal centro industrial da Venezuela. O Lago de Maracaibo é a mais importante área de extração de petróleo e de concentração de indústrias petroquímicas.

Fontes: Elaborado com base em *Atlante geografico metodico De Agostini*. Novara: Istituto Geografico De Agostini, 2002. p. 215; FERREIRA, Graça Maria Lemos. *Atlas geográfico:* espaço mundial. São Paulo: Moderna, 2003. p. 50.

OBSERVADORES EM AÇÃO

Para rever o capítulo

1. Elabore um quadro destacando as características físicas e culturais comuns aos países que pertencem às seguintes regiões da América do Sul:

a) Países Andinos.

b) Países do Cone Sul.

2. Leia o excerto a seguir e explique por que a Bolívia era conhecida como Alto Peru e analise a importância econômica dessa região para a Coroa espanhola.

"A república mais pobre da América do Sul, a Bolívia (ou Alto Peru, como era então conhecida) foi, por algumas décadas, a colônia mais valiosa da Espanha, graças à fabulosa montanha de Prata de Potosí."

REID, Michael. *O continente esquecido;* a batalha pela alma latino-americana. Rio de Janeiro: Elsevier, 2008. p. 25.

3. Observe atentamente a imagem orbital da América do Sul e explique por que ocorre presença de neve somente na porção ocidental do continente.

TOM VAN SANT, GEOSPHERE PROJECT/PLANETARY VISIONS/SPL/LATINSTOCK

4. Observe no mapa a localização dos números 2, 5 e 12 e explique o que há em comum entre estas áreas desérticas.

Os desertos do mundo

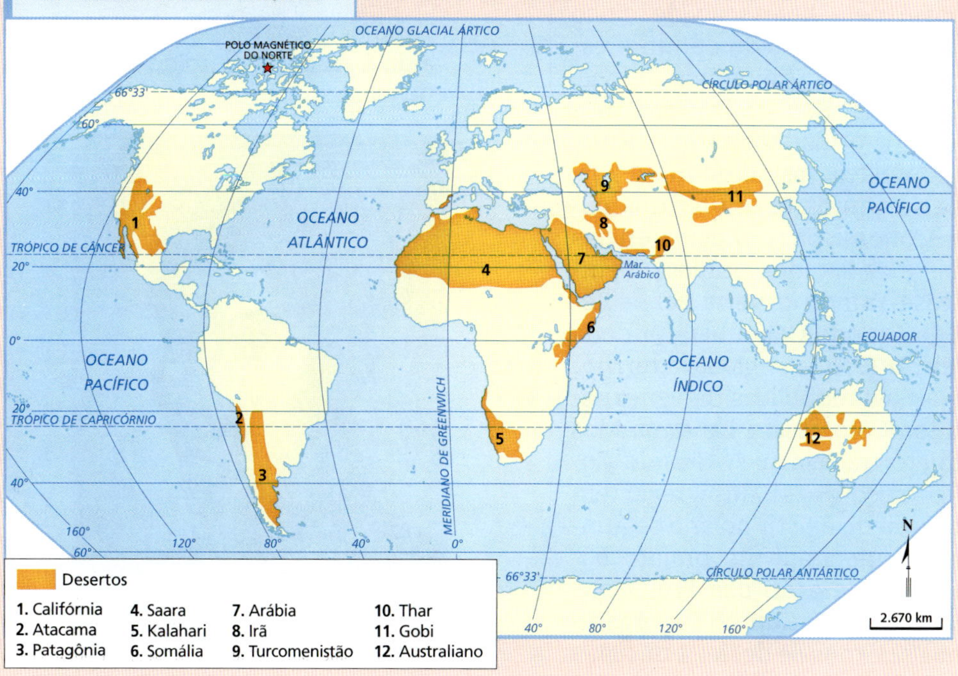

Fonte: Elaborado com base em FERREIRA, Graça Maria Lemos. *Atlas geográfico*: espaço mundial. São Paulo: Moderna, 2003. p. 82.

5. Observe no mapa o trajeto da Corrente de Humboldt ou do Peru e estabeleça relações entre ele e as características climáticas e econômicas da costa chilena e peruana.

Corrente de Humboldt ou do Peru

Fonte: Elaborado com base em FERREIRA, Graça Maria Lemos. *Atlas geográfico*: espaço mundial. São Paulo: Moderna, 2003. p. 79.

6. Simón Bolívar é frequentemente chamado de "o George Washington" da América Latina. Ele é considerado o responsável pela libertação de cinco países sul-americanos do domínio espanhol: Venezuela, Colômbia, Bolívia, Peru e Equador. Seu projeto era unificar os territórios libertados numa grande república hispano-americana, capaz de se equiparar em termos políticos e econômicos com as potências europeias e os Estados Unidos. O embrião desse Estado deveria ser a República da Grande Colômbia, fundada por ele em 1819, que englobava territórios das atuais repúblicas da Venezuela, Equador, Colômbia e Panamá. Mas esse projeto fracassou. A Grande Colômbia começou a se desagregar em 1830 e deixou de existir no ano seguinte. Também inspirada no projeto bolivariano, a Federação das Províncias Unidas da América Central foi organizada em 1823, mas se desfez em 1840.

a) Que projeto político inspirou Bolívar?

b) Que projetos políticos contemporâneos se inspiram nas ideias de Bolívar?

c) Como ficaria o mapa político da América do Sul se o projeto de Bolívar se concretizasse?

LOOK AND LEARN/THE BRIDGEMAN ART LIBRARY/KEYSTONE – COLEÇÃO PARTICULAR

Simón Bolívar (1783-1830).

De um jeito ou de outro

7. Procure imaginar-se como um viajante europeu percorrendo a América do Sul no século XVI. Escolha um dos trajetos realizados pelos exploradores, conforme o mapa a seguir. Escreva uma carta para o seu rei, contando tudo o que viu.

Principais expedições na América do Sul (1526-1561)

Fonte: *Atlas Marín de geografia e história*. Barcelona: Editorial Marín, 1980. p. 209.

OBSERVADORES EM AÇÃO

Prática de pesquisa

8. A Comissão Econômica para América Latina e Caribe, criada em 1948, reúne em seu *site* um significativo conjunto de dados sobre a economia dos países latino-americanos. Escolha dois países sul-americanos e pesquise, no endereço eletrônico a seguir, dados acerca das importações e exportações realizadas pelos países de sua escolha e elabore uma análise comparativa dos dados apresentados nos gráficos.

- www.eclac.cl/comercio/serieCP/eclactrade/perfil.html

Tabuleiro da Geografia

9. Complete o diagrama com as palavras adequadas.

Horizontais

4. Principais colonizadores da América Andina
7. Bloco econômico sul-americano
8. Deserto localizado no norte do Chile
11. Maior produtor de petróleo da América do Sul
14. Um dos países sul-americanos que não faz fronteira com o Brasil
17. Grande império ameríndio que se estendeu ao longo da cordilheira dos Andes

Verticais

3. Capital da Argentina
5. Dobramento moderno que se estende por inúmeros países da América do Sul
7. Cidade inca com magníficas edificações de pedra
9. Grande produtor de gás natural da América do Sul
10. Lago andino localizado na fronteira da Bolívia com o Peru
11. Fenômeno climático responsável pelo aumento da temperatura no Oceano Pacífico
13. Principal produto de exportação da Colômbia
14. Corrente marinha que atua no Oceano Pacífico, responsável pela intensa atividade pesqueira peruana

A Unasul

Em dezembro de 2004, os presidentes dos 12 países da América do Sul firmaram um acordo para a criação da **Unasul (União das Nações Sul-Americanas)**. Esse órgão representa o esforço conjunto dos líderes sul-americanos na construção de um novo modelo de integração regional que, além do estreitamento dos laços comerciais, priorize também a cooperação nas áreas de infraestrutura, energia, meio ambiente, ciência e tecnologia, combate à pobreza e produção cultural.

Símbolo da Unasul (Unasur para os demais países-membros).

TEXTO 1

Desunião na Unasul

"A reunião de cúpula da União de Nações Sul-Americanas (Unasul), em Bariloche, apenas serviu para mostrar que o nome do organismo é uma contradição em termos. A desagregação política da região aumenta na razão direta da campanha de provocações a que recorre o caudilho venezuelano Hugo Chávez para fabricar os inimigos externos de que necessita a fim de justificar a sua escalada totalitária em seu país e para manter a sua ascendência sobre os governos bolivarianos de La Paz e de Quito.

A última invenção de Chávez com esse objetivo é a ameaça à segurança regional representada pela soberana decisão do presidente colombiano Álvaro Uribe de renovar um acordo com os Estados Unidos que já dura uma década, com a presença de algumas centenas de militares americanos em bases no seu território, para o combate às ações do narcotráfico e dos seus parceiros da narcoguerrilha das Forças Armadas Revolucionárias da Colômbia (Farc). Com a retórica incendiária de que se vale para os seus objetivos, Chávez chegou a acusar Uribe de estar fornecendo aos Estados Unidos as bases para um assalto ao petróleo venezuelano."

O Estado de S. Paulo, editorial, 1º set. 2009. Disponível em <www.estadao.com.br/estadaodehoje/20090901/not_imp427686,0.php>. Acesso em ago. 2009.

TEXTO 2

EUA: com os pés na Colômbia e os olhos no Brasil

REPRODUÇÃO

RODRIGO BUENDIA/AFP/GETTY IMAGES

Abertura da III Reunião Ordinária do Conselho de Chefes de Estado e de Governo da Unasul, em Quito (Equador, 2009).

"Nos centros de planejamento do traçado estratégico dos Estados Unidos sabe-se que passou o tempo da potência única e global. Para enfrentar a União Europeia, China e Rússia, Washington quer assegurar o controle da América Latina. Para isso precisa 'acabar' com o Brasil. As possibilidades de resistência na região, o papel da Unasul e outras iniciativas de integração – esses pontos foram pauta de uma entrevista exclusiva à Agencia Periodística del Mercosur, concedida pelos cientistas políticos especialistas em geopolítica, Marcelo Gullo (autor dos livros *Argentina-Brasil: a grande oportunidade* e *A insubordinação fundadora*; breve história da construção do poder das nações) e Carlos Alberto Pereyra Mele, do Centro de Estudos Estratégicos Sul-Americanos. [...]

Faça as atividades a seguir.

1. Após a leitura dos dois textos:

a) Elabore um quadro destacando argumentos favoráveis e desfavoráveis à criação da Unasul apresentados nas duas matérias.

b) De acordo com o editorial de *O Estado de S. Paulo*, para Chávez, a assinatura de um tratado de cooperação entre os governos dos Estados Unidos e da Colômbia ameaça a segurança regional sul-americana. O que isso representa?

2. Divididos em grupos, apresentem, no prazo definido pelo professor, um dossiê acerca dos rumos da Unasul, considerando convergências e diferenças entre os países-membros em termos políticos e econômicos. Para isso, utilize como fonte jornais, revistas e *sites* da internet com diferentes linhas editoriais.

Dentre as inúmeras fontes disponíveis de pesquisa na internet, sugerimos as seguintes bases de dados:

- no *site* do IBGE, há um acesso para dados mundiais no seguinte endereço eletrônico: IBGE (países) <www.ibge.gov.br/paisesat/main.php>;
- no portal da Cepal (Comissão Econômica para América Latina e Caribe) do Brasil, vocês encontrarão inúmeros documentos em português no endereço eletrônico: Cepal – Brasil <www.eclac.org/divisiones/default.asp?idioma=PR>;

Para Gullo, o interesse geopolítico dos Estados Unidos consiste em atrasar o processo de passagem da condição de potência global para a de uma potência regional [...]. Os EUA, lembra, só produzem 15% da energia que consomem e a América Latina provê 25% de suas necessidades em matéria de recursos. Pereyra Mele assinala que 'a Colômbia é um país bioceânico, é vizinho do país (Venezuela) que vende 15% do petróleo consumido pelos EUA e também do Equador, outro país petroleiro. Desde as bases navais de Málaga e Cartagena de Índias, Washington tem rápido acesso ao maior ponto de comunicação comercial do mundo, o canal do Panamá'.

Nesse marco, a América Latina é obrigada a reforçar seus acordos regionais, como Unasul, Comunidade Andina de Nações e Mercosul, para evitar fraturas e controlar as turbulências domésticas (como o golpe de Estado em Honduras), que possibilitem a expansão das forças armadas dos EUA na região. Para Pereyra Mele, 'a solução ao problema colocado pela ofensiva estadunidense sobre a América do Sul passa pela defesa irrestrita das áreas por onde fluem e se conectam os três sistemas hidrográficos mais importantes: o Orinoco, a Amazônia e o Prata'. [...]"

Tradução de Katarina Peixoto. Disponível em <www.cartamaior.com.br/templates/materiaMostrar.cfm?materia_id=16129>. Acesso em ago. 2009.

- no portal da Cepal em espanhol, há uma consistente base de dados socioeconômicos, além de uma página oficial dedicada inteiramente à Unasul. Cepal (em espanhol) <www.eclac.org/estadisticas/>;
- página da Unasul (em espanhol): <www.comunidadandina.org/sudamerica.htm>.

Este trabalho requer compromissos e atitudes coletivas e, para organizá-lo, considerem as seguintes etapas:

a) Elaborem, em grupo, um plano conjunto que deve priorizar a divisão das tarefas e a definição do papel de cada membro no trabalho.

b) Com o auxílio do professor, realizem um apanhado de outras fontes disponíveis e dividam o trabalho de coleta de dados e informações para que não ocorra duplicidade de material.

c) Analisem o material coletado e elaborem uma síntese das informações e opiniões acerca do tema.

d) Organizem a forma de apresentação dos resultados para a sala, definindo previamente o papel de cada membro do grupo.

e) Busquem formas adequadas para ilustrar a apresentação, considerando o alcance visual do material a ser exposto.

MURAL DO OBSERVADOR

NO CINEMA

A batalha do Chile (3 DVDs)

Cuba, Chile, França e Venezuela, 1975, 1977 e 1979.
Direção de Patrício Guzmán.
Duração: 100 min, 90 min, 82 min.

Resultado das pesquisas realizadas pelo diretor, este documentário reúne imagens e depoimentos do processo que levou ao golpe militar que derrubou o governo de Salvador Allende, no Chile. O filme permite a discussão dos rumos da política latino-americana na década de 1970.

Diários de motocicleta

EUA, Alemanha, Inglaterra, Argentina, Chile e Peru, 2004.
Direção de Walter Salles.
Duração: 128 min.

O filme narra a viagem de motocicleta de Ernesto Guevara pela América do Sul, em 1952, com seu amigo Alberto Granado. Para o então jovem estudante de Medicina, o contato com as situações de extrema pobreza e exploração do trabalho o faz começar a questionar o valor do progresso econômico.

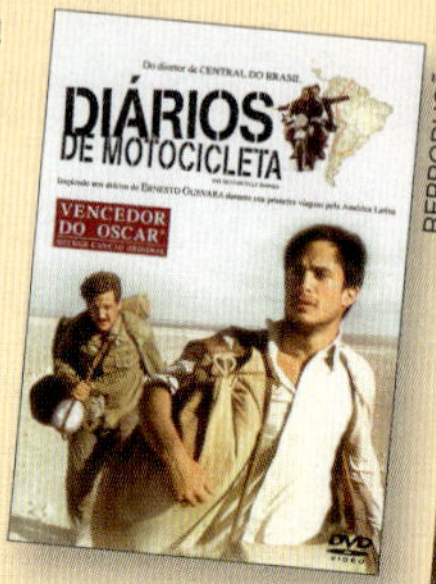

Che

EUA, 2008.
Direção de Steven Soderbergh.
Duração: 1ª parte, 134 min; 2ª parte, 135 min.

Baseado no livro de memórias do próprio revolucionário, o filme destaca dois momentos de sua trajetória: a campanha para a tomada do poder em Cuba, em 1959, e a visita à ONU, em Nova York, em 1964. Por meio deles, apresenta o processo de radicalização da Revolução Cubana.

O banheiro do papa

Brasil, França, Uruguai, 2007.
Direção de César Charlone e Enrique Fernández.
Duração: 97 min.

O filme focaliza Melo, cidade uruguaia perto da fronteira com o Brasil, e sua expectativa em relação à visita do papa, em 1988. Uma família constrói um banheiro coletivo para uso dos visitantes. Situações tragicômicas são criadas, revelando as tensões existentes entre brasileiros e uruguaios separados pela fronteira.

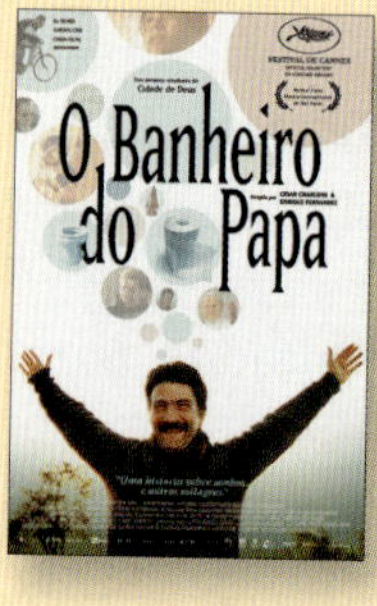

Maria cheia de graça

Colômbia, EUA, 2004.
Direção de Joshua Marston.
Duração: 101 min.

O filme retrata o drama de uma jovem colombiana de 17 anos, desempregada e grávida do namorado, que tenta a sorte nos Estados Unidos, transportando cocaína no próprio estômago. Mostra as estratégias do circuito internacional do narcotráfico e suas consequências para as pessoas envolvidas.

NA ESTANTE

A invasão cultural norte-americana

Alves, Júlia Falivene. São Paulo: Moderna, 1991. (Coleção Polêmica)

O livro oferece uma série de situações cotidianas que colocam em xeque a identidade cultural brasileira diante do estilo de vida importado dos Estados Unidos. É uma obra interessante para a discussão a respeito dos conteúdos culturais veiculados pelos meios de comunicação no Brasil.

Alma panamericana: uma aventura de 25 mil km por 14 países

KOJIN, Adrian. Brasília: Gaia, 2005.

Narrativa da viagem feita pelo autor, que percorreu de motocicleta a costa pacífica americana, da Califórnia ao Chile. A narrativa da aventura, seus momentos dramáticos, encontros e desencontros revelam muito da realidade do continente para os jovens brasileiros.

Geopolítica da América Latina

CANEPA, Beatriz e OLIC, Nelson Bacic. São Paulo: Moderna, 2004.

A obra apresenta a evolução geopolítica dos países latino-americanos, os problemas fronteiriços que ainda persistem e as perspectivas de integração.

NO COMPUTADOR

YouTube

- Sobre populações pré-colombianas (em espanhol). *<www.youtube.com/watch?v=EIOi8oyUI_E&feature=related>*
- Sobre as inúmeras culturas da América (em espanhol). *<www.youtube.com/watch?v=6J-yl9Ba7zw&feature=channel>*
- Sobre a independência das colônias americanas. *<www.youtube.com/watch?v=9uFmylhFbQY&feature=related>*

Discovery Channel

- Sobre a construção do Canal do Panamá. *<www.tudiscovery.com/video/el-canal-de-panama-su-magia/>*

Infográfico

- Sobre a fronteira entre os Estados Unidos e o México. *<www.discoverybrasil.com/experiencia/contenidos/objetivo_el_norte/>*

EM DESTAQUE

Cepal

Com sede em Santiago do Chile, a Cepal é uma das cinco comissões econômicas regionais da ONU e foi criada para assessorar as ações e os programas para a promoção do desenvolvimento econômico da América Latina. A página do escritório da Cepal em Brasília disponibiliza vários documentos, livros e bases estatísticas para a análise e o estudo das situações econômica e social de diferentes países. Vale a pena conferir em <www.eclac.org>.

UNIDADE 4

Países africanos: diversidade e conflito

Em 2008, pela primeira vez na História, a população urbana ultrapassou a população rural no mundo. De acordo com a ONU, existiam, então, mais de 3,3 bilhões de pessoas vivendo nas cidades; em 2030, serão 5 bilhões, a maior parte delas em cidades situadas nos países pobres.

No continente africano, o rápido processo de urbanização gera imensas aglomerações, que continuam a apresentar elevadas taxas de crescimento populacional. Observe o mapa e as fotografias.

O crescimento das cidades africanas (2007-2025)

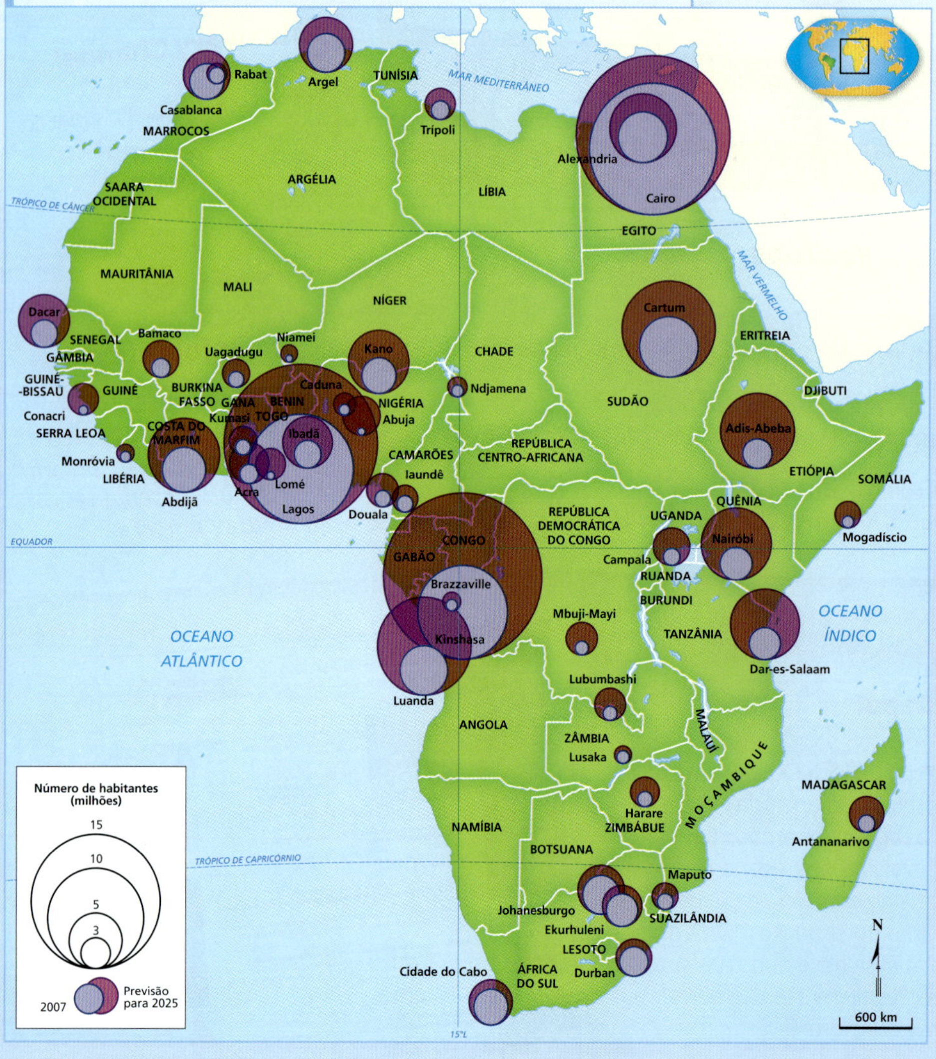

Fonte: *L'Atlas du Monde Diplomatique*. Paris: Le Monde Diplomatique, 2009. p. 179.

IAN BERRY/MAGNUM PHOTOS/LATINSTOCK

Vista do Cairo, capital do Egito (1998).

AKINTUNDE AKINLEYE/REUTERS/LATINSTOCK

Vista aérea de Lagos, na Nigéria (2007).

GUY-GERVAIS KITINA/AFP/GETTY IMAGES

Vista do porto de Brazzaville, capital do Congo (2007).

NCOR KHAMIS/REUTERS/LATINSTOCK

Vista de Nairóbi, capital do Quênia (2009).

*** Faça o que se pede.**

1. Em qual região do continente africano encontra-se a maior concentração de grandes cidades?
2. Quais são as três maiores aglomerações urbanas da África?
3. Cite pelo menos uma característica peculiar de cada uma das cidades representadas nas fotografias.

CAPÍTULO

10 África: um espelho da natureza

Observatório de informações

Convidado a ser jurado em um concurso de fotografias sobre a África, o biólogo e escritor moçambicano Mia Couto fez as observações a seguir.

"Ao ler as imagens destes fotógrafos dou-me conta de que, para além da visão, outros sentidos são convocados. Eu não apenas vejo. Eu ouço a fotografia. O contato visual acorda em mim sons que deveriam ter rodeado o momento fixado em imagens. Apto apenas para inscrever a imagem, o papel não foi capaz de expulsar as vozes. Vitória do mundo da oralidade ainda dominante em África: a mancha gráfica sujeita-se ao poder do verbo. A imagem é tão mais bela quanto ela for auditiva, evocando sonoridades do movimento.

[...] A primeira tentação do fotógrafo profissional que faz uma excursão à África é a mesma dos caçadores: capturar exotismo como se fossem seres. Os ingleses dizem mesmo *to shoot* para dizer fotografar (a mesma palavra serve para dizer caçar). Uma sublimação da caça com outros alvos, a foto prolonga esse desejo de domínio de algo que tende a escapar? [...] as cores quentes e tropicais, os corpos expostos, a fauna selvagem, enfim, as referências fáceis que nos fazem a nós, africanos, sermos reconhecíveis e classificáveis."

COUTO, Mia. *Pensatempos*. Lisboa: Caminho, 2006. p. 75-77.

FIGURA 1. Oásis no deserto do Saara (Níger, 2007).

GEORGE HOLTON/PHOTORESEARCHERS/LATINSTOCK

TIM GRAHAM/GETTY IMAGES

FIGURA 2. Girafas na savana africana (Tanzânia, 2004).

PER-ANDERS PETTERSSON/GETTY IMAGES

FIGURA 3. Pescadores e barcos de pesca no Rio Congo (Congo, 2006).

JONATHAN KINGSTON/AURORA/GETTY IMAGES

FIGURA 4. Edifício público na cidade de Gaborone (Botsuana, 2000).

Faça o que se pede.

1. Considerando as reflexões de Mia Couto sobre a forma como se deve observar uma fotografia, quais sensações podem ser captadas dessas imagens africanas?
2. Dentre as paisagens, qual representa melhor o continente africano para você? Justifique sua resposta.
3. Descreva as imagens, estabelecendo relações entre o que é visto e o sentimento expresso pelo autor ao afirmar em seu texto que "as cores quentes e tropicais, os corpos expostos, a fauna selvagem, enfim, as referências fáceis que nos fazem a nós, africanos, sermos reconhecíveis e classificáveis".

ATLANTIDE PHOTOTRAVEL/CORBIS

FIGURA 5. Vista da Cadeia do Atlas (Marrocos, 2007).

FIGURA 6. **África: comparação entre superfícies**

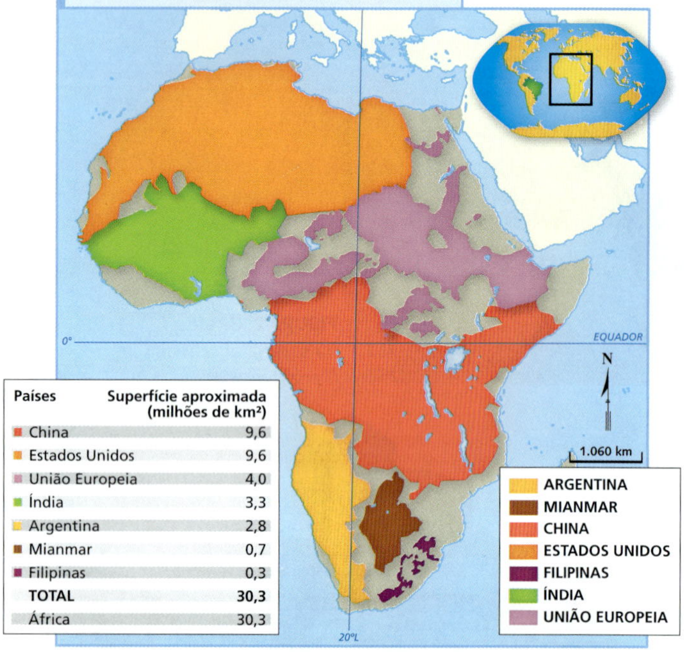

Países	Superfície aproximada (milhões de km²)
China	9,6
Estados Unidos	9,6
União Europeia	4,0
Índia	3,3
Argentina	2,8
Mianmar	0,7
Filipinas	0,3
TOTAL	30,3
África	30,3

Fonte: *Forum de haut niveau sur le financement de l'agriculture en Afrique subsaharienne*. Ministère français des affaires étrangères. Secrétariat d'État chargé de la coopération et de la francophonie. Paris, 8-9 dez. 2008.

Você pode observar no mapa que a superfície do continente africano é equivalente à soma das superfícies da Argentina, da China, dos Estados Unidos, das Filipinas, da Índia, de Mianmar e da União Europeia.

1 Um continente tropical

A natureza africana, marcada pela variedade de paisagens, fornece inúmeras pistas acerca do passado geológico do planeta.

Terceiro maior continente do planeta, com 30.309.495 km², a África abriga 54 países e mais 10 territórios pertencentes a países estrangeiros. A área total do continente africano representa 20,3% das terras emersas, sendo a maior parte dela situada na zona tropical. Observe o mapa da figura 6.

A porção setentrional (norte) do continente é atravessada pelo Trópico de Câncer, abrangendo o sul do Egito, da Líbia, da Argélia e o norte do Saara Ocidental, da Mauritânia e de Mali. Já na porção meridional (sul) africana, os limites da tropicalidade são definidos pela passagem do Trópico de Capricórnio, que corta o sul de Moçambique e de Botsuana, o norte da África do Sul e o centro-sul da Namíbia. As linhas imaginárias que cortam a África a tornam o único continente do mundo a possuir terras em todos os hemisférios, pois tanto a linha do Equador quanto o Meridiano de Greenwich atravessam suas terras. Observe o mapa da figura 7.

FIGURA 7. **África: político**

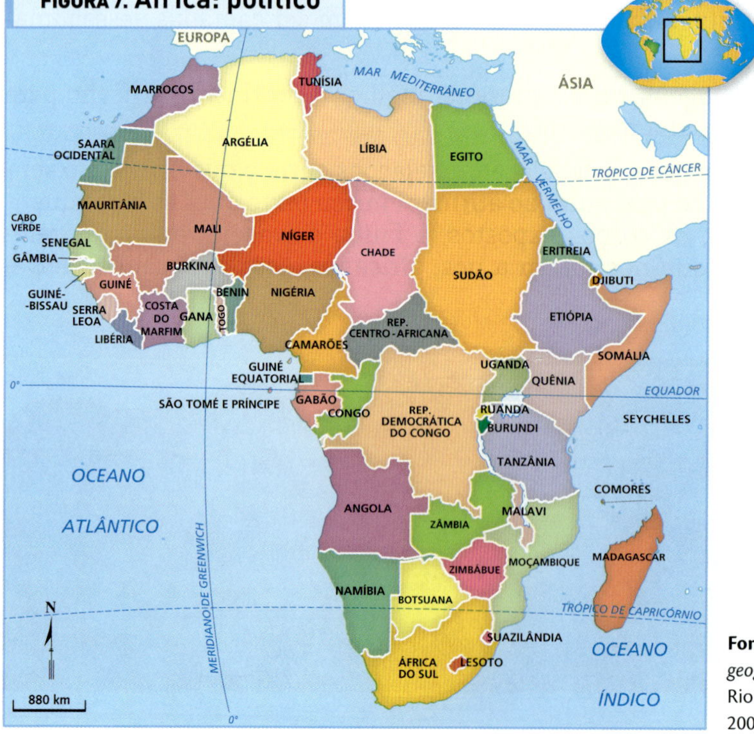

Fonte: IBGE. *Atlas geográfico escolar*. Rio de Janeiro: IBGE, 2004. p. 51.

FIGURA 8. **A imigração clandestina no Mediterrâneo**

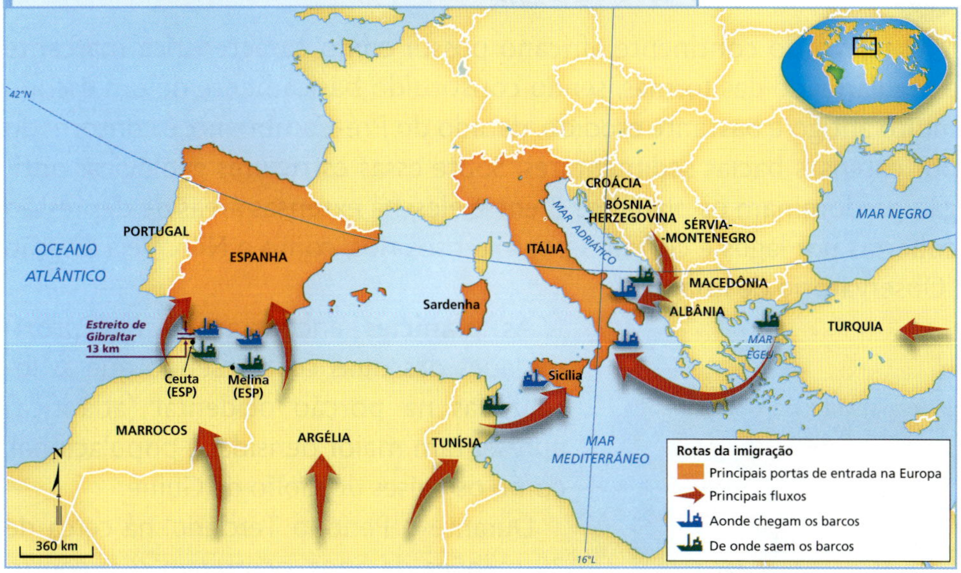

Fonte: Elaborado com base em International Organization for Migration, 2000. Disponível em <www.iom.int>. Acesso em set. 2009.

Ao norte a África é banhada pelo Mar Mediterrâneo, o que a faz vizinha continental da Europa. A seu leste estão as águas do Oceano Índico e a seu oeste, as do Atlântico. Em sua porção sul, ocorre o encontro das águas do Índico e do Atlântico.

A menor distância entre a Europa e a África é encontrada a noroeste, no Estreito de Gibraltar. Observe, no mapa da figura 8, a pequena distância de Ceuta e Melilla em relação à Espanha. É justamente essa proximidade que torna essa área a mais utilizada pelos imigrantes clandestinos africanos ao buscarem melhor qualidade de vida em terras europeias.

Até 1869, a porção nordeste da África era ligada ao continente asiático pelo Istmo de Suez, uma estreita faixa de terra entre os mares Mediterrâneo e Vermelho. Desde o século XVI os europeus sonhavam com a possibilidade de transpor por mar essa faixa com o intuito de facilitar a ligação da Europa com o continente asiático. A construção do Canal de Suez, financiada por um consórcio franco-britânico e coordenada pelo engenheiro francês Ferdinand de Lésseps, teve início em 1859 e, terminada, facilitou de forma extraordinária a expansão colonial europeia rumo à Ásia. Observe o mapa da figura 9.

FIGURA 9. **O Canal de Suez**

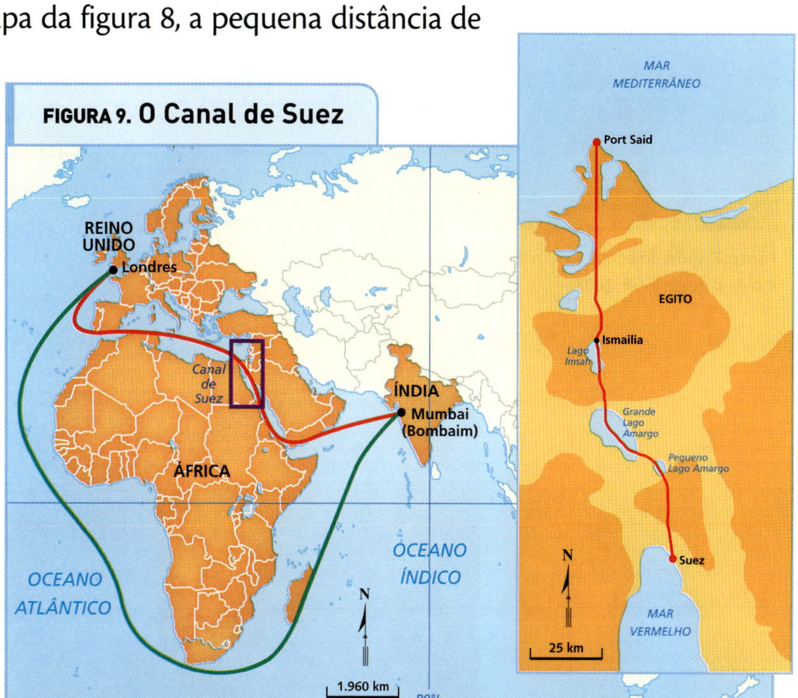

Extensão	163 km
Largura mínima	55 m
Tempo médio de travessia	15 h
Velocidade máxima	14 km/h
Número de travessias (em julho/1999)	1.121
Volume total de carga (em milhões de toneladas)	33
Receita do Egito (em julho/1999)	US$148,8 milhões

Rota anterior ao Canal de Suez
Travessia pelo Canal de Suez

Fonte: Egypt State Information Service. Disponível em <www.sis.gov.eg/En/>. Acesso em 29 set. 2009.

2 O relevo africano

O relevo do continente africano possui como característica marcante a regularidade das formas, sendo constituído basicamente de um escudo muito antigo e bastante erodido, datado do Pré-Cambriano, e contornado por extensas bacias sedimentares. Sobre essas estruturas geológicas antigas, predominam os planaltos e, entre eles, há extensas áreas de depressão cobertas por lagos e cortadas por extensos rios, como o Nilo. Veja a seção "Observatório de imagens".

FIGURA 10. O *Rift Valley*

Fonte: Elaborado com base em IBGE. *Atlas geográfico escolar.* Rio de Janeiro: IBGE, 2003.

As **planícies** encontram-se nas proximidades das duas costas, sendo que as localizadas na porção ocidental (atlântica) apresentam maior densidade populacional, como os países do Golfo da Guiné.

Durante o Período Terciário, há cerca de 35 milhões de anos, ocorreram o encontro das placas tectônicas Africana e Eurasiática e a separação entre a Africana e a Arábica. O primeiro deu origem às cordilheiras alpinas, situadas na Europa. A segunda gerou, do Oriente Médio a Moçambique, uma série de falhas tectônicas que compõem o ***Rift Valley*** (figura10). O termo inglês *rift* significa "fenda" e se refere a esse complexo de falhas no qual formou-se uma sequência de lagos de origem tectônica, como o Vitória, o Tanganica, o Niassa, o Rodolfo, o Alberto e o Eduardo.

PHILIPPE PLAILLY/EURELIOS/SPL/LATINSTOCK

FIGURA 11. Vista aérea do *Rift Valley* no Quênia (2007).

Observatório de imagens

Pelos caminhos do Nilo

O percurso do Rio Nilo integra diferentes paisagens africanas.

A

JAMES P. BLAIR/NATIONAL GEOGRAPHIC/GETTY IMAGES

Cataratas do Nilo Azul, na Etiópia (1964).

B

MICHAEL FREEMAN/CORBIS/LATINSTOCK

Em Cartum, capital do Sudão, os cursos do Nilo Branco e do Nilo Azul se encontram (2003).

C

M-SAT LTD/SPL/LATINSTOCK

Imagem de satélite do Delta do Nilo, junto ao Mar Mediterrâneo (Egito, 2000).

Faça o que se pede.

1. Observe atentamente a imagem C e explique a frase: "O Egito é uma dádiva do Nilo".
2. A foto A foi registrada em um trecho próximo à nascente do Rio Nilo, a foto B, em seu curso médio. Quais características desses trechos do rio são fundamentais para a existência da paisagem observada na imagem C?

Da formação do complexo de falhas originou-se também, entre a África e a Península Arábica, o Mar Vermelho.

A atuação de ventos nas regiões desérticas da Península Arábica e do nordeste da África ocasionou o desgaste de montanhas ricas em minério de ferro e a deposição da poeira avermelhada pelas partículas de ferro, proveniente dessa erosão, nas costas de ambas as regiões. Essa é a origem do nome "Mar Vermelho".

Outras diversas partes do continente africano abrigam montanhas de formação terciária. Essas elevações resultaram igualmente da separação das placas Africana e Arábica.

Nessa mesma área, formou-se uma sequência de montanhas terciárias, como é o caso do **Monte Quilimanjaro**, ponto culminante do continente, com 5.859 metros de altitude, assim como do **Monte Quênia**, com 5.188 metros.

Na porção noroeste da África, destaca-se a **Cadeia do Atlas.** Esse elevado conjunto montanhoso atravessa terras da Argélia, da Tunísia e do Marrocos, países da região conhecida como **Magreb**, nome de origem árabe que significa "poente".

No extremo sul do continente, há formações do Pré-Cambriano, onde localizam-se os Montes Drakensberg com picos de 3.300 metros de altitude.

Observe, no mapa da figura 12, as principais configurações do relevo africano.

Magreb

Fonte: FERREIRA, Graça Maria Lemos. *Atlas geográfico*: espaço mundial. São Paulo: Moderna, 2003. p. 61.

FIGURA 12. África: físico

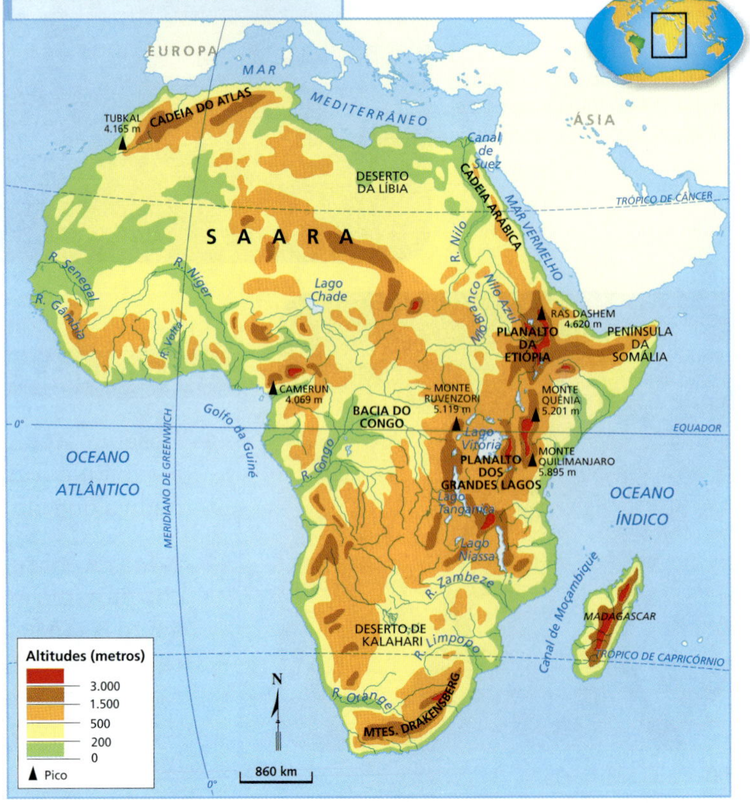

Fonte: FERREIRA, Graça Maria Lemos. *Atlas geográfico*: espaço mundial. São Paulo: Moderna, 2003. p. 60.

3 Cenários naturais

O quadro natural africano apresenta uma singularidade notável. O norte e o sul do continente se espelham. Como a África é atravessada ao centro pela linha do Equador, as paisagens climatobotânicas sucedem-se numa correspondência linear de norte para sul. Observe essa singularidade nos mapas das figuras 13 e 14.

Principais domínios climáticos

Os domínios climáticos, observados na figura 13, se sucedem no continente africano. Nos extremos norte e sul, o clima é **mediterrâneo**, com verões quentes e secos e invernos amenos e úmidos. Nessas áreas, predominam vegetações mediterrâneas formadas por carvalhos, abetos, oliveiras e videiras. Essas condições climáticas favorecem especialmente o cultivo de oliveiras e videiras. Azeite de oliva de excelente qualidade é produzido na Tunísia e na Argélia (norte). Esta última também produz vinho de projeção internacional, assim como a África do Sul.

Ao sul das porções próximas do Mar Mediterrâneo predomina o clima **semiárido**, com os mais baixos índices pluviométricos. Nessas áreas, as estepes apresentam vegetações herbáceas e arbóreas, estas últimas rarefeitas.

Em seguida, iniciam-se os grandes **domínios desérticos**, com grande amplitude térmica diária, ou seja, temperatura muito alta durante o dia e extremamente baixa à noite, em virtude da perda de calor pela areia nos desertos quentes. Nessas áreas, as chuvas são escassas, acumulando menos de 300 mm anualmente.

FIGURA 13. África: climas

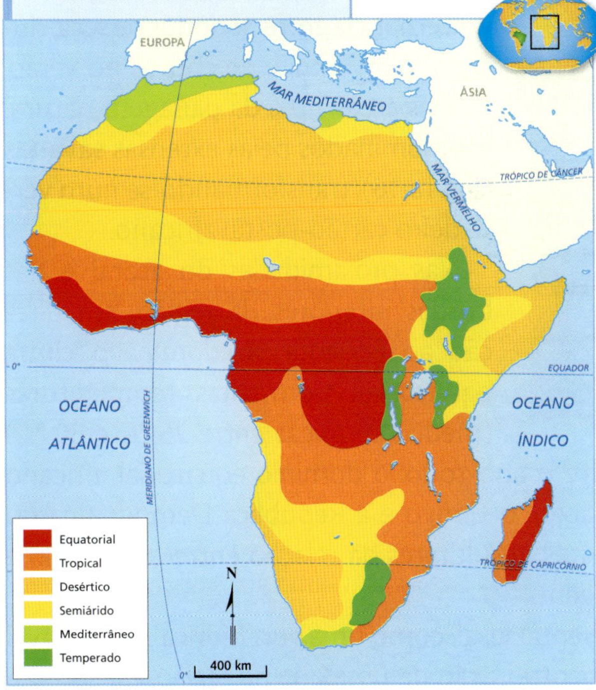

Fonte: FERREIRA, Graça Maria Lemos. *Atlas geográfico*: espaço mundial. São Paulo: Moderna, 2003. p. 78.

FIGURA 14. África: vegetação

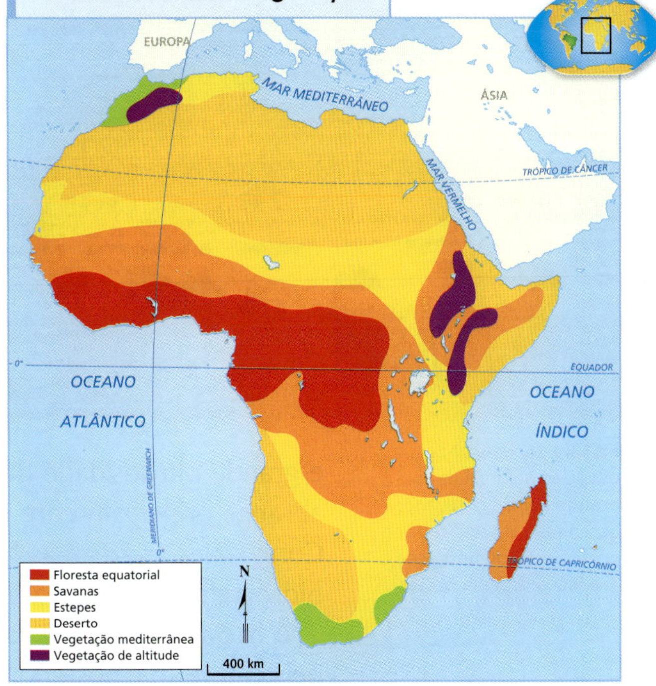

Fonte: FERREIRA, Graça Maria Lemos. *Atlas geográfico*: espaço mundial. São Paulo: Moderna, 2003. p. 80.

MARTIN HARVEY/CORBIS/LATINSTOCK

FIGURA 15. Tuaregues, povos nômades tradicionais, no Deserto do Saara (Marrocos, 2004). Apesar das dificuldades climáticas, cerca de 3,5 milhões de africanos vivem em áreas desérticas.

O Deserto do Saara, atravessado pelo Trópico de Câncer, considerado o maior deserto contínuo do mundo, ocupa vastas porções entre o Atlântico e o Mar Vermelho (figura 15). Em toda a sua extensão, ele apresenta imensas planícies denominadas ***regs***, nas quais predominam areia e cascalhos. Na área mais ao sul, imensas dunas de areia, denominadas ***ergs***, compõem a paisagem. Em outras porções, predominam os ***hamadas***, constituídos de imensos planaltos pedregosos. Na vertente norte, por estreitos vales entre montanhas, denominados ***wadis***, passam rios de curta duração, pois ganham corpo apenas durante as chuvas.

Na porção meridional da África, cortada pelo Trópico de Capricórnio, figuram, em sequência, os desertos da Namíbia e do Kalahari. Em ambos predominam vastas extensões de vegetação típica do clima semiárido. Os índices pluviométricos são muito pequenos, cerca de 250 mm anuais. Não é à toa que a denominação Kalahari, da língua nativa, tem como significado "a grande sede".

ARTHUR MORRIS/CORBIS/LATINSTOCK

FIGURA 16. *Habitat* de espécies animais de grande porte, as savanas africanas caracterizam-se pela vegetação herbácea e arbustiva (Quênia, 2006).

Nas áreas interiores, deixando os domínios da semiaridez ao norte e ao sul, há a predominância do **clima tropical**, com temperaturas elevadas o ano todo e alternância entre períodos de seca, durante o inverno, e de chuvas no verão. Nessas áreas, 40% da paisagem natural são dominados pelas extensas **savanas** (figura 16), transformando-se num verdadeiro cartão-postal africano.

Nas proximidades do litoral e nas bordas interiores da região, em direção ao Equador, predomina o **clima equatorial**. Com altas temperaturas (médias térmicas entre 25 °C e 30 °C) e grande pluviosidade durante o ano todo, o domínio equatorial africano abrange principalmente o Gabão, o Congo e a República Democrática do Congo. Nessas áreas, as **florestas**, resultantes da relação entre clima, solo e hidrografia, dominam a paisagem.

A bacia do Rio Congo apresenta-se, aí, como uma veia hídrica responsável pela captação e posterior reincorporação da umidade na região, tal como a Bacia Amazônica nos domínios equatoriais brasileiros.

Observatório dos viajantes

Muito calor em Gana

Partindo da África do Sul em direção à Etiópia, o jornalista Fabio Zanini iniciou uma longa viagem pelo continente africano, registrando suas experiências num *blog* intitulado Pé na África. Em abril de 2008, relatou sua experiência ao chegar em Acra, capital de Gana.

"[...] Que calor desgraçado faz aqui. Em países como Zâmbia e Zimbábue é quente, certamente, mas em Gana, pela proximidade com o Equador e pela umidade altíssima, chega a ser um risco à saúde.

Aqui brotam aquelas gotas de suor na testa, que escorrem pelo rosto e vão parar no ombro. Andar na rua ao meio-dia é impossível. Pedi arrego três vezes ontem, e fui atrás de táxis.

Uma medida de comparação eficiente é o índice garrafa de água (IGA). Até agora, eram duas garrafinhas de meio litro por dia que eu comprava, no máximo. Mas, em Gana, ninguém compra garrafinhas, mas as garrafas grandes, de um litro. Até agora, 17 h aqui, foram duas que eu derrubei, e certamente virarei outra ainda hoje.

A cidade é praiana, claro, com um certo ar caribenho... Mas não pense que isso ajuda muito. Ninguém anda de bermuda, havaiana e sem camisa (aliás, em quase lugar nenhum da África). Aqui pode estar 40 graus, mas é de calça comprida, tênis e meia que se anda. Até em sinal de respeito aos locais, tenho de fazer o mesmo.

Quero ver amanhã, quando Lula chega, e a vestimenta passará a ser terno e gravata..."

Disponível em <penaafrica.folha.blog.uol.com.br/arch2008-04-13_2008-04-19.html>. Acesso em set. 2009.

BEN RADFORD/ALLSPORT/GETTY IMAGES

Praia de Gana (2000).

Responda.

- Quais razões o autor aponta em seu texto para explicar o intenso calor que sentiu em Gana?

O Sahel

Na região ao sul do Saara, onde se inicia a chamada **África Subsaariana**, uma enorme faixa semiárida contorna o continente de oeste para leste. Essa porção de terras, cujo nome é Sahel ("costa do deserto"), deve ser considerada um tipo de transição entre o deserto e as áreas mais úmidas do centro do continente.

Texto e contexto

Sahel em risco

"A zona saheliana definida pela pluviometria corresponde aproximadamente ao espaço em que a duração da estação chuvosa varia entre 50 e 110 dias. Ao norte da linha roxa [ver mapa A], essa duração varia mais de 30% de um ano a outro.

Nessa zona, na qual as chuvas são escassas e aleatórias, vivem cerca de oito milhões de pessoas (o que corresponde a cerca de 3% da população do oeste africano); existem muito poucas cidades importantes. A produção agrícola local é ainda confrontada pela influência do mercado, cujas flutuações podem amplificar os efeitos das vulnerabilidades naturais. O investimento nesses espaços é indispensável para evitar que se reproduzam crises alimentares como a que ocorreu em Níger em 2005.

Importantes programas de implantação de infraestruturas agrícolas e comerciais devem ser realizados nas zonas que alimentam e alimentarão a África. É o caso das zonas liberadas da **oncocercose** na África do Oeste (24 milhões de hectares de ótimas terras, que hoje são colonizadas ou recolonizadas), zonas de pastagem e de produção de cereais por excelência.

[...]

O pastoreio nômade permanece sendo um modo de produção adaptado a certos ecossistemas sahelo-saarianos, ainda que ele tenha sofrido importantes transformações devido ao crescimento demográfico, às opções políticas ou às mudanças ambientais, tais como as variações climáticas. Em busca de melhores pastagens, os pastores nômades se deslocam a distâncias mais ou menos longas com seus rebanhos, em direção ao norte, na estação das chuvas. Quando esta termina, eles retornam progressivamente para suas vilas onde restam pastagens e pontos de água. Esse deslocamento sazonal ultrapassa frequentemente os limites territoriais de países [...]. A situação recomenda que os projetos de investimentos em infraestrutura de pastoreio sejam reenquadrados em uma visão regional [ou seja, envolvam o conjunto dos países que compõem o Sahel]."

BOSSARD, Laurent (Dir.). *Atlas régional de l'Afrique de l'Ouest* (tradução dos autores). Paris: OCDE, 2009.

Oncocercose
Doença parasitária causada por infestação de vermes nematódeos, parasitas encontrados em rios e que causam cegueira.

Com base nos mapas e no gráfico, responda.

1. Quais países compõem a zona frágil do Sahel?
2. Quais países apresentam as maiores densidades demográficas no Sahel?
3. Quais tipos de produtos agrícolas e pastoris são cultivados no Sahel?

O Sahel apresenta clima semiárido e vegetação de estepes. Há muito tempo é habitado por povos nômades que o utilizam para a criação de gado. Porém, na atualidade, apesar de inúmeros projetos de recuperação econômica, continua sendo um dos maiores cinturões de fome no mundo. Leia sobre a atual situação do Sahel na seção "Texto e contexto".

A. Sahel: zonas frágeis

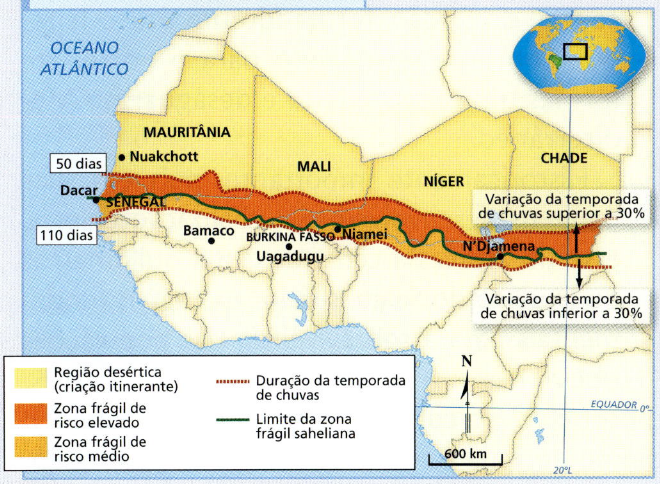

Fonte: BOSSARD, Laurent (Dir.). *Atlas régional de l'Afrique de l'Ouest*. Paris: OCDE, 2009 (figuras A, B, C e D).

B. Sahel: densidade demográfica (2009)

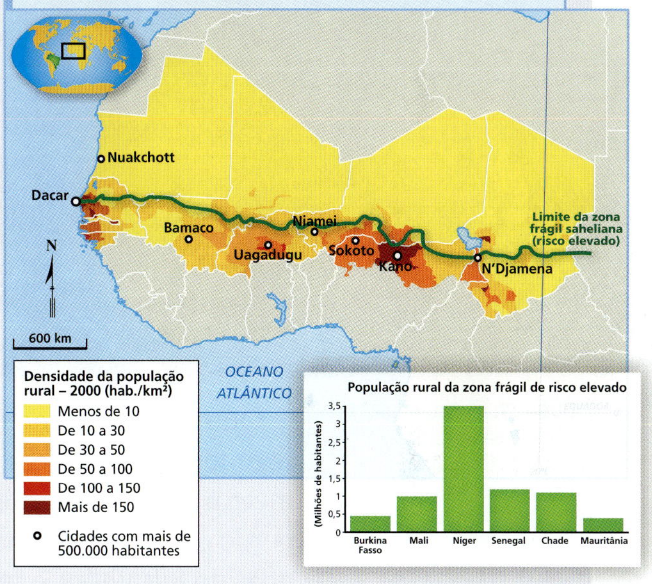

C. Sahel: estrutura da produção agrícola

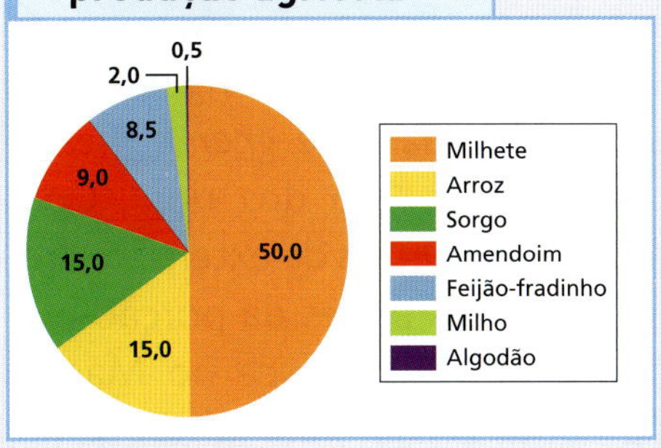

D. Sahel: o corredor da transumância

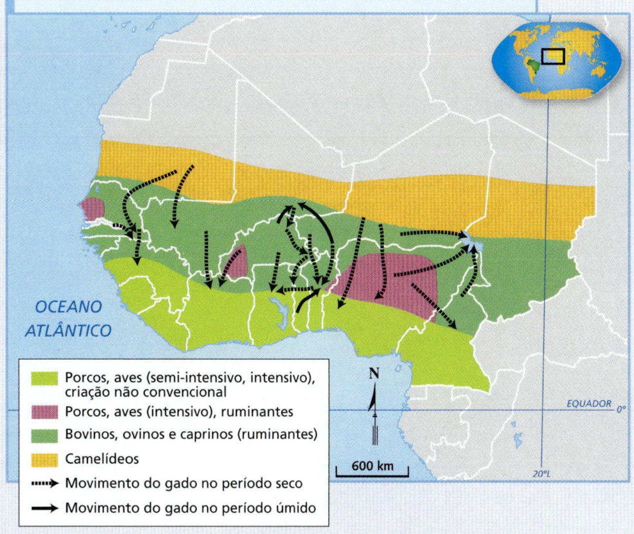

Transumância é a migração periódica de um rebanho (ovino, caprino ou bovino) para áreas com melhores condições de sobrevivência. No caso do Sahel, áreas com água e bom pasto.

4 A importância da hidrografia

Em um continente atravessado por desertos, os rios ganham um significado exemplar. Esse é o caso da África. Reveja, no mapa da figura 12, os principais rios africanos.

M-SAT LTD/SPL/LATINSTOCK

FIGURA 17. A imagem de satélite foca Brazzaville (capital do Congo) e Kinshasa (capital da República Democrática do Congo), ambas drenadas pelo Rio Congo (2001). A primeira localiza-se na margem direita e a segunda, na margem esquerda do rio.

O **Rio Nilo** disputa com o Amazonas o primeiro lugar em extensão no mundo: 6.695 quilômetros, de acordo com pesquisas recentes. É formado pela confluência do Nilo Branco, que nasce no Lago Vitória, entre Uganda e Ruanda, com o Nilo Azul, que tem sua nascente no Lago Tana, na Etiópia. Esses dois rios encontram-se em Cartum, capital do Sudão, formando um único leito, que continua seu trajeto para o norte, até formar um imenso delta e desaguar no Mediterrâneo.

Historicamente importante, pois em suas margens desenvolveu-se a civilização egípcia, esse rio atravessa cerca de 2 mil quilômetros do Deserto do Saara, sendo suas águas fundamentais para a sobrevivência das populações ribeirinhas.

Outro rio de grande importância no continente africano é o **Congo**, o segundo da África em volume de água e em extensão (com 4.380 quilômetros). Com uma drenagem de 80 mil metros cúbicos por segundo, só perde para o Amazonas em volume de água. Tem sua nascente nas montanhas do *Rift Valley*, e seu percurso estabelece a fronteira entre a República Democrática do Congo e o Congo, desaguando no Oceano Atlântico na fronteira entre o Congo e Angola. Veja a figura 17.

O terceiro maior rio africano é o **Níger** (figura 18). Acredita-se que esse nome seja originário da expressão tuaregue *gher n'gheren*, que significa "rio dos rios". Com 4 mil quilômetros de extensão, drena inúmeros países da porção ocidental africana. Nasce no Maciço de Fouta D'jalon, ao sul do Saara, desaguando num enorme delta na Nigéria.

DANIEL BEREHULAK/GETTY IMAGES

FIGURA 18. Ponte sobre o Rio Níger, em Niamei (Níger, 2005).

OBSERVADORES EM AÇÃO

Para rever o capítulo

1. Observe o mapa que mostra as florestas equatoriais e tropicais no mundo.

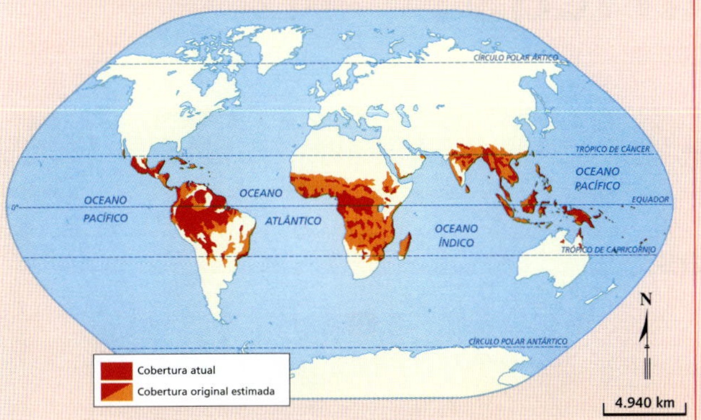

Fonte: FERREIRA, Graça Maria Lemos. *Atlas geográfico*: espaço mundial. São Paulo: Moderna, 2003. p. 83.

a) Quais são os elementos naturais responsáveis pela distribuição das florestas equatoriais e tropicais no planeta?

b) Em sua opinião, a que pode ser atribuída a cobertura atual de florestas equatoriais e tropicais na África?

2. Com base no mapa da figura 8, faça o que se pede.

a) Aponte razões que podem ser consideradas motivadoras para a intensa migração de africanos rumo à Europa.

b) Destaque um país de outro continente em que ocorrem migrações similares às africanas.

No mundo da cartografia

3. Para melhor compreender a similaridade climatobotânica do continente africano, desenhe, numa folha de papel vegetal, dois contornos do mapa da África. Pinte, num deles, com cores distintas, os principais climas, e, no outro, os domínios vegetais. Sobreponha os dois mapas elaborados e escreva um pequeno texto explicativo sobre o tema.

De um jeito ou de outro

4. Leia com atenção a letra da canção *África*, do grupo Palavra Cantada, e responda às questões.

"Quem não sabe onde é o Sudão
saberá
A Nigéria o Gabão
Ruanda
Quem não sabe onde fica o Senegal,
A Tanzânia e a Namíbia,
Guiné-Bissau?
Todo o povo do Japão
Saberá

[...]

Entre o Oriente e o Ocidente
Onde fica?
Qual a origem de gente?
Onde fica?
África fica no meio do mapa do mundo do atlas da vida
Áfricas ficam na África que fica lá e aqui
África ficará

Basta atravessar o mar
pra chegar
Onde cresce o baobá
pra saber
Da floresta de Oxalá
E malê
Do deserto de alah
Do ilê
Banto mulçumanamagô
Yorubá"

Sandra Peres, Paulo Tatit / Arnaldo Antunes
(Edição Palavra Cantada / Rosa Celeste)

a) Com o auxílio do mapa da África, destaque a localização de cada um dos países africanos mencionados na letra da música.

b) Quais elementos naturais característicos da paisagem africana são destacados na letra?

c) Qual a intenção do autor da letra ao afirmar que "Áfricas ficam na África que fica lá e aqui"?

CAPÍTULO 11

Duas Áfricas?

Observatório de informações

Nigéria: três escalas geográficas

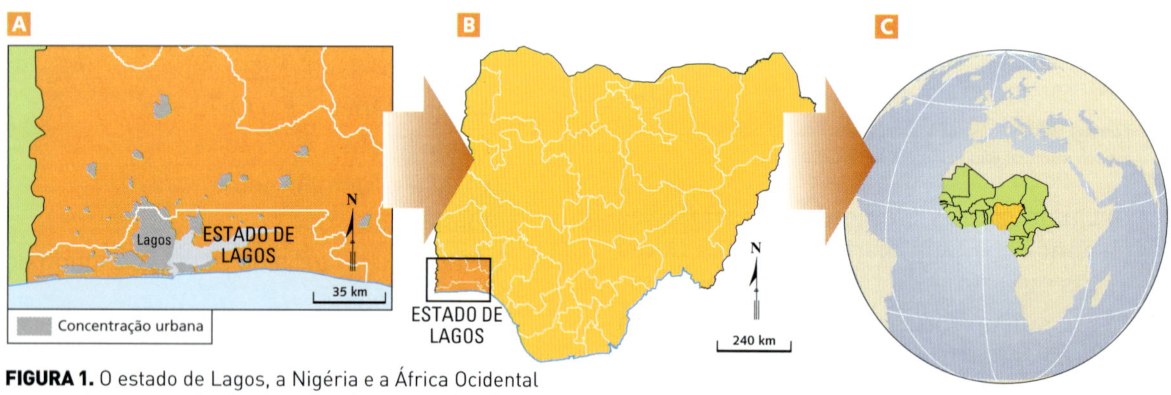

FIGURA 1. O estado de Lagos, a Nigéria e a África Ocidental representam as escalas local, nacional e internacional.

"Consideremos as 'proximidades' de Lagos, Nigéria e África Ocidental (ver mapas).

• **A primeira escala geográfica é a área [A]**. O estado de Lagos, no sudoeste da Nigéria, tem cinco distritos: Badagry, Epe, Ikeja, Ikorodu e Lagos, que ocupam aproximadamente 3.500 quilômetros quadrados. Sua densidade demográfica estimada – com a *menor área*, mas uma das duas mais populosas do país – é de cerca de 2.600 pessoas por km^2. A região metropolitana de Lagos tem uma densidade mais de três vezes maior do que isso, alimentada pelas economias de aglomeração e pela migração rural urbana.

• **A segunda escala geográfica é o país [B]**. Com seus 36 estados e capital e abrangendo 924.000 quilômetros quadrados, a Nigéria é o 32º maior país do mundo. A distância de Lagos para o ponto extremo da Nigéria a nordeste é de quase 1.500 quilômetros. Os estados do sul têm portos marítimos e campos petrolíferos. A região do norte, que já abrigou antigos impérios, hoje tem mais pobreza. A migração entre o norte e o sul não é uma questão fácil por causa das diferenças religiosas e linguísticas. A partilha da riqueza do petróleo é uma fonte de tensão.

• **A terceira escala geográfica é a região [C]**. Os vizinhos da Nigéria na África Ocidental são: Camarões, República Centro-Africana, Costa do Marfim, Guiné Equatorial, Gana, Níger e Togo. A região cobre mais de 6 milhões de quilômetros quadrados, divididos por algumas das fronteiras mais densas do mundo."

Relatório do Banco Mundial 2009. Disponível em <www.worldbank.org/>. Acesso em set. 2009 (texto e mapas).

▶ Considerando o texto e os mapas, explique o conceito de "escala geográfica".

1 Os muitos povos da África

De acordo com as pesquisas mais recentes sobre a origem da espécie humana, o *Homo sapiens sapiens* surgiu na África Oriental há cerca de 200 mil anos. A primeira leva de migrantes provavelmente alcançou o continente asiático, partindo de algum ponto do Mar Vermelho, 100 mil anos depois, dando início ao povoamento do restante do mundo. Assim, a história dos povos africanos é pelo menos duas vezes mais longa que a dos povos dos demais continentes.

Por isso, a diversidade genética entre os africanos é a maior do planeta: eles existem há mais tempo e tiveram uma longa história de adaptação aos mais diferentes ambientes naturais. É quase impossível mapear e conhecer todos os grupos étnicos, culturais e linguísticos existentes na África.

Pequenas comunidades, grandes reinos e impérios

A história das organizações políticas africanas também é milenar. A maior civilização da Antiguidade floresceu no Egito, há mais de 5 mil anos, como mostra a figura 2. Mas a África conheceu, ao longo dos séculos, as mais diferentes formas de centralização de poder, desde pequenas comunidades agrupadas em torno de um chefe até extensos reinos e grandes impérios, por exemplo, o Reino de Benin, que existiu durante oito séculos em terras que atualmente fazem parte da Nigéria e da Tanzânia (Zanzibar), que foi independente durante mais de 700 anos. A centralização e a hierarquia já existiam no Reino de Axum (atual Etiópia) desde o século II.

Na maior parte dos casos, os povos submetidos ao poder central eram obrigados a pagar tributos; quando não podiam cumprir essa obrigação, eram escravizados. Assim, em quase toda a África, os poderosos eram aqueles que possuíam muitos escravos.

Há poucos registros escritos acerca desses reinos, cuja História era transmitida oralmente. Até hoje os relatos e mitos orais são uma das principais fontes de pesquisa sobre o passado africano. Alguns deles, porém, foram minuciosamente descritos em textos árabes. Trata-se principalmente daqueles dos reinos de Gana (cujo centro era na atual Mauritânia) e de Mali (que corresponde, em parte, à atual República do Mali). Leia mais sobre essa questão na seção "Texto e contexto", na página seguinte.

FIGURA 2. Casal de camponeses egípcios em pintura na tumba de Sennedjen, em Tebas (Egito, c. 1500 a.C.).

ERICH LESSING/ALBUM – LATINSTOCK – TUMBA DOS NOBRES/LUXOR, TEBAS, EGITO

Texto e contexto 1

O reino dourado

"Gana aparece pela primeira vez em um texto árabe do século VIII, como o país do ouro. E é a abundância desse metal que fica na nossa memória quando lemos a descrição do rei e de sua corte, feita no século XI por Al-Bakri, outro árabe, natural de Córdoba, na Andaluzia. O soberano vestia uma ampla túnica e tinha na cabeça um turbante encimado por um gorro bordado em ouro. Trazia colares e pulseiras também de ouro. Atrás dele ficavam dez escravos, com espadas e escudos ornamentados de ouro. De ouro eram os arreios dos cavalos do rei. E as coleiras dos cachorros. Conta mais Al-Bakri: que o rei amarrava um de seus corcéis a uma pedra que pesava 14 quilos.

A mesma pedra de ouro vai reaparecer bem mais ao sul, no alto Rio Níger, na corte do rei de Mali. O grande viajante Ibn Battuta, que andou por aquelas terras entre 1352 e 1355 [observe o mapa], viu esse rei, que tinha o título de *mansa*, dar audiência a seus súditos, de manto vermelho e gorro bordado em ouro, sentado em almofadas, sob um grande guarda-sol encimado por um grande pássaro de ouro. O relato de Ibn Battuta apenas confirmava o que já corria o mundo árabe e até a Europa cristã: que o Mali era um reino riquíssimo em ouro."

SILVA, Alberto da Costa e. *A África explicada aos meus filhos*. Rio de Janeiro: Agir, 2008. p. 24-25.

As viagens de Ibn Battuta (1325-1355)

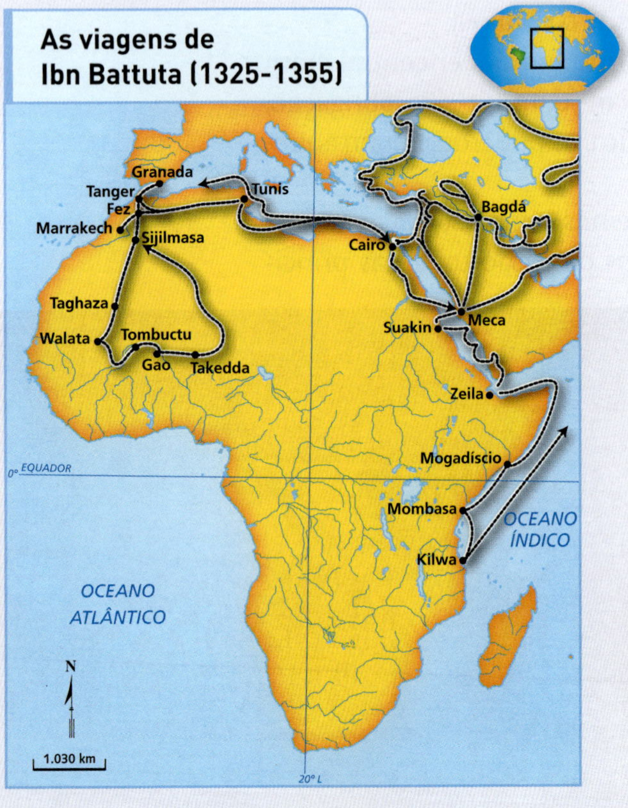

Responda.

- O texto faz referência à existência de escravos na corte de Gana. Como surgiu essa forma de escravidão?

Cultura material

Os povos africanos destacaram-se também no desenvolvimento de diversas técnicas. A metalurgia do ferro era utilizada há mais 2.600 anos, embora o sistema adotado não permitisse a fabricação de peças muito grandes. Os teares manuais foram desenvolvidos e disseminados precocemente: no século XII, os panos africanos já eram vendidos na Europa. Nos séculos XIII e XIV, a cidade de Tombuctu, no Reino de Mali, destacava-se como centro de difusão de ensino e cultura, atraindo estudiosos árabes e europeus. Leia sobre esse assunto no "Observatório de imagens".

Observatório de imagens

A misteriosa Tombuctu

Fundada nas proximidades do Rio Níger, Tombuctu se tornou um importante entreposto comercial pelo qual passavam as caravanas de mercadores que atravessavam o Saara. Mas foram as atividades culturais que lhe deram fama. No século XVII, um dito popular assim resumia a cidade: "O sal vem do Norte, o ouro, do Sul e o dinheiro, do país dos brancos; mas as palavras de Deus, os discursos sábios, as histórias e os contos bonitos só se encontram em Tombuctu".

WORLD PICTURES/PHOT/AGE FOTOSTOCK/KEYSTOCK

Casas de areia e palha em Tombuctu (Mali, 2008).

ISSOUF SANOGO/AFP/GETTY IMAGES

Mesquitas de areia e palha em Tombuctu (Mali, 2006).

Responda.

- Qual é a característica mais marcante das construções mostradas nas fotografias?

❷ África do Norte e África Subsaariana

Apesar de sua enorme diversidade, costuma-se dividir o continente africano em dois grandes conjuntos culturais, separados pelo Saara: a **África do Norte** e a **África Subsaariana** (figura 3).

A África do Norte, que pertence ao mundo muçulmano (figura 4), foi povoada por grupos étnicos de pele clara. Já na África Subsaariana, que abrange todos os territórios situados ao sul do Deserto do Saara, predominam os grupos étnicos de pele escura.

A diferença entre a África do Norte e a África Subsaariana não está na cor da pele de seus habitantes originais, mas na trajetória histórica dessas regiões.

FIGURA 3. **África do Norte e África Subsaariana**

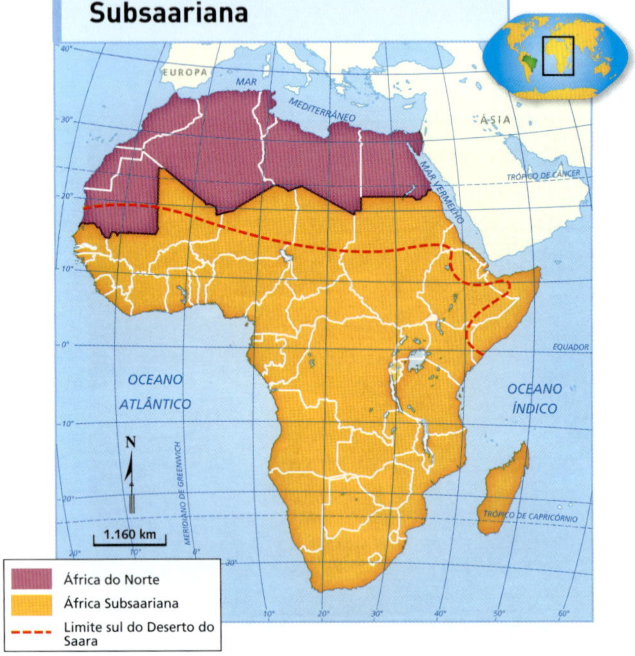

Fonte: Elaborado com base em FERREIRA, Graça Maria Lemos. *Atlas geográfico*: espaço mundial. São Paulo: Moderna, 2003. p. 61.

Os árabes chamavam de Bilad Al-Sudan (Terra dos Negros) as terras situadas ao sul do Deserto do Saara.

A África do Norte permaneceu integrada à Europa mediterrânea e ao Oriente Médio durante grande parte de sua história, recebendo as mais variadas influências culturais. A África Subsaariana, ou pelo menos grande parte dela, desenvolveu-se fechada em si mesma durante longos séculos, separada do resto do mundo pelo imenso deserto (ao norte) e pelos oceanos (a leste e a oeste).

É verdade que essas barreiras sempre foram permeáveis, permitindo importantes contatos culturais e comerciais. Já nos primeiros séculos da era cristã, camelos atravessavam o Deserto do Saara trazendo carregamentos de sal para os povos negros do sul.

A partir do século VIII, a África Subsaariana passou a abastecer a África do Norte com quantidades crescentes de escravos e ouro, também pelas rotas saarianas. Na mesma época, a vida urbana floresceu na costa do Oceano Índico, animada pelas relações comerciais que a região passou a manter com o Império Islâmico e com a Índia. No século XIV, uma importante rede urbana estruturava-se em torno dessas rotas (figura 5). Leia mais sobre isso na seção "Texto e contexto", na página seguinte.

FIGURA 4. **Mundo muçulmano**

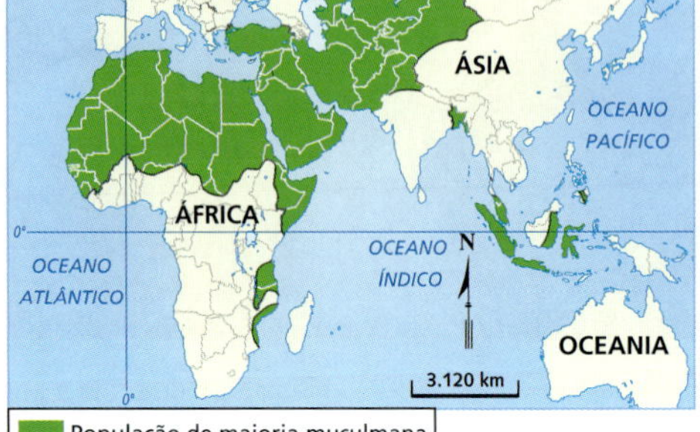

Em todos os continentes existem muçulmanos, ou seja, pessoas que professam a religião muçulmana e seguem os ensinamentos do profeta Maomé. Entretanto, é possível delimitar um mundo predominantemente muçulmano, que se estende do Marrocos até o Paquistão, passando pelo Irã e por parte da Rússia.

Fonte: Elaborado com base em O'BRIEN, Joanne; PALMER, Martin. *O atlas das religiões*: o mapeamento completo de todas as crenças. São Paulo: Publifolha, 2008.

FIGURA 5. As rotas transaarianas (século XIV)

Fonte: PACHECO, Felippe Jorge Kopanakis. *Mapas da história da África*. Disponível em <www.scribd.com/doc/17663033/anexodemapashistoriadaafrica>. Acesso em set. 2009.

Texto e contexto 2

O deserto e o mar

"Na realidade [...] o Saara nunca constituiu uma barreira. Afinal, não era desabitado. Era a terra dos nômades, que mantinham contatos estreitos com os povos sedentários do norte e do sul. Entre 1100 e 1500, o Saara serviu como zona de passagem privilegiada, e pode-se dizer que esse período correspondeu à idade de ouro do comércio transaariano. A partir do século X, o comércio de ouro da África ocidental com a África setentrional desenvolveu-se com regularidade. O Saara foi comparado, com procedência, com o mar: o Sahel sudanês e as fronteiras meridionais da África setentrional seriam seu litoral. No sul, Tichit, Walata, Tombuctu, Tirekka e Gao eram os terminais mais importantes das caravanas de Tamdult, Sidjilmasa, Tlemcen, Wargla e Ghadames. Só o dromedário se prestava para a travessia do deserto, que levava dois meses, senão três. Isso explica a importância das grandes pastagens ao norte e ao sul do Saara, reservadas à alimentação e à criação de dromedários, e também as disputas, às vezes violentas, entre os nômades pelo controle desses pastos."

TIANE, D. J. *História geral da África*. São Paulo: Ática, 1981. v. 4.
Disponível em <http://afrologia.blogspot.com>.

Responda.

▶ Por que, de acordo com o texto, o Saara pode ser comparado ao mar?

Mesmo assim, as influências externas tardariam muito a penetrar no interior da África Subsaariana. No século XV, quando os europeus desembarcaram no continente, os povos dessa porção não conheciam a roda nem o arado: a enxada e o machado eram os principais instrumentos. A irrigação também era pouco praticada.

Na maior parte da África ao sul do Saara, não havia impérios organizados ou grandes cidades. A escrita só existia em algumas regiões da costa do Oceano Índico, introduzida pelos povos islâmicos. Nesse caso, as tradições orais e a antropologia são ainda mais importantes para a compreensão das dinâmicas territoriais que ocorreram no passado. Leia mais sobre esse assunto em "Texto e contexto".

Texto e contexto 3

O fio de Ariadne

"A história falada constitui um **fio de Ariadne** muito frágil para reconstituir os corredores obscuros do labirinto do tempo. Seus guardiões são os velhos de cabelos brancos, voz cansada e memória um pouco obscura [...]. Cada vez que um deles desaparece, é uma fibra do fio de Ariadne que se rompe, é literalmente um fragmento da paisagem que se torna subterrâneo.

Indubitavelmente, a tradição oral é a fonte histórica mais íntima, mais suculenta e melhor nutrida pela seiva da autenticidade. 'A boca do velho cheira mal' – diz um provérbio africano – 'mas ela profere coisas boas e salutares'. Por mais útil que seja, o que é escrito se congela e se desseca. A escrita decanta, disseca, esquematiza e petrifica: a letra mata. A tradição reveste de carne e de cores, irriga de sangue o esqueleto do passado. [...]

É claro que muitos obstáculos devem ser ultrapassados para que se possa peneirar criteriosamente o material da tradição oral e separar o bom grão dos fatos da palha das palavras-armadilhas – falsas janelas abertas para a simetria –, do brilho e das lantejoulas de fórmulas que constituem apenas a embalagem circunstancial de uma mensagem vinda de longe."

KI-ZERBO, Joseph. *História Geral da África*. São Paulo: Ática, 1981. vol. 1. Disponível em <http://afrologia.blogspot.com>.

Explique.

- Por que, de acordo com o autor deste texto, as tradições orais podem ser úteis na reconstituição do passado da África?

Fio de Ariadne
Expressão usada para designar um meio fácil e óbvio de se resolver um problema.

❸ Fundamentalismos e guerras étnicas

Até hoje, as marcas da colonização estão presentes tanto na África do Norte quanto na África Subsaariana.

Na África do Norte, a pobreza e a baixa qualidade de vida contribuem para o avanço dos grupos **fundamentalistas** islâmicos. Trata-se de uma área de repulsão populacional, da qual partem importantes correntes migratórias para a União Europeia. Por sua vez, a África Subsaariana, cujos países dependem, em sua maioria, das exportações de um número reduzido de produtos primários, tem vivido uma sucessão interminável de violentos conflitos étnicos.

Fundamentalista
Pessoa, grupo de pessoas ou movimento que acredita na interpretação literal do livro sagrado de sua religião e prega que este seja seguido à risca. No caso dos grupos e movimentos islâmicos fundamentalistas, muitos lutam para que seus países sejam governados de acordo com as leis religiosas.

Fundamentalismo e pobreza na África do Norte

A Argélia, a Tunísia e o Marrocos, países do Magreb, mantêm fortes vínculos comerciais com a União Europeia, em especial com a França, antiga potência colonial, da qual importam grandes quantidades de produtos industrializados. Além disso, apesar das rigorosas medidas de restrição à imigração adotadas pelos integrantes da União Europeia, milhares de pessoas partem anualmente da região do Magreb em direção à França, em busca de melhores condições de vida e de trabalho.

A Argélia vive há décadas uma grande instabilidade política, por causa da ação dos grupos fundamentalistas islâmicos. No início da década de 1990, o governo argelino contou com a ajuda da França para evitar que o principal desses grupos – a Frente Islâmica de Salvação (FIS) – chegasse ao poder por meio do voto. Impedidos de participar do processo eleitoral com candidaturas, os membros desse grupo buscam atingir seus objetivos por meio de ações terroristas (figura 6).

O Egito, também situado na África do Norte, conquistou sua independência em relação ao Reino Unido em 1922. Nas décadas de 1950 e 1960, o presidente Gamal Abdel Nasser realizou um ambicioso programa de modernização econômica do país. Uma das principais obras resultantes desse programa foi a hidrelétrica de Assuã, no Rio Nilo, construída para gerar energia para a industrialização do Egito. Nasser acreditava na união do mundo árabe em torno de uma proposta comum de desenvolvimento e modernização independente dos países ricos. Esse ideário ficou conhecido como **pan-arabismo**. Mas, apesar de seus esforços, o Egito continuou e ainda é um país pobre, marcado pela elevada concentração de renda, e dependente do turismo e das exportações de petróleo. Como na Argélia, grupos fundamentalistas cada vez mais fortes e numerosos buscam alcançar o poder no Egito por meio da violência.

FAYEZ NURELDINE/AFP/GETTY IMAGES

FIGURA 6. Destroços após ataque terrorista na cidade de Naciria (Argélia, 2008).

Tráfico negreiro e conflitos étnicos na África Subsaariana

Como vimos, a escravidão já era praticada nos reinos africanos muito antes da chegada dos colonizadores. No século VII, a venda de escravos passou a incrementar o comércio entre a África Subsaariana e a África do Norte: calcula-se que mais de 8 milhões de pessoas tenham sido levadas à força para o mundo muçulmano entre 650 e 1600, a maior parte delas pelos portos de Zanzibar e Moçambique, na África Oriental.

FIGURA 7. **África: etnias, línguas e conflitos**

Fonte: FERREIRA, Graça Maria Lemos. *Atlas geográfico*: espaço mundial. São Paulo: Moderna, 2003. p. 75.

Quando os povos africanos passaram a ser vendidos também para as colônias europeias da América, o escravismo mudou de escala: em apenas quatro séculos, entre o XVI e o XIX, cerca de 12,5 milhões de africanos foram escravizados e seguiram para os portos atlânticos. Desses, cinco milhões tiveram como destino a América portuguesa. Por causa disso, a população da África praticamente não cresceu entre 1650 e 1850. Diversos povoados simplesmente deixaram de existir: seus nomes constavam em documentos de viajantes, mas nunca mais alguém ouviu falar deles.

Grandes reinos africanos, como Daomé (na atual Nigéria) e Oio (na atual Benin), especializaram-se na captura de escravos, enquanto outros, menores, serviam de intermediários entre os reinos negreiros e os comerciantes europeus.

O tráfico de escravos para a América teve fim no século XIX, mas a escravidão na África só acabou no século XX. Suas marcas ainda estão presentes nas rivalidades entre os antigos reinos negreiros e os povos que foram por eles capturados e escravizados. Esse é um dos fatores que explicam o grande número de conflitos étnicos que até hoje assombram o continente. Veja as figuras 7 e 8.

FIGURA 8. Campo de refugiados sudanenses de Darfur (Chade, 2007).

RICHARD WAINWRIGHT/CORBIS/LATINSTOCK

OBSERVADORES EM AÇÃO

Para rever o capítulo

1. Extraia do texto a seguir elementos que justifiquem a afirmação de que o continente africano não representa uma única África.

"Quando se fala da tradição africana, nunca se deve generalizar. Não há uma África, não há um homem africano, não há uma tradição africana válida para todas as regiões e todas as etnias. Claro, existem semelhanças (a presença do sagrado em todas as coisas, a relação entre os mundos visível e invisível e entre os vivos e os mortos, o sentido comunitário, o respeito religioso pela mãe etc.), mas também há numerosas diferenças: deuses, símbolos sagrados, proibições religiosas e costumes sociais delas resultantes variam de uma região para outra, de uma etnia a outra; às vezes, de aldeia para aldeia."

HAPÂTÉ BA, Amadou. *Amkoullel, o menino fula*. São Paulo: Palas Athena/Casa das Áfricas, 2003. p. 14

2. Observe o mapa ao lado.

a) É correto identificar a separação étnica da África como estabelece este mapa?

b) Cite as principais características dos povos que habitam o norte da África.

c) Podemos afirmar que a África Subsaariana apresenta uma uniformidade cultural? Explique por quê.

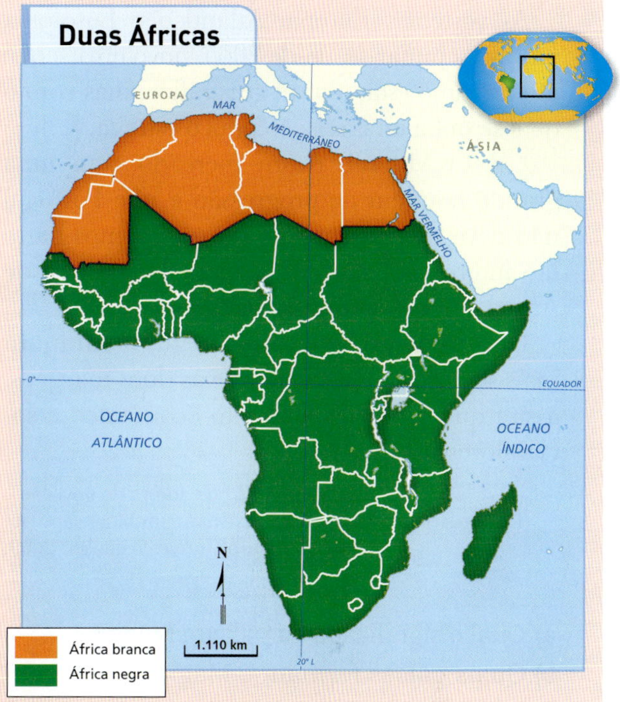

Fonte: Elaborado com base em FERREIRA, Graça Maria Lemos. *Atlas geográfico*: espaço mundial. São Paulo: Moderna, 2003. p. 61.

3. Leia o texto extraído do *blog* português *Câmara dos Comuns* e observe o mapa.

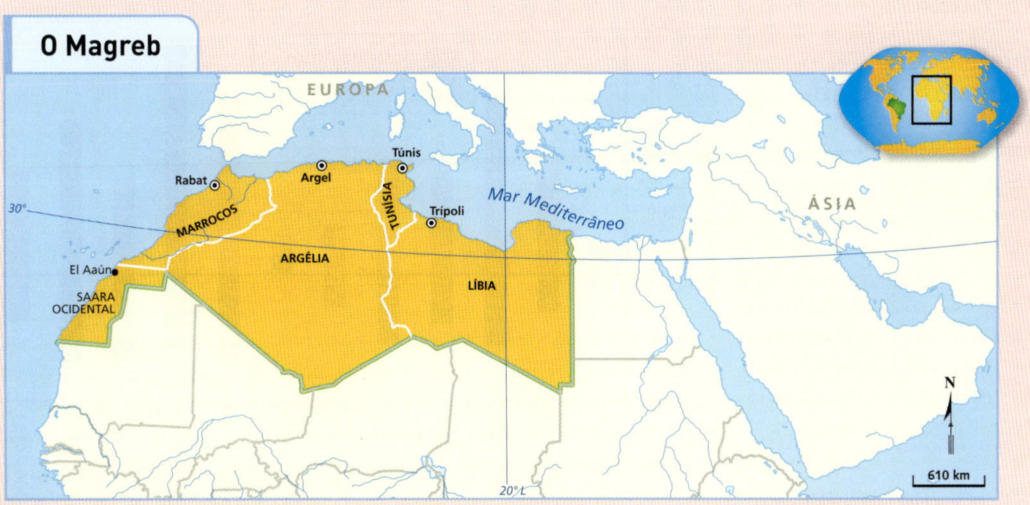

Fonte: Elaborado com base em FERREIRA, Graça Maria Lemos. *Atlas geográfico*: espaço geográfico. São Paulo: Moderna, 2003. p. 61.

OBSERVADORES EM AÇÃO

"Quando este Governo tomou posse em 2005, o Ministério [...] lançava uma nova aposta em termos de política externa, que não se enquadrava na tripla dimensão tradicional de atuação das necessidades: o Magreb.

Às vertentes Europa, Atlântico e Lusofonia passava a juntar-se, desde 2005, novo eixo, e que tão próximo está, a nível geográfico, mas com o qual se tinha uma relação pouco estreita. [...]

[...] O Magreb é um mercado com uma grande margem de progressão e que Portugal não deve desperdiçar, até porque, somos parte tão interessada na prosperidade desta área de África como os próprios nacionais.

Um Mediterrâneo mais seguro garantirá mais segurança e estabilidade às duas margens, assim que o desenvolvimento econômico e social floresça [...]."

"Magreb: a boa aposta do governo". Disponível em <http://camaradecomuns.blogs.sapo.pt/199590.html>. Acesso em set. 2009.

a) Qual o significado da palavra Magreb?

b) Quais países formam o Magreb?

c) Por que, de acordo com o texto, o governo português acertou ao ampliar sua política externa para os países do Magreb?

d) Em sua opinião, o que o autor do texto quis dizer ao afirmar que "a segurança do Mediterrâneo daria mais segurança e estabilidade às duas margens"?

e) Considerando a possibilidade de ampliação do comércio entre esses países, quais produtos do Magreb poderiam ser exportados para Portugal?

Práticas de pesquisa

4. Pesquise informações acerca da cultura africana e elabore um pôster para apresentar em sala de aula. Os procedimentos para a elaboração de pôsteres você encontra no capítulo 4 (página 72). A seguir, algumas sugestões de endereços eletrônicos para pesquisa.

- **Pé na África**
  <http://penaafrica.folha.blog.uol.com.br/perfil.html>
- **Afro-Ásia**
  <www.afroasia.ufba.br>
- **Africanidades**
  <http://afrologia.blogspot.com>

No mundo da cartografia

5. Interprete o fenômeno representado no gráfico ao lado.

Europa Ocidental e Norte da África: saldo migratório

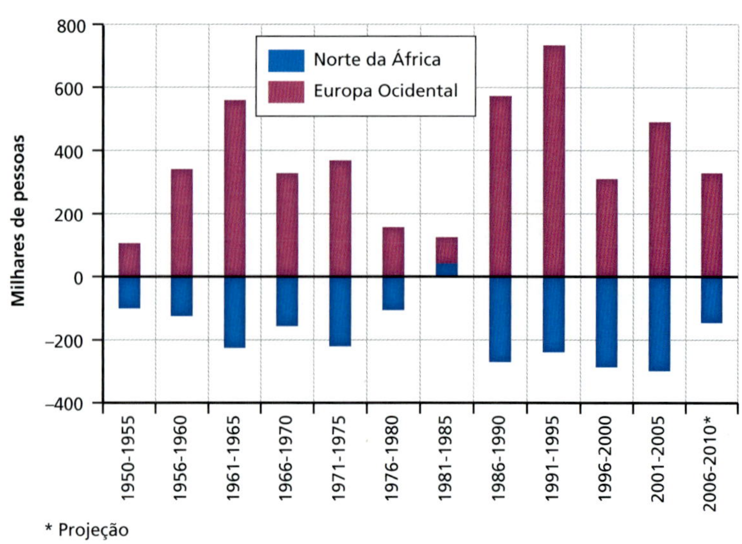

* Projeção

Fonte: ONU. Disponível em <http://esa.un.org>. Acesso em set. 2009.

6. Os mapas a seguir apresentam o número de imigrantes deslocados de diferentes regiões da África para a Europa, em 1993 e 2000. Observe e analise os dados apresentados.

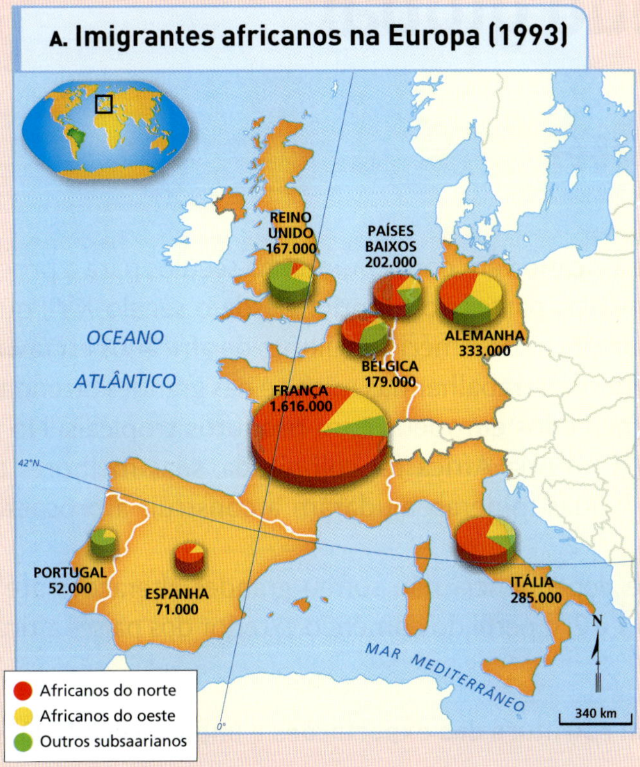

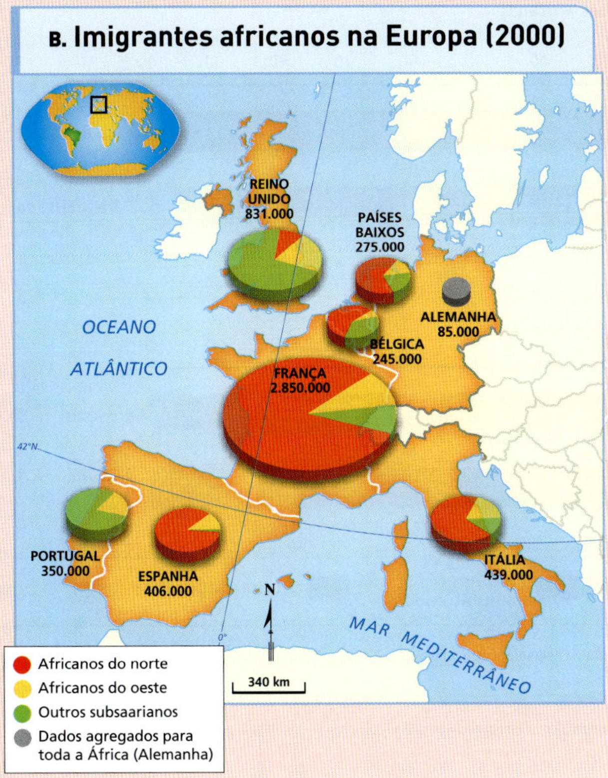

a) Compare os dados apresentados nos dois períodos, principalmente quanto ao número de imigrantes deslocados.

b) Com base em seus conhecimentos e de acordo com a questão anterior, quais motivos podem ser apontados como responsáveis por esses deslocamentos?

c) Investigue se há alguma relação entre as regiões de saída e de entrada dessas pessoas, considerando o passado colonial e os fatores culturais que possam contribuir para a inclusão desses deslocados.

Fonte: OCDE. *Atlas de l'intégration régionale, 2007*. Disponível em <www.oecd.org/dataoecd/21/56/38410164.pdf>. Acesso em set. 2009 (figuras A e B).

CAPÍTULO 12

A África no mundo global

Observatório de informações

O continente africano vem contribuindo há séculos para a produção de riquezas em várias partes do mundo. Desde o século XVI, quando teve início a colonização da América, milhões de africanos escravizados foram deportados para trabalhar nas minas e nas grandes fazendas que abasteciam os mercados europeus com produtos tropicais. No século XIX, quando a própria África foi colonizada, suas melhores terras e suas imensas jazidas minerais ajudaram a construir a prosperidade europeia.

A situação de dependência não sofreu grandes alterações até hoje. Veja, nas figuras 1 e 2, o perfil do comércio exterior dos países africanos.

FIGURA 1. África: estrutura das exportações e importações (2007)

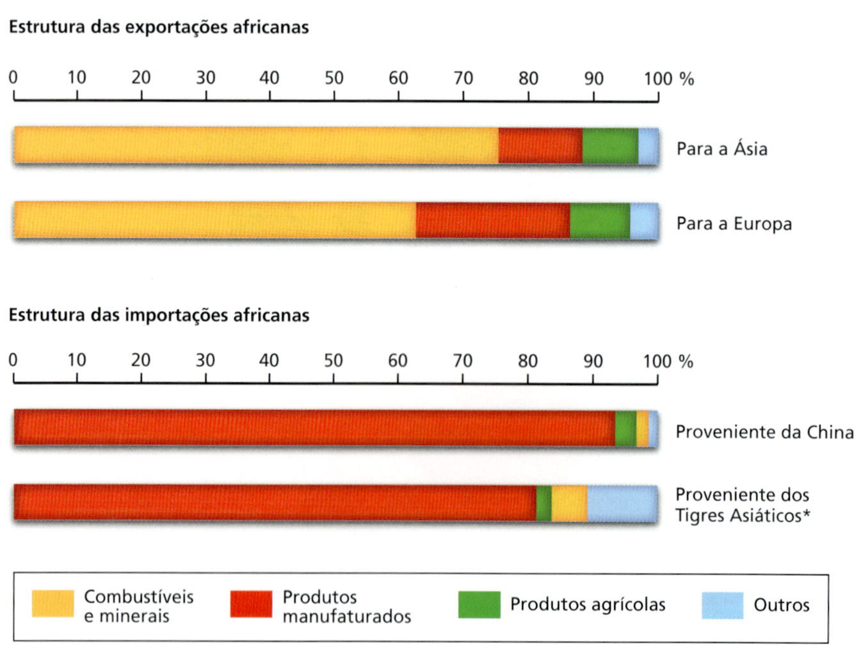

* Hong Kong, Coreia do Sul, Taiwan e Cingapura.

Fonte: *L'Atlas du Monde Diplomatique*. Paris: Le Monde Diplomatique, 2009. p. 180-181.

FIGURA 2. África: balança comercial (2006)

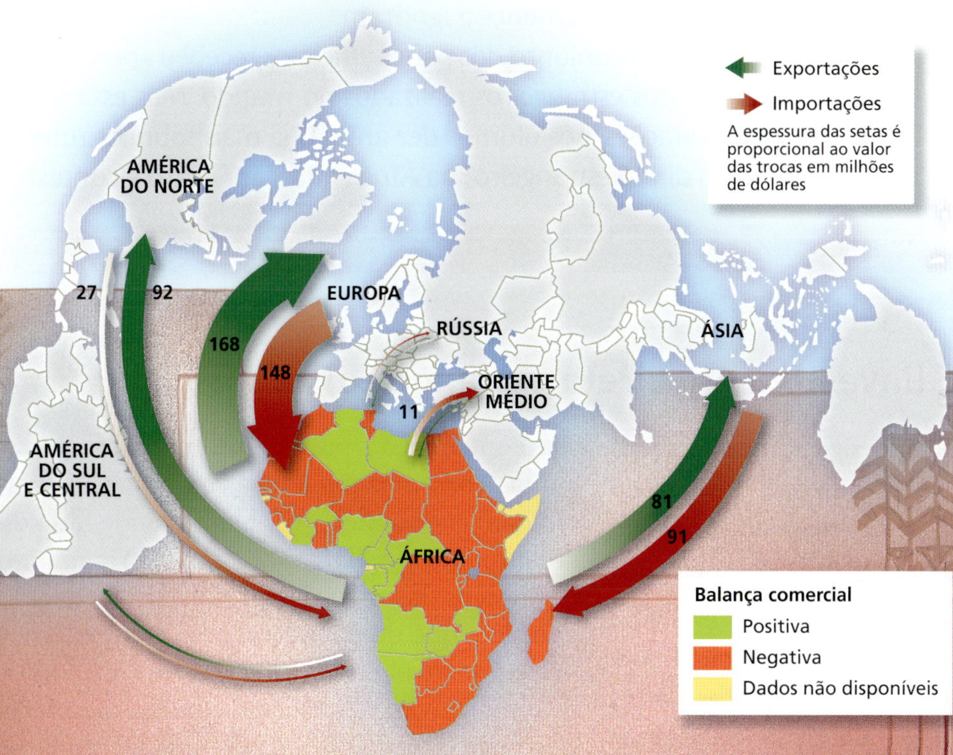

Faça o que se pede.

1. Com quais parceiros comerciais dos países africanos:
   a) O volume de exportações é maior?
   b) A balança comercial é desfavorável?
2. Comente as pautas de exportação e de importação dos países africanos, destacando a principal diferença entre elas.

1 Características econômicas

A presença europeia no continente africano rompeu de maneira dramática o isolamento da África Subsaariana. Desde o século XVI, quando foram criadas as primeiras feitorias comerciais portuguesas na costa atlântica, essa região integrou-se ao mundo como fornecedora de quantidades crescentes de escravos para as *plantations* americanas.

A colonização europeia da África manteve-se até o final da Segunda Guerra Mundial, quando a Europa perdeu seu poder político-econômico e militar para as novas potências (Estados Unidos e União Soviética).

Mesmo após a independência, a grande maioria dos países africanos permaneceu integrada ao mercado mundial fornecendo produtos primários, cujos preços não param de cair. A participação do continente africano no comércio mundial baixou de 3,7%, em 1961, para 1%, em 2009. Em decorrência da infraestrutura deficiente, a África não atrai as grandes corporações industriais, que praticamente a ignoram.

Na década de 1990, o conjunto dos países africanos recebeu apenas 1,6% de todos os investimentos estrangeiros realizados no mundo. Mas essa situação sofreu algumas alterações, nos últimos dez anos. Leia mais sobre os rumos do IDE (investimento direto estrangeiro) na África na seção "Texto e contexto".

Texto e contexto

O IDE (investimento direto estrangeiro) na África

O IDE tem aumentado significativamente na África nos últimos anos, o que está provocando uma diferenciação cada vez maior dos países do continente. Leia a análise efetuada pelos técnicos da Comissão Econômica da União Africana.

"[Atualmente, o IDE] é a principal forma de influxo de capital para muitos países subsaarianos, incluindo alguns de baixo rendimento, como Chade, Mauritânia, Sudão e Zâmbia. [...] Na África do Sul, em 2007, [...] o IDE cobriu totalmente o *deficit* da balança corrente. Não é possível ignorar a importância dos fluxos de IDE, tanto no que respeita à sua contribuição para a sustentabilidade das contas correntes nacionais como para o crescimento econômico. [...] Uma grande fatia do crescimento do IDE está ligada ao aumento dos preços das matérias-primas, sobretudo do petróleo, que desencadeou uma expansão dos investimentos ligados às atividades das indústrias extrativas. Os elevados preços das matérias-primas ajudaram igualmente a manter os fluxos de IDE com origem na África que, em 2007, permaneceram estáveis nos 6,5 bilhões de dólares."

Disponível em <www.africaneconomicoutlook.org/po/>. Acesso em set. 2009.

Responda.

1. Segundo o texto, qual a importância da entrada de investimentos estrangeiros para a economia dos países africanos?
2. Para qual setor ocorre o aumento dos investimentos estrangeiros diretos na África?

Agricultura de exportação

Na maior parte dos países africanos, mais da metade da população economicamente ativa trabalha no setor primário. Apesar disso, a produção de alimentos é insuficiente, pois as melhores terras e o que existe em termos de tecnologias modernas são empregados nos cultivos para exportação.

Mesmo vivendo em economias essencialmente agrícolas e importando alimentos, a população dos países africanos situados ao sul do Deserto do Saara (com exceção da África do Sul) apresenta o menor índice de ingestão de calorias do mundo. As regiões com domínio do clima tropical úmido, especialmente as costeiras, têm sido substancialmente utilizadas para a agricultura de exportação. Na Costa da Guiné, por exemplo, são produzidos 68% do cacau mundial. Muitos outros produtos de interesse comercial podem ser citados, como café, algodão, fumo, abacaxi. Veja a figura 3.

FIGURA 3. África: uso da terra

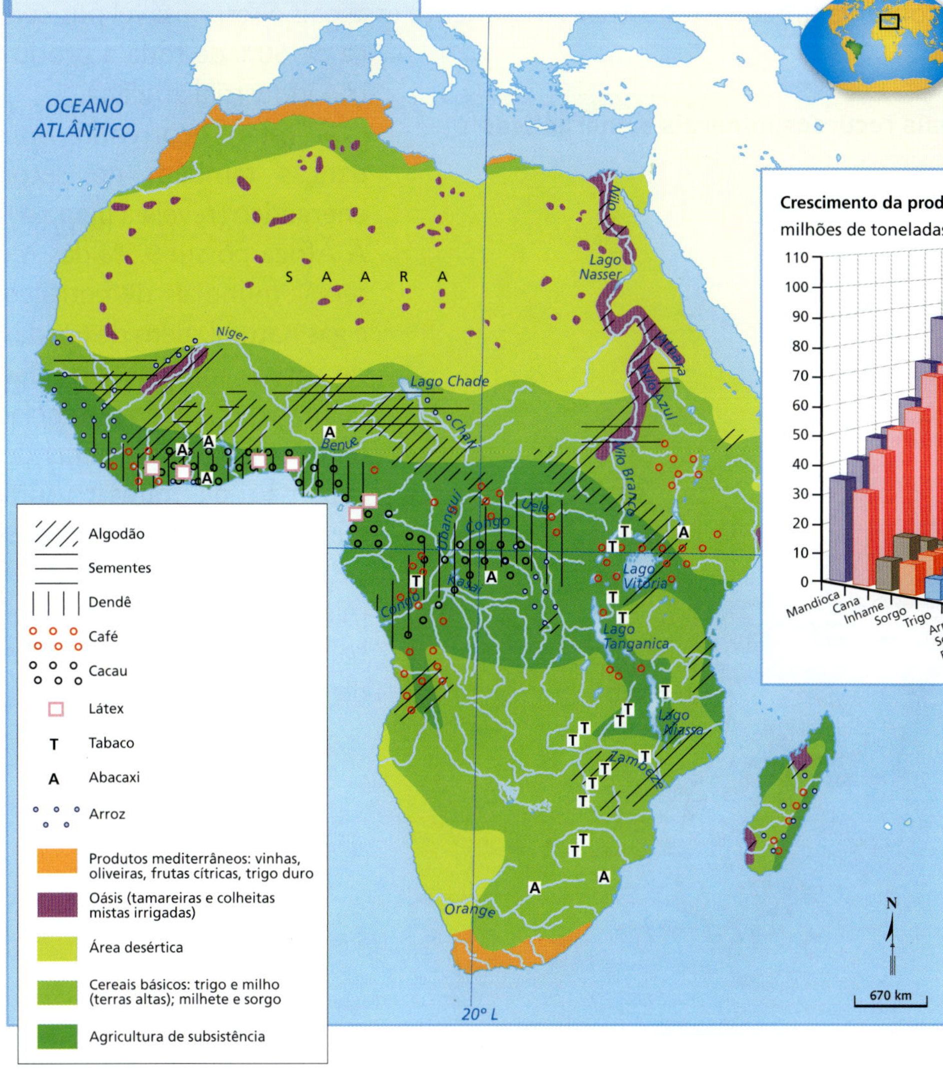

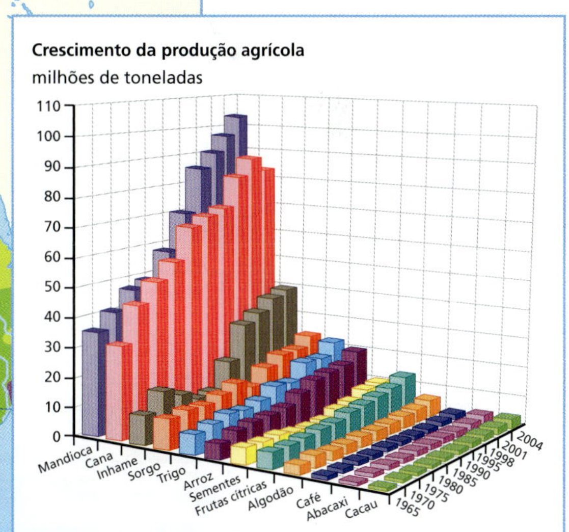

Fonte: *Africa Atlases*. Paris: Les Éditions du Jaguar, 2000. p. 33.

Recursos minerais e energia

As riquezas minerais da África têm sido exploradas intensamente, representando 8% do total da produção mundial. Muitos dos produtos minerais comercializados no mercado mundial dependem da produção africana, como é o caso da platina (90% da produção mundial), do cobalto (60%) e do ouro (40%). Veja o mapa da figura 4.

Infelizmente essas imensas reservas minerais não são utilizadas em favor das economias nacionais, mas seguem, em grandes quantidades, para os portos europeus e norte-americanos. Os produtos minerais são o principal item da pauta de exportações de vários países africanos. O cobalto representa 60% do comércio exterior de Zâmbia. Botsuana, por sua vez, depende do diamante, que é responsável por 85% da entrada de moeda estrangeira no país. A bauxita, o alumínio, o diamante e o ouro compõem 75% da pauta de exportações da Guiné.

Esse imenso potencial pode se transformar em um forte atrativo para o desenvolvimento econômico da África. A África do Sul, por exemplo, é a maior produtora de minérios do continente e conseguiu direcionar as riquezas geradas pela indústria extrativa para o desenvolvimento de uma economia urbana e industrial. Atualmente esse país é responsável por cerca de 50% de toda a produção industrial africana.

Já estão ocorrendo mudanças também no setor energético (reveja a figura 4). A África possui 9,5% das reservas mundiais de petróleo e gás natural, além de 6% das de carvão mineral, 20% das de urânio e 33% do potencial hidrelétrico. Várias obras de expansão da infraestrutura aumentam as possibilidades de maior inserção da economia africana no mundo globalizado, como é o caso dos oleodutos (figura 5).

FIGURA 4. África: principais recursos minerais e energéticos

Fonte: *L'Atlas du Monde Diplomatique*. Paris: Le Monde Diplomatique, 2009. p. 187.

FIGURA 5. Trabalhadores em oleoduto do terminal de exportação do Mar Vermelho (Sudão, 1999).

2 Rumos do desenvolvimento

O crescimento econômico africano é modesto em comparação ao de outras regiões do planeta, e a situação está piorando, principalmente para a República Centro-Africana, a Libéria, Madagascar, Níger, a República Democrática do Congo, Serra Leoa, a Somália, o Chade e o Zimbábue. Esses países apresentaram em 2005 PIB inferior ao de 1960.

Não é possível, porém, estudar a África, hoje, sem considerar o fato de que o crescimento do IDE e a expansão das obras de infraestrutura estão diferenciando cada vez mais as regiões africanas no que diz respeito a seu nível de desenvolvimento e à inserção na economia global.

Atividade extra
7 Observatório 8 em dois tempos
Destaque as pranchas 7 e 8.

Novos parceiros comerciais

Nesse processo de mudanças vivido pelo continente, a grande surpresa é a presença crescente da China em sua economia. O comércio chinês com países africanos passou de 39 milhões de dólares, em 2005, para quase 74 milhões, em 2007. Essa evolução se deve ao interesse da China nas reservas de matérias-primas minerais e energéticas. África do Sul, Angola e Sudão foram responsáveis por dois terços das importações chinesas da África.

FIGURA 6. África: principais parceiros comerciais (1980-2004)

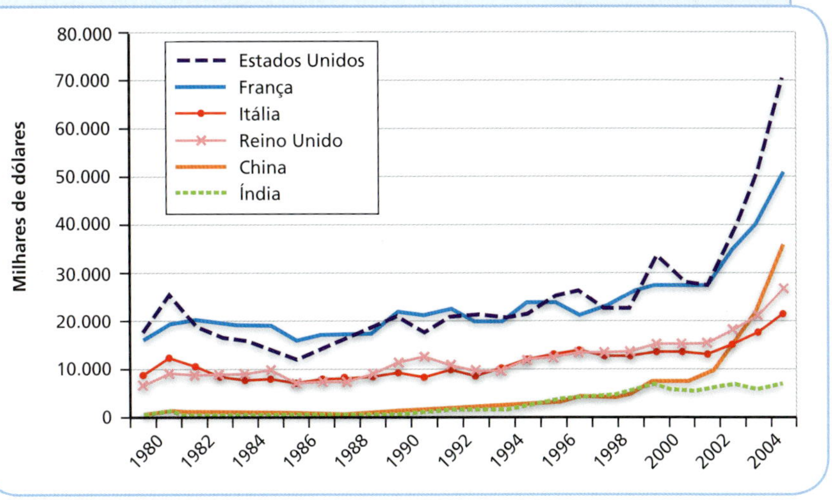

Fonte: *Atlas de l'Intégration régionale.* OCDE, 2007. Disponível em <www.atlas-ouestafrique.org/spip.php?article10>. Acesso em set. 2009.

Os investimentos da Índia e do Brasil também estão provocando rápidas mudanças no continente africano. No caso da Índia, há um interesse muito grande no acesso às novas fontes de fornecimento de petróleo. O governo brasileiro, por sua vez, investe no fortalecimento de parcerias no setor de serviços, assim como no desenvolvimento de pesquisas em agropecuária. É por esse motivo que o Brasil abriu, em 2007, uma agência da Embrapa (Empresa Brasileira de Pesquisa Agropecuária) em Gana, com o objetivo de estabelecer parcerias para o estudo da produção do biocombustível com base na mandioca.

O crescimento das cidades

Esses novos negócios estão provocando a migração da população, principalmente dos jovens, para as cidades onde eles estão se estabelecendo. O resultado desses fluxos é o aumento da urbanização. Se, na década de 1970, apenas 4 cidades africanas tinham mais de 1 milhão de habitantes, até 2010 o continente terá 33 cidades nessa situação. Reveja o mapa da abertura desta unidade (página 168).

As empresas, localizadas nas cidades, comandam as atividades de inovação econômica da África. Apesar da falta de infraestrutura nos bairros mais pobres e da precariedade dos imóveis, o acesso às tecnologias de informação e comunicação começa a fortalecer as relações dessas empresas com diferentes regiões do continente e dos países africanos com outras regiões do mundo. Um exemplo disso é o fato de a África ter apresentado, em 2006, as maiores taxas de crescimento da aquisição de telefones celulares no mundo. Mesmo que a relação entre o número desses aparelhos e o de habitantes ainda seja pequena (de 21 por 100), comparada à de países europeus (de 90 por 100), esse dado é significativo, uma vez que a introdução dos celulares nos países africanos é bem recente.

Visando integrar os esforços dos países da África, vários organismos regionais foram organizados. Veja o mapa da figura 7.

FIGURA 7. As organizações regionais da África

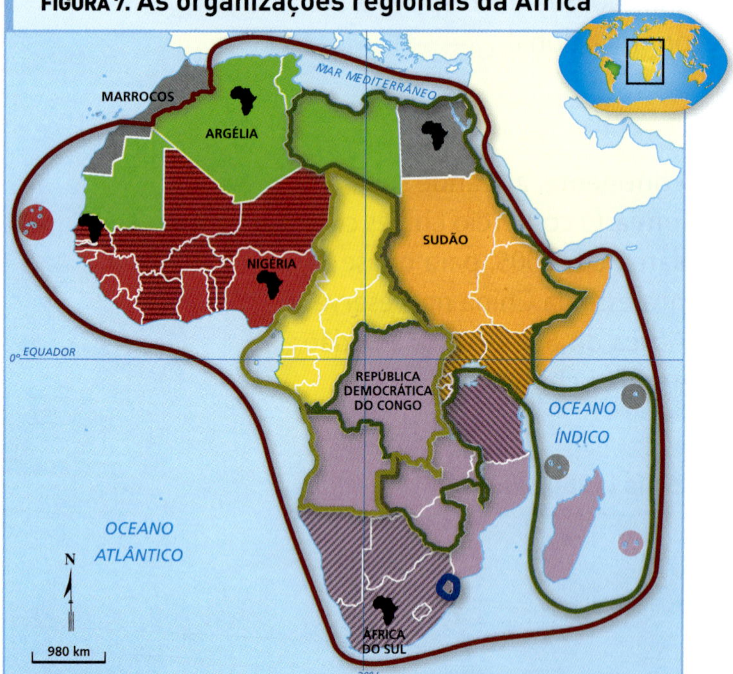

Organizações para o desenvolvimento econômico engajadas na gestão de conflitos
- Cedeao (Comunidade Econômica dos Estados da África do Ocidental)
- Ceeac (Comunidade Econômica dos Estados da África Central)
- Igad (Comunidade Inter-governamental para o Desenvolvimento)
- SADC (Comunidade para o Desenvolvimento da África Austral)

Organizações para o desenvolvimento multissetorial (político, econômico e de defesa)
- UA (União Africana)
- Estados integrantes do Nepad (Nova Parceria para o Desenvolvimento da África)

Organizações para o desenvolvimento econômico
- Uma (União do Magreb Árabe)
- Uemoa (União Econômica e Monetária do Oeste Africano)
- Cemac (Comunidade Econômica e Monetária da África Central)
- Comesa (Mercado Comum da África Central e Austral)
- CEA (Comunidade Leste-Africana)
- Sacu (União Aduaneira da África Austral)

Situação em 1º de julho de 2008

Fonte: Atelier de cartographie de Sciences Po, 2007. Disponível em <http://cartographie.sciences-po.fr/cartotheque/25C_integration_afrique_2007.jpg>. Acesso em set. 2009.

OBSERVADORES EM AÇÃO

Para rever o capítulo

1. Com base nos mapas a seguir, faça o que é pedido.

A. Distribuição das zonas de produção e dos principais países produtores e consumidores de cacau (2004)

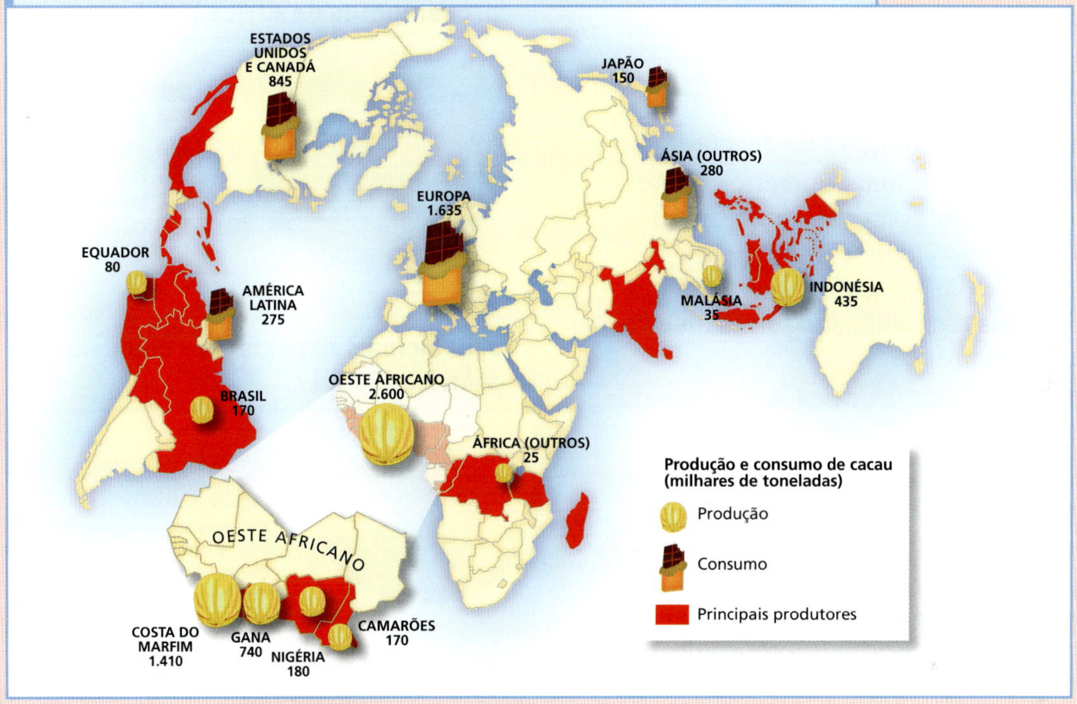

B. Produção e consumo de café no mundo (2004)

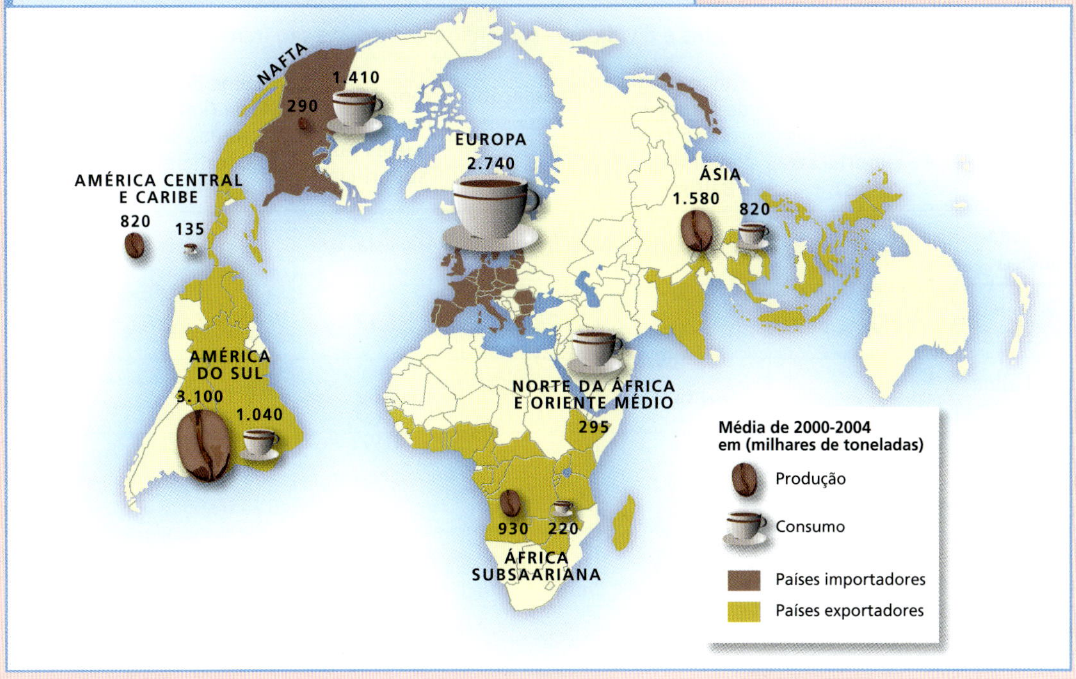

Fonte: *Atlas de l'Intégration régionale*. OCDE, 2007. Disponível em <www.atlas-ouestafrique.org/spip.php?article10>. Acesso em set. 2009 (mapas A e B).

a) Destaque do mapa A os maiores produtores de cacau do mundo e assinale em que continente se encontram.

b) Organize, em ordem crescente, as regiões que mais produzem e consomem café e cacau no mundo.

c) Por que, em geral, os maiores consumidores de café e cacau não são também os maiores produtores?

2. Reveja o gráfico da figura 6 e responda.

a) Dentre os principais parceiros comerciais da África apontados no gráfico, quais são europeus?

b) Dentre os países apresentados no gráfico, quais têm realizado fortes investimentos na África?

c) Quais produtos a África exporta para esses países?

3. Observe os gráficos e responda às questões.

a) De acordo com os dados do gráfico A, que tipo de produto africano é importado pelos chineses? E, de acordo com o gráfico B, que tipo é exportado por eles?

b) Considerando o valor desses produtos no mercado mundial, quem se beneficia mais com essa relação comercial? Justifique sua resposta.

A. Principais importações chinesas provenientes da África (2005)

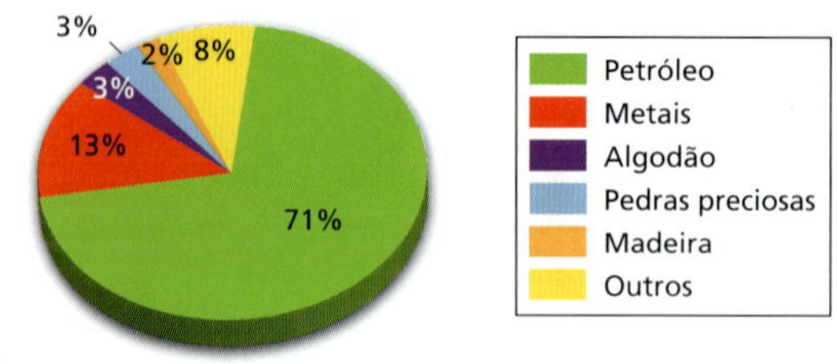

B. Principais exportações chinesas à África (2005)

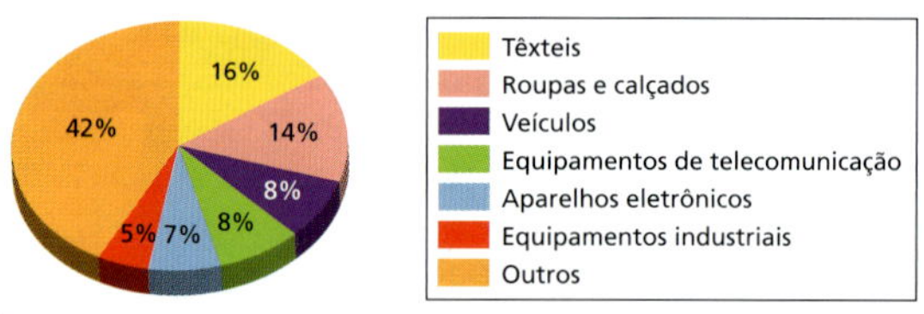

Fonte: *Atlas de l'Intégration régionale*. OCDE, 2007. Disponível em <www.atlas-ouestafrique.org/spip.php?article10>. Acesso em set. 2009.

4. Analise a tabela e faça o que é pedido.

As regiões mais distantes e divididas – comércio e transporte são itens caros						
Região	**Tempo de comercialização pelas fronteiras de exportação (dias)**	**Custo médio de transporte (US$ por contêiner para Baltimore)**	**População em países sem litoral (%)**	**Proporção do número de países por superfície**	**Densidade viária (km² de estradas por superfície) (1999)**	**Número estimado de conflitos civis (1940-2000)**
Ásia Oriental e Pacífico	24	3.900	0,42	1,44	0,72	8
Leste Europeu e Ásia Central	29	–	23,00	1,17	–	13
América Latina e Caribe	22	4.600	2,77	1,52	0,12	15
Oriente Médio e África do Norte	27	2.100	0	1,60	0,33	17
Ásia Meridional	34	3.900	3,78	1,67	0,85	24
África Subsaariana	40	7.600	40,20	2,00	0,13	34

Fonte: BANCO MUNDIAL. *World Development Report 2009*, p. 285. Disponível em <http://econ.worldbank.org>. Acesso em set. 2009.

▶ De acordo com o Relatório do Banco Mundial, o continente africano é o mais atingido quando se consideram os custos do transporte, o que afeta diretamente o custo dos produtos. Elabore um texto explicativo a respeito das dificuldades africanas quanto aos transportes e comércio, considerando as informações da tabela anterior.

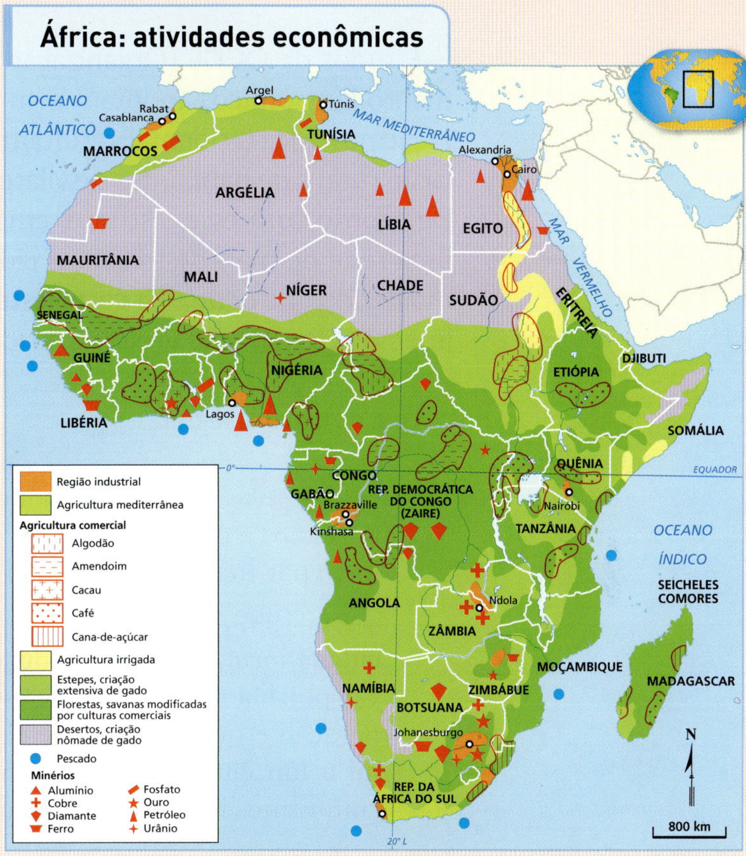

Fonte: FERREIRA, Graça Maria Lemos. *Atlas geográfico*: espaço mundial. São Paulo: Moderna, 2003. p. 74.

De um jeito ou de outro

5. Elabore uma frase a respeito da economia e da sociedade africanas, supondo que ela será a manchete de um jornal. Discuta com os colegas as frases propostas pela turma e, em conjunto, selecionem a mais expressiva para ser exposta na sala de aula.

No mundo da cartografia

6. Interprete o mapa, discutindo a distribuição das atividades econômicas pelo continente africano. Redija um texto em seu caderno destacando as principais áreas industriais, agrícolas e minerais.

Tabuleiros da Geografia

7. Complete o diagrama com as palavras adequadas.

Horizontais

2. O .... é uma fonte de energia exportada da África para a China.

4. A .... extraída da África representa 90% da produção mundial.

5. Os produtos .... são os mais representativos da pauta de exportação africana.

Verticais

1. Desde o início do século XXI, os .... estrangeiros têm crescido muito na África.

3. O .... desenvolve parcerias para a produção de biocombustíveis na África.

JOVEM CIENTISTA

Estudos da OCDE (Organização para a Cooperação e o Desenvolvimento Econômico) apontam o surpreendente crescimento da urbanização na África Ocidental, resultante do intenso deslocamento da população rural e de habitantes de vilarejos para os grandes centros urbanos. De acordo com esses estudos, em 2020, a África Ocidental vai abrigar uma rede de mais de trezentas cidades praticamente conurbadas, nos moldes do que ocorre na costa leste dos Estados Unidos. O núcleo dessa imensa aglomeração urbana é a cidade de Lagos, capital da Nigéria.

Leia o relato a seguir.

> "Adegoke Taylor, um camelô magro e solene de trinta e dois anos e olhar ansioso, divide um quarto de dois metros e meio por três com outros três rapazes.
>
> Em 1999, Taylor chegou a Lagos vindo de Ile-Oluji, uma cidade iorubá a cerca de duzentos quilômetros ao nordeste. Ele possuía um diploma de escola politécnica na área de mineração e queria fazer carreira. Ao chegar à cidade, Taylor foi a um clube onde tocavam juju – música *pop* misturada com ritmos iorubá – e lá ficou até duas horas da manhã.
>
> 'Essa experiência foi suficiente para mostrar que eu tinha encontrado uma vida nova', disse em inglês, jargão utilizado em Lagos. 'Você vê gente em todos os lugares a qualquer hora. Isso me estimulou. Na aldeia, você não se sente livre de maneira nenhuma, e fará amanhã as mesmas coisas que fez hoje'.

DAN KITWOOD/GETTY IMAGES

Congestionamento em área central de Lagos, capital da Nigéria (foto de 2008).

Taylor logo percebeu que nenhum dos poucos empregos em mineração anunciados nos jornais estava disponível para ele. 'Se você não tem contatos, não é fácil, porque há muito mais procura do que oferta', afirmou. 'Se você não tem uma pessoa conhecida dizendo '*este é o meu garoto, arrume um emprego para ele*', fica muito difícil. Neste país, se você não fizer parte da elite, as coisas ficam muito, muito difíceis."

UNFPA. Situação da população mundial 2007, p. 5. Disponível em <www.unfpa.org.br/relatorio2007/swp2007_por.pdf>. Acesso em set. 2009.

STUART FRANKLIN/MAGNUM – LATINSTOCK

Mercado a céu aberto ao longo da via expressa Oshodi, em Lagos (Nigéria, 2002).

1. Com base no relato de Adegoke Taylor, responda.

a) Quais são as condições de moradia do jovem Taylor?

b) Que motivos levaram o jovem a deixar a sua terra natal e se mudar para Lagos?

c) Quais dificuldades o jovem encontrou ao chegar à capital de seu país?

d) Qual foi a solução encontrada por ele para sobreviver na cidade?

e) Considerando que a urbanização é inevitável, e que ocorrerá de modo mais acentuado em países pobres, principalmente da Ásia e da África, quais medidas podem contribuir para que a vida nessas cidades seja melhor tanto do ponto de vista social quanto ambiental?

2. Considerando o que você estudou nesta unidade e a história do jovem Taylor, procure imaginar a possível trajetória dos outros três rapazes que dividem o quarto com ele.

a) De que regiões da África devem ter também migrado?

b) Que línguas falam? Quais são seus costumes?

c) Que expectativas têm em Lagos?

MURAL DO OBSERVADOR

NO CINEMA

Hotel Ruanda

REPRODUÇÃO

EUA, Itália, África do Sul, 2004.
Direção de Terry George.
Duração: 121 min.

O filme conta a história real de Paul Rusesabagina, gerente do *Milles Collines*, um hotel luxuoso em Kigali, capital de Ruanda, quando, em 1994, se acirram os conflitos políticos entre duas etnias: os Tutsi e os Hutu. Paul decide proteger e abrigar no hotel cerca de 1.200 refugiados tutsis. O genocídio fez mais de 500.000 mortos em Ruanda.

Os deuses devem estar loucos

REPRODUÇÃO

África do Sul, Botsuana, 1980.
Direção de James Uys.
Duração: 108 min.

Comédia sobre a saga de um bosquímano para devolver uma garrafa de refrigerante, que sua comunidade acredita ter sido um presente dos deuses. Além de muito divertido, é uma boa oportunidade de conhecer os bosquímanos e os contrastes entre a vida em uma aldeia e a vida em metrópoles na África do Sul.

A batalha de Argel

Argélia, Itália, 1966.
Direção de Gillo Pontecorvo.
Duração: 121 min.

Mesclando técnicas de documentário e de ficção, o filme descreve eventos decisivos da guerra pela independência da Argélia, marco do processo histórico de descolonização da África. O longa-metragem mostra como agiam os envolvidos do conflito: enquanto o exército francês recorria à política de eliminação e à tortura, a Frente de Libertação Nacional desenvolvia técnicas não convencionais de combate baseadas na guerrilha e no terrorismo.

ABC África

REPRODUÇÃO

Irã, França, 2001.
Direção de Abbas Kiarostami.
Duração: 83 min.

Neste documentário, o diretor iraniano Kiarostami registra em duas câmeras digitais o abandono de crianças e jovens em Uganda, país africano assolado pela epidemia da aids.

NO COMPUTADOR

Pé na estrada

<http://penaafrica.folha.sites.uol.com.br/perfil.html>

Jornalista da *Folha de S.Paulo* desde 1995, Fabio Zanini é um aficionado pelo continente africano. Fez mestrado em Relações Internacionais pela School of Oriental and African Studies (Soas) – Universidade de Londres. Neste *blog*, relata suas viagens pela África e comenta detalhes sobre a cultura, a política, as pessoas e as paisagens africanas.

YouTube

<http://www.youtube.com/watch?v=mDu3of4rRBQ>

Vídeo com imagens reais sobre a guerra de independência de Angola.

<http://www.youtube.com/watch?v=Ps-BISJ5pEE&feature=channel>

Documentário sobre línguas e religiões africanas (em espanhol).

<http://www.youtube.com/watch?v=nK39r7a-n88&feature=channel>

Vídeo em espanhol sobre a colonização da África e Oceania pelos europeus; apresenta as principais unidades de relevo e hidrografia.

Centro de Estudos Afro-Orientais

<http://www.afroasia.ufba.br>

Site da Universidade Federal da Bahia que publica revista semestral de mesmo nome. O foco da revista são populações africanas e asiáticas, além de seus descendentes no Brasil e no mundo.

Africanidades

<http://afrologia.blogspot.com>

André Bueno, professor de História e Filosofia da Fafi-UV (Paraná), mantém um ótimo *blog* sobre a história e tradições culturais africanas, onde se encontra um vasto acervo de indicações bibliográficas e *links* sobre o tema.

NA ESTANTE

O africano

LE CLÉZIO, Jean-Marie Gustave
São Paulo: Cosac Naify, 2008.

Ganhador do Prêmio Nobel de Literatura em 2008, o escritor francês Le Clézio nos leva à África de 1928 até depois do fim da Segunda Guerra Mundial. A história é narrada por um homem que refaz o caminho de seu pai, que trabalhou como médico militar nas colônias do continente africano, numa tentativa de compreender sua infância dividida entre Europa e África.

África: terra, sociedades e conflitos

OLIC, Nelson Bacic
São Paulo: Moderna, 2004.

Neste livro, o leitor encontrará um conjunto de informações e análises acerca da cultura, da história e da geografia africanas, que iluminam as realidades atuais e as perspectivas futuras do continente.

O segredo das tranças e outras histórias africanas

BARBOSA, Rogério Andrade
São Paulo: Scipione, 2008.

Os contos reunidos neste livro vêm de cinco países de língua portuguesa, situados em distantes pontos da África: Angola, Cabo Verde, Guiné-Bissau, Moçambique e São Tomé e Príncipe, e recuperam parte dos mitos tradicionais do continente.

África

SALGADO, Sebastião
São Paulo: Taschen do Brasil, 2007.

Organizado em três partes, o livro traz fotos do sul do continente (Moçambique, Malauí, Zimbábue, África do Sul, Namíbia), da região dos lagos (Congo, Ruanda, Burundi, Uganda, Tanzânia, Quênia) e da região subsaariana (Burkina Fasso, Mali, Sudão, Somália, Chade, Mauritânia, Senegal, Etiópia). O prefácio foi escrito pelo moçambicano Mia Couto, que descreve como a África de hoje reflete os efeitos da colonização e também as consequências das crises econômicas, sociais e ambientais no continente.

REPRODUÇÃO

Terra sonâmbula

COUTO, Mia
São Paulo: Companhia das Letras, 2007.

Após dez anos de guerra anticolonial (1965-1975), Moçambique viu-se às voltas com um longo e sangrento conflito interno que se estendeu de 1976 a 1992. Em busca de proteção, o velho Tuahir e o menino Muidinga se alojam em um ônibus incendiado à beira de uma estrada. O veículo, cheio de corpos carbonizados, guarda o diário de Kindzu. A partir daí, duas histórias são narradas paralelamente: a viagem de Tuahir e Muidinga e o percurso de Kindzu em busca dos naparamas (guerreiros tradicionais), que são, aos olhos do menino Muidinga, a única esperança contra os senhores da guerra.

EM DESTAQUE

A África explicada aos meus filhos

SILVA, Alberto da Costa e
Rio de Janeiro: Agir, 2008.

Escrito por um diplomata que foi embaixador do Brasil na Nigéria e no Benin, apresenta a história da África Subsaariana, seus reinos e organizações e os impactos da escravidão e do colonialismo na região. Obra indicada para jovens interessados na história da humanidade, que, como sabemos, começou na África.

REPRODUÇÃO

UNIDADE 5

A questão ambiental

TUNZA

Logotipo do Tunza (Programa das Nações Unidas para o Meio Ambiente).

O suaíli é uma das línguas mais faladas no leste da África. A palavra *tunza*, que faz parte desse idioma, significa "tratar com cuidado ou afeição". Foi a escolhida pela ONU para designar uma estratégia global de envolver crianças e jovens na luta pela consciência ambiental e de criar uma geração de cidadãos ecologicamente conscientes e pró-ativos.

Em agosto de 2009, reuniram-se em Daejeon, Coreia do Sul, 200 jovens de mais de 100 países para participar da Conferência Juvenil Internacional Tunza sobre o Meio Ambiente. O encontro teve como propósito permitir a socialização de experiências e práticas conscientes em relação ao meio ambiente entre jovens de diferentes países.

As mudanças climáticas, a desertificação crescente, a extinção acelerada de espécies vegetais e animais, o consumo desenfreado dos bens naturais são exemplos de problemas que devem ser cobrados das sociedades e de seus governos, e que necessitam do envolvimento de todos em ações individuais e coletivas para que o futuro na Terra seja possível.

Após intensos debates e trocas de experiência, a grande conclusão a que chegaram esses jovens participantes é a de que o futuro de sua geração estará comprometido caso nada se faça para mudar a atual situação em que se encontra o planeta.

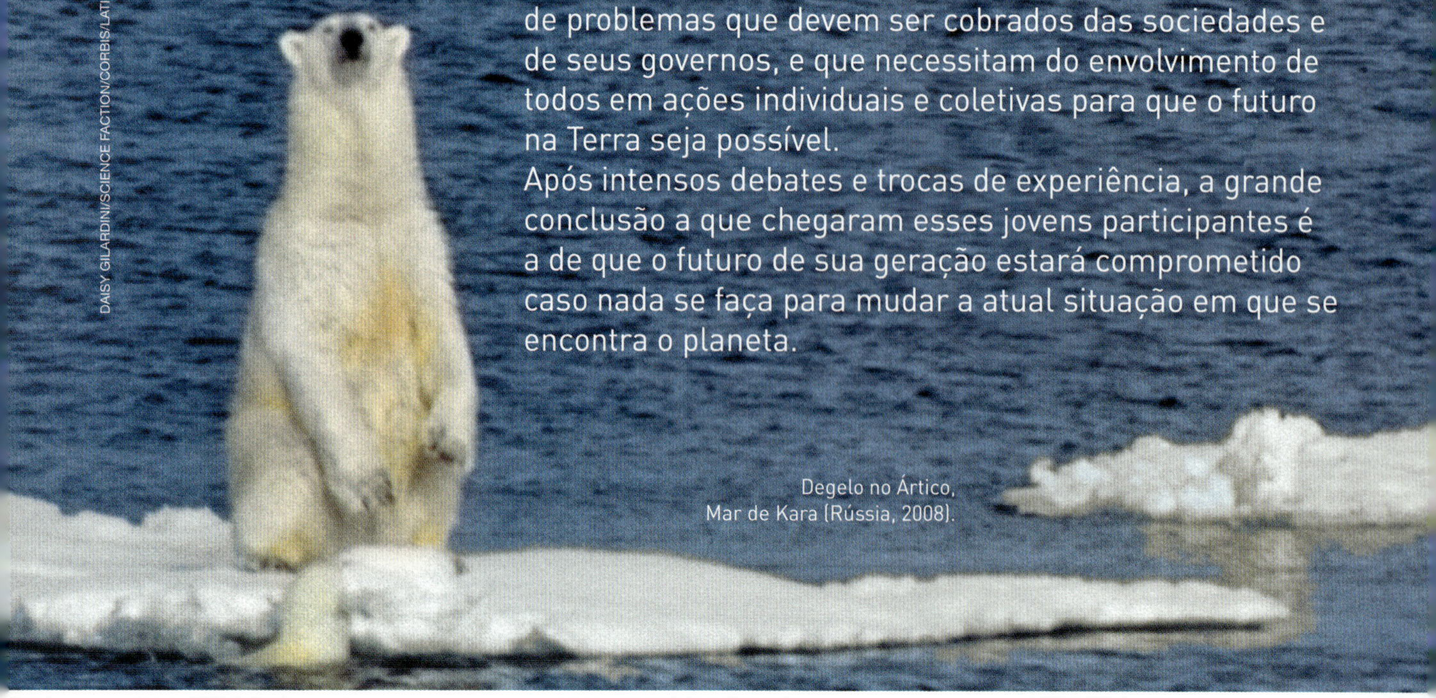

DAISY GILARDINI/SCIENCE FACTION/CORBIS/LATINSTOCK

Degelo no Ártico, Mar de Kara (Rússia, 2008).

Faça o que se pede.

1. Indique os problemas ambientais que podem ser identificados nas imagens.
2. Em sua opinião, quais atitudes podem ser tomadas para se evitarem os problemas expressos nas imagens e apontados por você na resposta anterior?

Congestionamento com poluição em Beijing (China, 2009).

DIEGO AZUBEL/EPA/CORBIS/LATINSTOCK

JOHN VAN HASSELT/CORBIS/LATINSTOCK

Área desmatada na Ilha de Sumatra (Indonésia, 2009).

CHRISTOS BLETSOS/EPA/CORBIS/LATINSTOCK

Poluição industrial em Kozani (Grécia, 2007).

Lixão a céu aberto em Bantar Gebang (Indonésia, 2009).

JOHN VAN HASSELT/CORBIS/LATINSTOCK

CAPÍTULO 13

Os recursos energéticos

Observatório de informações

FIGURA 1. América do Sul: recursos energéticos (2004)

Fonte: Cartographier le présent. Disponível em <www.cartografareilpresente.org/article153.html>. Acesso em dez. 2009.

Observe o mapa e responda.

1. Em que país se encontram as maiores aglomerações humanas? E onde se concentram as maiores jazidas de petróleo e gás?
2. Onde se localiza a maioria das reservas brasileiras de petróleo? E em que região estão as minas de carvão do Brasil?
3. Qual recurso energético importante não aparece no mapa?
4. Segundo o mapa, a Amazônia é considerada "patrimônio mundial a proteger". Em sua opinião, o que essa afirmação significa?

1 Produção e consumo de energia: problemas ambientais

O elevado consumo de energia que caracteriza os países ricos é uma das principais causas da crise ambiental contemporânea. Isso acontece porque tanto a produção quanto o consumo das principais formas de energia causam grandes impactos ao ambiente. Assim, quanto maior a demanda, maior o estrago.

A energia elétrica, por exemplo, pode ser gerada em **usinas termelétricas** convencionais, isto é, acionadas pelo calor produzido pela queima de **combustíveis fósseis**. Esse processo libera um conjunto de gases tóxicos na atmosfera, gerando poluição e contribuindo para o aquecimento global. Em diversos países, entre os quais os Estados Unidos, a maior parcela da eletricidade gerada provém de usinas termelétricas convencionais.

Combustíveis fósseis
Recursos energéticos gerados pela decomposição de material orgânico. Entre eles estão o petróleo, o gás natural e o carvão mineral.

Nas **usinas termonucleares**, a fonte de calor é obtida por meio da desintegração de núcleos atômicos. O problema é que o material radiativo, com elevado poder de contaminação, pode vazar para a atmosfera. Essas usinas geram também grande quantidade de resíduos, chamados de lixo atômico, que continuam radiativos por milhares de anos.

A França, por exemplo, obtém grande parte de sua energia elétrica de centrais termonucleares (figura 2).

Para produzir energia elétrica em **usinas hidrelétricas**, é necessário construir barragens em rios para represar grandes quantidades de água (figura 3). Esse fato provoca a inundação das áreas envolvidas, o que afeta de maneira significativa as populações ribeirinhas e as faunas que nelas habitam. Quanto maior a capacidade de produção de energia das usinas, maiores são os impactos ambientais.

SEBASTIEN NOGIER/REUTERS - LATINSTOCK

FIGURA 2. Central termonuclear de Tricastin (França, 2009).

AGENCE FRANCE PRESSE/GETTY IMAGES

FIGURA 3. Barragem da usina hidrelétrica de Três Gargantas, Hubei (China, 2003).

FIGURA 4. Tráfego em autopista de Los Angeles, Califórnia (EUA, 2008).

As barragens podem impedir a migração dos peixes de piracema, espécies que sobem os rios em direção às nascentes percorrendo muitos quilômetros para, quando exaustos, liberarem seus ovos (as fêmeas) e seus espermas (os machos) na água, resultando na fecundação. No Brasil, existe uma lei que obriga a implantação de escadas para peixes em barragens construídas em cursos d'água de domínio da União.

O Brasil figura entre os maiores produtores mundiais de energia hidrelétrica.

A maior parte da imensa frota de veículos que circula no planeta utiliza derivados de petróleo como fonte de energia (figura 4). Assim, automóveis, caminhões e ônibus emitem gases altamente poluentes, entre os quais aqueles que contribuem para o desequilíbrio do **efeito estufa**.

Efeito estufa
Retenção natural de calor na atmosfera que garante as temperaturas médias do planeta. O efeito estufa pode ser desequilibrado pelo aumento da quantidade de gases como o dióxido de carbono, o metano e o óxido nitroso.

Cerca de 90% da energia consumida no mundo provém dos combustíveis fósseis, da água corrente ou dos minerais radiativos. É possível gerar energia sem causar tantos impactos ao meio ambiente, utilizando, por exemplo, o calor do Sol ou a força dos ventos; na maior parte das vezes, entretanto, a produção e o consumo de energia deixam um rastro de devastação.

Pequenos e grandes consumidores

Os problemas ambientais gerados pelo consumo de energia ocorrem em escala global. Porém, o grau de responsabilidade por eles varia entre os países.

Os 29 países ricos que compõem a OCDE (Organização para a Cooperação e Desenvolvimento Econômico) abrigam apenas um sexto da população mundial, mas são responsáveis por cerca de metade do consumo energético do planeta. Os Estados Unidos, com cerca de 300 milhões de habitantes, consomem quatro vezes mais energia que todos os países africanos somados, os quais abrigam perto de 900 milhões de pessoas. É por isso que os Estados Unidos são, ao mesmo tempo, os maiores produtores e importadores de recursos energéticos.

A produção e o consumo de energia podem ser usados para comparar os países. Leia mais sobre esse assunto na seção "Texto e contexto".

Texto e contexto 1

A pegada ecológica

A Global Footprint Network (Rede Global da Pegada Ecológica) desenvolveu uma importante inovação no exame das questões ambientais: a quantificação do saldo negativo para com a natureza, ou seja, o quanto um país, uma cidade ou até mesmo um indivíduo extrapolam no consumo dos recursos naturais a seu alcance.

Os gráficos construídos por essa organização apresentam, em termos absolutos, a demanda média de recursos naturais por pessoa (pegada ecológica) e a oferta média de recursos por pessoa (biocapacidade).

Brasil: consumo *per capita* de recursos naturais (1961-2005)

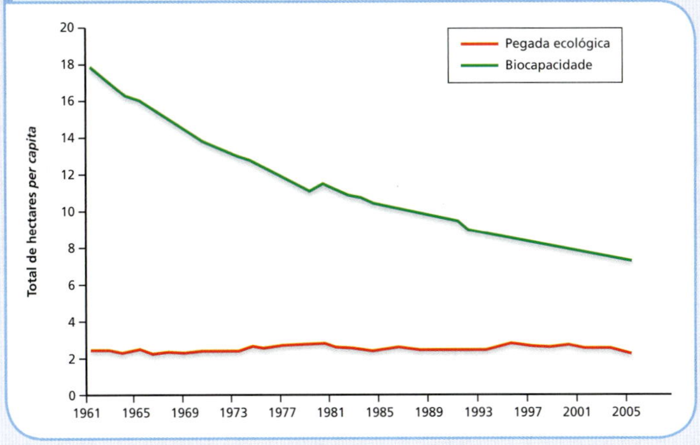

Estados Unidos: consumo *per capita* de recursos naturais (1961-2005)

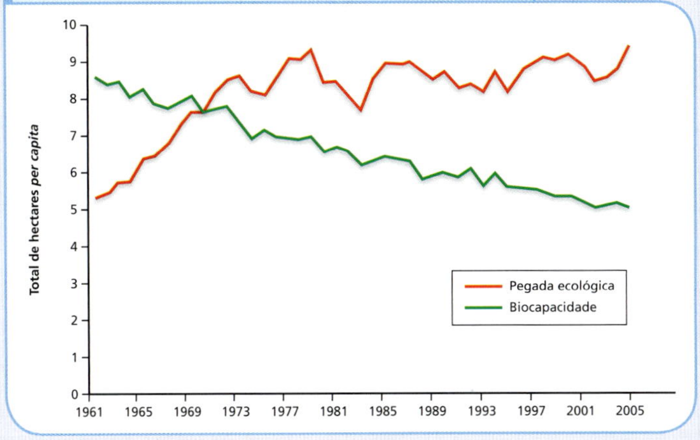

Fonte: Global Footprint Network. Disponível em <www.footprintnetwork.org/en/index.php/GFN/page/trends/us/>. Acesso em jul. 2009.

Responda.

1. Compare os dois gráficos. Qual população consome mais os recursos naturais disponíveis: a brasileira ou a estadunidense?
2. Como você caracterizaria a demanda de recursos naturais por cidadão brasileiro: estável, crescente ou decrescente?
3. Em que momento a demanda por cidadão dos Estados Unidos ultrapassou a oferta de recursos naturais disponíveis no país?
4. Qual a tendência de consumo dos recursos naturais por cidadão dos Estados Unidos: estável, crescente ou decrescente?

FIGURA 5. Matriz energética mundial (1980-2030)

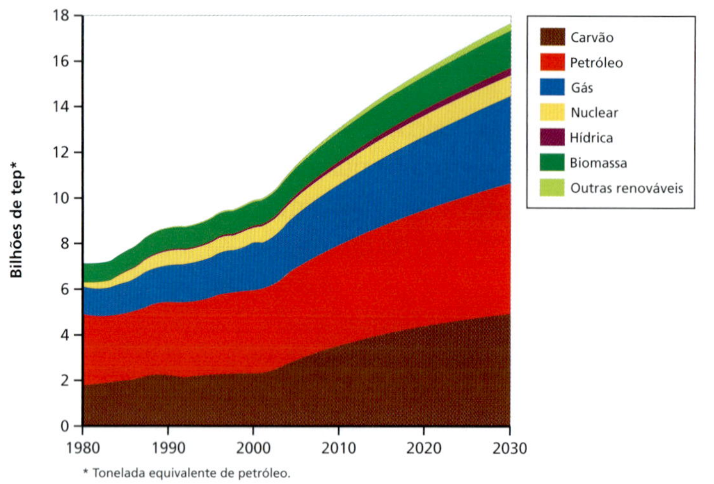

Fonte: INTERNATIONAL ENERGY AGENCY. *World Energy Outlook 2007*. p. 76. Disponível em <www.worldenergyoutlook.org/2007.asp>. Acesso em set. 2009.

Os combustíveis fósseis

O petróleo, o carvão e o gás natural ocupam os primeiros lugares da lista dos recursos energéticos mais utilizados no mundo (figura 5). Segundo o *Relatório 2007*, da AIE (Agência Internacional de Energia), quase 81% do total da energia consumida no planeta em 2005 foram devidos à queima dos combustíveis fósseis. Segundo estimativas da AIE, em 2030 esse percentual deverá crescer para 82%.

A grande maioria das reservas mundiais de carvão mineral está no Hemisfério Norte, especialmente na Rússia (56,5%), nos Estados Unidos (19,5%), na China (9,5%) e no Canadá (7,8%). Entre os maiores produtores, destaca-se a China (1.171 milhões de toneladas anuais), seguida pelos Estados Unidos (899 milhões de toneladas) e pela Índia (310 milhões de toneladas).

Apesar do emprego intensivo do **carvão mineral** nos processos produtivos, as evidências de que sua utilização gera problemas ambientais têm provocado um intenso debate sobre as vantagens de sua exploração. Leia mais sobre isso em "Texto e contexto".

O **petróleo** é formado pela decomposição de organismos animais e vegetais em ambientes marinhos. Por isso, as maiores reservas conhecidas estendem-se das plataformas continentais para as áreas continentais subjacentes, como ocorre no Golfo Pérsico e no Golfo do México (figura 6). O **gás natural**, por sua vez, é comumente encontrado em associação com o petróleo, ainda que ocorra em "poços secos", ou seja, reservatórios que abrigam apenas gás natural.

Apesar de sua origem marinha, existem reservas petrolíferas importantes localizadas no interior dos continentes, como na Rússia. Nesse caso, provavelmente, ou o petróleo migrou do assoalho oceânico para os continentes por meio de fendas nas rochas, ou essas reservas foram formadas pelos depósitos que se acumularam em mares rasos que existiram há milhões de anos em áreas hoje continentais.

O petróleo começou a ser utilizado intensivamente como recurso energético no último quartel do século XIX, quando passou a ser empregado como combustível em navios.

TRANSOCEAN/THE NEW YORK TIMES/LATINSTOCK

FIGURA 6. Exploração de petróleo no Golfo do México (2009).

Texto e contexto 2

Carvão: o combustível de ontem

A queima de carvão mineral e petróleo é responsável por 85% do enxofre lançado na atmosfera (causa principal da poluição urbana e da chuva ácida) e por 75% das emissões de dióxido de carbono (ou gás carbônico – CO_2), causadoras do desequilíbrio do "efeito estufa". E o carvão mineral, entre todos os combustíveis fósseis, é o que lança na atmosfera a maior quantidade dessas substâncias, por unidade de energia gerada.

Segundo o World Watch Institute, as emissões anuais de carbono pela queima de combustíveis fósseis – e, em especial, de carvão mineral – atingiram 6,55 bilhões de toneladas em 2001, elevando a concentração de CO_2 na atmosfera para 370,9 partes por milhão – "o nível mais alto alcançado em pelo menos 420.000 anos, e provavelmente em 20 milhões de anos". Novos recordes são registrados a cada ano. Como o CO_2 absorve o calor emitido pela superfície da Terra, esse aumento provoca mudanças climáticas.

Outros efeitos da extração e da queima do carvão mineral são o comprometimento da disponibilidade e da qualidade de recursos hídricos e o aumento da erosão e da acidificação do solo, a redução da biodiversidade e a destruição de ecossistemas. Mais ainda, os resíduos do carvão podem mudar a composição elementar da vegetação e penetrar na **cadeia alimentar**.

Os preços da geração da energia tampouco justificam a insistência no uso desse combustível. Dados brasileiros para 2003 e 2004 informam que a energia termelétrica a carvão mineral apresenta um dos maiores custos de geração, muito superior ao de uma hidrelétrica e mesmo ao de novas fontes renováveis, como a biomassa.

Informações extraídas de VASCONCELOS, Kathia (Coord.). *Carvão*: o combustível de ontem. Porto Alegre: Núcleo Amigos da Terra Brasil, 2004.

Cadeia alimentar
Sequência de seres vivos em que uns servem de alimento a outros, sucessivamente, ou seja, sequência de transferências de matéria e energia de um organismo para outro sob a forma de alimento.

Faça o que se pede.

- Além do impacto ambiental gerado pela extração do carvão mineral e por sua queima como combustível fóssil, aponte um argumento econômico desfavorável ao seu uso.

Ao longo do século XX, o petróleo transformou-se em um recurso energético vital para as sociedades modernas. Além de funcionar como fonte de calor em usinas termelétricas, passou a ser utilizado como matéria-prima em diversos setores industriais, como os dedicados à produção de tintas, tecidos sintéticos, fertilizantes e todos os tipos de plástico. E, o que é ainda mais importante, quase toda a frota de navios, aviões, automóveis, ônibus, tratores e caminhões que circula pelo planeta é movida pela queima do petróleo e de seus derivados. Veja o "Observatório de imagens", na página seguinte.

Poluição urbana

O uso intensivo de combustíveis fósseis deixou marcas no espaço geográfico das sociedades contemporâneas, em especial nas cidades.

A

JASON LEE/REUTERS/LATINSTOCK

Poluição em Beijing (China, 2008).

B

GUO JIAN SHE/REDLINK/CORBIS/LATINSTOCK

Trânsito em Beijing (China, 2007).

Emissões de CO_2 – países selecionados (1990-2005)

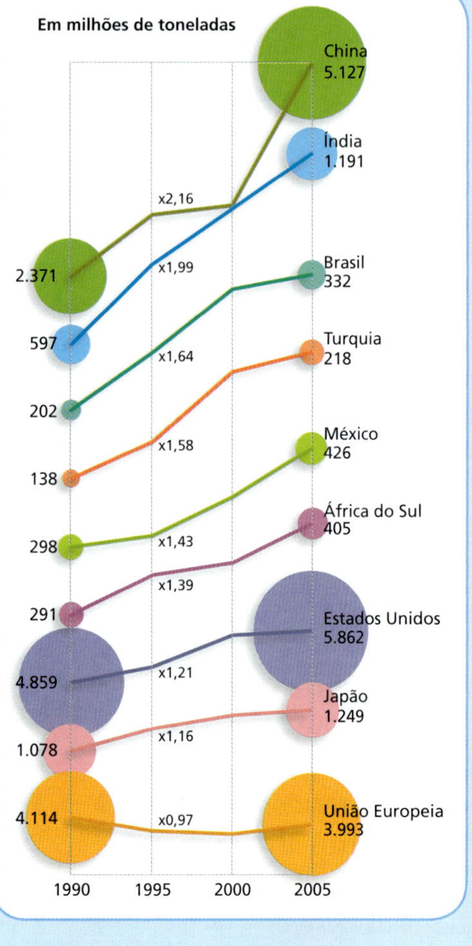

Fonte: Atelier de Cartographie de Sciences Po. Disponível em <http://cartographie.sciences-po.fr/cartotheque/26_Emissions_CO2_etats_1995-2005.jpg>. Acesso em out. 2009.

C

NASA/SPL/LATINSTOCK

Imagem de satélite mostra nuvem de poluição sobre a China (2004).

Faça o que se pede.

- Com base nos dados do gráfico e nas imagens, escreva um pequeno texto identificando as marcas deixadas no espaço geográfico pelo uso intensivo de combustíveis fósseis.

② As energias alternativas

A questão energética ocupa o centro do debate internacional sobre o meio ambiente. Em jogo, está o padrão de produção e de consumo dos países ricos, que representa uma ameaça para toda a humanidade.

De um lado, a solução pode estar na incorporação gradativa de fontes de energia limpas e renováveis, isto é, que não geram poluição e não implicam a exaustão de recursos naturais. De outro, é preciso considerar o custo ambiental do uso da energia e evitar o consumo desnecessário e o desperdício. Essas são as principais bandeiras do movimento ambientalista, como você pode constatar na seção "Texto e contexto", na página seguinte.

A **energia eólica** e a **energia solar**, ambas limpas e renováveis, são as formas de geração de eletricidade que apresentam as maiores taxas de crescimento de uso no planeta. As estimativas são de que as usinas eólicas em todo o mundo tenham uma capacidade instalada de 152.000 MW no final de 2009, o que corresponde a uma taxa anual de crescimento de 25%. A Alemanha, os Estados Unidos, a Dinamarca e a Espanha lideram a produção de energia eólica, enquanto a França se destaca na produção de energia solar.

Mesmo assim, essas formas de energia ainda ocupam um lugar desprezível no balanço energético mundial: segundo o *Relatório 2007*, da AIE, a participação das fontes de energia eólica, solar, geotérmica, das marés e das ondas do mar no atendimento à demanda mundial, entre 2005 e 2030, deverá aumentar de menos de 1% para 2%. Como vimos, apesar de todos os riscos envolvidos, os combustíveis fósseis continuam sendo intensivamente utilizados, tanto na geração de eletricidade quanto nos transportes.

Entretanto, a tecnologia da célula de combustível, que produz eletricidade com base em hidrogênio e oxigênio, promete revolucionar o setor de transportes em futuro próximo. Os protótipos de carros elétricos movidos por essa célula são dotados de motores bastante eficientes, que emitem apenas vapor-d'água na atmosfera (figura 7). Será esse o fim dos motores tradicionais que sustentam a indústria do petróleo, mas emitem quantidades colossais de gases de efeito estufa?

PETER MACDIARMID/GETTY IMAGES

FIGURA 7. Lançamento do protótipo de carro elétrico movido a hidrogênio em Londres (Inglaterra, 2009).

Texto e contexto 3

Energia e desenvolvimento sustentável

"Um terço da população mundial vive hoje sem acesso à energia, um serviço essencial para o desenvolvimento da humanidade e para uma vida com dignidade. [...]

A energia traz, além da iluminação artificial, a possibilidade de conservação de alimentos, de aquecimento da água e climatização dos ambientes, de transporte, de comunicação e, através desses benefícios, a produtividade, a inserção social e econômica e a soberania das sociedades. Entretanto, as fontes e formas tradicionais de produção de energia que possibilitam o acesso a esses benefícios são muitas vezes causa de degradação ambiental e impactos sociais que podem, inclusive, privar parte da população do acesso à terra, à água e a um ambiente saudável [...].

Como conciliar, portanto, uma visão de mundo com maior equidade entre os povos e sociedades, aí incluída a meta de universalização do acesso a energia a todos os homens e mulheres, com a preservação do ambiente natural e da diversidade cultural?

É prioritário atacar o desperdício e o uso desrespeitoso dos bens que a natureza oferece. Assim, é necessário o estabelecimento de padrões de produção e consumo sustentáveis à vida na Terra, de modo a promover maior justiça social e ambiental numa sociedade desigual em que hoje 20% da população consome 80% dos recursos, como a energia.

Sistemas de geração, transmissão, distribuição e uso de energia devem tornar-se mais eficientes, através de medidas tecnológicas, impulsionadas também por políticas públicas claras, fortes e eficazes. Mas não apenas as novas tecnologias, como os conhecimentos tradicionais, podem ser aplicados na busca de soluções para a produção de energia e combustíveis a partir de fontes renováveis e menos poluentes, de forma a reverter a tendência de aquecimento global do planeta. [...]

O envolvimento das comunidades na discussão, no planejamento e na gestão democrática dos recursos energéticos é chave para a sua soberania e para a sustentabilidade, e uma opção de resistência aos modelos centralizadores de recursos e poder que impõe aos povos altos custos econômicos, ambientais e sociais em troca do acesso a este bem de interesse comum que é a energia e que, portanto, deveria ser um direito de todo o cidadão, assim como o direito a uma vida digna num ambiente saudável."

ORTIZ, Lucia Schild. *Energia, sustentabilidade e democracia.* Núcleo Amigos da Terra Brasil. Disponível em <www. natbrasil.org.br/energia.htm>. Acesso em ago. 2005.

Faça o que se pede.

1. De acordo com o texto, o acesso à energia é essencial para o desenvolvimento das sociedades. Explique por quê.
2. Explique, com suas palavras, a expressão "justiça ambiental".
3. De acordo com o texto, é possível universalizar o acesso à energia sem devastar o patrimônio ambiental do planeta? De que maneira?

A energia da água

Como vimos, nas usinas hidrelétricas, a eletricidade é gerada por meio da força da água corrente. Por isso mesmo, para produzir energia hidrelétrica com grande capacidade, é necessária a existência de rios caudalosos que atravessem terrenos acidentados. Entre os países industrializados do mundo, apenas no Brasil essa fonte de energia supre a maior parte da demanda por eletricidade (figura 8).

A geração de energia em usinas hidrelétricas não gera poluição atmosférica e deriva de uma fonte renovável. Mas, como vimos, a construção de usinas elétricas de grande capacidade implica o alagamento de grandes áreas e a remoção dos moradores locais. Uma alternativa seria a construção de um maior número de PCHs (pequenas centrais hidrelétricas).

CRIS BERGER/OLHAR IMAGEM

FIGURA 8. Usina hidrelétrica de Itaipu (2007). Essa usina é binacional: fornece energia ao Brasil e ao Paraguai.

No Brasil, as PCHs são definidas como centrais com até 30 MW de potência e 3 quilômetros quadrados de área. Atualmente existem 211 PCHs no Brasil. No final de 2003, 163 novos projetos aguardavam autorização da Aneel (Agência Nacional de Energia Elétrica) e 44 estavam com a construção autorizada.

A energia nuclear

Nas usinas termonucleares, a eletricidade é obtida por meio da desintegração de núcleos atômicos de minerais radioativos, em especial do urânio. Com apenas um quilo de urânio, é possível obter uma quantidade de energia elétrica equivalente à que uma termelétrica convencional produz consumindo 150 toneladas de carvão.

Hipótese Gaia
Hipótese de acordo com a qual a Terra é um organismo vivo e autorregulado.

A energia termonuclear envolve tecnologias sofisticadas, tanto na geração quanto no controle de vazamentos de materiais radioativos. Por isso mais de 80% de toda a capacidade instalada no mundo está localizada nos países ricos.

A maior parte dos movimentos ambientalistas condena o uso da energia nuclear, tanto pelo risco de vazamentos quanto pelos resíduos gerados pelas usinas. Na Alemanha, por exemplo, o governo prometeu desativar todas as usinas nucleares até 2020, graças à pressão do Partido Verde (figura 9).

Entretanto, os defensores da energia nuclear alegam que ela é uma alternativa sustentável, pois não contribui para o desequilíbrio do efeito estufa nem utiliza intensivamente os recursos da natureza. O cientista britânico James Lovelock, criador da **hipótese Gaia**, defende que, diante da ameaça de aquecimento global, a energia nuclear é um mal menor. Leia mais em "Texto e contexto", nas páginas seguintes.

DAVID HECKER/AFP/GETTY IMAGES

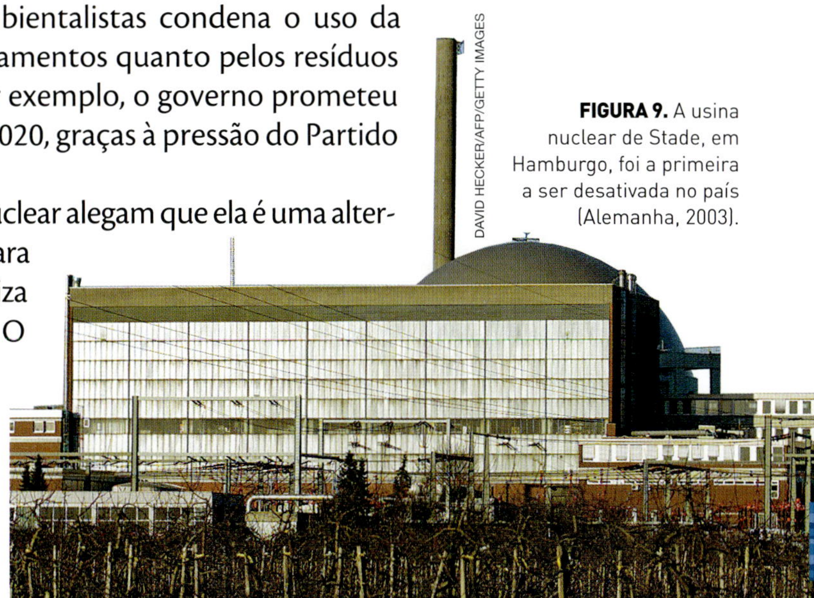

FIGURA 9. A usina nuclear de Stade, em Hamburgo, foi a primeira a ser desativada no país (Alemanha, 2003).

Texto e Contexto 4

Dos males, o menor

"Sir David King, conselheiro-chefe de Ciência do governo britânico, enxergou longe quando disse que o aquecimento global é uma ameaça mais séria do que o terrorismo. Ele pode até ter subestimado a ameaça, porque, desde que falou, novas evidências de mudança climática sugerem que ela possa ser ainda mais séria, o maior perigo já enfrentado pela civilização.

[...]

[...] O calor extra de todas as fontes – seja dos gases do efeito estufa [...], seja do desaparecimento do gelo ártico ou da floresta amazônica – é amplificado, e seus efeitos não se resumem à somatória. É quase como se tivéssemos acendido uma lareira para nos aquecermos e deixado de notar que, à medida que empilhávamos a lenha, o fogo saía de controle e a mobília já estava em chamas. Quando isso acontece, há pouco tempo para controlar o fogo antes que ele consuma a casa. O aquecimento global, como um incêndio, está se acelerando, e quase não sobra tempo para agir. [...]

[...] Quando, no século 18, apenas 1 bilhão de pessoas vivia na Terra, seu impacto era pequeno o bastante para que não importasse que fonte de energia usavam. Mas, com 6 bilhões para mais, restam poucas opções; não podemos continuar a extrair energia de combustíveis fósseis, e não há chance de que as fontes renováveis – vento, marés e hidrelétricas – possam prover a energia necessária em tempo hábil. Se tivéssemos 50 anos ou mais, poderíamos fazer delas nossas fontes principais, mas não temos 50 anos. A Terra já está tão incapacitada pelo veneno insidioso dos gases estufa que, mesmo se pararmos de queimar combustíveis fósseis imediatamente, as consequências pelo que já fizemos durarão ainda mil anos. Cada ano em que continuamos a queimar carbono torna as coisas piores para nossos descendentes e nossa civilização. [...]

A oposição à energia nuclear está baseada em medo irracional, alimentado pela ficção de estilo hollywoodiano, pelo *lobby* verde e pela mídia. Esses receios são injustificados, e a energia nuclear tem provado, desde o seu início em 1952, ser a mais segura das fontes de energia. Precisamos parar de tremer diante dos diminutos riscos estatísticos de câncer por compostos químicos e radiação. Cerca de um terço de nós morrerá de câncer, de todo modo, principalmente porque respiramos ar carregado com o carcinogênico mais comum, oxigênio. Se falharmos em concentrar nossas mentes no perigo real, o aquecimento global, poderemos morrer ainda mais cedo de superaquecimento [...]. Não temos tempo para experimentar com fontes visionárias de energia; a civilização está em perigo iminente e tem de empregar energia nuclear – a única fonte segura disponível – agora, ou então suportar a dor que logo lhe infligirá nosso planeta enfurecido."

LOVELOCK, James. "Gaia precisa da energia nuclear". *Folha de S.Paulo*, 8 jun. 2004.

Emissões de gás carbônico no mundo

Mapa A. Em 1980

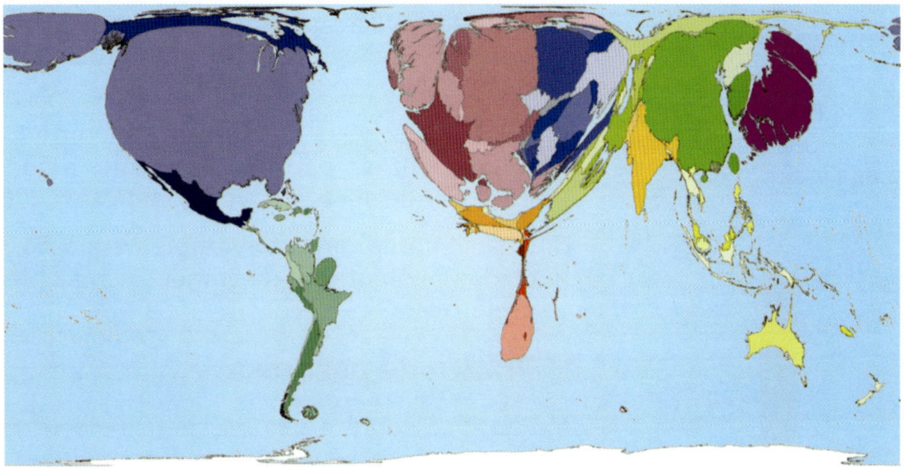

Mapa B. Em 2000

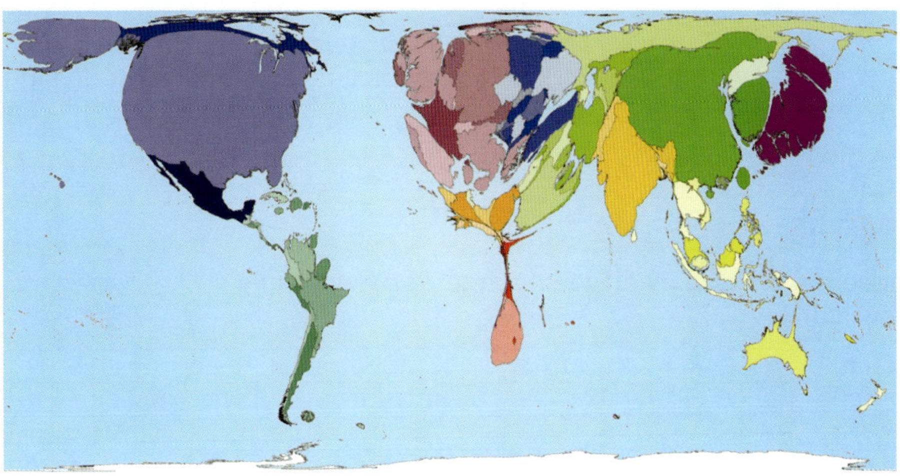

Fonte: WORLDMAPPER. Disponíveis em <www.worldmapper.org/display.php?selected=296> (mapa A); <www.worldmapper.org/display.php?selected=295> (mapa B). Acesso em out. 2009.

Responda.

1. Observando os mapas acima com o auxílio de um atlas escolar, você conseguiria apontar quais países apresentaram aumento na emissão de CO_2 no período entre 1980 e 2000?

2. Por que o cientista, autor do texto, considera o aquecimento global o maior perigo já enfrentado pela civilização?

3. Qual a posição do autor em relação às fontes renováveis?

4. Quais os principais argumentos do autor em favor da opção nuclear?

OBSERVADORES EM AÇÃO

Para rever o capítulo

1. O gráfico a seguir ilustra as mudanças do perfil de consumo de energia que acompanham a evolução tecnológica da sociedade. Identifique e explique cada uma dessas mudanças. Depois, procure relacionar as informações contidas no gráfico com a crise ambiental contemporânea.

Evolução do consumo diário de calorias *per capita*

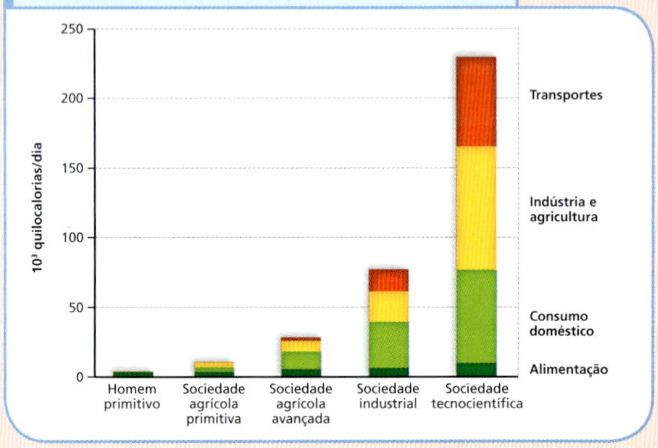

Fonte: MÉRENNE-SCHOUMAKER, Bernadette. *Géographie de l'énergie*. Paris: Nathan, 1993. p. 4.

2. Diferencie os impactos ambientais resultantes da geração de energia pelos seguintes meios: energia hidrelétrica; energia nuclear; energia termelétrica.

3. O combate ao aquecimento global implica uma revisão profunda do modelo de produção e de consumo vigente nos países ricos. Explique por quê.

4. Do ponto de vista da energia, o século XX foi o século do petróleo. Apresente argumentos que sustentem essa ideia.

5. Quais são os impactos ambientais associados à construção de grandes usinas hidrelétricas?

Prática de pesquisa

6. Pesquise sobre o uso da energia nuclear no mundo e seus impactos ambientais. Depois, o professor organizará a classe em dois grupos, para proceder ao julgamento da opção nuclear: um grupo atuará como advogado de defesa e o outro, como acusador. Ao final, produza um relatório sintetizado dos resultados do debate.

Tabuleiro da Geografia

7. Procure e circule, horizontal, vertical ou diagonalmente, as palavras que completam o texto a seguir.

A .... de combustíveis fósseis, como o .... e o .... mineral, gera gases .... O petróleo é formado pela .... de organismos .... e .... em ambientes .... Já o carvão mineral, pelo soterramento de antigas ....

X	T	C	I	U	I	E	R	X	V	C	I	H	B	Q	J	F	F	Y
E	Z	S	L	U	F	U	T	X	Y	G	A	U	V	E	M	C	L	Y
Z	U	V	T	C	B	B	F	O	B	S	G	R	Q	P	S	M	O	I
Y	R	C	U	R	R	Q	S	D	B	R	B	C	V	N	O	A	R	N
B	L	L	N	H	A	C	Q	R	G	L	J	W	J	Ã	Q	R	E	G
I	N	Y	A	L	U	X	E	A	N	I	M	A	I	S	O	I	S	V
G	P	O	E	S	T	U	F	A	M	T	G	L	C	L	N	N	T	U
D	H	F	A	F	P	V	R	I	F	X	X	B	O	J	O	H	A	Z
G	G	M	V	F	E	X	U	W	B	M	W	Ã	E	Q	I	O	S	V
S	P	C	I	C	T	T	U	I	E	U	Ç	J	T	V	A	S	U	D
Y	H	W	V	B	R	I	B	D	E	I	R	Y	V	L	D	L	P	K
V	X	I	A	W	Ó	S	Q	A	S	U	T	S	R	M	Q	M	K	O
I	P	V	M	X	L	E	L	O	U	H	S	A	C	L	R	S	E	I
A	R	Y	J	E	E	M	P	Q	J	U	U	X	J	S	P	M	T	G
M	J	Y	I	U	O	M	E	P	Y	A	S	S	A	Q	C	I	J	I
I	X	T	D	Z	O	W	E	M	S	X	V	E	G	E	T	A	I	S
E	R	E	J	C	A	Q	E	N	I	R	X	Q	Z	O	G	B	L	V
U	Y	G	E	U	D	K	R	S	V	O	G	C	N	J	M	J	S	P
Q	S	D	R	Z	M	U	I	T	P	Q	D	Q	V	T	A	L	U	I

CAPÍTULO 14

Urbanização e meio ambiente

Observatório de informações

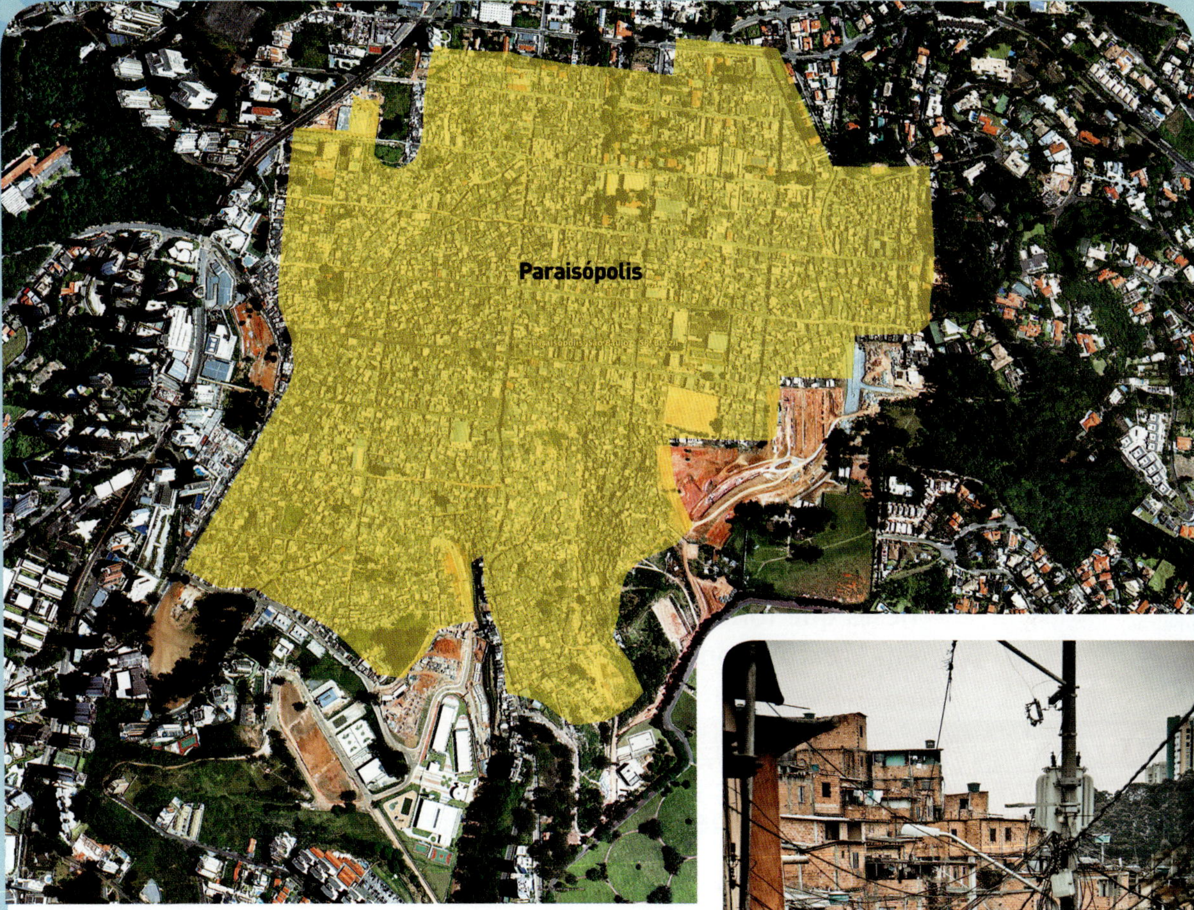

2009 GOOGLE EARTH

Área total: 798.695,55 m²
Índice de abastecimento: 60,83%
Índice de esgotamento: 9,62%
Dados levantados pela Prefeitura de São Paulo

FIGURA 1. Imagem do bairro de Paraisópolis, Distrito de Vila Andrade, elaborada pelo Google Earth, com Tecnologias de Informação Geográfica.

ALERUARO/SAMBAPHOTO

Considerando as imagens e os dados apresentados, responda.

1. Qual é a importância das Tecnologias de Informação Geográfica no planejamento urbano?
2. No caso de Paraisópolis, na cidade de São Paulo, qual é a demanda mais urgente em termos de infraestrutura?

1 O processo de urbanização

No mundo todo, cerca de 3,3 bilhões de pessoas, um pouco mais da metade da população, vive em cidades. De acordo com a ONU, em 2030 serão 5 bilhões, a maior parte em grandes centros urbanos de países pobres.

THE FRANCIS FRITH COLLECTION/CORBIS/LATINSTOCK

FIGURA 2. *Hyde Park*, em Londres (Reino Unido, 1890). Em 1800, Londres era considerada a maior cidade do mundo em população; hoje, com 7,5 milhões de habitantes, não figura nem sequer entre as 20 primeiras.

Urbanização é o termo usado para designar a situação na qual a população urbana de uma localidade ou região cresce mais rapidamente que a rural. Esse processo resulta principalmente do êxodo rural, ou seja, da transferência de populações do campo para as cidades.

A urbanização da população mundial é fenômeno recente. Em 1800, apenas 3 em cada 100 pessoas habitavam o meio urbano; em 1850, apenas duas cidades no mundo tinham mais de 1 milhão de habitantes: Paris e Londres (figura 2).

Na Europa e nos Estados Unidos, a urbanização acelerou-se na segunda metade do século XIX. Nessa época, a introdução de tecnologias mais modernas passou a diminuir a oferta de trabalho no campo e a aumentar progressivamente a produtividade da agricultura. A cidade passou a ser a alternativa de sobrevivência para os milhões de camponeses que foram expulsos do meio rural. Leia mais sobre esse assunto em "Texto e contexto".

Texto e contexto 1

Os pioneiros da urbanização

"Começou na Grã-Bretanha. Em 1800, o nível de urbanização do país era de 19,2%, mais que o dobro da média europeia. Mas, nas duas primeiras décadas do século XIX, o número de pessoas vivendo em cidades dobrou. Em 1820, o nível de urbanização era de 40%. No final do século XIX, 7 de cada 10 britânicos viviam em assentamentos urbanos com 5 mil ou mais habitantes. A Grã-Bretanha foi logo seguida por outros países europeus mais industrializados. Por volta da segunda metade do século XIX, a urbanização já havia se disseminado do Velho Mundo para os Estados Unidos e o Canadá. Durante a Primeira Guerra Mundial (1914-1917), 4 em cada 10 americanos viviam em assentamentos urbanos com 5 mil ou mais habitantes, sendo que apenas 60 anos antes a taxa era 1 em cada 20."

World Development Report. Washington, D.C.: The World Bank, 2009. p. 71. Disponível em <http://siteresources.worldbank.org>. Acesso em set. 2009.

Responda.

- Por que o processo de urbanização da Grã-Bretanha antecedeu o do resto da Europa?

Níveis de urbanização

Nos países desenvolvidos, o processo de urbanização praticamente já se completou. De acordo com as estimativas da ONU, a população urbana desses países ainda deve aumentar nas próximas décadas, mas muito pouco: de 870 milhões para 1,01 bilhão. Contudo é preciso considerar que alguns dos países europeus mais ricos apresentam níveis de urbanização inferiores a 70%. É o que acontece com Itália, Áustria, Suíça e Finlândia, onde parcelas significativas da população moram em vilas de menos de 5 mil habitantes, que não são consideradas urbanas para os padrões nacionais. Essas vilas, no entanto, estão plenamente integradas à economia moderna (figura 3).

Nos países subdesenvolvidos, a urbanização acelerou-se muito mais tarde, ou seja, na segunda metade do século XX, e continua a ocorrer, ainda que em ritmos bem diferentes entre eles.

A América Latina e o Caribe compõem a região mais urbanizada do mundo subdesenvolvido. Em 2005, apresentavam um nível de urbanização superior a 77% e, de acordo com a ONU, deverão atingir 85% em 2030.

Nessa região, estão localizadas algumas das grandes cidades de maior desigualdade econômica do mundo: Goiânia, Brasília, Belo Horizonte, Fortaleza, Rio de Janeiro e São Paulo, no Brasil, e Bogotá, na Colômbia. De acordo com a ONU, em todas essas cidades a renda é tão concentrada que a maior parte da população não tem acesso ao consumo de bens e a serviços básicos, como saúde, educação e moradia decente.

A enorme distância entre ricos e pobres no que diz respeito à qualidade de vida gera problemas crônicos de instabilidade social e de insegurança. Veja alguns exemplos no "Observatório de imagens".

A África e a Ásia permanecem predominantemente rurais, com 38% e 40%, respectivamente, de população urbana. Contudo a velocidade da urbanização em ambos os continentes é alta, e, se continuar no ritmo atual, suas populações serão majoritariamente urbanas em 2050.

DOUG PEARSON/JAI/CORBIS/LATINSTOCK

FIGURA 3. Vilarejo na Áustria (2008). Grande parte das vilas europeias surgiu muito antes da industrialização.

FIGURA 4. Mundo: população urbana (2005 e 2050)

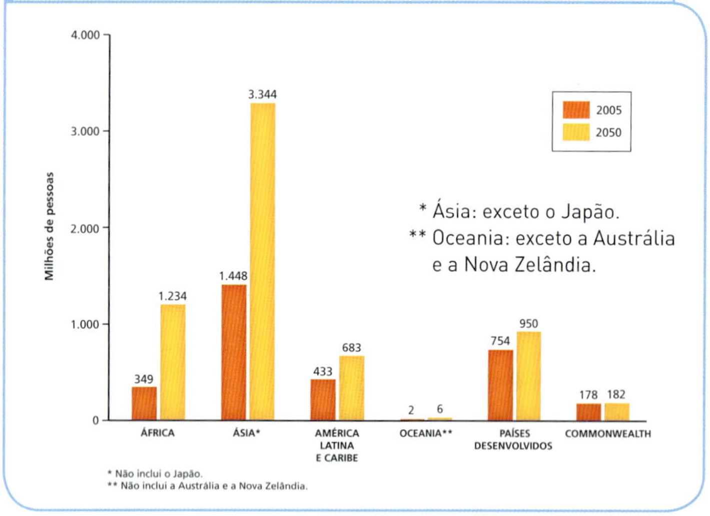

Entretanto, níveis baixos de urbanização não significam pequena população urbana: na Ásia, que abriga hoje cerca de 60% da população mundial, 1,5 bilhão de pessoas vivem em cidades, e esse número irá dobrar até 2050. Veja o gráfico da figura 4.

Fonte: UN-HABITAT. *Global Urban Observatory, 2008*. Disponível em <www.unhabitat.org>. Acesso em out. 2009.

Observatório de imagens

A distância entre ricos e pobres

A

ROBERTO COSSO/FOLHA IMAGEM

B

EITAN ABRAMOVICH/AFP/GETTY IMAGES

C

RODRIGO ARANGUA/AFP PHOTO

Cenas de Bogotá, capital da Colômbia: em A, bairro nobre (2001); em B, favela no subúrbio da cidade (2009); e em C, menina pede esmola no trânsito (2001).

Responda.

- Quais elementos das fotografias você pode destacar para explicar a desigualdade social em Bogotá?

2 As megacidades

Na maior parte dos casos, as grandes cidades dos países desenvolvidos viveram o apogeu de seu crescimento populacional entre 1850 e 1950. A partir da década de 1970, elas apresentaram crescimento fraco ou até mesmo estagnação. Entretanto existem algumas exceções importantes.

Tóquio, por exemplo, tinha 7,4 milhões de habitantes em 1942; mais de 16 milhões de habitantes em 1970; e ultrapassou os 35 milhões em 2007. O crescimento econômico do Japão, nas décadas após a Segunda Guerra Mundial, transformou essa cidade no núcleo da mais populosa área urbanizada do mundo.

Diversas cidades da costa oeste dos Estados Unidos também cresceram significativamente ao longo do século XX. Por exemplo: Los Angeles contava com apenas 100 mil habitantes em 1900; atingiu 6 milhões em 1940, e chegou a 12,5 milhões de habitantes em 2007, figurando desde então como a décima primeira metrópole do mundo.

Apesar dessas exceções, o ritmo frenético da urbanização das últimas décadas e o aparecimento de novas megacidades (cidades com mais de 10 milhões de habitantes) são fenômenos característicos do mundo subdesenvolvido. Veja o mapa da figura 5.

Todas as megacidades do mundo enfrentam problemas de infraestrutura e de abastecimento. Por um lado, a concentração de milhões de pessoas em uma mesma mancha urbana cria enorme demanda por serviços básicos, como abastecimento de água, energia, transportes e limpeza. Por outro lado, as megacidades produzem diariamente milhões de litros de esgotos e de águas contaminadas e toneladas de lixo, que precisam ser tratados de modo a não gerar desastres ambientais.

A oferta desses serviços, porém, é tanto mais deficitária quanto menor o orçamento das prefeituras. Se nem mesmo as megacidades mais ricas conseguem atender plenamente a essas demandas, a situação é verdadeiramente caótica na maioria delas, que se situa em países pobres com relativamente poucos recursos para investir na qualidade de vida urbana.

Problemas como falta de moradia, poluição do ar, escassez de água e enchentes tornam-se cada vez mais comuns nas grandes aglomerações urbanas do mundo, em especial nas dos países pobres. Conheça, na seção "Texto e contexto", o exemplo de Calcutá, na Índia.

Cidade	População (em milhões, em 2007)
Tóquio	35,6
Cidade do México	19,0
Nova York	19,0
Mumbai (Bombaim)	18,9
São Paulo	18,8
Nova Délhi	15,9
Xangai	14,9
Calcutá	14,7
Daca	13,4
Buenos Aires	12,7
Los Angeles	12,5
Karachi	12,1
Rio de Janeiro	11,7
Osaka-Kobe	11,2
Cairo	11,8
Beijing (Pequim)	11,1
Manila	11,1
Moscou	10,4
Istambul	10,0

Fonte: UN-HABITAT. *Global Urban Observatory*, 2008. Disponível em <www.unhabitat.org>. Acesso em 22 set. 2009.

FIGURA 5. As megacidades (2007)

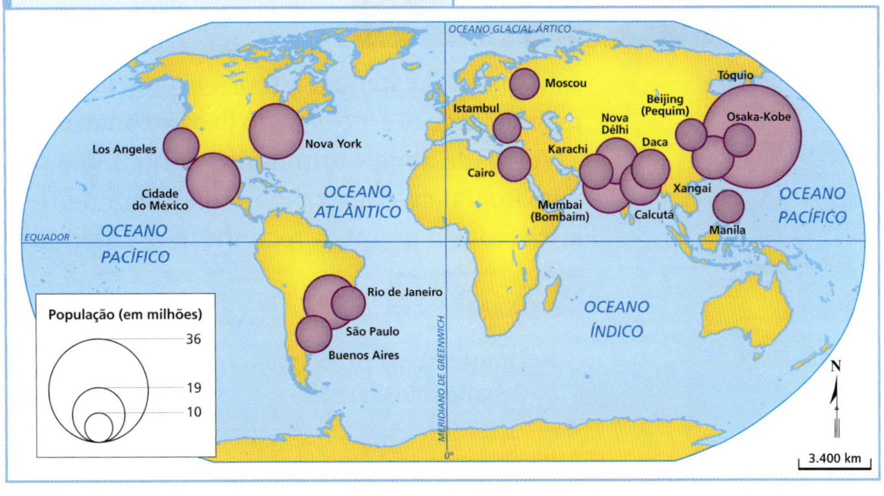

Texto e contexto 2

Índia: localização de Calcutá

Fonte: Elaborado com base em IBGE. *Atlas geográfico escolar.* Rio de Janeiro: IBGE, 2006. p. 47.

Calcutá: pobreza e riqueza

Calcutá foi fundada em 1690 pelos britânicos. A localização da cidade foi estrategicamente calculada: situada nas margens do Rio Hugli, um dos braços do delta do Rio Ganges, e a cerca de 150 quilômetros do Golfo de Bengala, ela seria a base de penetração dos colonizadores britânicos em toda a planície do Rio Ganges.

Em 1773, já transformada em importante polo dos negócios britânicos na região, Calcutá foi escolhida como capital da Índia Britânica, condição que perderia para Nova Délhi, em 1911.

Ao longo do século XX, Calcutá viveu intenso processo de industrialização, ligado principalmente aos setores têxtil, de transformação mineral e químico. Seu crescimento populacional intensificou-se a partir da independência da Índia, ocorrida em 1947, quando a cidade recebeu muitos refugiados vindos do Paquistão.

PIYAL ADHIKARY/EPA/CORBIS/LATINSTOCK

Vista de Calcutá (Índia, 2009).

Atualmente ela é o coração de uma grande região metropolitana e enfrenta uma série de problemas comuns aos de outras megacidades, agravados pelo fato de ser um dos espaços mais densamente povoados do mundo.

A maior parte de suas ruas é estreita e malconservada, o que ajuda a tornar o trânsito caótico. Faltam moradias decentes: cerca de um terço da população vive nos barracos apertados e mal ventilados das centenas de favelas existentes na cidade, conhecidas localmente como *bustees*. A oferta de água potável também não é suficiente para atender a todos e, principalmente nos bairros mais pobres, as redes de esgoto e a coleta do lixo são precárias ou inexistentes.

A cidade abriga, entretanto, o mais importante centro de produção cinematográfica e teatral da Índia, além de três importantes universidades, institutos de pesquisa reconhecidos internacionalmente, museus e bibliotecas públicas. A ampla maioria dos livros, revistas e jornais em circulação na Índia é publicada na cidade.

Responda.

- Quais são os principais problemas urbanos de Calcutá?

3 As cidades mundiais

A região metropolitana de Frankfurt, na Alemanha, tem menos de 6 milhões de habitantes e está longe de figurar entre as mais populosas do mundo. Entretanto, sua importância no mercado financeiro global é superior à de todas as cidades sul-americanas, entre elas São Paulo, cuja região metropolitana é três vezes mais populosa que Frankfurt. A Bolsa de Valores de Frankfurt ocupa o quinto lugar mundial em volume de capitais negociados. A cidade funciona também como um polo de serviços empresariais avançados (como os de assessoria jurídica e consultorias), cuja influência ultrapassa as fronteiras da União Europeia. Veja a figura 6.

As cidades que, como Frankfurt, exercem influência decisiva no mercado global de capitais e de serviços são conhecidas como **cidades globais**. A grande maioria delas está situada em países ricos.

Londres, Nova York, Paris e Tóquio figuram entre as mais importantes cidades mundiais da atualidade. Elas abrigam sedes de grupos empresariais e instituições financeiras que controlam e gerenciam atividades econômicas em diversos países do mundo. Por isso as decisões tomadas nas cidades mundiais afetam a vida de centenas de milhões de pessoas, entre elas os trabalhadores de suas filiais e os consumidores de seus produtos. Em todas elas encontram-se importantes bolsas de valores, pelas quais circulam milhões de dólares todos os dias.

As cidades mundiais são fruto das inovações tecnológicas das últimas décadas nos campos da telecomunicação e da informática. Para que elas existam, é fundamental que as informações sobre os diversos mercados de capitais e as decisões empresariais possam ser enviadas simultaneamente para várias partes do mundo, ou seja, elas dependem de um sistema globalizado de informações. Por isso elas podem ser consideradas pontos de emissão de sinais para outras partes do mundo. Leia mais sobre esse assunto em "Texto e contexto".

FIGURA 6. Vista de Frankfurt (Alemanha, 2007). A cidade é o terceiro maior centro financeiro da Europa.

JOSE FUSTE RAGA/CORBIS/LATINSTOCK

Texto e contexto 3

A era da informação globalizada

Para o geógrafo Milton Santos, a simultaneidade da informação, que conecta as cidades mundiais umas às outras e com o resto do mundo, é uma das principais características do período em que vivemos. Leia o que ele escreveu a respeito.

BILL BACHMANN/INDEX STOCK IMAGERY/LATINSTOCK

Pessoas da tribo Huli Wigmen usando celular e *palmtop* (Papua Nova Guiné, 2007).

"Durante milênios, a história do homem fez-se a partir de momentos divergentes, como uma soma de aconteceres dispersos, disparatados, desconexos. Já a história do homem de nossa geração é aquela em que os momentos convergiram, o acontecer de cada lugar podendo ser imediatamente comunicado a qualquer outro, graças a esse domínio do tempo e do espaço em escala planetária. A instantaneidade da informação globalizada aproxima os lugares, torna possível uma tomada de conhecimento imediato de acontecimentos simultâneos e cria entre lugares e acontecimentos uma relação unitária à escala do mundo. Hoje, cada momento compreende, em todos os lugares, eventos que são independentes, incluídos em um mesmo sistema global de relações."

SANTOS, Milton. *A natureza do espaço*: espaço e tempo, razão e emoção. 3. ed. São Paulo: Hucitec, 1999. p. 162.

JOAQUÍN SALVADOR LAVADO (QUINO)

Explique.

▶ Como pode ser entendida a "instantaneidade da informação globalizada"?

Comunicação instantânea

FIGURA 7. Teleconferência de jogador de basquete estadunidense com a imprensa chinesa (2008).

Para fazer a informação fluir para várias partes do mundo ao mesmo tempo, avançados sistemas de telecomunicação funcionam em conjunto com sistemas de informática. Isso facilita os negócios do setor de serviços – como os de propaganda e *marketing*, os de seguros (não apenas os de automóveis e casas, mas principalmente os de empreendimentos) – e também as transações financeiras.

Uma agência de propaganda localizada em Nova York, por exemplo, responsável pela publicidade de uma empresa transnacional, pode enviar para várias partes do mundo o material da campanha (anúncios, *slogans* etc.) que criou para seu cliente. O mesmo ocorre com uma seguradora que, usando a informática e as telecomunicações, faz reuniões virtuais com seus funcionários e clientes distribuídos pelo mundo, entre outros exemplos. Veja a figura 7.

Nas sedes das instituições financeiras internacionais e dos grandes bancos, definem-se políticas que norteiam a ação de suas unidades dispersas pelo mundo. Para lá convergem, em tempo real, dados referentes aos resultados dos negócios realizados nas agências. Assim, os diretores ficam sabendo da situação, por exemplo, do pagamento de títulos, da concessão de empréstimos, dos juros cobrados dos clientes etc.

Apesar de muitos negócios serem fechados a longa distância, por meio de mensagens enviadas por computador ou telefone, a assinatura de contratos ou a definição de seus pontos polêmicos costuma exigir o encontro direto entre clientes e vendedores. Por isso as cidades mundiais possuem extensa rede de hotéis, grandes aeroportos e inúmeros restaurantes que recebem executivos do mundo inteiro.

Museus, cinemas, centros culturais, monumentos arquitetônicos, parques e teatros, entre outras opções de entretenimento cultural e de lazer, atendem aos que vivem numa cidade mundial ou estão de passagem por ela.

4 Problemas ambientais urbanos

Nas grandes cidades, a retirada da vegetação, as construções, a produção de calor e o lançamento de poluentes na atmosfera geram múltiplos efeitos sobre todos os aspectos naturais do meio ambiente, como o clima, a hidrologia, o relevo, a flora e a fauna. E as alterações ambientais causadas pelas atividades urbanas se espalham para muito além dos limites de uma cidade.

A poluição da água de um rio que passa por uma área urbanizada, por exemplo, pode afetar uma bacia hidrográfica inteira. O vento pode levar a poluição do ar para lugares muito distantes das indústrias e dos veículos que a geraram. O bombeamento da água subterrânea pode causar alterações no nível do lençol freático em vastas extensões.

Até meados do século XX, os problemas ambientais urbanos estavam praticamente restritos a um seleto grupo de países do planeta, pois neles se concentrava a maior parte das grandes cidades e das indústrias. O rápido crescimento populacional das cidades da América Latina e da Ásia passou a contrastar com o crescimento fraco ou até mesmo com a estagnação e a regressão populacional de metrópoles da Europa, dos Estados Unidos e do Japão.

Nos países desenvolvidos, os investimentos em saneamento básico e, mais recentemente, o controle da emissão dos poluentes, por causa da aprovação de rigorosas normas ambientais, tiveram como resultado uma significativa melhora da qualidade de vida nos grandes centros urbanos, ainda que neles também exista muita desigualdade.

Nas metrópoles dos países pobres, a falta de investimentos públicos e a miséria generalizada frequentemente transformam os problemas ambientais em questões cruciais de saúde pública.

O clima urbano

A atmosfera que envolve as grandes cidades possui características próprias no que diz respeito à temperatura, à umidade e à velocidade dos ventos. Nas que têm mais de 1 milhão de habitantes, calcula-se que essa abóbada climática alterada atinja entre 50 e 300 metros acima da superfície e se estenda a dezenas de quilômetros na direção dos ventos. A tabela abaixo dimensiona as principais alterações climáticas médias registradas nas grandes áreas urbanas.

Alterações climáticas geradas pela urbanização

Aspecto do clima	Descrição	Grau de mudança
Composição atmosférica	Emissão de gases	+1.500%
Temperatura	Radiação solar Temperatura mínima anual	–10% +1 °C
Precipitação	Precipitação anual Dias de chuva	+5% +10%
Ventos	Velocidade média dos ventos	–20%
Outros	Neblina (inverno)	+100%

Fonte: DREW, David. *Processos interativos homem-meio ambiente.* São Paulo: Difel, 1986. p. 182.

Poluição do ar

O ar puro, composto apenas de oxigênio e nitrogênio, não existe na natureza. Estão presentes na atmosfera terrestre muitos outros compostos gasosos e partículas, muitos deles indispensáveis à vida no planeta. A poluição atmosférica, uma das características mais evidentes dessa abóbada atmosférica que paira sobre as cidades, ocorre quando a concentração desses gases e partículas atinge patamares capazes de produzir efeitos negativos para os seres vivos.

De acordo com a OMS (Organização Mundial de Saúde), cerca de 1,1 bilhão de pessoas em todo o mundo estão expostas a níveis de dióxido de enxofre potencialmente perigosos para a saúde. Nos Estados Unidos, apesar dos grandes esforços realizados no controle da qualidade do ar urbano, cerca de 3% das mortes são causadas por doenças relacionadas à poluição atmosférica.

Veja, na tabela abaixo, as principais doenças causadas pela poluição do ar.

A poluição do ar deriva de várias fontes: os meios de transporte, as indústrias (principalmente as que utilizam combustíveis fósseis) e a incineração de resíduos sólidos são os recordistas de emissão de poluentes.

Poluição do ar e saúde		
Poluentes	**Fontes**	**Problemas de saúde**
Óxidos sulfúricos e nitrogenados	Queima de combustíveis fósseis (carvão e petróleo) no processo industrial e em veículos motorizados.	Danos aos pulmões e às vias respiratórias.
Monóxido de carbono (CO)	Veículos motorizados.	Debilita a capacidade do sangue de transportar o oxigênio para o pulmão. Afeta os sistemas cardiovascular, nervoso e pulmonar.
Compostos orgânicos	Veículos motorizados (principalmente a álcool) e indústrias.	Podem causar mutações e câncer.
Ozônio	É um poluente secundário, ou seja, resulta da reação química entre óxidos de nitrogênio e compostos orgânicos na presença de luz solar.	Irritação dos olhos e congestão nasal. Redução das funções do pulmão. Diminuição da resistência a infecções.
Material particulado	Queima incompleta de combustíveis e de seus aditivos no processo industrial. Veículos (principalmente a *diesel*). Poeira do solo.	Por causa de seu tamanho minúsculo, pode atingir os alvéolos pulmonares. As partículas emitidas por veículos a *diesel* têm potencial de causar câncer e mutação. Provoca alergias, asma e bronquite crônica.

Fonte: Elaborado com base em CORSON, Walter. *Manual geral de ecologia*. São Paulo: Augustus, 1993.

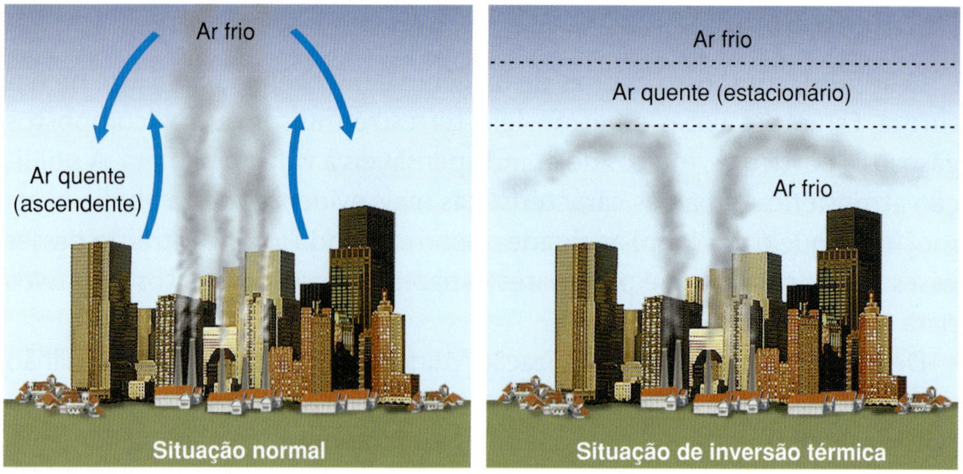

Fonte: Elaborado pelos autores.

FIGURA 8. Inversão térmica.

Inversão térmica

A inversão térmica é um fenômeno climático que provoca o agravamento da poluição. Como ela acontece? Em geral, nas camadas inferiores da atmosfera, a temperatura diminui de baixo para cima, isto é, as camadas de ar frio encobrem as camadas de ar quente. Nessas condições, há um movimento ascendente do ar, pois o ar quente, mais leve, tende a subir. A inversão térmica ocorre geralmente durante o inverno, quando uma camada de ar quente se forma sobre uma de ar frio. Nesse caso, a concentração de poluentes aumenta nas proximidades do solo, pois a camada de inversão interrompe a corrente ascendente e bloqueia a dispersão dos poluentes (figura 8).

Ilha de calor

As cidades apresentam temperaturas médias maiores que as das zonas rurais dominadas pelo mesmo clima. As temperaturas aumentam da periferia em direção ao centro. Em casos extremos, a diferença térmica entre as zonas periféricas e o centro pode atingir até 10 °C.

Esse fenômeno, conhecido como ilha de calor, também resulta de alterações humanas no meio ambiente. O consumo intensivo de combustíveis fósseis, em aquecedores, veículos automotores e indústrias, transforma as cidades em fontes inesgotáveis de calor. Os materiais usados na construção, como o asfalto e o concreto, servem de refletores para o calor produzido na cidade e para o calor solar. As áreas urbanas centrais concentram a mais alta densidade de construções e de atividades emissoras de poluentes. A massa de ar quente carregada de material particulado, que se forma sobre essas áreas, tende a subir até se resfriar. Quando se resfria, retorna à superfície, dando origem a intensos nevoeiros na periferia da mancha urbana. Daí, volta à região central, num verdadeiro círculo vicioso de fuligem e poeira (figura 9).

Fonte: CONTI, José Bueno. *Clima e meio ambiente*. São Paulo: Atual, 1998. p. 43.

FIGURA 9. O circuito da fumaça.

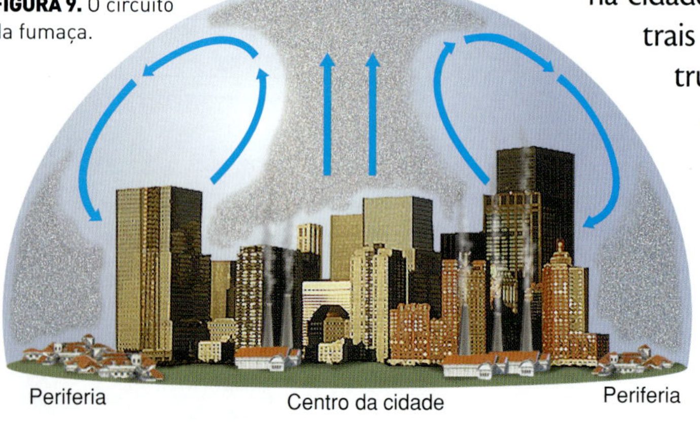

Os resíduos urbanos

Diariamente as grandes cidades consomem imensa quantidade de recursos naturais e geram quantidade igual de resíduos líquidos (esgoto e efluentes industriais) e sólidos (lixo).

O esgoto é um problema grave, principalmente nas cidades dos países pobres, que não dispõem de redes completas de coleta e de estações adequadas de tratamento. Na maioria dessas cidades, a água usada nas indústrias e residências é despejada diretamente em rios, córregos ou poços, muitas vezes contaminando os lençóis freáticos.

A OMS (Organização Mundial de Saúde) estima que, no mundo inteiro, pelo menos 4 milhões de crianças morrem anualmente em virtude de doenças, como diarreia e cólera, provocadas pela ingestão de água contaminada por esgotos domésticos. No conjunto do mundo subdesenvolvido, cerca de 90% de todas as doenças infecciosas são transmitidas pela água. Nas grandes cidades dos países pobres, é comum a existência de imensos depósitos de lixo (lixões) a céu aberto sem nenhum tipo de tratamento (figura 10), os quais contaminam o ambiente e funcionam como foco de transmissão de diversas doenças, em especial para a população que mora nos arredores.

FABIO COLOMBINI

FIGURA 10. Lixão em Ribeirópolis (SE, 2008).

Existem várias técnicas de tratamento do lixo, ainda que nem todas as cidades possam pagar por elas. Nos **aterros sanitários**, por exemplo, o lixo é compactado em camadas. Nas **usinas de compostagem** (figura 11), o material orgânico dos lixos é decomposto biologicamente, de forma a originar um composto capaz de melhorar a fertilidade dos solos agrícolas. Para que isso aconteça, é necessário que o lixo tenha sido separado previamente, seja por coleta seletiva, seja na própria usina.

A solução para o problema do lixo passa, também, pelas técnicas de reutilização e reciclagem do material descartado, capaz tanto de diminuir o consumo de recursos naturais quanto de minimizar o volume de dejetos. O papel, por exemplo, que corresponde a uma parcela importante do peso total do lixo coletado na maioria das cidades, assim como o vidro e os materiais plásticos, pode ser reciclado e transformado em novos produtos.

CARINA LEVITAN/NEXTFOTO

FIGURA 11. Usina de compostagem em Montenegro (RS, 2008).

OBSERVADORES EM AÇÃO

Para rever o capítulo

1. A importância de uma cidade na rede global equivale ao tamanho de sua população? Justifique sua resposta.

2. Procure explicar por que a maior parte das cidades mundiais está situada nos países ricos.

3. Explique o que é:

a) urbanização;

b) megacidade;

c) cidade global.

4. Procure explicar a diferença entre o nível de urbanização da região que engloba a América Latina e o Caribe (77%) e o da África (38%).

5. Comente os problemas urbanos representados nas imagens abaixo.

CLAYTON DE SOUZA/AGÊNCIA ESTADO

Residências do bairro de Paraisópolis e, ao fundo, edifícios do bairro do Morumbi, na cidade de São Paulo (SP, 2006).

ARKO DATTA/REUTERS/LATINSTOCK

Vista da cidade de Mumbai (Índia, 2009).

6. Leia atentamente o texto a seguir.

"Atualmente, o volume de matéria-prima recuperado pela reciclagem do lixo está muito abaixo das necessidades da indústria, embora haja uma tendência de crescimento. No entanto, mais do que uma forma de responder ao aumento da demanda industrial por matérias-primas e energia, a reciclagem é uma forma de reintroduzir o lixo no processo industrial, retirando assim do 'fluxo terminal' os resíduos cujos destinos seriam os aterros, a incineração ou a compostagem. Ao consumir os produtos com eles elaborados, estamos 'consumindo o lixo' e, dessa forma, contribuindo para diminuir a demanda de recursos naturais que pressionam os ecossistemas."

SCARLATO, Francisco Capuano e PONTIN, Joel Arnaldo. *Do nicho ao lixo*. São Paulo: Atual, s.d., p. 58.

a) De acordo com o texto, qual a importância ambiental e econômica da reciclagem dos resíduos sólidos?

b) Dê exemplos de materiais que podem ser reutilizados ou reciclados.

De um jeito ou de outro

7. A charge retrata um dos maiores problemas urbanos. Suponha que ela fará parte de um cartaz para uma campanha de conscientização popular e elabore uma frase-síntese que divulgue a ideia apresentada.

Fonte: LUSCAR. *Antologia brasileira do humor*. Porto Alegre: L&PM, 1976. v. 2, p. 73.

Prática de pesquisa

8. Com base na figura, elabore uma pesquisa sobre os objetos que ocupam o subsolo e o espaço aéreo de sua cidade. Procure informações sobre as leis que regem essa ocupação e elabore um painel fotográfico da distribuição desses objetos no cenário urbano de sua cidade.

Fonte: *O que ocupa o subsolo e o espaço aéreo de uma cidade*. São Paulo: Agência Estado; Prefeitura da Cidade de São Paulo/Convias, 14 mar. 2001.

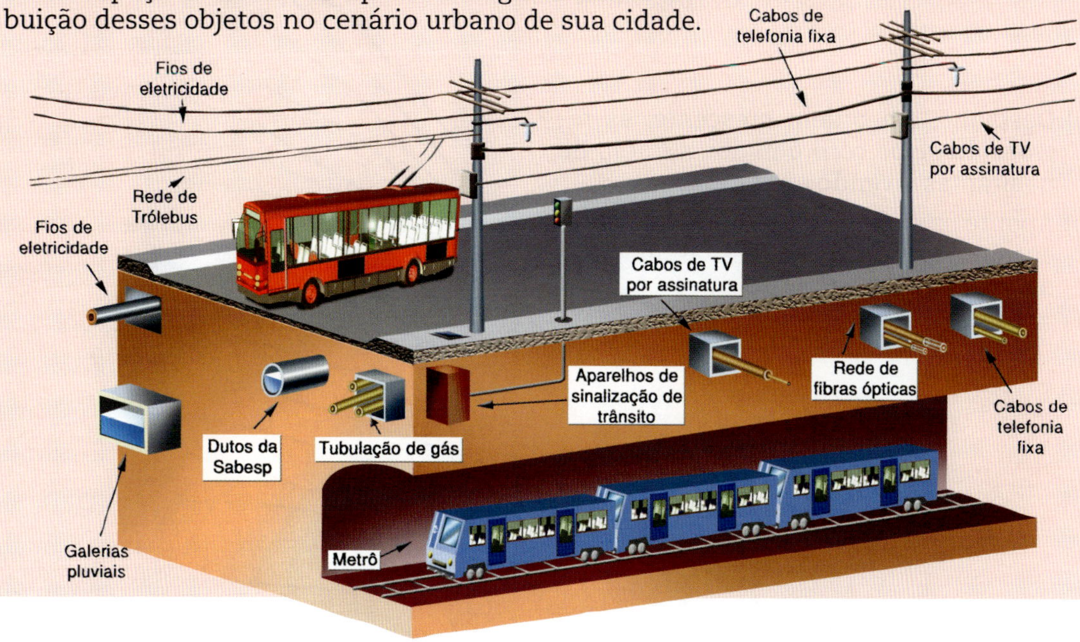

No mundo da cartografia

9. Considere o mapa e o gráfico.

População residente em favelas (2005)

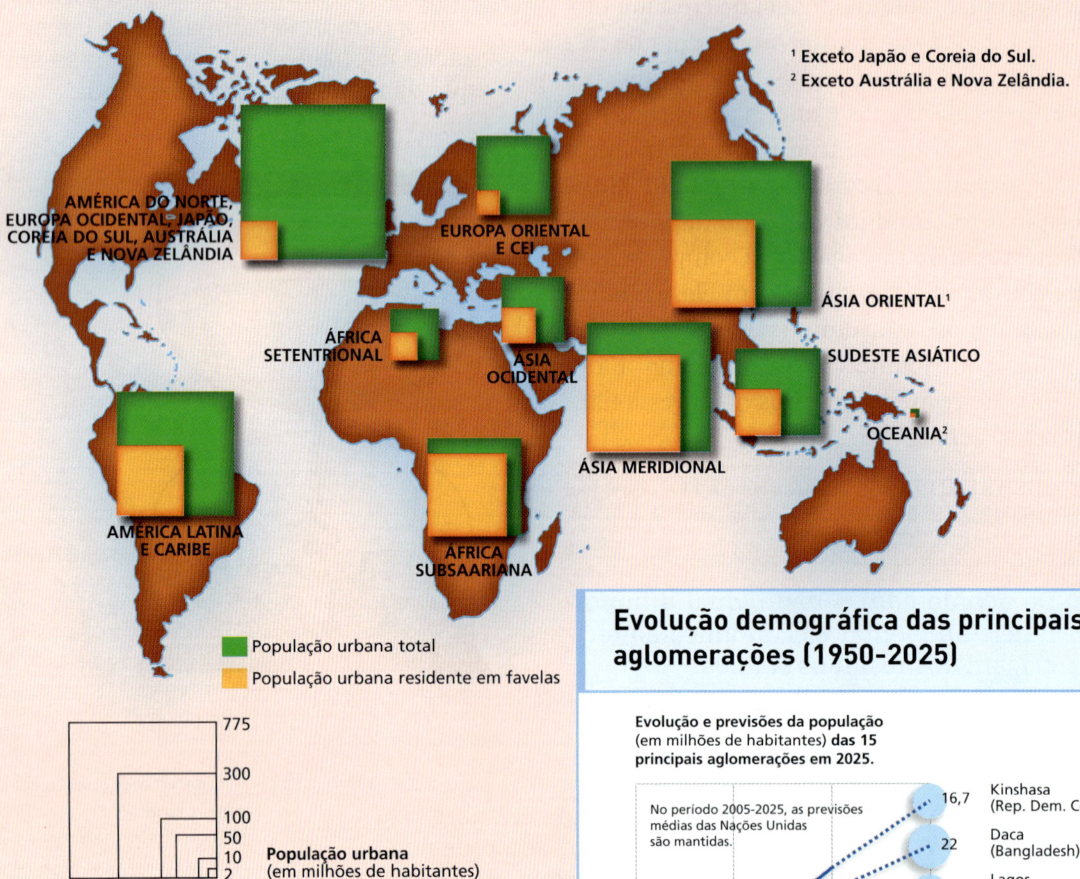

Fonte: Atelier de Cartographie de Sciences Po. Disponível em <http://cartographie.sciences-po.fr>. Acesso em out. 2009.

a) Destaque, em ordem crescente, as regiões do globo com o maior número de habitantes vivendo em favelas.

b) Aponte os principais problemas a serem enfrentados pelas regiões assinaladas na resposta anterior.

Evolução demográfica das principais aglomerações (1950-2025)

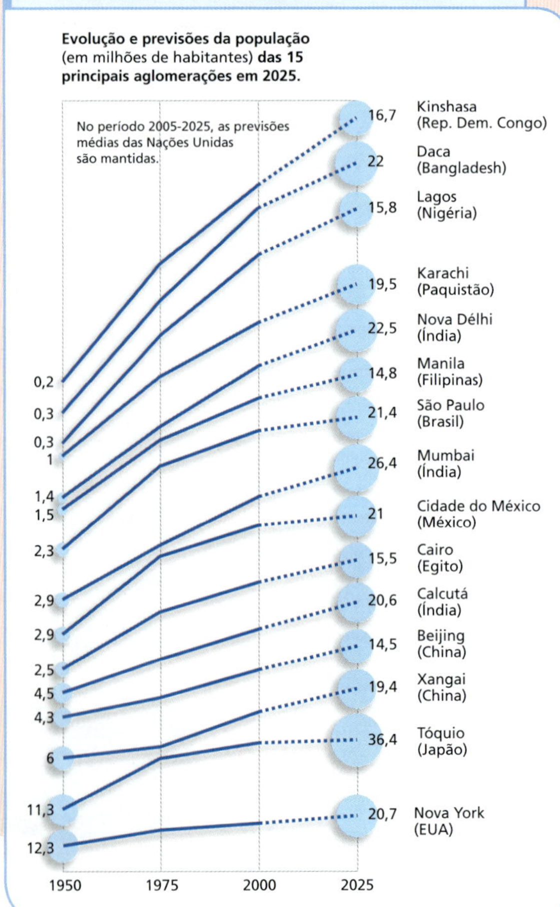

Fonte: DURAND, Marie-Françoise et al. *Atlas de la mondialisation 2009*: comprendre l'espace mondial contemporain. Paris: Sciences Po, 2009. p. 25.

CAPÍTULO 15

Os tratados internacionais sobre o ambiente

Observatório de informações

GOOGLE EARTH IMAGES

FIGURA 1. Imagem de satélite: a devastação da Amazônia.

Observe a imagem e opine.

1. O Google colocou na internet, com acesso aberto, mapas detalhados da devastação na Floresta Amazônica. A iniciativa surgiu graças à intervenção do líder indígena Almir Suruí, que pediu ao Google Earth para mapear a terra de sua tribo, situada em Cacoal, no estado de Rondônia, a fim de protegê-la das constantes devastações. O que você acha dessa iniciativa?
2. Você acredita que o fato de qualquer pessoa poder acompanhar o que está acontecendo na Floresta Amazônica contribui para aumentar a pressão sobre o governo e, desse modo, ajuda a diminuir o desmatamento? Justifique sua opinião.

1 O planeta ameaçado

Os impactos causados no ambiente por fontes poluidoras ou pelos acidentes ecológicos não respeitam as fronteiras políticas internacionais. Em muitos casos, eles atingem um grande número de países ou mesmo toda a Terra.

Para tentar impedir que um país crie problemas ambientais em outro, e também a fim de criar mecanismos que evitem a degradação do patrimônio ambiental do planeta, têm surgido muitos tratados internacionais sobre o assunto.

2 Os primeiros tratados

Os primeiros tratados visavam proteger espécies animais ameaçadas pela caça predatória. Mas, com o avanço da industrialização e da urbanização em várias partes do mundo, os problemas ambientais multiplicaram-se e diversificaram-se, e foram necessários acordos internacionais sobre novos temas, como o da poluição do ar e dos oceanos.

No século XIX, quando as potências da Europa se apossaram de vastas regiões do território africano, iniciou-se a caça em larga escala pelos colonos. Datam dessa época os primeiros safáris, expedições de caça a animais. Eles eram vistos como forma de diversão e também constituíam importante fonte de recursos para os participantes.

Na caça como diversão, promoviam-se concursos que premiavam os mais hábeis atiradores. Essa prática era, de fato, comum na Europa, principalmente no Reino Unido, onde, porém, só os donos de terras tinham autorização para caçar. Na África, um número muito maior de pessoas pôde "divertir-se" com a caça esportiva, colocando em risco de extinção diversas espécies da fauna.

As razões econômicas foram mais relevantes como ameaça às espécies animais do continente africano. Nesse caso, destacou-se a caça aos elefantes para extração de suas presas, que tinham enorme valor comercial para os europeus. Eram caçados, também, em larga escala, os grandes felinos, como os leões, que tinham suas peles transformadas em objetos de decoração (figuras 2 e 3).

Com o passar dos anos, os colonizadores perceberam que estava cada vez mais difícil encontrar animais para caçar. Por isso propuseram um tratado para regularizar a atividade: a **Convenção para a Preservação de Animais, Pássaros e Peixes da África**. O documento foi assinado em 1900, em Londres, como resultado de reunião promovida por Alemanha, Bélgica, França, Reino Unido, Itália e Portugal. O principal objetivo dessa convenção foi o de impedir a extinção de espécies animais, de forma a garantir a continuidade da caça no futuro. A decisão mais importante consistiu em criar um calendário para essa prática, evitando, por exemplo, que os abates fossem realizados na época de reprodução das várias espécies.

Dois anos após essa primeira convenção internacional, foi assinada em Paris a **Convenção para Proteção dos Pássaros Úteis à Agricultura**. O objetivo foi evitar a matança de aves que ajudavam na prática agrícola, alimentando-se de insetos, transportando sementes e produzindo estrume para adubar a terra.

Em 1933, por iniciativa do Reino Unido, a proteção a animais e aves de caça voltou a ser discutida pelas potências europeias que possuíam colônias no continente africano. Elas firmaram um novo acordo, chamado **Convenção para a Preservação da Fauna e Flora em seu Estado Natural**, que foi importante por ter sido a primeira decisão em escala internacional voltada a parques naturais em que a caça seria absolutamente proibida. Essa foi mais uma tentativa de barrar a caça predatória no continente africano. A ideia foi importada dos Estados Unidos, que haviam criado, já em 1872, o primeiro parque preservacionista do mundo: o Parque Nacional de Yellowstone.

JEFF GREENBERG/INDEX STOCK IMAGERY/LATINSTOCK

FIGURA 2. A cabeça do alce compõe a decoração deste bar em Illinois (EUA, 2007).

VINCENT KESSLER/REUTERS-LATINSTOCK

JACK DABAGHIAN JD/GB/REUTERS-LATINSTOCK

FIGURA 3. *Pessoas pelo Tratamento Ético dos Animais* (Peta) é a maior organização em prol dos direitos dos animais no mundo. Dedica-se à defesa dos animais que sofrem em fazendas industriais e laboratórios ou em razão do comércio de vestuário e da indústria de entretenimento. Nas imagens, ativistas pedem boicote à produção da lã australiana, atividade que castra e mutila milhões de ovelhas sem analgésicos (Paris, França, 2004), e ativista protesta contra o uso de peles na indústria da moda (Paris, França, 2008).

3 Preservando a Antártida

A Antártida (figura 4), continente inabitado até que começasse sua exploração, impôs muitos desafios a seus desbravadores, pois é preciso enfrentar *icebergs* e navegar em águas geladas para chegar até lá. Mesmo assim, e apesar dessas dificuldades, o continente não permaneceu imune aos desastres ambientais que marcam a história moderna. Leia sobre as dificuldades encontradas para chegar à Antártida e nela viver no "Observatório dos viajantes".

Em meados do século XX, diversos países reivindicavam o controle territorial de parcelas do continente antártico, interessados na exploração de seus recursos naturais, principalmente petróleo e gás natural. A Argentina e o Chile, que alegavam ser os vizinhos mais próximos, encabeçavam a lista, mas viajantes de diversas nacionalidades também haviam se estabelecido em alguns pontos estratégicos da Antártida, como fizeram os britânicos nas Ilhas Geórgia do Sul.

Observatório dos viajantes

Viajante supera face inóspita da Antártida

"Uma viagem de navio à região mais austral do mundo, a Antártida, prova que o homem é um ser capaz de se adaptar às condições de vida mais árduas.

A Geórgia do Sul, um conjunto de ilhas, é um desses pontos em que as privações são tantas que qualquer outro lugar vira, automaticamente, o paraíso.

O território da ilha é composto por montanhas – a maior delas tem 1.828 metros de altura – cobertas por neve e geleiras eternas. Seu contorno é definido por centenas de fiordes, milhares de saliências e reentrâncias que formam portos estreitos, fechados a cadeado por montanhas geladas.

Árvores? Não há. A vegetação se resume a uma grama dura, resistente ao clima inclemente. [...] O número de habitantes que há na ilha não aparece em folhetos nem em livros, mas, ao visitar o antigo porto baleeiro de Grytviken, descobre-se que a população da Geórgia do Sul deve caber em duas Kombis. E praticamente todos moram em Grytviken.

E o que faz um grytvikeniano da gema? Trabalha em pesquisa científica, é da Marinha britânica, é padre ou é ligado ao governo.

Dos 12 habitantes da ilha, há dois que não têm as profissões acima listadas. São os aventureiros britânicos Pauline e Tim Carr [...] O casal britânico navegou o mundo durante 25 anos e um dia resolveu abaixar as velas em um lugar tranquilo para passar o resto de seus dias. Eles acabaram exagerando na tranquilidade: aportaram o veleiro Carlew nesse porto há 14 anos. Estão com a vida que pediram a Deus, embora se queixem do 'excessivo movimento' do porto: cerca de 15 navios em Grytviken.

Na Conferência de Paris, realizada em 1955, foi discutida a necessidade de se instalarem bases científicas na Antártida, para facilitar o desenvolvimento de pesquisas na região. Participaram África do Sul, Argentina, Austrália, Bélgica, Chile, Estados Unidos, França, Japão, Noruega, Nova Zelândia, Reino Unido e União Soviética. A decisão tomada foi autorizar a construção das bases estadunidense, Amundsen-Scott, e soviética, Vostok, naquele território.

Na época, estudos realizados por astrônomos indicavam que a Antártida era o melhor ponto de observação das explosões solares que ocorreriam na passagem de 1957 para 1958. Em encontros científicos, decidiu-se criar o AGI (Ano Geofísico Internacional), compreendendo dezoito meses de trabalho durante 1957 e 1958.

FIGURA 4. Antártida: bases científicas instaladas

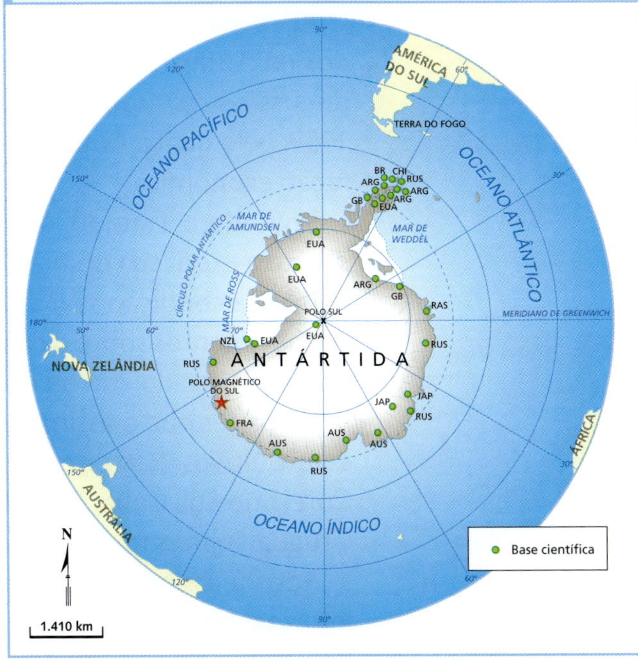

Fonte: FERREIRA, Graça Maria Lemos. *Atlas geográfico*: espaço mundial. São Paulo: Moderna, 2003. p. 63.

As reclamações dos Carr acabam quando os turistas adentram o pequeno museu que eles montaram. O ingresso é gratuito. A loja de suvenires é o ponto final da visita. Mesmo com preços mais salgados do que a água do mar que banha o porto, a loja ferve de clientes saídos de transatlânticos. O museu rememora os tempos da indústria baleeira, mostra a fauna do lugar e dá uma ideia de como viviam os antigos habitantes da Geórgia do Sul, com pequenas comodidades e singelos luxos que existiam nesse remoto ponto do planeta graças às baleias.

Há uma parte dedicada a *sir* Ernest Shackleton, que morreu, anos depois da odisseia do navio *Endurance*, de ataque cardíaco, em um barco ancorado na Geórgia do Sul, e está enterrado no cemitério local. Seu túmulo é o único que está orientado ao sul. [...].

Ao partir da Geórgia do Sul, o navio percorre todo o lado leste da ilha, a parte mais tranquila em termos marítimos, visita a baía Fortuna, onde os passageiros desembarcam para ver uma colônia de irresistíveis pinguins-rei e de leões-marinhos, e passa pelos portos baleeiros abandonados de Stromness e Husvik [...]. Antes de deixar definitivamente esse ponto para rumar à Antártida, o navio que leva o turista entra no belo fiorde Drygalski e para na parede de gelo do glaciar Risting. Uma despedida espetacular."

BÓRQUEZ, Jaime. Disponível em <www1.folha.uol.com.br/folha/turismo/noticias/ult338u5452.shtml>. Acesso em set. 2009.

Agora, responda.

1. O texto menciona Ernest Shackleton e o navio *Endurance*. Pesquise sobre esse episódio da exploração da Antártida.

2. Em sua opinião, por que o túmulo de Shackleton aponta para o sul?

O Tratado Antártico

Aproveitando o AGI, os Estados Unidos convidaram os países interessados na Antártida para discutir as regras de seu acesso e ocupação. Dessas discussões resultou o **Tratado Antártico**, assinado em 1º de dezembro de 1959, pelo qual a Antártida deve ser preservada de qualquer tipo de exploração econômica.

Segundo o Tratado, os membros consultivos (ou seja, aqueles que têm direito a expor sua opinião e votar as decisões sobre a Antártida) só manteriam essa condição se instalassem bases científicas e ajudassem a produzir conhecimentos sobre o continente. Após ser endossado pelos países signatários, o Tratado entrou em vigor em 23 de junho de 1961.

Os países que o assinaram formaram o bloco dos membros consultores e consultivos. Posteriormente, Alemanha, Brasil, China, Coreia do Norte, Coreia do Sul, Cuba, Espanha, Holanda, Índia, Itália, Polônia, Peru, Suécia e Uruguai ingressaram nesse bloco.

Após a assinatura do Tratado Antártico, teve início o intercâmbio de informações científicas entre as bases instaladas no continente (figura 5). Porém não havia discussões sobre a divisão territorial ou sobre o aproveitamento dos recursos lá encontrados, cuja identificação e estudo eram feitos de forma cooperativa pelas bases.

Para manter o *status* de membro consultivo, cada país deveria apresentar descobertas científicas acerca da Antártida até meados da década de 1980. Assim, foram criadas muitas bases científicas no continente (reveja a figura 4).

ERNESTO REGHRAN/PULSAR

FIGURA 5. Estação Antártica Comandante Ferraz (2008). É a base científica brasileira na Antártida, localizada na Ilha Rei George, ao sul do paralelo de 60 °S, que começou a operar em 1984.

Em 1991, houve em Madri (Espanha) um encontro de membros do Tratado Antártico. Na ocasião, alguns países tentaram aprovar uma flexibilização dos termos do Tratado, de forma a permitir, por exemplo, a exploração dos recursos minerais do continente. Prevaleceu, porém, o consenso de que a preservação ainda é a melhor alternativa, pelo menos enquanto não se conhecerem bem as consequências da exploração daquela área para o planeta.

Pelas regras do Protocolo de Madri, aprovadas no final do encontro e que vigora até 2048, a exploração da Antártida permanece exclusivamente dedicada a fins científicos, e as atividades humanas que lá se realizarem devem reduzir seus impactos ambientais. Entre as diretrizes aprovadas, estão: a proibição da entrada de qualquer planta ou animal no continente e a obrigação de cada estação de pesquisa coletar seu lixo e enviar o máximo possível ao seu país de origem.

O Brasil na Antártida

O Brasil aderiu ao Tratado Antártico em 1975, e em janeiro de 1982 o governo brasileiro criou o Proantar (Programa Antártico), que tem como finalidade coordenar os trabalhos do país no continente gelado. Em dezembro do mesmo ano, os navios oceanográficos *Barão de Teffé* e *Wladimir Besnard*, da Universidade de São Paulo, partiram em direção à Antártida, com a missão de escolher o local em que deveria ser instalada a estação brasileira de pesquisas. Também foi feito um primeiro reconhecimento das condições oceânicas e meteorológicas de áreas do setor noroeste da Antártida.

As atividades de pesquisa realizadas durante essa primeira missão do Brasil obtiveram reconhecimento internacional. Graças a esse bom resultado, o país foi aceito como membro consultivo do Tratado Antártico em 1983. No ano seguinte, foi inaugurada a Estação Antártica Comandante Ferraz, na Baía do Almirantado, situada na Ilha Rei George, que pertence ao Arquipélago das Shetlands do Sul. Dezenas de projetos de pesquisa nas áreas de ciências da atmosfera, ciências da terra e ciências da vida estão sendo realizadas na estação, atualmente considerada uma das mais produtivas da Antártida. Desde 1994, as missões brasileiras ao continente contam com o moderno navio de apoio oceanográfico *Ary Rongel* (figura 6), que substituiu o pioneiro *Barão de Teffé*.

HAROLDO PALO JR/KINO

FIGURA 6. O *Ary Rongel*, da Marinha do Brasil (2006). Esse navio de apoio oceanográfico é capaz de navegar em campos de gelo de até 50 cm de espessura e tem o casco reforçado, adequado às duras condições de navegação da Antártida.

4 A Conferência sobre o Mar

O primeiro grande encontro internacional para discutir os oceanos ocorreu em 1930. Os participantes da reunião concordavam que o oceano é uma herança comum da humanidade, mas desejavam continuar a extrair alimento e recursos minerais de suas águas territoriais. Até então, os países costeiros tinham direito a três milhas marítimas (5,5 quilômetros) a partir da costa.

O avanço tecnológico passou a permitir a exploração de águas cada vez mais distantes dos litorais, o que desencadeou uma série de conflitos de interesses entre os países. Para tratar desse assunto foram realizadas diversas conferências das Nações Unidas sobre o Direito ao Mar.

A principal delas, realizada em Montego Bay (Jamaica), começou em 1973 e só terminou em 1982. Nela foram delimitadas zonas diferenciadas pelo tipo de uso e de exploração econômica.

A faixa definida como **mar territorial** é uma zona de 12 milhas (22,2 quilômetros) a partir da costa litorânea, na qual o uso e a exploração dos recursos são exclusivos do país costeiro que a possui. Nessa zona, que é uma continuidade administrativa do território dos países, há limitações para as práticas de navegação, pesca e extração de petróleo, as quais só podem ser efetuadas com autorização do governo que a controla.

Também foi delimitada a **zona econômica exclusiva**, faixa oceânica de 188 milhas náuticas a partir do limite do mar territorial. Nela, o país detém a exclusividade na exploração da pesca e dos recursos energéticos, porém não pode impedir a navegação internacional. As 200 milhas (370 quilômetros) do mar brasileiro correspondem à soma das duas faixas (figura 7).

Por fim, definiu-se o **alto-mar**, ou seja, as águas que estão além de 200 milhas da costa. Nessas águas, a exploração dos recursos marinhos e a pesquisa científica podem ser realizadas sem autorização de nenhum governo.

O fundo do mar encontrado além dos limites das jurisdições nacionais, apesar do interesse despertado por sua riqueza e potencialidades para a exploração mineral, foi considerado patrimônio comum da humanidade e, portanto, área de preservação permanente.

FIGURA 7. **As 200 milhas do mar brasileiro**

Fonte: Elaborado com base em FERREIRA, Graça M. L. *Atlas geográfico*: espaço mundial. São Paulo: Moderna, 2003. p. 9.

5 A participação da ONU

A temática ambiental integra a agenda de trabalhos da ONU (Organização das Nações Unidas) desde sua fundação. Nas reuniões internacionais encabeçadas por esse organismo, são criados diversos instrumentos, que se traduzem em acordos, tratados, convenções, protocolos, resoluções e estatutos. Leia a respeito das diferenças entre esses instrumentos na seção "Texto e contexto".

A primeira questão discutida por uma agência da ONU foi a conservação dos solos. A prática agrícola sem cuidados técnicos ou com o emprego exagerado de agrotóxicos estava destruindo os solos aráveis do mundo numa velocidade acelerada. A erosão levava os nutrientes do solo, roubando sua fertilidade por longos períodos, além de abrir profundas **ravinas** que inviabilizavam o cultivo. Por sua vez, a penetração continuada dos defensivos químicos nas camadas do solo implicava a poluição dos aquíferos.

Essa situação despertou a preocupação da FAO (Organização das Nações Unidas para a Agricultura e a Alimentação), que passou a organizar eventos com a presença de especialistas do mundo todo para propor soluções técnicas que, pelo menos, amenizassem os problemas. Os encontros internacionais resultaram em programas de pesquisa de solos e de florestas tropicais que buscam conter a erosão e a degradação acarretadas pelo uso constante de defensivos agrícolas.

Ravina
Sulco produzido na terra por causa da ação erosiva das águas superficiais.

Texto e Contexto

Os instrumentos da ONU

"No âmbito das Nações Unidas, são produzidos vários documentos jurídicos, sobre os mais diversos temas. Os instrumentos mais comuns para expressar a concordância dos Estados-membros sobre temas de interesse internacional são acordos, tratados, convenções, protocolos, resoluções e estatutos.

O termo **acordo** é usado, geralmente, para caracterizar negociações bilaterais de natureza política, econômica, comercial, cultural, científica e técnica. Acordos podem ser firmados entre países ou entre um país e uma organização internacional. **Tratados** são atos bilaterais ou multilaterais aos quais se deseja atribuir especial relevância política. A palavra **convenção** costuma ser empregada para designar atos multilaterais, oriundos de conferências internacionais e que abordem assunto de interesse geral. **Protocolo** designa acordos menos formais que os tratados. O termo é utilizado, ainda, para designar a ata final de uma conferência internacional. **Resoluções** são deliberações, seja no âmbito nacional ou internacional. **Estatuto** é um tipo de lei que expressa os princípios que regem a organização de um Estado, sociedade ou associação."

MINISTÉRIO DAS RELAÇÕES EXTERIORES.
Disponível em <www.onu-brasil.org.br/documentos.php>. Acesso em set. 2009.

WERNER RUDHART/KINO

FIGURA 8. Reserva da biosfera da Serra do Espinhaço (2007). Criada em 2005, é uma área de transição entre o Cerrado, a Caatinga e a Mata Atlântica, onde estão localizadas as nascentes dos rios São Francisco, Doce e Jequitinhonha.

A Conferência da Biosfera

A Unesco (Organização das Nações Unidas para a Educação, a Ciência e a Cultura) também se envolveu na problemática ambiental. Dentre suas contribuições destaca-se a realização da **Conferência da Biosfera**, em 1968. Dessa reunião nasceu o programa *O Homem e a Biosfera*, que previa a criação de reservas de ambientes relevantes em vários pontos do planeta. Os locais foram selecionados segundo a quantidade de seres vivos que abrigavam e as características especiais que apresentavam, por exemplo, o fato de registrarem espécies inexistentes em outras regiões (figura 8).

Anos depois, com a participação do Programa das Nações Unidas para o Meio Ambiente, que resultou da Conferência de Estocolmo (1972), foram criadas cerca de 500 reservas, distribuídas por mais de 100 países. Estudos da ONU indicam que essas reservas contêm pouco mais de 90% de todas as espécies vegetais existentes no planeta. Apesar de sua relevância para o equilíbrio ambiental, muitas delas foram praticamente desativadas por falta de recursos financeiros para sua manutenção.

A Conferência de Estocolmo

À medida que crescia a preocupação com o ambiente, o tema foi ganhando destaque na ONU. Um marco nesse processo foi a realização da Conferência sobre o Meio Ambiente Humano, em Estocolmo (Suécia), no ano de 1972.

Nessa conferência, os países ricos defenderam a tese de que a única forma de impedir a degradação do ambiente do planeta era limitar os padrões de produção e de consumo aos níveis até então vigentes. Os países pobres, por sua vez, argumentaram que os países ricos já tinham usado grande parte das reservas minerais e energéticas do mundo e não tinham o direito de estabelecer diretrizes que limitariam as possibilidades de ascensão daqueles que precisavam urgentemente melhorar o padrão de vida de suas populações.

Assim, o primeiro grupo ficou conhecido como *zerista*, já que pregava o crescimento zero, e o segundo, como *desenvolvimentista*, pois acreditava que os países pobres tinham direito à industrialização, ao crescimento econômico e ao desenvolvimento, mesmo que fosse preciso utilizar mais intensivamente seus recursos naturais.

Da Conferência de Estocolmo surgiu a proposta de criar o **Pnuma (Programa das Nações Unidas para o Meio Ambiente)**, com sede em Nairóbi (Quênia). Esse programa passou a coordenar uma série de atividades que, de alguma forma, tratavam do ambiente.

A Conferência do Rio (Rio-92 ou Eco-92)

A Conferência das Nações Unidas para o Meio Ambiente e o Desenvolvimento, realizada em 1992, no Rio de Janeiro, com representantes de mais de 180 países, foi um evento que ajudou a divulgar a problemática ambiental em todo o mundo. Temas como a biodiversidade e as mudanças climáticas globais estiveram na pauta das discussões. O pano de fundo foi o conceito de **desenvolvimento sustentável**, ou seja, uma forma de desenvolvimento econômico que não coloque em risco a sobrevivência das gerações futuras.

Nessa Conferência foram estabelecidas duas convenções (uma sobre Diversidade Biológica e outra sobre Mudanças Climáticas) e escritas duas declarações (a Declaração do Rio e a de Florestas). Dela resultou também a **Agenda 21**, um programa de ação para diminuir os problemas ambientais, que deveria ser aplicado até o ano 2000.

A **Convenção sobre Diversidade Biológica** reconheceu a importância da manutenção dos estoques de matrizes genéticas (seres vivos, como animais, plantas e microrganismos) que permitam o desenvolvimento de produtos. Os países detentores de estoques seriam recompensados com o repasse da tecnologia desenvolvida para o produto. Com essa decisão, países como o Brasil, a Costa Rica e a República do Congo, entre outros, que abrigam grande diversidade biológica, obtiveram aparentes vantagens (figura 9). A grande dúvida consiste em saber se aqueles que estão avançados na pesquisa de engenharia genética e biotecnologia vão cumprir o que foi determinado na Convenção.

A **Convenção sobre Mudanças Climáticas** estabeleceu que os países voltassem aos níveis de 1990 no que diz respeito à emissão de gases que desequilibram o efeito estufa.

É importante entender que tais gases, como o gás carbônico (CO_2) e o gás metano (CH_4), não são poluentes: eles fazem parte da atmosfera e asseguram a retenção do calor na superfície do planeta, o que é essencial para a vida na Terra. Mas sua alta concentração na atmosfera vem gerando o chamado **aquecimento global**. Leia mais sobre esse assunto no "Observatório de imagens".

FIGURA 9. Países detentores de megabiodiversidade

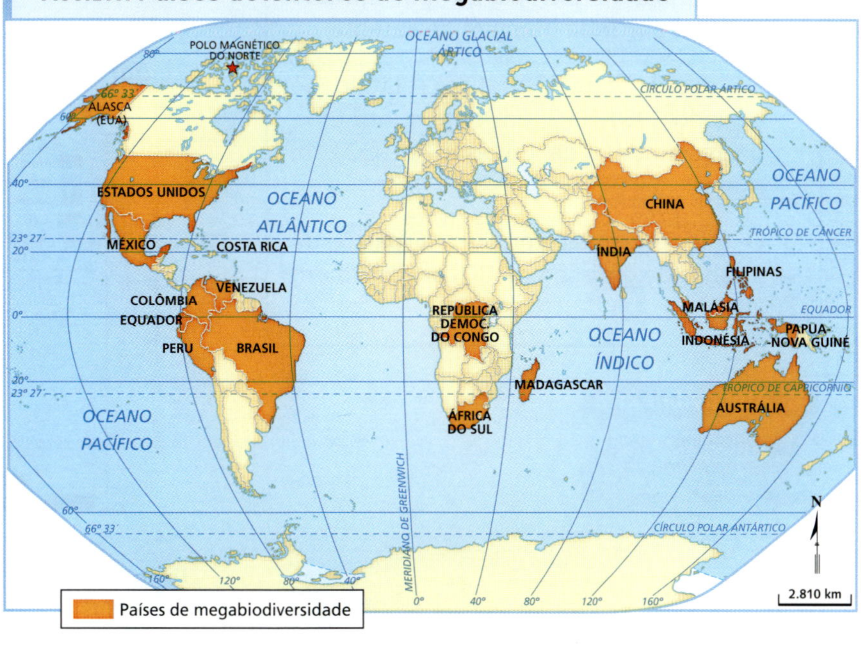

Fonte: União Internacional para a Conservação da Natureza e seus Recursos (IUCN) / Unesco, 2007.

Evidências das mudanças ambientais globais

Há dez anos o Pnuma (Programa das Nações Unidas para o Meio Ambiente) vem publicando uma série de documentos sobre as evidências das mudanças ambientais globais. Um dos principais indicadores utilizados é o de emissão de CO_2 pela queima de combustíveis fósseis. Compare o mapa com os dados dos gráficos.

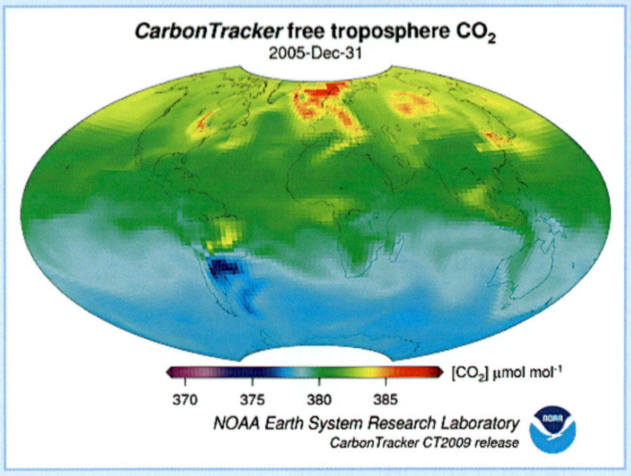

Imagem de satélite mostrando a concentração de CO_2 na atmosfera em 2005.

Emissão de CO_2 pela queima de combustíveis fósseis, por região (1960-2003)

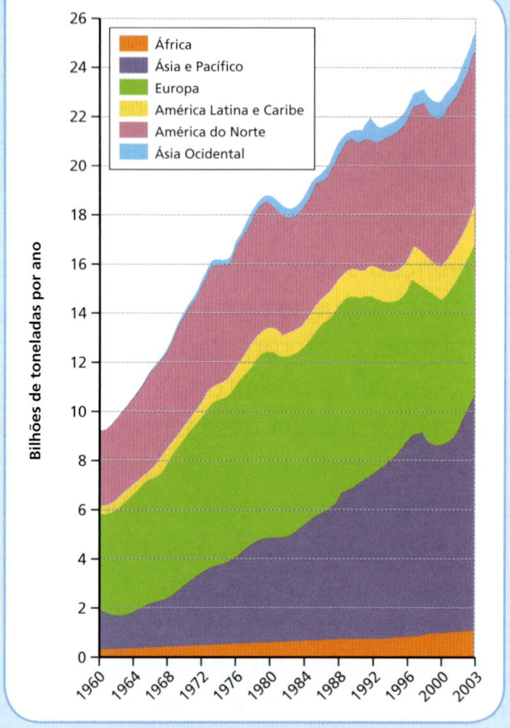

Fonte: United Nations Environment Programme. *Unep year book*: an overview of our changing environment 2008.

Emissão de CO_2 *per capita*, por região (2003)

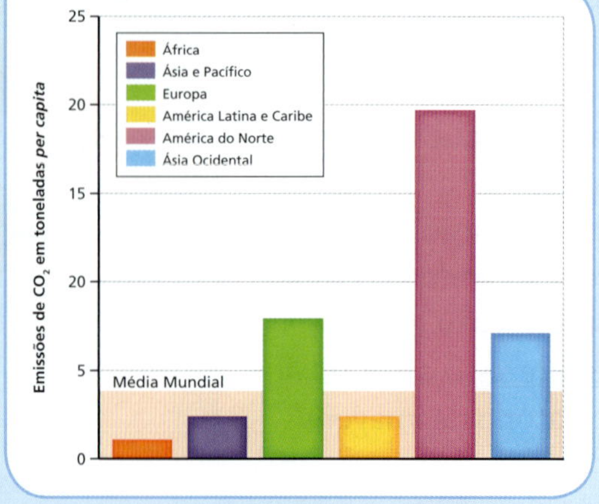

Fonte: United Nations Environment Programme. *Unep year book*: an overview of our changing environment 2008.

Responda.

1. Procure explicar a concentração de CO_2 na atmosfera em partes por milhão (ppm) a partir da imagem de satélite.
2. De acordo com o gráfico relativo ao período 1960-2003, em qual continente o crescimento da emissão de CO_2 foi maior?
3. O que podemos concluir a partir da análise da emissão de CO_2 *per capita* em 2003?

Atividade extra

Observatório em dois tempos (9) (10)

Destaque as pranchas 9 e 10.

A **Declaração do Rio** foi um documento político no qual os países presentes na Conferência reafirmaram a necessidade de manter o ambiente em boas condições para as gerações futuras. Como não tratou de nada prático, foi o único documento que chegou pronto à Rio-92, sendo assinado por todos os representantes dos países participantes (figura 10).

Na **Agenda 21**, consta o reconhecimento da importância dos povos indígenas e das comunidades ribeirinhas na conservação dos ambientes naturais, por não causarem impactos significativos em seus locais de vivência. Outra particularidade importante desse documento é a orientação aos governos para que tracem planos para a recuperação de ambientes degradados e envolvam todos os níveis administrativos – incluindo o municipal – na luta contra a devastação do meio ambiente.

De acordo com a Agenda 21, melhorar a qualidade ambiental do planeta, em especial nas grandes cidades, significa melhorar também a qualidade de vida de seus habitantes. Afinal, muitos problemas ambientais urbanos, como a falta de água potável e a precariedade dos sistemas de coleta e de tratamento dos esgotos e do lixo, geram problemas de saúde pública.

Ainda na Rio-92, foi aprovada a criação de uma nova instituição no sistema das Nações Unidas, a fim de monitorar a implementação da Agenda 21: a CDS (Comissão de Desenvolvimento Sustentável). Uma vez criada essa comissão, a ONU procurou estabelecer um sistema de parcerias com as ONGs (organizações não governamentais) e estimular a criação de comissões nacionais de desenvolvimento sustentável.

Após a Rio-92

Em 1997, reuniu-se em Quioto (Japão) a **Conferência das Partes,** em que foram apresentadas novas evidências do aquecimento do planeta. Decidiu-se, então, pela redução média de 6% em relação ao que era emitido de gases estufa em 1990. O prazo para que se atingisse essa meta ficou delimitado entre 2008 e 2012.

Em 2000, a CDS (Comissão de Desenvolvimento Sustentável) sugeriu à Assembleia Geral da ONU a realização de uma nova cúpula mundial. Em 2002, reuniu-se em Johanesburgo, África do Sul, a **Cúpula Mundial sobre Desenvolvimento Sustentável,** com o objetivo principal de avaliar os progressos alcançados na implementação da Agenda 21, desde sua aprovação em 1992. Essa cúpula ficou conhecida como **Rio + 10** (significando "Rio-92 mais dez anos").

FIGURA 10. Fotografia oficial dos chefes de Estado presentes na Rio-92.

MONICA ZARATINI/AGÊNCIA ESTADO

De Johanesburgo a Copenhague

A Rio + 10 teve a participação de 10 mil delegados governamentais e de organizações intergovernamentais dos 191 países presentes, além de 8 mil representantes de ONGs, grupos indígenas, jovens, cientistas, representantes sindicais, entre outros. O propósito maior da Conferência não era o de adotar novos compromissos ou estabelecer acordos e convenções internacionais, mas fazer um balanço dos avanços e dos obstáculos do desenvolvimento sustentável.

Após dez dias de intensos debates, os resultados da Conferência foram dois documentos a ser acordados pelos países pertencentes às Nações Unidas: a Declaração Política e o Plano de Implementação.

A declaração política, intitulada *O compromisso de Johanesburgo sobre desenvolvimento sustentável*, reafirmou princípios e acordos adotados desde as conferências de Estocolmo (1972) e do Rio de Janeiro (1992), e sinalizou o aumento da assistência financeira e a anistia da dívida externa dos países mais pobres. Por sua vez, o Plano de Implementação estabeleceu três objetivos principais: a erradicação da pobreza, a mudança nos padrões insustentáveis de produção e de consumo e a proteção dos recursos naturais.

Uma nova conferência da ONU sobre as mudanças climáticas ficou marcada para dezembro de 2009, em Copenhague, capital da Dinamarca (figura 11). O objetivo da reunião é negociar um sucessor do Protocolo de Quioto, que expira em 2012.

O conteúdo dos documentos elaborados em todas essas conferências reflete as limitações do poder de decisão das Nações Unidas, já que existe a necessidade de consenso entre as nações. Na prática, os documentos aprovados nas cúpulas da ONU representam apenas um conjunto de diretrizes e princípios para as nações, cabendo a cada país transformá-los em leis nacionais para garantir a sua realização.

Não se pode, porém, limitar a importância das conferências apenas ao conteúdo dos documentos oficiais. Por reunirem representantes de todos os setores da sociedade, tais encontros possibilitam maior diálogo entre eles, resultando no anúncio de uma série de iniciativas governamentais e não governamentais que dão suporte a muitos dos compromissos firmados. Na Cúpula de Johanesburgo, foram formalizadas cerca de 280 parcerias e mobilizadas centenas de milhões de dólares para a realização de projetos de interesse comum.

FRANCIS DEAN/NEWSMAKERS/GETTY IMAGES

FIGURA 11. Bella Center, local previsto para a realização da nova conferência da ONU, em Copenhague (2000).

OBSERVADORES EM AÇÃO

Para rever o capítulo

1. Qual é o grande desafio da humanidade no que diz respeito à preservação do planeta e à garantia da qualidade de vida das populações?

2. Leia o texto.

"A pesquisadora do Instituto de Geociências da Unicamp, bióloga e advogada Nícia Beatriz Barduchi Barbin, defendeu que, para as questões ambientais conquistarem espaço na pauta política internacional, a população deve estar informada e fazer pressão sobre a classe política. Na opinião dela, as negociações políticas que envolvem a elaboração dos tratados ambientais ganham peso, porque, por um lado, de acordo com as regras do direito internacional, a soberania dos países não pode ser desrespeitada. Por outro lado, os problemas climáticos independem de fronteiras, tornando as questões ambientais mais complexas."

Labjor – Laboratório de Jornalismo Científico da Universidade Estadual de Campinas. Disponível em <www.labjor.unicamp.br/midiaciencia/article.php3?id_article=146>. Acesso em set. 2009.

a) De acordo com o texto, de que forma as questões de caráter ambiental poderão conquistar mais espaço na pauta das políticas internacionais dos países?

b) Quais são os motivos responsáveis pela importância política das negociações que envolvem os tratados ambientais?

c) Qual a intenção da pesquisadora ao afirmar que "os problemas climáticos independem de fronteiras, tornando as questões ambientais mais complexas"?

3. Elabore um pequeno texto explicativo acerca de relações de causa e efeito entre as variáveis representadas no gráfico.

Hemisfério Norte: mudanças na temperatura ao nível do mar e na cobertura de neve (1961-1990)

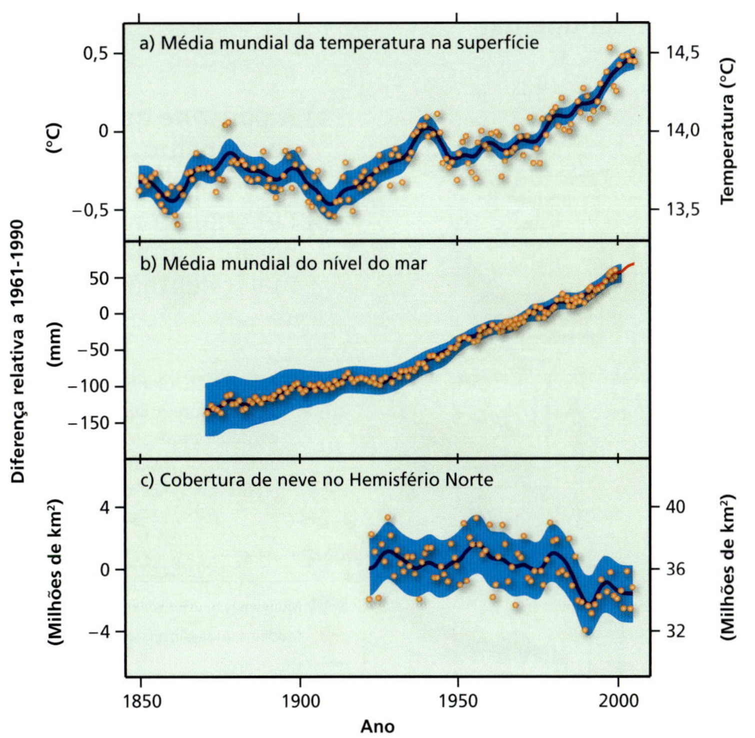

Fonte: Intergovernmental Panel on Climate Change. *Cambio climático 2007*: informe síntese. Disponível em <www.ipcc.ch/pdf/assessment-report/ar4/syr/ar4_syr_sp.pdf>. Acesso em out. 2009.

De um jeito ou de outro

4. Após a leitura atenta do capítulo, elabore uma linha do tempo destacando as convenções e os tratados internacionais relativos ao meio ambiente. A linha do tempo é utilizada para que dados, fatos e/ou informações acerca de um período ou momento da história da humanidade sejam organizados cronologicamente. Para isso, considere as etapas descritas a seguir.

Procedimentos para elaboração da linha do tempo:

- Ler previamente o texto do capítulo e destacar as convenções e os tratados internacionais.
- Organizar os eventos e/ou as informações relevantes, considerando o século e a década em que foram assinados.
- Após a obtenção dos dados, traçar uma linha reta demarcada de 2 em 2 cm para representar décadas, considerando cada 2 milímetros um ano correspondente àquela década, e marcar os eventos.
- Adicionar, se possível, ilustrações representativas dos eventos e/ou das informações.

Práticas de pesquisa

5. Considerando o que foi abordado no capítulo, destaque, dentre os encontros ambientais internacionais realizados pela ONU, quais resultaram em acordos, tratados, convenções, protocolos, resoluções ou estatutos. Escolha um desses documentos e pesquise na internet quais países assumiram o compromisso de colocar em prática algumas das resoluções contidas no documento escolhido. Apresente em sala de aula os resultados de sua pesquisa e, com a orientação de seu professor, discuta com os colegas os diferentes apoios dos países aos documentos da ONU.

No mundo da cartografia

6. Observe e analise o mapa.

Mudança da temperatura mundial e continental (1900, 1950 e 2000)

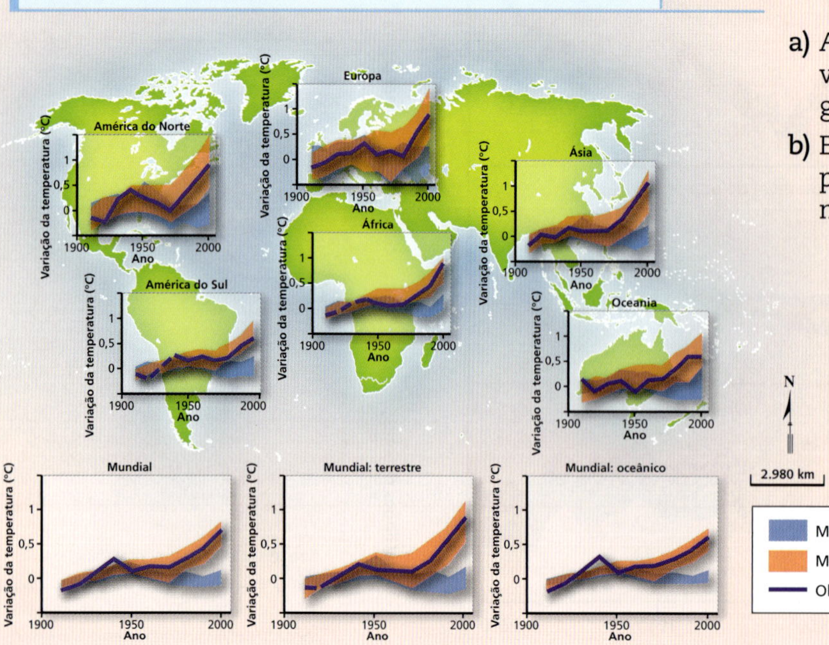

Modelos que utilizam apenas forças naturais
Modelos que utilizam forças naturais e antrópicas
Observações

Fonte: IPCC. *Cambio climático 2007*: informe síntese. Disponível em <www.ipcc.ch/publications_and_data/publications_ipcc_fourth_assessment_report_synthesis_report.htm>. Acesso em set. 2009.

a) A partir de que período houve aumento da temperatura geral do planeta?

b) Em quais continentes a temperatura aumentou de forma mais acentuada? Por quê?

JOVEM CIENTISTA

As alterações climáticas tornaram-se um dos maiores e mais complexos desafios no início do século XXI. Isso porque nenhum país está imune a seus efeitos. Da mesma forma, nenhum país poderá resolver seus problemas individualmente, pois essas alterações resultam de efeitos interconectados. Portanto as decisões, em geral controversas, devem ser conjuntas e cada vez mais abrangentes, considerando avanços tecnológicos e ações eficazes com vistas a conter os efeitos das intervenções humanas sobre o clima. As alterações climáticas significam mudanças nas temperaturas e nas precipitações, o que afeta não apenas a vida de cada habitante da Terra, como também os ciclos da natureza e a distribuição das espécies.

A. Territórios que serão atingidos caso o nível do mar se eleve um metro

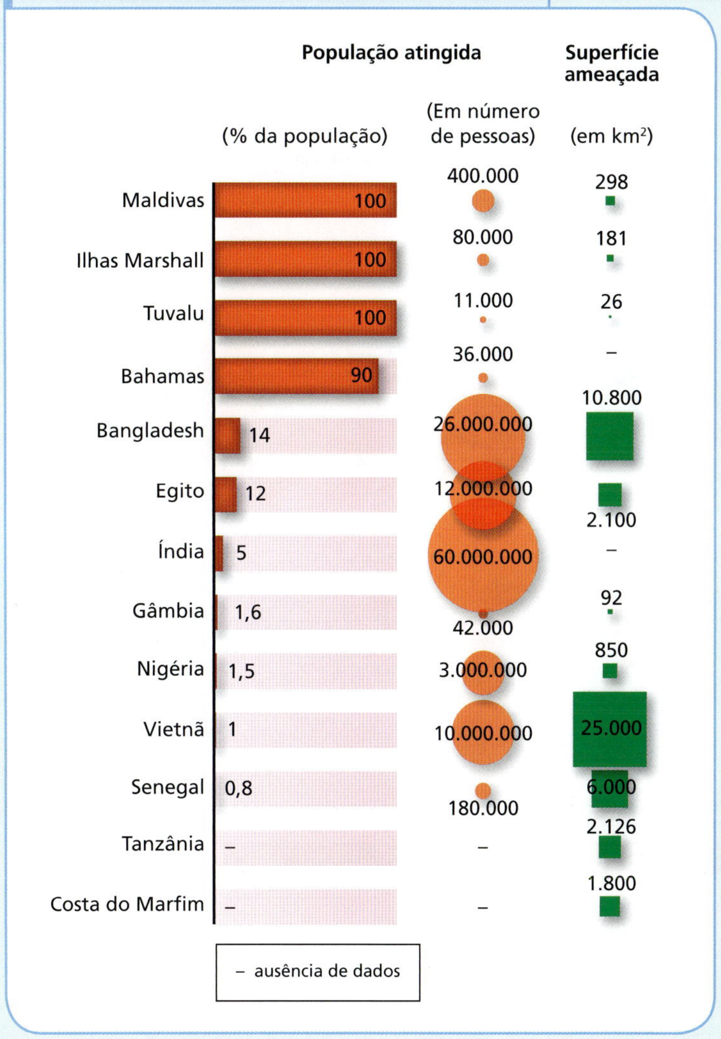

Fonte: *Atlas da mundialização*. São Paulo: Saraiva, 2009. p. 110.

Das ações até agora propostas pelos organismos internacionais e assinadas ou mesmo ratificadas pelos países, consegue-se deduzir que não basta o envolvimento político destes, pois os interesses econômicos predominam sobre os ambientais.

Na década de 1990, a busca por alternativas em nível mundial ganhou força, o que fortaleceu a noção de **governança global**. Essa ideia passou a ser utilizada para designar o envolvimento e a participação ativa da sociedade civil e dos atores não estatais nesses esforços coletivos. A união de ações públicas e privadas nos mais diferentes níveis, com vistas ao bem comum, permite romper com o princípio de que apenas os governos estabelecidos são responsáveis por decisões e atos que atingem toda a humanidade e que muitas vezes colocam em risco o futuro do planeta.

Observe as figuras.

B. O efeito estufa e o futuro

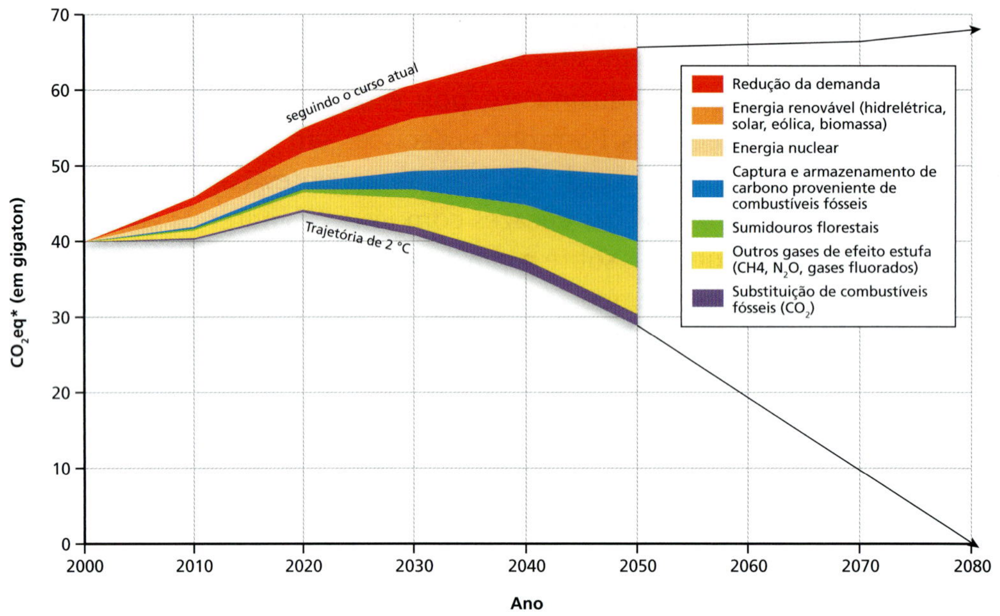

Fonte: Banco Mundial. *World development report 2010*: development and climate change. Disponível em <http://siteresources.worldbank.org/INTWDR2010/Resources/5287678-1226014527953/WDR10-Full-Text.pdf>. Acesso em set. 2009.

C. Variação do rendimento agrícola

A mudança climática provocará uma queda dos rendimentos agrícolas na maioria dos países para 2050, em vista das práticas agrícolas e das variedades de cultivo atual.

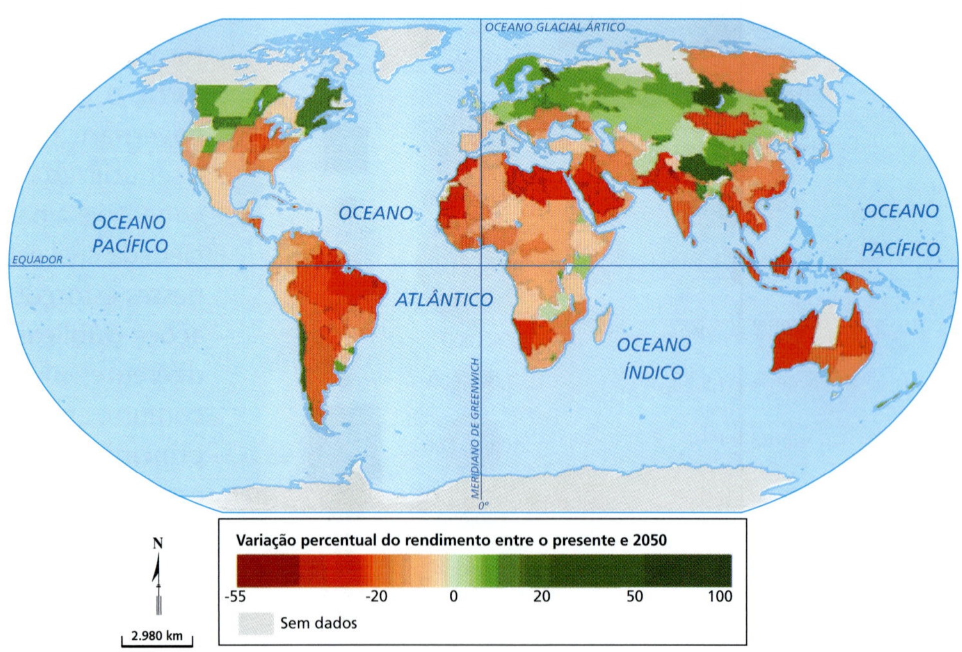

Fonte: Banco Mundial. *World development report 2010*: development and climate change. Disponível em <http://siteresources.worldbank.org/INTWDR2010/Resources/5287678-1226014527953/WDR10-Full-Text.pdf>. Acesso em set. 2009.

Faça o que se pede.

1. Com base no texto, nos gráficos e no mapa, responda:
   a) De acordo com o gráfico A, em quais continentes localizam-se os territórios ameaçados de ser diretamente atingidos com a elevação do nível dos oceanos resultante do aquecimento atmosférico? Pesquise quais, dentre esse conjunto de países, são signatários do Protocolo de Quioto.
   b) No mapa C, quais regiões do planeta serão as mais afetadas? Apresente hipóteses sobre os possíveis problemas que resultarão de tais alterações.
   c) De acordo com o *Relatório do Banco Mundial 2010*, muito pode ser feito com um investimento adequado para que a emissão de gases poluentes e, consequentemente, o aumento da temperatura no planeta diminuam. Analise os dados apresentados no gráfico B e aponte ações que poderão contribuir para que se atinja a meta de redução de 2 °C de temperatura em 2050.
   d) Elabore uma pesquisa acerca dos organismos internacionais propositores de uma governança global na área ambiental e a posição de cada um deles com relação às resoluções tomadas na Conferência de Copenhague de dezembro de 2009.
2. Bjorn Lomborg, professor da Faculdade de Administração de Copenhague, foi eleito uma das 100 personalidades mais influentes do mundo pela revista *Time* em 2004. Ele formou um grupo de pesquisadores que se reúne anualmente na Dinamarca para analisar os efeitos da mudança climática e maneiras diferentes de responder ao desafio do aquecimento global. Leia o que ele pensa sobre o Protocolo de Quioto.

"[...] o debate com frequência se fixa de tal maneira nos cortes de CO_2 que negligencia o que, supostamente, é nosso objetivo primário: melhorar a qualidade de vida e do meio ambiente. Nas batalhas sobre se o corte deve ser de 4% ou 6%, facilmente podemos nos esquecer de que, a curto e médio prazos, somos capazes de ajudar pessoas de verdade, de forma muito melhor, por meio de políticas alternativas. Podemos reduzir as doenças, a desnutrição, a falta de acesso à água potável limpa e a falta de saneamento, e, ao mesmo tempo, incrementar a economia com políticas muito mais baratas e que terão impacto muito maior. No longo prazo, nosso objetivo deveria ser efetuar uma transição tão barata para um futuro de baixo teor de carbono que nossos filhos e netos se disporão a fazê-lo, e a China e a Índia, também. Por isso, precisamos concentrar nosso foco em pesquisa e desenvolvimento, a fim de melhorar o futuro."

LOMBORG, Bjorn. *Cool it*: muita calma nessa hora! Rio de Janeiro: Elsevier, 2008. p. 127.

▶ Quais as semelhanças e diferenças do ponto de vista de Lomborg em relação às respostas que você deu às questões anteriores?

MURAL DO OBSERVADOR

NA ESTANTE

Água: origem, uso e preservação

BRANCO, Samuel Murgel. São Paulo: Moderna, 2003.

Neste livro, o autor aborda as principais características da água, recurso natural indispensável à vida no planeta, e os diferentes meios de contaminação, apresentando atitudes e técnicas que estão a nosso alcance para diminuir o impacto humano sobre esse recurso natural.

A radioatividade e o lixo nuclear

MARCONDES, Helene Maria Elisa. São Paulo: Scipione, 1999. (Coleção Ponto de Apoio)

Dentre as fontes de energia, a que envolve materiais radiativos suscita enormes preocupações. O livro aborda os usos desses materiais, como agem os países que os utilizam e a forma como são tratados, estocados e eliminados seus resíduos.

Ecologia e cidadania

MINC, Carlos. São Paulo: Moderna, 2005.

Em texto direto e provocativo, o autor questiona e denuncia fatos, e aponta a necessidade de se criarem parcerias para uma gestão realmente participativa dos recursos ambientais. Deixa clara a importância da educação ecológica como meio de mudar a mentalidade com relação ao ambiente.

NO CINEMA

Acquaria

Brasil, 2003
Direção: Flavia Moraes
Duração: 103 min.

Num futuro distante, as reservas de água da Terra se esgotam em decorrência das agressões à natureza realizadas pela humanidade. Os protagonistas Sarah e Kim, vivendo na misteriosa Acquaria, buscam formas de resgatar esse bem tão precioso para a espécie humana.

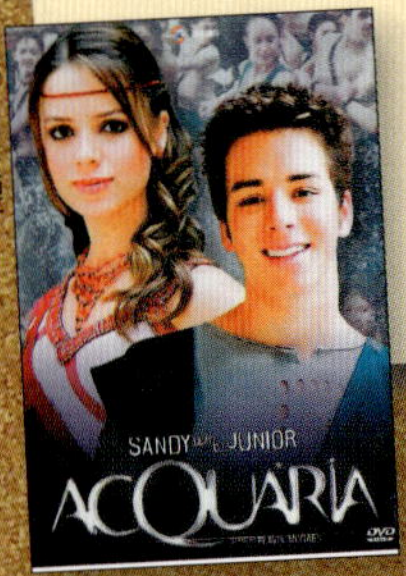

REPRODUÇÃO

Home: nosso planeta, nossa casa

França, 2009
Direção: Yann Arthus-Bertrand
Duração: 93 min.

Documentário filmado inteiramente do céu, com imagens de 54 países, evidenciando as transformações da paisagem natural, como consequência das atividades humanas, e de que forma essas alterações geram problemas ecológicos, e apresentando possíveis soluções.

REPRODUÇÃO

A última hora

EUA, 2007
Direção: Leila Conners Petersen e Nadia Conners
Duração: 95 min.

Documentário com depoimentos de diversos especialistas e políticos defensores da busca de formas sustentáveis de vida no planeta, considerando o último momento em que ainda será possível mudar os impactos provocados pela espécie humana nos ecossistemas.

REPRODUÇÃO

NO COMPUTADOR

Discovery Channel

<http://www.discoverybrasil.com/experiencia/contenidos/calculadora/>

Sobre conservação da natureza.

<http://www.discoverybrasil.com/experiencia/contenidos/el_planeta/>

Infográfico sobre formas de agressão ao meio ambiente.

youtube

<http://www.youtube.com/watch?v=6SHwszhazgo&feature=related>

Sobre o dia mundial do meio ambiente.

<http://www.youtube.com/watch?v=JW-DzkZM6YM&feature=related>

Carta escrita em 2070: reflexão sobre o meio ambiente.

TV Meio Ambiente

<http://www.meioambiente.com.br/>

Série de vídeos sobre meio ambiente e sustentabilidade.

Portal do Greenpeace

<http://www.greenpeace.org/brasil/>

Informações sempre atualizadas sobre a questão ambiental no mundo.

Portal da WWF

<http://www.wwf.org.br/>

Informações sempre atualizadas sobre a questão ambiental no mundo.

Portal do COP15

<http://en.cop15.dk/>

Sobre a Conferência das Partes e a Convenção das Nações Unidas sobre Mudança do Clima.

EM DESTAQUE

A página do Pnuma (Programa das Nações Unidas para o Meio Ambiente) disponibiliza uma série de documentos e informações sobre diversos temas ambientais.

Referências bibliográficas

Africa Atlases. Paris: Les Éditions du Jaguar, 2000.

Almanaque Abril 2008. São Paulo: Abril, 2008.

Antologia brasileira do humor. Porto Alegre: L&PM, 1976. v. 2.

Anuário estatístico da Cepal 2007. Disponível em <http://websie.eclac.cl/anuario_estadistico/anuario_2007/>.

ARAUJO, Regina. *Boletim Mundo*: Geografia e Política Internacional. n. 6. São Paulo: Pangea, 2008.

ARBEX JR., José. *A outra América*. São Paulo: Moderna, 1993. (Coleção Polêmica)

ARISTÓTELES. *Política*. Tradução de Roberto Leal Ferreira. 3. ed. São Paulo: Martins Fontes, 2006.

Atelier de cartographie de Sciences Po. Disponível em <http://cartographie.sciences-po.fr/cartotheque/>.

ATKINS, G. Pope. *América Latina em el sistema político internacional*. Buenos Aires: Grupo Editor Latinoamericano, 1994.

Atlante elementare De Agostini. Novara: Istituto Geografico De Agostini, 1998.

Atlante geografico metodico De Agostini. Novara: Istituto Geografico De Agostini, 2002.

Atlante geografico moderno. Novara: Istituto Geografico De Agostini, 1998.

Atlas da história do mundo. São Paulo: Folha de S.Paulo, 1994.

Atlas da mundialização. São Paulo: Saraiva, 2009.

Atlas geografico De Agostini. Novara: Istituto Geografico De Agostini, 2004.

Atlas histórico. São Paulo: Encyclopaedia Britannica do Brasil, 1997.

Atlas histórico escolar. Rio de Janeiro: MEC/FAE, 1991 / FAE, 1978.

Atlas Marin de geografia e história. Barcelona: Editorial Marin, 1980.

Atlas National Geographic – América do Norte. Portugal: National Geographic Society, 2005.

BAHIANA, Ana Maria. *América de A a Z*: quase tudo o que você precisa saber para sobreviver ao sonho americano. Rio de Janeiro: Objetiva, 1994.

BALLERINI, Franthiesco. *Diário de Bollywood*. São Paulo: Summus, 2009.

BANCO MUNDIAL. *World development report 2009*: reshaping economic geography. Disponível em <www.worlbank.org/>.

______. *World development report 2010*: development and climate change. Disponível em <http://siteresources.worldbank.org/INTWDR2010/Resources/5287678-1226014527953/WDR10-Full-Text.pdf>.

BERTIN, Jacques; VIDAL-NAQUET, Pierre. *Atlas histórico*. Lisboa: Círculo de Leitores, 1990.

BONIFACE, Pascal (Coord.). *Atlas des rélations internationales*. Paris: Hatier, 1997.

BONIFACE, Pascal; VÉDRINE, Hubert. *Atlas do mundo global*. Estação Liberdade: São Paulo, 2009.

BOSSARD, Laurent (Dir.). *Atlas régional de l'Afrique de l'Ouest*. Paris: OECD, 2009. (Cahiers de l'Afrique de l'Ouest)

BRAUDEL, Fernand. *Gramática das civilizações*. São Paulo: Martins Fontes, 2004.

BREEN, T. H. et al. *América, passado e presente*. Rio de Janeiro: Zahar, 1982.

Brésil – la diversité comme identité. 2. ed. Paris: Atelier de cartographie de Sciences Po. CD-ROM. Luchas contra la esclavitud, Unesco, 2004.

BROWN, Lloyd. *The story of maps*. Nova York: Bonanza, 1949.

CÂMARA, Gilberto et al. *Territórios digitais*: as novas fronteiras do Brasil. Disponível em <www.cgee.org.br>.

CARPENTIER, Alejo. *O reino deste mundo*. Rio de Janeiro: Civilização Brasileira, 1985.

CASTRO ALVES. *Espumas flutuantes, Navio negreiro* e *Vozes d'África*. Rio de Janeiro: Biblioteca do Exército, 2005.

CHALIAND, Gérard; RAGEAU, Jean-Pierre. *Atlas politique du XXeme siècle*. Paris: Seuil, 1988.

______. *Atlas stratégique*: géopolitique des rapports de forces dans le monde. Paris: Complexe, 1988.

CLARK, William. *Explorers of the world*. Londres: Aldus Book, 1964.

CLARKE, Robin; KING, Jannet. *O atlas da água*. São Paulo: Publifolha, 2005.

CONTI, José Bueno. *Clima e meio ambiente*. São Paulo: Atual, 1998.

CORSON, Walter. *Manual geral de ecologia*. São Paulo: Augustus, 1993.

COUTO, Mia. *Pensatempos*: textos de opinião. Lisboa: Editorial Caminho, 2006.

______. Prefácio. In: HERNANDEZ, L. L. *África em sala de aula*. São Paulo: Selo Negro, 2005.

CROSBY, Alfred W. *Imperialismo ecológico*. São Paulo: Companhia das Letras, 1993.

DIAZ DEL CASTILLO, Bernal. *Historia verdadera de la conquista de la Nueva España*. México: Porrúa, 1998.

DIGBY, Bob (Ed.). *Changing environment*. Oxford: Heinemann, 2000.

DIVINE, Robert A. et al. *América, passado e presente*. Rio de Janeiro: Nórdica, 1987.

DREW, David. *Processos interativos homem-meio ambiente*. São Paulo: Difel, 1986.

DUBY, Georges. *Atlas historique mondial*. Paris: Larousse, 2003.

______. *Atlas historique*. Paris: Larousse, 1987.

DURAND, Marie-Françoise et al. *Atlas de la mondialisation 2009*: comprendre l'espace mondial contemporain. Paris: Sciences Po, 2009.

El Atlas de Le Monde Diplomatique II. Buenos Aires: Capital Intelectual, 2006.

FERREIRA, Graça Maria Lemos. *Atlas geográfico*: espaço mundial. São Paulo: Moderna. 2. ed., 2003; 3. ed., 2009.

______. *Moderno atlas geográfico*. São Paulo: Moderna, 2003.

FMI. *International Financial Statistics Yearbook*. Disponível em <www.imf.org/external/index.htm>

FOHLEN, Claude. *O faroeste*. São Paulo: Companhia das Letras, 1989.

FRIEDMAN, Thomas L. *O mundo é plano*. Rio de Janeiro: Objetiva, 2005.

FUNBEC. *Investigando a Terra*. São Paulo: McGraw-Hill do Brasil, 1973.

GALEANO, Eduardo. *As veias abertas da América Latina*. Rio de Janeiro: Paz e Terra, 1990.

GEORGE, Pierre. *Geografia dos Estados Unidos*. Campinas: Papirus, 1990.

Global Footprint Network. Disponível em <www.footprintnetwork.org/en/index.php/GFN/page/trends/us/>.

GOTT, Richard. *Cuba*: uma nova história. Rio de Janeiro: Jorge Zahar, 2006.

HAPÂTÉ BA, Amadou. *Amkoullel, o menino fula*. São Paulo: Palas Athena/Casa das Áfricas, 2003.

HAYWOOD, John. *Atlas histórico do mundo*. Colônia: Konemann, 2001.

HOBSBAWM, Eric. *A Era dos Impérios (1875-1914)*. Rio de Janeiro: Paz e Terra, 1988.

IBGE. *Atlas geográfico escolar*. Rio de Janeiro: IBGE. 2. ed., 2004; 3. ed., 2006; 4. ed., 2007.

INTERNATIONAL ENERGY AGENCY. *World Energy Outlook 2007*. Disponível em <www.worldenergyoutlook.org/2007.asp>.

IPCC. Intergovernmental Panel on Climate Change. *Cambio climático 2007*: informe síntese. Disponível em <www.ipcc.ch/pdf/assessment-report/ar4/syr/ar4_syr_sp.pdf>.

______. *Climate Change 2007*: synthesis report. Disponível em <www.ipcc.ch/publications_and_data/publications_ipcc_fourth_assessment_report_synthesis_report.htm>.

JAFFRELOT, Christophe (Dir.). *L'enjeu mondial*: les pays emergentes. Paris: Sciences Po, 2008.

JOANNON, Pierre. "A grande diáspora irlandesa". Revista *História Viva*, n. 43, maio 2007. Disponível em <www2.uol.com.br/historiaviva/reportagens/a_grande_diaspora_irlandesa_imprimir.html>.

KARNAL, Leandro. "Confrontos religiosos e fundamentalismo". Disponível em <www1.cpflcultura.com.br>.

KI-ZERBO, Joseph. *História da África Negra*. Lisboa: África-Europa, 1982.

______. *História geral da África*. v. 1. São Paulo: Ática, 1981.

L'Atlas du Monde Diplomatique: un monde à l'envers. Paris: Le Monde Diplomatique, 2009.

L'Atlas Gallimard Jeunesse. Paris: Gallimard, 2002.

LACOSTE, Yves (Org.). *Por uma abordagem geopolítica da difusão do inglês*. São Paulo: Parábola Editorial, 2005.

______. *Atlas géopolitique*. Paris: Larousse, 2007.

LE MONDE DIPLOMATIQUE BRASIL. *Atlas do meio ambiente*. São Paulo: Pólis, 2008.

LEINZ, Viktor; AMARAL, Sérgio Estanislau do. *Geologia geral*. 14. ed. São Paulo: Nacional, 2003.

LÉZY, Emmanuel; NONJON, Alain. *Cartes en main*: la cartographie aux concours. Paris: Ellipsias, 1999.

LOMBORG, Bjorn. *Cool it:* muita calma nessa hora! Rio de Janeiro: Elsevier, 2008.

LOVELOCK, James. "Gaia precisa da energia nuclear". *Folha de S.Paulo*, 8 jun. 2004.

LUNGARETTI, Celso. Fórum de Entidades Nacionais de Direitos Humanos. Disponível em <www.direitos.org.br>.

MAGNOLI, Demétrio. *O mundo contemporâneo*. 3. ed. São Paulo: Moderna, 1992.

MARTINELLI, Marcello. *Atlas geográfico*: natureza e espaço da sociedade. São Paulo: Editora do Brasil, 2003.

MARTINS, José de Souza. "Em pauta, o direito de ser diferente". *O Estado de S. Paulo*, 1º set. 2008.

MÉRENNE-SCHOUMAKER, Bernadette. *Géographie de l'énergie*. Paris: Nathan, 1993.

MONNET, J. *Le Mexique*. Paris: Nathan, 1999.

MYERS, Norman (Coord.). *Gaia*: el atlas de la gestión del planeta. Madri: Tursen/Hermann Blume, 1994.

NATALI, João Batista. *Folha de S.Paulo*, 23 mar. 2003. Disponível em <www1.folha.uol.com.br/folha/turismo/noticias/ult338u5518.shtml>.

O Mundo Hoje. Anuário Econômico e Geopolítico Mundial. São Paulo: Ensaio, 1996.

O que ocupa o subsolo e o espaço aéreo de uma cidade. São Paulo: Agência Estado; Prefeitura da Cidade de São Paulo/Convias, 14 mar. 2001.

O'BRIEN, Joanne; PALMER, Martin. *O atlas das religiões*: o mapeamento completo de todas as crenças. São Paulo: Publifolha, 2008.

OCDE. *Atlas de l'intégration régionale 2007*. Disponível em <www.oecd.org/dataoecd/21/56/38410164.pdf> (espanhol); ou em <www.atlas-ouestafrique.org/spip.php?article10> (inglês).

ODUM, Eugene P. *Ecologia*. Rio de Janeiro: Guanabara-Koogan, 1988.

OLIC, Nelson Bacic. *Conflitos no mundo*. São Paulo: Moderna, 2000.

OMC. *Relatório do Comércio Mundial 2007*. Disponível em <www.wto.org>.

ONU-PNUD. *Relatório do desenvolvimento humano 2006*. A água para lá da escassez: poder, pobreza e a crise mundial da água. Nova York: Pnud, 2006.

______. *Relatório do desenvolvimento humano 2007/2008*. Coimbra: Almedina, 2007.

ONU-UNFPA. *Situação da população mundial 2007*; desencadeando o potencial de crescimento urbano. Fundo de População das Nações Unidas (UNFPA), 2007.

ORTIZ, Lucia Schild. "Energia, sustentabilidade e democracia. Núcleo Amigos da Terra Brasil. Disponível em <www.natbrasil.org.br/energia.htm>.

PACHECO, Felippe J. K. *Mapas da história da África*. Disponível em <www.scribd.com/doc/17663033/anexodemapashistoriadaafrica>.

PARKER, Geoffrey. *Atlas Verbo de história universal*. Lisboa: Verbo, 1997.

POPP, José H. Geologia geral. Rio de Janeiro/São Paulo: LTC, 1987.

REID, Michael. *O continente esquecido*; a batalha pela alma latino-americana. Rio de Janeiro: Elsevier, 2008.

SALGADO-LABOURIAU, Maria Léa. *História ecológica da Terra*. São Paulo: Edgar Blücher, 1994.

SANDRONI, P. (Org.). *Dicionário de economia do século XXI*. Rio de Janeiro: Record, 2005.

SANTOS, Milton. *A natureza do espaço*: espaço e tempo, razão e emoção. 3. ed. São Paulo: Hucitec, 1999.

SAYWELL, J. *Canadá*: passado e presente. Toronto: C. Irwin, 1983.

SCALZARETTO, Reinaldo; MAGNOLI, Demétrio. *Atlas* – geopolítica. São Paulo: Scipione, 1996.

SCARLATO, Francisco Capuano; PONTIN, Joel Arnaldo. *Do nicho ao lixo*. São Paulo: Atual, s.d.

Senhores coloniais (1850-1900). São Paulo: Time Life/Abril Livros, 1990. (Coleção História em Revista)

SERRANO, C.; MUNANGA, K. *A revolta dos colonizados*. São Paulo: Atual, 1995.

SGARBI, Luciana. "A Califórnia vai tremer". *IstoÉ*, 5 jul. 2006. Disponível em <www.terra.com.br/istoe/1915/ciencia/1915_california_tremer.htm>.

SILVA, Alberto da Costa e. *A África explicada aos nossos filhos*. Rio de Janeiro: Agir, 2008.

SILVEIRA, Maria Laura (Org.). *Continente em chamas*: globalização e território na América Latina. Rio de Janeiro: Civilização Brasileira, 2005.

SMITH, Dan. *Atlas dos conflitos mundiais*. São Paulo: Ibep/Nacional, 2007.

SUGUIO, Kenitiro. *Dicionário de geologia marinha*. São Paulo: T. A. Queiroz, 1992.

TEIXEIRA, Wilson et al. (Org.). *Decifrando a Terra*. São Paulo: Ibep/Nacional, 2008; Oficina de Textos, 2000.

Tempo e clima. São Paulo: Abril Livros/Time-Life, 1995.

TIANE, D. J. *História geral da África*. v. 4. São Paulo: Ática, 1981.

TOCQUEVILLE, Alexis de. *De la démocratie en Amérique*. Paris: Pagnerre, 1848.

UNEP. United Nations Environment Programme. *Unep year book*: an overview of our changing environment 2008. Disponível em <www.unep.org/geo/yearbook/yb2008/>.

UN-HABITAT. *Global Urban Observatory, 2008*. Disponível em <www.unhabitat.org>.

VASCONCELOS, Kathia (Coord.). *Carvão*: o combustível de ontem. Porto Alegre: Núcleo Amigos da Terra Brasil, 2004.

VESPÚCIO, Américo. *Novo Mundo*: cartas de viagens e descobertas. Porto Alegre: L&PM, 1984.

VIDAL-NAQUET, Pierre; BERTIN, Jacques. *Atlas histórico*: da pré-história aos nossos dias. Lisboa: Círculo de Leitores, 1987.

VILLIERS, Marq. *Água*. São Paulo: Ediouro, 2002.

World Development Report. Washington, D.C.: The World Bank, 2009. Disponível em <http://siteresources.worldbank.org>.

Bases eletrônicas

Africanidades – História da África e culturas tradicionais africanas: <http://afrologia.blogspot.com/>

Afro-Ásia – Centro de Estudos Afro-Orientais: <www.afroasia.ufba.br>.

Agência Carta Maior: <www.cartamaior.com.br>.

Agência Central de Inteligência, EUA (CIA): <https://www.cia.gov/>.

Agência Internacional de Energia (International Energy Agency): <www.iea.org>.

Atelier de cartographie de Sciences Po: <http://cartographie.sciences-po.fr/cartotheque>.

Banco Mundial: <www.worlbank.org/>.

Canadá OnLine: <www.canadaonline.com>.

Cartografare Il presente: <www.cartografareilpresente.org/>.

Cepal (Comissão Econômica para América Latina e Caribe) – Brasil: <www.eclac.org/divisiones/default.asp?idioma=PR>.

ComCiência – Revista Eletrônica de Jornalismo Científico: <www.comciencia.br>.

Comissão Econômica da União Africana: <www.africaneconomicoutlook.org/po/>.

CPLP – Comunidade dos Países de Língua Portuguesa: <www.cplp.org/>.

Egypt State Information Service: <www.sis.gov.eg/En/>.

Folha Online: <www1.folha.uol.com.br>.

Fórum de Entidades Nacionais de Direitos Humanos: <www.direitos.org.br>.

Fundação Cultural Palmares: <www.palmares.gov.br>.

Google Earth: <http://earth.google.com.br>.

IBGE – cidades: <www.ibge.gov.br/cidadesat/>

IBGE – mapas: <http://geoftp.ibge.gov.br/mapas/tematicos/mapas_murais>

IBGE – países: <http://ibge.gov.br/paisesat/>.

IBGE teen: <www.ibge.gov.br/ibgeteen/index.htm>.

Inpe – Instituto Nacional de Pesquisas Espaciais: <www.inpe.br>.

Inpe-CPTEC – Centro de Previsão de Tempo e Estudos Climáticos: <www.cptec.inpe.br>.

IOM – International Organization for Migration: <www.iom.int>.

IUCN – União Internacional para a Conservação da Natureza e seus Recursos / Unesco: <www.iucn.org>.

Labjor – Laboratório de Jornalismo Científico da Universidade Estadual de Campinas: <www.labjor.unicamp.br/>.

Le Monde Diplomatique: <http://diplo.uol.com.br>.

Mundo: Geografia e Política Internacional: <www.clubemundo.com.br>.

Nações Unidas no Brasil: <www.onu-brasil.org.br/>.

Nasa: <http://photojournal.jpl.nasa.gov/catalog/PIA06665>.

O Estado de S. Paulo: <www.estadao.com.br >.

OMC – Organização Mundial do Comércio: <www.wto.org>.

OMT – Organização Mundial de Turismo: <www.unwto.org>.

ONU: <www.un.org>.

ONU-Divisão de População: <www.un.org/esa/populations/>.

Panapress – a perspectiva africana: <www.panapress.com>.

Pé na África (blog): <penaafrica.folha.blog.uol.com.br>.

Russian Federal State Statistics Service: <www.gks.ru/wps/portal/english>.

The British Empire: <www.britishempire.co.uk/maproom.htm>.

Unasul – União das Nações Sul-Americanas: <www.comunidadandina.org/sudamerica.htm>.

União Europeia: <http://europa.eu>.

Universidade da Água: <www.uniagua.org.br>.

Université Laval: <www.ulaval.ca/>.

U.S. Census Bureau: <www.census.gov>.

World Resources Institute: <www.wri.org>.

Worldmapper: <www.worldmapper.org>.

Império Britânico (1897)

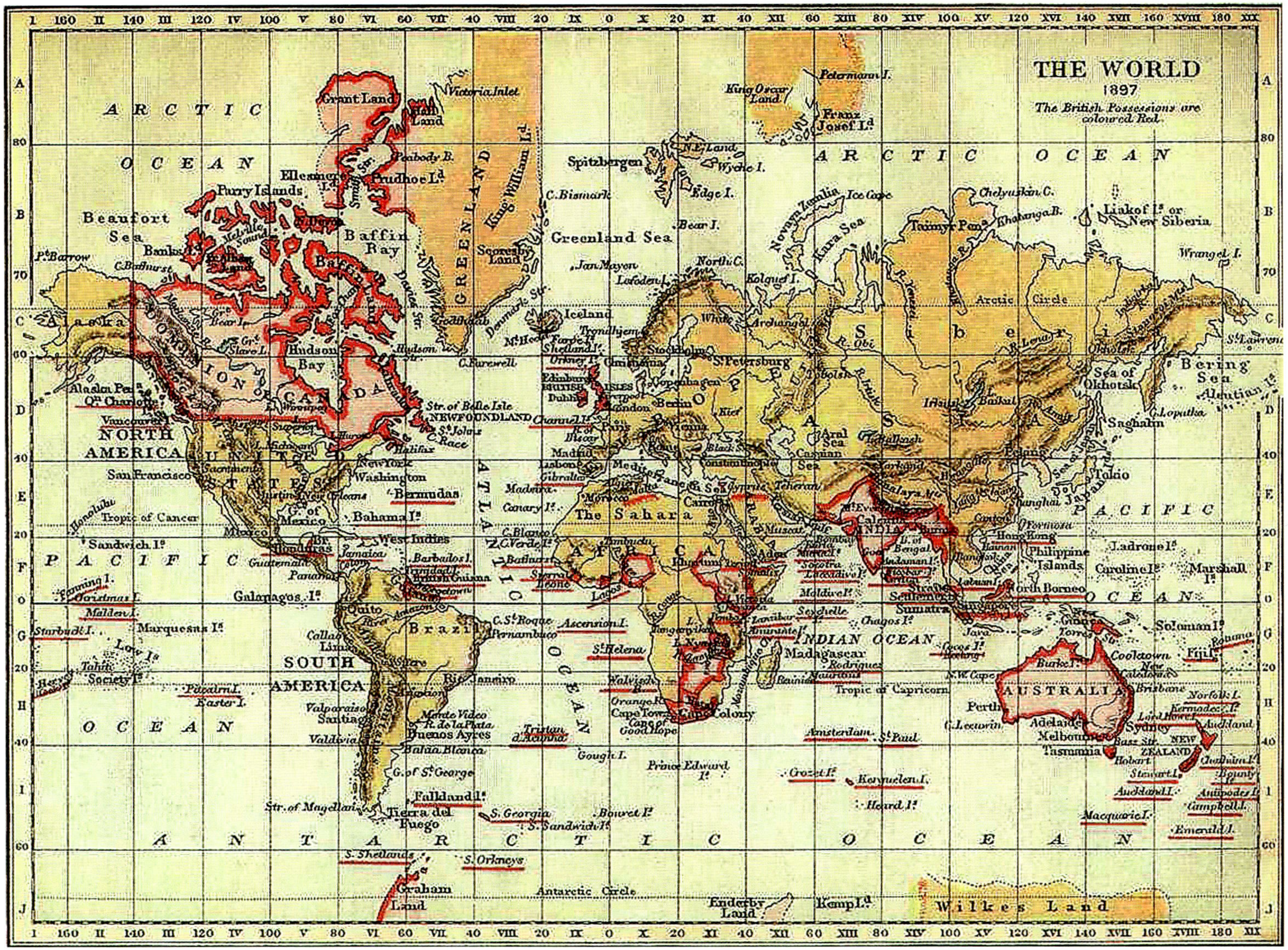

Em seu apogeu, o Império Britânico dominava extensos territórios na América, África, Ásia e Oceania. Ao final da Primeira Guerra Mundial, seu domínio expandia-se por cerca de 36 milhões de km², abrangendo uma população de mais de 500 milhões de pessoas.

No romance *A pequena ilha*, a jovem protagonista Queenie Buxton narra sua visita à Exposição do Império Britânico, ocorrida no bairro de Wembley, Londres, em meados do século XX.

O Império em miniatura

"— Eu fui à África quando ela veio a Wembley.

Foi então que [a professora] Early Bird me informou que a África era um país.

— Você geralmente não é uma menina boba, Queenie Buxton — continuou ela —, mas você não foi à África, só foi à exposição do Império Britânico como milhares de outras pessoas. [...]

Centenas e centenas de pessoas se acotovelavam pelos portões da exposição, passando por jardins e lagos. [...] O Império em miniatura. O palácio da engenharia, o palácio da indústria, e prédios e mais prédios que abrigavam todos os países que nós, britânicos, dominávamos. Alguns deles eram grandiosos como castelos, outros tinham telhados pontudos engraçados, e um, tive certeza, tinha metade de uma cebola encarapitada em cima. Praticamente o mundo inteiro estava ali para se admirar. [...] Minha mãe não estava interessada nas diferentes florestas da Birmânia nem nos grandes troféus de caça da Malásia.

— Quem sabe depois? — disse ela, referindo-se ao café da Jamaica.

— Ah, não — falando do açúcar de Barbados. — Para quê? — sobre o chocolate de Granada. E — Pelo amor de Deus, onde fica isso? — ao ouvir falar em Sarawak.

No Canadá havia um modelo de príncipe de Gales em tamanho natural feito de manteiga amarela. [...] A Austrália tinha cheiro de maçã. [...]

Prometeram-me que eu veria uma ovelha sendo tosquiada na Nova Zelândia. [...] Hong Kong tinha cheiro de esgoto, e a Índia estava cheia de mulheres vestidas de forma espalhafatosa com estranhos panos compridos e coloridos. [...]

O cheiro de chá do Ceilão fez minha mãe engolir em seco e dizer: — Estou morrendo de vontade de tomar chá e me sentar. Que dor nos pés! [...]

Foi então que nos perdemos na África. Entramos seguindo o cheiro marrom e espesso do chocolate. [...] Estávamos na selva. Cercados por choças feitas de barro com telhados de palha pontudos. [...] — Quero ir embora — pedi, porque não havia nada de interessante para ver. Mas então, de repente, um homem apareceu. [...]

Meu pai disse mais tarde que aquele africano que eu havia cumprimentado devia ser um chefe ou um príncipe na África. Obviamente, quando eles falam inglês fica claro que aprenderam a ser civilizados — aprenderam inglês com o homem branco, com missionários provavelmente. [...]

Para me fazer parar de pensar naquele encontro, meu pai me prometeu um passeio pela ferrovia panorâmica. [...]

Subimos e subimos rumo ao céu, até as pessoas virarem pontinhos abaixo de nós. Quando estávamos bem lá em cima, e as luzes elétricas piscantes lá embaixo se misturavam às estrelas, meu pai disse algo que nunca mais vou esquecer. Ele disse:

— Veja só, Queenie. Olhe em volta. Você tem o mundo inteiro aos seus pés."

LEVY, Andrea. *A pequena ilha*.
Rio de Janeiro: Nova Fronteira, 2008. p. 7-13.

Comunidade Britânica de Nações (2009)

Fonte: British Commonwealth. Disponível em <www.thecommonwealth.org>.

Atualmente, a Comunidade Britânica das Nações congrega 54 membros – 19 na África, 13 na América, 3 na Europa e 19 na Ásia, sendo 11 no Pacífico Sul –, que reúnem mais de 2 bilhões de habitantes e representam cerca de 30% de todo o comércio mundial.

A Comunidade Britânica de Nações (British Commonwealth) surgiu como decorrência histórica do próprio Império Britânico. Algumas de suas colônias de povoamento – Canadá, Austrália e Nova Zelândia – possuíam alto grau de autonomia e, ainda no século XIX, formaram Estados dependentes, com a maioria da população de origem europeia adaptada ao sistema parlamentarista. Em 1931, ao entrar em vigor o Estatuto de Westminster, esses países passaram a integrar o Império numa condição especial, criando-se, a partir de então, a Comunidade Britânica de Nações.

Até 1946, o objetivo primordial da British Commonwealth era promover a integração entre as ex-colônias do Reino Unido, concedendo benefícios e facilidades comerciais a seus membros.

A partir de 1948, com a descolonização do subcontinente indiano, e de outras colônias afro-asiáticas, Índia, Paquistão e Ceilão (atual Sri Lanka) tornaram-se membros da Comunidade. Como esse novo grupo de países não correspondia ao padrão dos anteriores e não possuía população majoritariamente europeia, foram necessárias modificações em seu estatuto, incluindo-se a aceitação de outras formas de organização republicana e o direito de os países deixarem a instituição.

Anteriormente, o interesse do Reino Unido era fortalecer os laços econômicos e sociais com as suas ex-colônias. Hoje, os integrantes da Comunidade Britânica das Nações são, em sua maioria, nações independentes, algumas sem vínculo com o antigo Império, como é o caso de Moçambique. O objetivo atual da Comunidade é promover a integração entre seus membros e o Reino Unido, com concessão de benefícios e estabelecimento de acordos comerciais, além de promover acordos de caráter educacional, cultural e turístico.

Considere o que foi apresentado e responda.

1. No trecho do romance, há um erro de informação geográfica. Identifique-o e faça a devida correção.
2. Busque, no texto do romance, elementos representativos da forma como os personagens exprimem seu orgulho pelo poderio do Império Britânico.
3. Localize, nos textos, referências a países e regiões historicamente pertencentes ao Império Britânico. Identifique-os nos mapas.

SEATTLE HARDWARE COMPANY

Vista da cidade de Seattle (EUA, 1937).

Em 1929, irrompeu aquela que seria a pior e mais longa crise econômica do século XX, a **Grande Depressão**, também conhecida como Crise de 29. Começou com uma queda generalizada de preços, que resultou na falência de inúmeras empresas, no aumento do desemprego e no fechamento de diversas Bolsas de Valores.

A Grande Depressão provocou um impacto diferenciado nos países. Entre os mais atingidos, destacam-se os Estados Unidos, que enfrentaram enormes dificuldades econômicas durante toda a década de 1930. Com a explosão do desemprego nas cidades industriais, resultante do fechamento das fábricas, milhares de operários foram despejados de suas casas.

Seattle, localizada na Baía de Elliot, costa pacífica dos EUA, próxima à fronteira com o Canadá, é um bom exemplo dessa situação. A fotografia representa a cidade vista a partir de Hooverville, na área portuária. Esse local ficou mundialmente famoso e tornou-se símbolo de resistência popular, pois, no auge da crise, seus moradores resistiram à tentativa de desocupação da área pela polícia local.

Atualmente, o local onde existiu Hooverville é um pátio para o depósito de contêineres, carrocerias metálicas que podem ser transportadas por navios, trens e caminhões.

Veja no esquema a seguir algumas características do sistema de transporte intermodal.

O sistema intermodal

1. **"Rodovia rolante" ou "autoestrada ferroviária":** transporte de caminhões e seus motoristas (em um vagão-leito). Desvantagem: limite de altura. A "rodovia rolante" é apropriada para médias distâncias ou travessias de áreas delicadas (urbanas, montanhosas etc.).

2. **Transporte combinado:** apenas as caçambas, encaixadas em vagões chatos, seguem viagem, não os motoristas. Um reboque (o caminhão) vem e retira as caçambas. A operação é executada com uma máquina de transbordo.

3. **Transporte de contêineres:** a operação é feita com um guindaste; o contêiner é içado sobre um caminhão com caçamba. Essa solução tem a vantagem de deslocar apenas a mercadoria, ou seja, o contêiner.

4. **Técnica do semitrem:** a caçamba repousa sobre truques ferroviários (sem vagão). Essa técnica oferece a vantagem de baixa altura do trem.

Fonte: LE MONDE DIPLOMATIQUE BRASIL. *Atlas do meio ambiente*. São Paulo: Pólis, 2008. p. 77.

O sistema intermodal caracteriza-se por articular diferentes tipos de transporte. Por exemplo, um contêiner pode sair de um navio e conectar-se à carroceria de um caminhão ou ao vagão de um trem.

Vista da cidade de Seattle (EUA, década de 1990).

Atualmente Seattle é a maior cidade do estado de Washington. Sua região metropolitana transformou-se num importante centro da indústria aeroespacial e da tecnologia da informação, sendo a sede da Boeing e da Microsoft, além de várias outras grandes empresas.

Por causa de sua importância econômica, Seattle tem sido local de várias reuniões internacionais, como o encontro da Organização Mundial do Comércio, realizado em 1999, que foi foco de diversos protestos contra a globalização.

DANG NGO/ZUMA PRESS – NEWSCOM

Manifestação durante reunião da OMC, em Seattle (EUA, 1999).

DAREN FENTIMAN/ZUMA PRESS – NEWSCOM

Apresentação mundial do Boeing 787 Dreamliner, avião comercial com capacidade para 220 a 300 passageiros (Seattle, EUA, 2007).

Com base nas imagens e em seu conhecimento, faça o que se pede.

1. Destaque as mudanças ocorridas na paisagem de Seattle entre 1937 e 1990, considerando os seguintes aspectos:
   a) arquitetura das edificações;
   b) uso do solo urbano;
   c) qualidade ambiental.
2. Localize o prédio mais alto na paisagem fotografada em 1990 (topo à direita). A qual conclusão você poderia chegar, comparando as duas situações fotografadas?
3. Considerando a localização de Hooverville e o funcionamento do sistema intermodal, explique por que os moradores foram retirados do local.
4. Pesquise, em jornais, revistas e na internet, imagens da cidade de Seattle, em diferentes situações cotidianas (comércio, atividades de lazer, eventos e manifestações). Monte um painel com o resultado de sua pesquisa.

An angle in the Canal at Empire, Panama Canal.

Obras de abertura do Canal do Panamá (1910).

A estreita faixa de terras emersas que compõe o istmo centro-americano resultou de um processo de longa duração, envolvendo movimentos tectônicos e sedimentação, que se completou há cerca de 3 milhões de anos, separando as águas dos oceanos Atlântico e Pacífico e criando uma barreira para a livre circulação das águas e da fauna marinha. Desde então, a teia de vida segue caminhos evolutivos diferentes nos dois oceanos, e a maior parte das espécies que ocorre em um dos oceanos não existe no outro. Por outro lado, o surgimento do istmo criou uma ponte entre as terras que hoje conhecemos como Américas do Norte e do Sul, abrindo o conjunto da massa continental americana para o trânsito e o intercâmbio dos animais terrestres. Assim, o surgimento do istmo centro-americano influenciou a distribuição e a evolução da fauna, tanto a marinha quanto a terrestre.

O istmo foi aberto no início do século XX com a construção do Canal do Panamá, uma intervenção da técnica sobre o meio natural que gerou profundos impactos sobre a fauna e a flora regional.

Em seu livro *O canto do dodô*, o jornalista ambiental David Quammen analisa alguns desses impactos. Leia sobre esse assunto no texto a seguir.

O morro que virou ilha

"Barro Colorado é uma ilha que foi outrora ligada ao continente por uma ponte terrestre [e] tornou-se isolada recentemente. Na virada do século XX, o que hoje constitui Barro Colorado era um morro florestado no interior do Panamá, não muito distante do Rio Chagres. Por ocasião da construção do canal, a península foi cortada e o Rio Chagres represado, formando o Lago Gatún, cuja função é alimentar de água o canal. À medida que as águas do lago subiam, o que era morro foi se transformando em ilha. [...] Logo depois que a ilha se insulou, várias espécies de mamíferos e aves desapareceram. [...]

O puma, ou suçuarana, foi o primeiro a sumir. Era um carnívoro de grande porte, com grandes necessidades, e Barro Colorado era pequena demais. A onça-pintada também se foi, presumivelmente pelo mesmo motivo. Ninguém sabe o que aconteceu com a última onça – se deixou o topo da colina antes de as águas subirem, se fugiu nadando depois ou se acabou abandonada por lá e sucumbiu na solidão –, mas de qualquer maneira o resultado foi idêntico. Até mesmo o gavião-real parou de fazer ninhos em Barro Colorado. A perda desses predadores grandes e de largo alcance foi apenas o começo.

Em 1970, 45 espécies de aves tinham desaparecido. É uma degradação severa para um trecho tão pequeno de floresta – severa, na verdade, para qualquer tamanho de floresta. 'Embora Barro Colorado tenha se revelado um valioso laboratório natural', escreveu um pesquisador, 'é um fracasso evidente como reserva fauniana'. O ritmo das extinções é inaceitavelmente elevado. O que levou essas aves à extinção? As causas são difíceis de identificar, mas os ecólogos oferecem uma lista de possibilidades: competição, predação, área insuficiente, falta de *habitat* apropriados, ausência de chuva e a miscelânea de infortúnios aleatórios que podem dizimar uma população pequena."

QUAMMEN, David. *O canto do dodô*. São Paulo: Companhia das Letras, 2008. p. 378-380.

Observatório em dois tempos 6

Vista do Canal do Panamá (Panamá, 2008).

Em abril de 2006, a Autoridade do Canal do Panamá, órgão do governo panamenho responsável pela administração do complexo, apresentou um projeto para a ampliação do Canal, obras que tiveram início em 2007.

A ampliação tem por objetivo aumentar a profundidade e construir eclusas mais largas no Canal do Panamá, de forma a torná-lo mais competitivo e eficiente, capaz de ser utilizado por navios de grande porte. De acordo com o cronograma, as obras estarão finalizadas em 2014, ano em que o Canal do Panamá completará 100 anos.

Os técnicos responsáveis pelas obras preveem diversas medidas para reduzir os possíveis impactos decorrentes da ampliação. Entre elas, figuram o monitoramento das mudanças na cobertura vegetal e dos assentamentos humanos, programas de educação ambiental para as populações locais, tratamento do esgoto e monitoramento dos resíduos para a melhoria da qualidade da água e a criação de áreas de reflorestamento.

JOÃO PAULO KRAJEWSKI

Obras de ampliação do Canal do Panamá (Panamá, 2009).

Zona do Canal: áreas protegidas

Fonte: Relatório da Autoridade do Canal do Panamá. Disponível em <www.pancanal.com/esp/plan/documentos/plan/acp-plan-08-aspectos-ambientales-y-sociales.pdf>. Acesso em nov. 2009.

A maior área de floresta tropical da região está protegida no Parque Nacional Chagres.

Considerando as imagens e as informações, responda.

1. Qual era a vegetação original que recobria a Zona do Canal?
2. Aponte os impactos ambientais oriundos da construção do Canal do Panamá.
3. Quais modificações estão sendo realizadas pelo projeto de ampliação da Zona do Canal?
4. As medidas tomadas para diminuir os impactos ambientais da ampliação podem reverter os impactos sobre a fauna apontados no texto do jornalista David Quammen?

Vista geral de Léopoldville (Congo Belga, 1957).

Kinshasa, a capital da República Democrática do Congo, está situada em uma das margens do Rio Congo. Na margem oposta, encontra-se Brazzaville, capital da República do Congo. Os dois países, assim como o rio, herdaram seu nome de um antigo reino africano que cobria vastos territórios da África centro-oriental. Apesar de pertencerem hoje a países diferentes, Kinshasa e Brazzaville formam uma mancha urbanizada contígua, separada pelas águas do Rio Congo, o segundo maior da África. Veja no mapa.

A presença europeia na região teve início no século XV, com a chegada dos primeiros aventureiros portugueses. Porém a colonização da margem esquerda do rio só teve início em 1878, quando Henry Morton Stanley, um explorador a serviço do rei belga Leopoldo II, nela fundou uma rede de entrepostos comerciais. Na Conferência de Berlim ocorrida em 1884, quando o continente foi partilhado entre as potências europeias, a região tornou-se possessão pessoal de Leopoldo II, sendo então denominada Estado Livre do Congo. Mais tarde, em 1908, ela se transformou em uma colônia da Bélgica, o Congo Belga, cuja capital era Léopoldville, em homenagem ao rei.

República Democrática do Congo e República do Congo

Fonte: FERREIRA, Graça Maria Lemos. *Atlas geográfico*: espaço mundial. São Paulo: Moderna, 2003. p. 61.

Com a independência, em 1960, nasceu a República Democrática do Congo, também chamada nessa época de Congo-Léopoldville para ser distinguida de Congo-Brazzaville, ex-colônia francesa situada na outra margem do rio.

A primeira fotografia representa Léopoldville, em 1957, pouco antes da independência. Nessa época, o país já se inseria no mercado internacional na condição de fornecedor de minérios, em especial cobalto (primeiro produtor mundial), diamante, cobre e zinco.

Vista geral de Kinshasa (República Democrática do Congo, 2000).

Apesar do nome, a jovem república democrática começou sua história com uma sucessão de ditaduras, conflitos e guerras civis. Em 1971, o ditador Mobutu Sese Seko rebatizou o país, que passou a se chamar República do Zaire, e a capital, que recebeu o nome de Kinshasa. Seu sucessor, Laurent Désiré Kabila, assumiu o poder em 1997, em meio a uma violenta guerra civil contra os partidários de Mobutu e diversas outras milícias armadas. Um de seus primeiros atos foi novamente mudar o nome do país, que voltou a se chamar República Democrática do Congo. A guerra, porém, prosseguiria nos dez anos seguintes, deixando mais de 4 milhões de mortos.

Em 2007, foi lançado o programa nacional de desarmamento, desmobilização e reinserção, que contou com o apoio da Missão de Observação das Nações Unidas no Congo. A maior parte das milícias foi de fato desmobilizada, apesar das resistências de alguns grupos mais radicais.

No plano econômico, a principal mudança recente está relacionada ao aumento da presença chinesa. Em troca da reconstrução de parte das infraestruturas viária e urbana devastadas pela guerra, as empresas chinesas assumiram o controle sobre grande parte das enormes jazidas de cobalto, cobre e ouro. Essa gigantesca operação financeira está transformando a paisagem urbana de Kinshasa, que recebe filiais de vários conglomerados chineses em seus novos arranha-céus.

Faça o que é pedido.

1. Descreva sucintamente a situação política e econômica de Léopoldville, representada na primeira fotografia.
2. Descreva sucintamente a situação política e econômica de Kinshasa, representada na segunda fotografia.
3. Qual é a cidade que aparece na margem oposta do Rio Congo, em ambas as fotografias? A qual país essa cidade pertence?

Imagem de satélite da região ártica em setembro de 1979.

Calota glacial é uma grande massa de gelo com espessura de até 3 quilômetros, resultante de milhares de anos de acumulação. Existem calotas glaciais cobrindo a Groenlândia e o Oceano Ártico e na Antártida (Polo Sul).

No Pleistoceno, período da Era Quaternária que se estendeu entre 1,5 milhão e 11 mil anos atrás, ocorreram diversas glaciações. Calotas glaciais importantes, como a Laurentidiana, cobriram de geleiras grande parte da América do Norte. A erosão glacial e o derretimento das geleiras resultaram na formação dos Grandes Lagos, o maior sistema lacustre do mundo, na fronteira entre os Estados Unidos e o Canadá.

Para a acumulação de espessas camadas de gelo é preciso que o calor do verão não seja suficiente para o derretimento completo da geleira. Assim, quando as temperaturas começam a cair, o gelo que não foi derretido transforma-se na base para o acúmulo de novas camadas. A camada de cima pressiona a de baixo, que, ao longo dos anos, transforma-se numa calota cada vez mais compacta. O peso da geleira também pode provocar o rebaixamento do terreno, formando uma bacia que permite o armazenamento de um volume ainda maior de gelo.

MICHELE FALZONE/JAI/CORBIS-LATINSTOCK

Vista do Lago Huron (Ontário, Canadá, 2007), o segundo maior dos cinco Grandes Lagos.

Imagem de satélite da região ártica em setembro de 2005.

Diferentemente da calota glacial da Antártica, que está localizada em grande parte sobre terras emersas e possui o maior reservatório de água potável do mundo (70% do estoque planetário), o maior volume de gelo da calota glacial do Ártico está sobre a superfície oceânica e é, portanto, formado por água salgada congelada.

O Ártico é o menor dos oceanos e seus limites podem ser estabelecidos entre o Estreito de Bering, o limite norte das ilhas canadenses, o limite norte da Groenlândia e a abertura para o Mar de Barents.

O Oceano Ártico abriga diversas espécies animais, como focas, leões-marinhos e baleias. Os ursos-polares utilizam a calota glacial como plataforma para capturar focas e se transformam em presas fáceis de caçadores. Calcula-se que cerca de cinquenta ursos são mortos anualmente na região ártica por práticas consideradas esportivas.

Ártico político

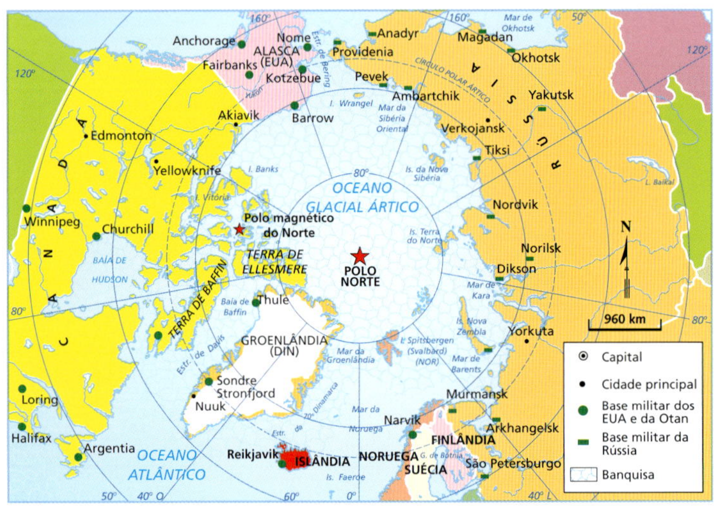

Fonte: FERREIRA, Graça Maria Lemos. *Atlas geográfico*: espaço mundial. São Paulo: Moderna, 2003. p. 63.

Com base nas imagens e em seu conhecimento, faça o que se pede.

1. Destaque as mudanças ocorridas na paisagem do Ártico entre 1979 e 2005, considerando os limites da calota glacial durante o verão e seus possíveis efeitos.
2. O impacto do aquecimento global no derretimento da calota glacial do Ártico foi amplamente divulgado pela imprensa, mas a atitude científica exige a análise das evidências. Avalie com seus colegas quais das situações podem ter efeitos mais graves ao ambiente global:

   a) derretimento da calota glacial do Ártico ou da Antártida;

   b) morte de ursos por causa do derretimento das geleiras do Ártico ou como vítimas de caçadores em atividades ditas esportivas.
3. Pesquise, em jornais, revistas e na internet, imagens do derretimento de calotas glaciais e suas consequências ambientais. Monte um painel com o resultado de sua pesquisa.

Avenida Perspectiva Nevsky, em Leningrado (União Soviética, 1941).

A Segunda Guerra Mundial provocou grandes alterações no sistema político internacional. Com o desfecho do conflito e a ascensão dos Estados Unidos e da União Soviética à condição de superpotências globais, iniciou-se, por exemplo, a desmontagem dos impérios coloniais europeus.

Um dos episódios mais dramáticos dessa guerra, o chamado **Cerco de Leningrado**, envolveu o enfrentamento entre tropas alemãs e soviéticas.

Avançando desde os países bálticos, a Alemanha invadiu a República da Rússia em 22 de julho de 1941. Apenas dois dias depois, o exército alemão se estabeleceu à margem norte do Rio Luga, a 250 km ao sul de Leningrado. Imediatamente, a cidade começou a se preparar para a defesa, mobilizando mais de um milhão de civis na construção de fossos antitanques, trincheiras e redutos. Enquanto isso, milhares de operários se alistavam voluntariamente no Exército Vermelho.

No início de agosto, os alemães reforçaram suas bases no Luga, conquistaram novas posições a sudeste e a leste de Leningrado e cortaram as comunicações férreas da cidade com o resto da União Soviética. Apesar da feroz resistência, Leningrado se viu cercada pelas unidades alemãs no começo de setembro.

Segundo a estratégia do líder nazista Adolf Hitler, a cidade não deveria ser conquistada por ataque direto, mas continuar isolada, asfixiada pela falta de alimentos e de energia, sendo submetida a intensos bombardeios aéreos.

Durante 900 dias, Leningrado permaneceu praticamente ilhada: os escassos suprimentos só chegavam quando o Exército Vermelho conseguia burlar a barreira alemã. Mais de um milhão de pessoas, aproximadamente um terço da população, morreu em consequência dos bombardeios, da fome ou do frio intenso (durante o inverno, a cidade registra médias térmicas de −10 °C, mas as temperaturas podem chegar aos −40 °C).

A fotografia de 1941 mostra a principal avenida da cidade no período do cerco alemão, que só seria rompido pelo Exército Vermelho em janeiro de 1944.

Observatório em dois tempos 12

Avenida Perspectiva Nevsky, em São Petersburgo (Federação Russa, 2005).

A cidade fundada em 1703 pelo czar Pedro, o Grande, para ser capital do Império Russo foi batizada de **São Petersburgo**, mas mudou de nome diversas vezes ao longo de sua história. Em 1914, no contexto da Primeira Guerra Mundial, a cidade passou a se chamar Petrogrado, pois o sufixo "burgo" é de origem alemã e o Império Russo estava em guerra contra a Alemanha.

Em 1918, quando o exército do país inimigo se aproximou de Petrogrado, a cidade deixou de ser capital, perdendo o posto para Moscou. Alguns anos depois, em 1924, ela seria novamente rebatizada, agora de Leningrado, em homenagem a Vladimir Lênin, líder da Revolução Russa.

Finalmente, em 1991, após o fim da União Soviética e a derrocada do socialismo, um referendo popular devolveu o nome original à cidade. Atualmente, São Petersburgo é a segunda cidade mais populosa da Federação Russa.

Faça o que se pede.

1. A avenida das duas fotos é a mesma. No entanto, a primeira representa o período em que a cidade se chamava Leningrado, e a segunda, a atual São Petersburgo. Discorra sobre essa mudança de nome da cidade.
2. Identifique na primeira imagem elementos que sinalizem os impactos do cerco alemão em Leningrado.
3. Extraia da segunda imagem elementos que indiquem as características atuais da principal avenida de São Petersburgo.
4. Faça uma pesquisa em livros, revistas e na internet sobre a **Batalha de Stalingrado**, outro famoso episódio que ocorreu em território russo durante a Segunda Guerra Mundial. Elabore um cartaz com os resultados de sua pesquisa.